WERNER SCHROETER
Tage im Dämmer, Nächte im Rausch

 aufbau

WERNER SCHROETER
mit Claudia Lenssen

Tage im Dämmer, Nächte im Rausch AUTOBIOGRAPHIE

Mit 46 Fotos
Trotz unserer Bemühungen konnten nicht alle Rechteinhaber ausfindig gemacht werden. Berechtigte Ansprüche bitten wir an den Verlag zu richten.

Der Abdruck des Textes von Elfriede Jelinek erfolgte mit Genehmigung des Rowohlt Theater Verlags.

ISBN 978-3-351-02732-2 | Aufbau ist eine Marke der Aufbau Verlag GmbH & Co. KG | 1. Auflage 2011 | © Aufbau Verlag GmbH & Co. KG, Berlin 2011 | Einbandgestaltung hißmann, heilmann, hamburg | Typografie Renate Stefan, Berlin | Satz Greiner & Reichel, Köln | Druck und Bindung CPI – Clausen & Bosse, Leck | Printed in Germany

INHALT

Werner Schroeter als Person. Von Elfriede Jelinek – 9
»Vous êtes pardonné, Werner« – 15
Geistige Mutter, leibliche Mutter – 20
Meine vorbildliche Familie – 22
Die Unschuld hat im Himmel einen Freund – 30
Die Sonne der Nacht – 37
Muse, Gefährtin, Freundin – Magdalena
Montezuma – 44
Rosa/Holger und Carla – der Beginn der
künstlerischen Arbeit – 51
Argila und Neurasia – 60
Eika Katappa – 65
… und was daraus folgte – 72
Komödien – 77
Freundschaft – 83
Salome in Baalbek – 90
Schön ist hässlich, hässlich schön – 97
Der Tod der Maria Malibran – 101
Emilia Galotti oder Wie mich das Theater entdeckte – 106
Willow Springs – 112
Kalifornien – 119
Leidenschaft – 124
Abgewirtschaftete Götter – 131
El Angel – 137
Weltgefühl – Südamerikanische Reisen – 141
Abenteuer – 147
Flocons d'or – 154
Man muss weggehen, um zu verstehen – 160
Der Wahnsinn, dieser Dietrich aller Herzen! – 166
Maria – 173

Neapel im Winter – 176
Champagner-Schroeter – 184
Weiße Reise – 189
Fremd in Deutschland und Italien – 193
Das Weißwurst-Komplott – 201
La patrie de l'âme – 208
Misserfolg macht menschlich – 213
Tag der Idioten – 220
Eine blasphemische Sippe – 227
Réveille-moi à midi – 231
Der Rosenkönig – 238
Ich und der Alkohol – der Alkohol und ich – 244
Trauer, Sehnsucht, Rebellion – 251
Marcelo – 257
Malina – 260
Die Theaterfamilie – 267
Wo die Worte aufhören, beginnt die Musik – 274
Die Königin – 284
Lebensatem – 288
Das Leben verschlingt viel – 293
Die letzte Liebe Freundschaft – 297
Der Weg zu etwas Neuem – 305
Diese Nacht – 313

Anhang
Nachwort. Von Claudia Lenssen – 323
Der Herztod der Primadonna.
Von Werner Schroeter – 336
Werner. Von Isabelle Huppert – 345

Leben und Werk – 347
Filmographie – 347
Szenographie – 360

Zeittafel – 380
Auszeichnungen – 386
Die unerträgliche Wirklickeit aufheben.
Gespräch zwischen Monika Keppler und
Claudia Lenssen – 388
Personenregister – 395
Dank – 407

ELFRIEDE JELINEK

WERNER SCHROETER ALS PERSON

Es geschieht manchmal, nicht oft, daß jemand nach dem äußersten Rand seiner Möglichkeiten greift und ihn dann umklammert hält, weil er mit etwas anderem als dem Äußersten nicht zufrieden ist. Er läßt sich von diesem Äußersten dann mitschleifen wie ein Wasserschifahrer vom Boot, das ihn, unter Verspritzen von einer Menge Gischt und Schaum, hinter sich herzieht. Das macht Werner Schroeter zu einem anderen Filmemacher oder Regisseur als andere. Er macht seine Inszenierungen, nicht im Sinn eines heimwerkerischen Selbermachens, sondern im Sinn von: Etwas Erschaffen. Er stellt sich selbst in den Zusammenhang seiner Inszenierungen, aber diesen Zusammenhang muß er erst herstellen, und ist er einmal hergestellt, kommt er selber dann nicht mehr raus. Aus dem, was auf der Bühne, im Film IST, bestimmt er das, was bevorsteht, obwohl das anders gar nicht ablaufen könnte; seine Inszenierung entläßt ihn nicht mehr, vielmehr läßt er sich davon mitreißen, mitschleppen, und dann wirft er alles herum, und das Boot schleift ihn nicht mehr hinter sich her, sondern derjenige, der von etwas mitgerissen worden ist, überholt seinen Antrieb und wird selbst zum Antrieb. Und dann läßt er alles hinter sich, zum Teil zertrümmert. Ein Schöpfer/Gott auf ursprüngliche Weise, das heißt ohne jeden Zweifel, denn es gibt ja nichts, was er nicht gemacht hätte.

Da gehen wir in einer Drehpause der »Malina«-Verfilmung durch ein Wäldchen, er zieht seinen Schwanz heraus und pinkelt mächtig vor sich hin, ohne ihn dabei zu halten oder den Strahl irgendwohin zu richten. Der geht ungebremst in den Boden. Werner sagt, er habe einmal einem meiner Kollegen beim Pinkeln zugeschaut, das habe nur getröpfelt, lange, aber dafür eher dünn, ein Rinnsal, er habe ihm gesagt: So pinkelt kein Mann. So muß man es machen: daß es mächtig herausrinnt, ungehemmt, daß einem kein Zweifel kommt, daß man ein anderer, ein schwächerer, sein könnte als der, der man ist. Das Ganze auf einer kleinen Wanderung durch einen Wald. In diesem Akt des heftigen Aus-Sich-Heraus-Rinnenlassens ist die Verschwendung zur einzigen Möglichkeit geworden. Am Set des Films würde das bedeuten, daß der Regisseur die Personen und Einrichtungen, die zum Entstehen dieses Films, den er grade dreht, nötig waren, auch die Unstimmigkeiten oder Pannen, in jedem Moment ernsthaft ermahnt, ihm zu Willen zu sein. Sonst setzt es was. Und das waren sie dann ja auch, ihm zu Willen, selbst die Sachen, die nicht gleich geklappt haben. Hier hat ein Mann gearbeitet, da gab es keinen Zweifel. Einer der großen Verursacher und Her-Steller, kein Dahergelaufener, der halt irgend etwas macht, damit ihm nicht langweilig wird oder weil das sein Auftrag ist. Ein Gott langweilt sich nie, denn auch sein Nichtstun ist Arbeit. Diese Schöpferkraft spürt man bei Werner sofort, und man sieht sie auch, man sieht sie sogar in einem Ablaufen (das Ablaufdatum bestimmt er selbst), im Ausrinnen, das den Schöpfer gleichzeitig auch schon wieder auflädt. Sogar das Abfließen lädt ihn noch auf. Das Herstellen eines Films oder einer Bühnen-Inszenierung ist ja in jeder Sekunde ein Entscheiden, entsteht aus der Wirkung divergierender oder konvergierender Ursachen heraus. Es ist ein kompliziertes Geschehen, und der Regisseur muß Partei ergreifen, für diesen Zusammenhang oder jenen. Und die Zusammenhänge stellt er auch noch her. Aber die Sicherheit, mit der Werner Schroeter das tut, die hat für mich eben etwas Schöpfergotthaftes (und dieser Schöpfer/Gott ist nicht nur Schöpfer/Geist, ganz im Gegenteil, er ist Schöpfer/Her- und Hinsteller, was nicht alles dasselbe ist. Sein Körper muß hergeben, was jeder Körper hergeben muß, aber in diesem Vorgang ist er überzeugt, etwas zu TUN. Auch wenn es sein muß, ist das also ein Schöpfungsakt und nicht das Gegenteil davon), und seine Schöpfung hat Raum für alles, was ihm einfällt, und sie schafft gleichzeitig auch noch Raum für alles, was noch dazukommen wird. Auch wenn es einfach nur aus ihm herausrinnt, weil es muß, ist es doch ER, der muß, und das ist nicht unangenehm, weil man manchmal eben zum falschen Zeitpunkt »muß« (passiert mir zum Beispiel oft), sondern dieses Müssen ist die schöpferische Willkür eines Gottes, der es die anderen spüren läßt, daß er einer ist, ein Herr Gott. Was sollte er sonst sein, da er ja alles gemacht hat? Es ist (wie Freud meint) nicht jeder ein »Großer«, der ein außerordentlicher Könner auf einem bestimmten Gebiet ist (das ist Werner Schroeter ja zweifellos); sondern, indem man einen als einen Großen erkennt und benennt, bewegt einen dabei etwas anderes, die Persönlichkeit und die Idee, für die er sich einsetzt – gut und schön, aber da kommt bei dem Regisseur ein Mehr dazu (ähnlich dem Inschinör, dem nichts zu schwör ist), das nicht unbedingt ein Mehrwert sein muß, aber es muß da sein, und es muß heraus, und man muß dabei zuschauen können. Auf das Zuschauen kommt es sogar ganz besonders an. Freud bringt das mit der Sehnsucht nach einem Vater in Verbindung, den überwunden zu haben Helden sich zwar rühmen dürfen (wer anders als der Vater soll denn in der Kindheit der »große Mann« gewesen sein, meint Freud), die ein Held/Regisseur wie Werner Schroeter aber wirklich vollzogen hat, indem er sich selbst zum Vater seiner Schöpfungen gemacht hat: ein Vater, der nicht ein Kind, sondern immer sich selbst als sein (und seinen!) Vater gezeugt hat. In einer Unbekümmertheit, die bis zur Rücksichtslosigkeit gehen kann. Wie er da so mächtig vor sich hingepißt hat, hat er das Schöpfungsinstrument des Vaters für sich genommen und eben nicht: sich angemaßt oder es für sich reklamiert, sondern es sich eben einfach genommen und etwas geschöpft, indem er abgegeben hat. Wie ein Spieler den Ball.

Das Rinnenlassen, das sein muß, geschieht ganz in seiner Gewalt und unter seiner Herrschaft. Weil aber der Große Regisseur W. S. sich nicht auch noch selbst auslegen kann, weil er in seiner Inszenierung immer etwas anderes als sich selbst auslegen muß (was dann aber wiederum zu ihm selbst wird, kaum daß er es angefaßt hat, er kann nichts andres machen, als er ist. Er ist ja nicht einfach ein Interpret von etwas), muß er auch die Gewißheit haben, daß dieses andere nur so, wie er es will, ausgelegt werden kann. So bleibt er sich selbst als Schöpfer (und sich selbst als der Person, die der Schöpfer ist) immer erhalten. Und in dieser Schöpfer/Gewißheit ist die letzte Auslegung dann der Tod. Dieser Mann kann nur schöpfen, indem er weiß, daß alles Schöpfen ein Ende haben und man davon muß. Er legt etwas aus, und der Boden unter dieser Auslegware gibt nicht nach, doch er wird einmal ganz weg sein. So wie das Wasser den Körper verlassen muß, muß man selbst den Boden, auf dem man steht und etwas schöpft (das immer wieder raus muß), verlassen. Dieses Wissen schafft den sicheren Boden, von dem nichts mehr abgezogen werden muß, keine Auslegware jedenfalls. Das Wissen, sterben zu müssen, schafft in manchen eine vollkommen unverständliche Furcht davor, obwohl wir doch alle sterben müssen. Trotzdem, es bedarf des größten Muts, auch wenn Furcht davor sinnlos ist, sich auf diesen so sicheren Boden zu stellen, selbst dann, wenn man weiß, daß man den selber gemacht hat.

© Elfriede Jelinek, 2009

»VOUS ÊTES PARDONNÉ, WERNER«

Der wunderbaren Maria Callas begegnete ich in Paris das erste Mal persönlich. Das muss 1974 oder später gewesen sein. Ich war zu einem Festessen in der griechischen Botschaft eingeladen, und die Frau des Botschafters sagte: »Ich weiß, Sie würden gern neben Maria sitzen.« Mit meinen zerrissenen Jeans und Stiefeln muss ich in der vornehmen Louis-XIV- und Louis-XV-Möblierung sehr punkig gewirkt haben. Dann wurde ich auf dieses vornehme Dings gesetzt neben Maria Callas. Sie thronte auf zahllosen Seidenkissen und trug ein wunderschönes Balenciaga-Kleid in Smaragdgrün, herrlichen Schmuck dazu, nicht sonderlich viel, aber ausgesucht, und war wunderbar frisiert. Sie sah so schön aus, ganz nah. Da dachte ich mir, ich setze alles auf eine Karte. Wenn es eben hin ist, ist es hin. Ich benehme mich so, wie ich bin. Zum Glück haben mich mein Wissen über die Musik und die intime Kenntnis des Lebenswerks von Maria Callas gerettet.

Aber im Laufe unseres ernsthaften Gesprächs über die Aufnahme des Gastspiels der Mailänder Scala mit »Lucia di Lammermoor« in Berlin 1955, Dirigent war Herbert von Karajan, hatte ich plötzlich den Impuls, Frau Callas am Ohr zu fassen und ihren Kopf zu drehen und sie mir genau anzugucken. Ein Moment Stille, ein Blick, ein bisschen Hmm-Aha. Wir wechselten dauernd zwischen Englisch, Französisch und Italienisch, und ich sagte:

»Sie sind so schön, ich kann nicht glauben, dass Sie nicht geliftet sind. Wie kann man so schön sein?«

Sie antwortete bloß: »Vous êtes pardonné, Werner! Es ist Ihnen verziehen.« So ging das weiter, ganz lustig. Ab einem bestimmten Moment wollte ich nicht mehr sitzen wie mit der Nase in der Tasse, ich wollte auch groß sein. Ich stieg also auf das Canapé und saß auf der Lehne, und sie guckte hoch und sagte: »Well, does it really make any difference to you?« Ich rutschte wieder runter, der Humor dieser Frau war herrlich. Es war ein melancholischer Humor, der ihre Verletztheit ausdrückte. Einmal sagte sie den Satz: »I've lost everything. My voice is done, it seems. I don't have a man, I don't have a child, isn't it funny?«

Ich hatte dann doch etwas gewonnen. Als der Abend zu Ende ging und ihr Chauffeur das Zeichen zum Aufbruch gab, ließ sie mir ausrichten, ich möchte in den nächsten Tagen zum Tee kommen. So entwickelte sich eine herantastende, von mir als wunderbar empfundene Freundschaft, nein: Annäherung. Zur Freundschaft hätte man sich länger kennen müssen. Ich war ganz selig. Der Tag in der griechischen Botschaft hatte nämlich damit angefangen, dass ich in der Dusche hing und kotzte. Ich war bis abends so ausgekotzt wie die Callas vor einem Auftritt, denn sie übergab sich auch vor jedem Auftritt, entleerte sich oben und unten, damit sie wie eine reine Gestalt auf die Bühne ging. Ich dagegen übergab mich vor Aufregung. Da war ich abends in einem leichten Zustand, wie schwebend, als ich in die Botschaft kam. Aber frech war ich doch, wie es sich gehörte, weil ich halt so war.

Sie erzählte mir einmal, dass sie nur Leute kenne, die Angst vor ihr hätten. Das schien mir ganz unmöglich, weil ich keine Angst vor ihr empfinden konnte. Sie war so freundlich und warmherzig und mit fünfzig Jahren noch wie ein kleines Mädchen. Ich fragte sie, ob ich nicht einen Artikel in die Zeitung lancieren solle, dass Maria Callas einen Mann sucht, ich sei sicher, dass sich viele melden würden. Sie amüsierte sich sehr darüber.

Eine noch schönere Geschichte ist: Einige Wochen vor

Maria Callas' Tod im September 1977 sprach ich mit ihr über Musiken, die man singen kann, auch wenn die obere Stimmlage angeschlagen ist. Dieses Thema musste ich sehr zart angehen. Sie sagte mir damals, sie wolle weiter versuchen zu singen. Durch Zufall fand ich eine Kassette auf ihrem Flügel. Als sie kurz den Raum verließ, stellte ich das Gerät an und hörte, was sie mit ihrer Korrepetitorin aufgenommen hatte. »Pace, Pace« von Leonora aus dem Schlussakt von »Macht des Schicksals«, grandios gesungen. Allein konnte sie also anscheinend singen. Auf dem Flügel war eine Partitur aufgeschlagen, aus dem »Barbier von Sevilla«, aus der Hand der Sängerin Maria Malibran.

Ich recherchierte jahrelang nach Liedern von María Malibran, als ich hörte, dass sie auch komponiert hat. Wie ihre Schwester Pauline, die spätere Muse von Hector Berlioz und noch später die Geliebte von Turgenjew in Baden-Baden, war María Malibran künstlerisch sehr fruchtbar, aber sie starb bereits mit sechsundzwanzig Jahren nach einem Konzert in Manchester.

Antoine, ein Freund, fand in der Bibliothèque Nationale schließlich, was ich am meisten suchte, das Lied der Malibran »Tac, tac, qui battera sera la mort. Wer klopft an, es wird der Tod sein.« Ich hatte keinen Briefumschlag und faltete diese Partitur für Maria Callas in ein altes Couvert, strich den Namen, an den der Brief vorher adressiert war, durch und schrieb ihre Adresse darauf. Es war schlampiges Punk-Verhalten, unverzeihlich und schandbar, aber immerhin hätte der Inhalt sie interessieren können. Es muss einer der letzten Briefe gewesen sein, die sie bekommen hat.

Als ich eines Tages im September 1977 in der Kantine im Bochumer Schauspielhaus saß, ich inszenierte dort gerade »Fräulein Julie«, kam Tamara Kafka herein und sagte: »Ach Werner, da bist du ja. Maria Callas ist heute gestorben.« Das warf mich vollkommen aus der Bahn. Was für ein heiliger Gottesirrtum, diese Botin der Götter schon zurückzunehmen! Ich fand es ein furchtbares undenkbares Phänomen. Meine Freundin Maria Schell probte zur gleichen Zeit in Bochum für Fernando Arrabals Stück »Turm von Babel«, bei dem Arrabal auch die Regie führte. Nach Tamaras Botschaft zog ich mich um, intuitiv in schwarzes Leder. Ich war damals sehr schlank und sah lustig aus. Zurück in der Kantine, sah mich Maria Schell, die immer noch da war oder schon wieder. Ich hatte einen unsichtbaren Trauerflor um mich, strahlte ein gebrochenes Herz aus, wie ich es in meinem Requiem zum Tod von Maria Callas beschrieb, das im »Spiegel« erschien. Am Abend sollte Maria Schell in Köln ein Radio-Interview geben, eine Live-Sendung über sie. Sie bekam einen Mercedes zur Verfügung gestellt, umsonst natürlich. Und da sie wirklich eine liebe Freundin war, sagte sie: »Komm mit, Werner, wir bleiben heute zusammen.« Maria fuhr selbst. Ich war in einem merkwürdigen Zustand, an- und abwesend zugleich. Maria nahm mich ins Studio mit. Der Redakteur fragte: »Wen haben Sie dabei, Frau Schell? Was ist das für ein komischer Vogel?« Sie antwortete: »Sind Sie Rassist? Das ist ein hochbegabter junger Künstler. Das meine ich ernst, guter Mann.« Er musste zähneknirschend ertragen, dass ich dabei war und das eine oder andere mitredete.

Es wurde spät, wir aßen in Köln noch eine Kleinigkeit und fuhren gegen Mitternacht zurück. Ich war von Schmerzen zerwühlt, ein *Pater doloroso* und verlorenes Kind. Meine Gottesmutter war dahin, die Botin, die mir das Schicksal bestimmte. So wie die Geburt durch meine Mutter mein physisches Leben bestimmte, so bestimmte das Tun von Maria Callas mein Leben als beseelter Mensch. Es war ein unbegreifbarer Verlust. Irgendwo zwischen Köln und Bochum wurde Maria todmüde, ich war sowieso am Ende. Darauf fuhren wir in eine Parkbucht an der Autobahn, sie schob die Sitze zurück, und wir schliefen ein. Als die Sonne uns weckte, gähnten wir und setzten uns langsam wieder in Bewegung. Es war schon neun Uhr, als wir in Bochum ankamen. Wir tranken eine Riesenkanne Kaffee, dann stiefelte Maria auf ihre Probe mit Arrabal und ich auf meine Probe für »Fräulein Julie« mit Ingrid Caven, Wolfgang Schumacher und Tamara Kafka. Das war der Tag des Todes von Maria Callas.

Einen Tag später rief mich der »Spiegel« an, und jemand fragte, ob ich nicht den Nachruf schreiben wolle. Ich hatte keine Geduld, mich hinzusetzen, also diktierte ich den Text zwischen zwei Proben einer reizenden Sekretärin aus dem Intendantenbüro, ad hoc ohne Aufzeichnung und Korrektur. Es dauerte, der »Spiegel« verschob sogar den Druck der Auflage einen halben Tag, um den Artikel zu veröffentlichen.

Ich glaube, er ist mir gelungen. Er enthält auch Wesentliches über die Beschädigungen, die sich Maria Callas zuzog und die ihr angetan wurden. Sie war ihnen nicht gewachsen, weil sie aus anderen Sphären kam und ihre Kriterien dem Leben und der Kunst gegenüber wenig mit der Banalität verwandt waren, sodass sie daran scheiterte. Ihr Tod war seltsam: Sie stand morgens auf, ging zum Frühstückstisch und starb vielleicht den Herztod. Es wurde nie ganz geklärt. Vor ein paar Jahren las ich, dass sie eine Hautkrankheit unbekannten Ursprungs am Rücken und am Hals hatte, die man nicht sah. Ihr Tod war der Abschluss einer tiefen Depression, und daran waren verschiedenste Herrschaften beteiligt. Für mich war es der Verlust einer großen Liebe, ein Gottesgeschenk, das mir zu früh genommen wurde, denn ich hätte mir noch weitere Treffen mit ihr gewünscht.

GEISTIGE MUTTER, LEIBLICHE MUTTER

Ein Jahr vor Maria Callas starb meine leibliche Mutter. Ein paar Stunden vor ihrem Tod musste ich nach München fahren zur Premiere unserer Show mit Ingrid Caven, dem ersten Chanson-Abend mit Ingrid überhaupt. Damals, als sie noch mit Rainer Werner Fassbinder liiert war, entdeckten Daniel Schmid und ich sie als Sängerin, bevor ihr später Yves Saint Laurent das Théâtre Pigalle in Paris einrichtete.

Nach der Show ging das Telefon, mein Bruder war dran, der mir sagte, die Mutter ist tot. Mein Bruder und ich hatten sie bis zum Vormittag desselben Tages gemeinsam gepflegt. Ich erinnere mich daran, wie wir in unserem kleinen Haus in Heidelberg-Dossenheim saßen und miteinander sprachen, während unsere Mutter oben in ihrem Zimmer lag, betäubt vom Morphium. Sie war die erste von vielen krebskranken Menschen, die mir nahe waren. Meine ganze Familie ist an dieser Krankheit gestorben.

Ihr Tod war ein starkes Trauma für mich, ich glaube, für jeden sensiblen Menschen ist es das. Schon lange Zeit vorher, als noch niemand wusste, dass sie krank war, geschweige denn sie selbst, wachte ich einmal nachts auf und fiel aus dem Bett. Ich schrie, meine Mutter wird sterben. Die mystische Verbindung zwischen Mutter und Kind ist eben sehr stark. Über alle Grenzen hinweg bleibt diese Verbindung, dieser Austausch, lebendig. So war es mit meiner leiblichen Mutter und so war es auch mit meiner geistigen Mutter Maria Callas.

Wenn ich darüber nachdenke, fällt mir auf, wie sehr ich mich danach in mich verkrochen habe. Das Jahr 1976 gestaltete sich sehr traurig. Der Tod meiner Mutter war das Ende eines Traumreichs, in dem alles auf einem »second-degree« stattfand, auch meine Arbeit. Es hatte einen Heimatbegriff für mich gegeben. Ich konnte in Los Angeles, in Mexiko-City oder Hintertupfingen sein, irgendwie gab es immer den Moment, wo ich bei ihr ankam und mich in ein Nest fallen ließ. Es war vielleicht ein umgekehrter Nestflluchteffekt, bei abgedunkelten Fenstern im Bett zu liegen und vor mich hin zu träumen und mich zu erholen. Da, wo man zu Hause ist, holt man sich selbst zurück. Als es das nicht mehr gab, erlebte ich die größte Art von Selbstentfremdung. Dennoch habe ich das Beste daraus gemacht, weil ich seit dem Tod meiner Mutter mehr arbeitete als in den sieben Jahren davor.

Aber dann ergab sich auch wieder Schönes, ich konnte in Bochum am Schauspielhaus Theater machen. »Fräulein Julie«, mit Ingrid Caven als Julie, Wolfgang Schumacher als Diener Jean und Tamara Kafka als dessen Verlobte Christin. Dieser Strindberg-Text, eine Übersetzung von Peter Weiss, lag mir sehr, es wurde eine schöne Aufführung. Ingrid war großartig, zickig und zugleich erotisch. Meine Freundin Alberte Barsacq hatte tolle Kostüme gemacht, meine Gefährtin Magdalena Montezuma mit mir und Jan Moewes zusammen ein wunderschönes Bühnenbild. Dieser Kampf um Macht und Liebe war eine merkwürdige Mischform zwischen Strindberg-Zeit und einem vornehmen Folies-Bergère. Es war ein niedergetrampeltes Lebensfest, dieses Leben der Fräulein Julie.

Rückblickend wurde mir bewusst, dass sich die Dinge immer miteinander verknüpften. Die Trauer gehörte wie die Liebesbeziehungen, die Freundschaften und die künstlerischen Arbeiten, seien es Filme, Sprechtheater oder Oper, immer zu meinem Leben. Ich fühlte mich als Diderots Jacques le Fataliste, ein Stoiker. Das eine ergab sich organisch aus dem anderen.

MEINE VORBILDLICHE FAMILIE

Ich wurde 1945 in Georgenthal in Thüringen geboren, einem ehemaligen Luftkurort in der Nähe von Gotha. Als ich sechs Jahre alt war, sagte mein Vater Hans, er wolle nach der Nazi-Zeit nicht noch eine weitere Repression erleben, also wanderte er mit meiner Mutter Lena, meiner polnischen Großmutter Elsa, meinem älteren Bruder Hans-Jürgen und mir aus der DDR aus und fing bei null wieder an.

Anfangs in Bielefeld lebten wir in einer eilig hochgezogenen proletarischen Siedlung außerhalb der Stadt. Ich kann mich noch gut an die düsteren Ruinen der Stadt erinnern. Alles, was ich draußen sah, war meiner Sensibilität so fremd, dass meine Großmutter und ihre Träume zu meiner Welt wurden. Der Bau der Berliner Mauer ließ mich übrigens kalt, auch in unserer Familie wirkte er nicht nach. Wir hatten von Georgenthal Abschied genommen, zwischen unserem Weggang und dem Mauerbau 1961 war viel Zeit vergangen.

Meine Eltern lernten sich möglicherweise in Berlin kennen, wo meine Mutter, die Tochter einer Baroness, Medizin studierte. Ursprünglich wollte sie Ärztin werden, aber dann wurde sie Hausfrau und Mutter. An einen Beruf war zu jener Zeit nach der Heirat nicht zu denken, sie wollte es wohl auch nicht mehr. Mein Vater stammte aus einer Bauernfamilie, die in Thüringen eine Molkerei betrieb. Er war Ingenieur und Erfinder und entwickelte spezielle Handbremskraftverstärker, die unter anderem in Landmaschinen verwendet werden. Seine Fabrik bei Georgenthal hatte er aus eigener Kraft aufgebaut, und später begann er noch einmal neu in Geretsried bei München, wo die von ihm gegründete Firma heute noch besteht.

Ich weiß nicht, wie mein Vater es anstellte, dass er im Krieg nicht eingezogen wurde. Er sprach nie darüber, aber er war schlau, und vielleicht brauchte man damals seine Fabrik. Es gab eine wunderschöne Familienvilla in Georgenthal, die ich nach der Wiedervereinigung erbte. Ich fuhr hin und sah mir das Haus an, das mein Vater für die Freiheit verlassen hatte. Inzwischen war ein Altersheim darin untergebracht, und weil es furchtbar gewesen wäre, die alten Leute rauszuwerfen, entschied ich, dass sie bleiben konnten. Zudem war das heruntergekommene Haus in dem depressiven Landstrich nichts mehr wert. Heute steht es leer.

Mein Vater war ein überaus liberaler Mann, der sich nie über den Verlust seiner Existenz beklagte, was ich ihm hoch anrechnete. Als Kind kam mir seine Toleranz fast wie Gleichgültigkeit vor, und erst Jahre später fand ich heraus, dass dies seine Form sozialer Akzeptanz war. Homosexualität war beispielsweise in meiner Familie nie ein Thema, und es gab eine Zeit, in der ich Freundin und Freund im Wechsel hatte, wobei die erotische Bindung an Freunde stärker war als an Freundinnen, mit denen ich auch schlief.

Meinen Vater, der sowohl meine Freunde als auch meine Freundinnen meistens liebenswert fand, überzeugten die menschlichen und nicht die sexuellen Eigenschaften. Es war ganz normal. Ich kam mit einem Freund an, und fertig. Mir konnte man auf dieser Ebene nichts verbieten. Ich war zwar ruhig und sanft und still, hatte aber eine gewisse Kraft, in der eine Art gewaltlose Autorität lag.

Mein Bruder und ich wuchsen ziemlich frei, um nicht zu sagen verwildert auf. Meine Mutter war eine liebenswürdige, ja liebevolle Frau, wie jeder Mensch behaftet mit Fehlern. Sie kämpfte sehr um die Liebe ihrer Söhne, was manchmal schwierig war, noch schwieriger für meinen Bruder, der sich nie recht von unseren Eltern lösen konnte.

Ich habe viel von meinen Eltern, meinem Bruder und den Verwandten mütterlicherseits gelernt, sie waren alle keine Materialisten. Zu den Großeltern väterlicherseits hatte ich dagegen keine Beziehung, ich mochte sie nicht. Mein Vater und meine Mutter lebten uns vor, dass das Leben zählt, die Gegenwart, die es festzuhalten gilt. Auch mich interessiert das Materielle nicht. Die ideale Lebensform ist doch: zwei oder drei Koffer, ein schönes Hotel, vielleicht noch eine Kiste mit Büchern und Musik. Obwohl ich zugeben muss, wenn man ohne Geld dasitzt, ist es auch nicht praktisch.

Meine geliebte polnische Großmutter Elsa Buchmann, geborene Baroness von Rodjow, wäre gern Schauspielerin geworden, das war ihr großer Traum. Sie hatte eine ungeheure Ader für die Kunst, aber als Baroness, die im Alter von siebzehn Jahren mit einem dicken, cholerischen Anwalt verheiratet wurde, konnte sie ihren Traum nicht verwirklichen. Unsere Eltern waren künstlerisch interessierte Leute, doch der entscheidende Einfluss ging von unserer Großmutter aus. Sie, die weder Repression ertrug noch ausübte, übersetzte jeden Vorgang in Phantasie. Wenn wir mit ihr spazierengingen, erzählte sie uns verrückte Geschichten, bis wir auf dem Friedhof ankamen, wo wir auf dem Grab der Urgroßeltern Picknick machten. Sie las uns Märchen vor, die ich nie vergessen habe und auch heute immer neu für meine Arbeit entdecke.

Ich verdanke meiner Großmutter viel, sie hat meine Phantasie erweckt. Ich erinnere mich gut daran, wie sie einen Stuhl zum Palast erklären konnte und einen Blumentopf zum Urwald. Diese Freiheit des Umgangs mit Dingen fesselte mich, in dieser fremden Tagtraumrealität hatten wir Platz. Sie konnte alles verwandeln, so als wenn wir beispielsweise in einem Schiff auf dem Nil gewesen wären und da ein Problem gehabt hätten: Da gab es die Schneekönigin, der es zu warm wurde, und wir mussten unbedingt Eis besorgen, damit sie nicht zerschmolz. Oder meine Großmutter sagte, mein Bruder und ich, er war vielleicht zehn, ich sieben Jahre alt, sollten das Ohr an die Straßenbahnschienen legen und hören, wie die Indianer heranritten. Oder wir mussten unter ihrer Anleitung überall hinpinkeln, um unser Indianergebiet zu markieren, was die Spießer damals sehr erschütterte. Sie entwarf eine Zauberwelt, die sehr tolerant und von unglaublicher Kreativität war. Ich verdanke ihr viel viel viel Phantasie.

Die nächste Geschichte zeigt, dass ihr Sinn für die Wirklichkeit von vitaler Ironie war. Meine Großmutter hatte nach zwei Kriegen alles verloren, bis auf ein paar Koffer mit ihren schönen seidenen Kleidern aus den zwanziger und dreißiger Jahren. Sie trug sie in unserer proletarischen Bielefelder Siedlung, einer Art Plattenbau. Meine Großmutter kam also stattlich und beschwingt daher mit ihrer Einkaufstasche und hatte zudem blondierte Haare. Mit Ende sechzig war sie eine erstaunlich schöne schlanke Frau. Die Jungs pfiffen hinter ihr her, während ich an ihrer Hand ging. Sie lächelte mich an, drehte sich um und sagte: »Nicht wahr, von hinten Lyzeum, von vorne Museum.«

Die Sehnsucht nach dem Lebenstraum Theater war meiner Großmutter geblieben, mein Bruder und ich mussten ihn erfüllen, indem sie Rollen für uns erfand und dabei eine düstere poetische Parallelwelt entfaltete. Ich erinnere mich an eine wahnwitzige Szene, in der ich als Prinzessin auf einem Glasberg saß und mein Bruder, der Prinz, mich retten sollte. Der Berg bestand aus wacklig übereinandergestellten Stühlen, ein Bügelbrett diente als Anlauf. Mit solchen Verrücktheiten bin ich in die Schule gegangen, was mich natürlich in eine ziemliche Distanz zum Schulalltag brachte und die anderen Schüler provozierte, die viel verklemmter waren.

Meine Großmutter wohnte ganz in unserer Nähe in einer Einzimmerwohnung. Sie kam fast täglich und führte den Haushalt, wohl um etwas gutzumachen. Sie glaubte, ihren beiden Töchtern Liebe und Aufmerksamkeit schuldig geblieben zu sein, da sie den Vater ihrer Kinder, jenen Anwalt, nicht geliebt hatte. Von ihr und meiner Mutter habe ich meinen Sinn für die Küche geerbt, ich kenne viele deutsche und polnische Gerichte und liebe diese Art zu kochen, wenn sie gut gemacht ist. Meine Großmutter besaß ein Kochbuch von 1896, in dem viele Rezepte mit einem Pfund Butter und dreißig Eiern drinstanden. Besonders gern mochte ich zum Beispiel ihren Mürbeteig mit weißen Pfirsichen und Sahnehaube.

Meine Großmutter führte ihr eigenes Leben und hatte eigene Freunde. 1957 trat sie zur katholischen Kirche über und ich mit – jedenfalls interessierte ich mich sehr dafür, blieb indes evangelisch getauft. Meine Mutter wusste übrigens nichts von dieser Entscheidung und war bei der Beerdigung der Großmutter ganz überrascht, wie viele alte Leute kamen, die sie nicht kannte. Ich nahm mit großem Interesse am Religionsunterricht teil, was mir die Bielefelder Lehrer in den Zeugnissen immer bestätigten. Dazu fällt mir die Geschichte ein, dass ich vor langer Zeit nach einer sehr schmerzhaften Trennung bei einem jungen katholischen Pfarrer Trost suchte. Während der Schmerz über die Trennung immer größer wurde, war ich natürlich mit ihm im Bett. Er hat das nicht bereut, es machte ihm Spaß.

Im Jahr nach ihrem Konfessionswechsel starb meine geliebte Großmutter, ich weiß nicht, ob durch Selbstmord oder durch einen Unfall mit der Straßenbahn. Als ich es erfuhr, ging ich auf mein Zimmer und zertrümmerte in einem Anfall von Verzweiflung, Zorn und Trauer die Einrichtung. Dann war es gut. Meinen Eltern und mir selbst wurde klar, dass in dem stillen sanften Kind Werner, das ich war, eine große Portion Jähzorn verborgen lag. Ich tat nie wieder so etwas.

Meine Schule, das Max-Planck-Gymnasium in Bielefeld, war eine Katastrophe: Die Lehrer, vermutlich alte Nazis, merkten nicht oder wollten nicht merken, was unter den Schülern vorging. Ohne zu ahnen, woran es lag und was mit mir passierte, wurde ich bis zu meinem vierzehnten Lebensjahr fast täglich von meinen Mitschülern verprügelt. Ich hatte eine andere Lebensauffassung und wehrte mich nicht, es machte mich nur traurig. Es ging so weit, dass sie Kaffeekannen voller Pisse über meinen Kopf leerten. Ich machte in dieser Zeit auch einige schwere Krankheiten durch, die sicher daher rührten, dass ich mich völlig außerhalb von dieser Art Verhalten befand, ohne dass ich jemanden dafür schuldig gemacht, gehasst oder auch bewundert hätte. Ich kultivierte keinen Sado-Masochismus, sondern stand einfach fassungslos den permanenten Beleidigungen und Beschimpfungen gegenüber. Hinterher merkte ich, dass ich mit diesen Erfahrungen Ich bin. Dann übernahm ich mit fünfzehn in der Schule eine intellektuelle Position und alle zitterten vor mir. Ich wurde hoch verehrt und mit Zigaretten und Bierchen bedacht. Wenn das kein Schlaglicht auf unsere Gesellschaft wirft ...

Trotzdem hatte ich Freundschaften, zum Beispiel mit Siegfried, einem älteren Schüler, der mir erzählte und zuhörte. Ich durfte mich auf seinen Fahrradlenker setzen, wenn er mich nach der Schule nach Hause fuhr. Er war vielleicht fünfzehn Jahre alt, ich zwölf, er war meine große Liebe. Ich weiß noch, dass er mir Filme nacherzählte und dass ich auf diese Weise den vollbusigen Filmstar Diana

Dors kennenlernte. Eines Tages fehlte Siegfried auf dem Schulhof und lange erfuhr ich nicht, dass er sich auf dem Dachboden seines elterlichen Hauses erhängt hatte. Er war von seinem Stiefvater geschlagen worden, hatte die Hölle auf Erden gehabt, mir und allen anderen aber nie etwas davon gesagt. In meinem Film »Deux« setzte ich ihm später ein Denkmal in der Szene, in der mein Alter Ego Isabelle Huppert auf dem Fahrrad mitgenommen wird.

Meine Familie ging damals viel ins Theater und in die Oper, es gehörte einfach zu unserem Leben. So kam es, dass ich schon mit zwölf Jahren Marianne Hoppe verehrte, als ich sie in einer Tournee-Aufführung in Bielefeld auf der Bühne sah. Klavierspielen lernte ich in meiner Kindheit auch, wie jedes Kind unter Kuratel. Bald gab ich es wieder auf, was ich später bereute, wenn auch selten. Ich hörte lieber Radio und Schallplatten, so oft ich konnte, die unvergleichliche Caterina Valente war der Star meiner Kinderjahre. Auch Hertha Töpper als selbstbewusste Amneris in Verdis Oper »Aida« hörte ich im Radio, damals fand ich ihren Gesang dem von Caterina Valente ähnlich. Und weil ich Caterina Valente sehr schätzte, begann ich auch Opern zu schätzen.

Mitunter interessierte sich auch mein Vater für Kunst, zumal er zeitweise eine Geliebte hatte, die Opernsängerin war. Meine Mutter interessierte sich für Kunst, indem sie sich einmal in ihrem Leben in eine Frau verliebte, in die Wiener Schauspielerin Josefine Schult-Brasser. Eine tolle Frau, schön, aber herb, eine Tragödin erster Güte. In sie war meine Mutter zweifelsohne unsterblich verknallt, mein Vater fast zur gleichen Zeit in eine blonde Opernsängerin. Das waren die Beziehungen zur Kultur in der Bielefelder Zeit. Eine Trennung und Scheidung kam jedoch für beide nicht in Frage.

Josefine kam oft zu uns nach Hause. Als Geliebte sprang sie mit meiner Mutter übel um, eine wahre Domina. Man muss sich vorstellen, wie sie herumlief. So wie sie sich gab, hatte ich mir ihren Typ immer vorgestellt. Anfang der sechziger Jahre, als wir in Dossenheim bei Heidelberg wohnten, besuchte sie uns. Ich holte sie an der oberrheinischen Eisenbahn ab. Die Dorfbevölkerung fiel in Ohnmacht, als Josefine mit ihrer Wahnwitzfrisur, ihren enorm langen Medea-artigen Haaren, im Leopardenmantel und auf hohen Stöckelsandalen erschien. Sie hatte kirschrote Lippen, schwarz ummalte Augen und blutrot lackierte Fuß- und Fingernägel. So trapste Josefine zu meinem Stolz mit mir durch das Dorf, während die Bevölkerung vor Schrecken erstarrte.

Ein paar Mal besuchte sie uns noch, ich hatte inzwischen mehr mit ihr zu tun als meine Mutter, für die die Geschichte abgeschlossen war. So übernahm ich Josefine, nicht als Geliebte, sondern als Freundin. Ich fand sie klasse, eine schöne Frau. Josefine hatte eine Karriere am Burgtheater hinter sich, die dann nicht weiterging, weil sie ohne Zweifel auf Qualität bestand und ein vulkanisches Temperament besaß. Sie war sehr konsequent und mitunter unleidlich, sodass sie überall rausflog. Sie landete in Flensburg und Heidelberg und schließlich in Celle, wo sie von der Knusperhexe bis zur Medea alles spielte. Sie setzte sich immer durch in dem, was sie wollte, bespielte aber dafür die letzte Klitsche. Mit fast fünfzig entdeckte Hansgünther Heyme sie noch einmal und verpflichtete sie nach Köln. Dort hatte sie eine tolle Zeit – sie war wirklich eine großartige Schauspielerin.

DIE UNSCHULD HAT IM HIMMEL EINEN FREUND

Wir waren 1959 nach Dossenheim bei Heidelberg gezogen. Zuerst hatten wir dort eine Wohnung und dann ein kleines Haus mit Garten. Ich fuhr mit der Regionalbahn nach Heidelberg zur Schule, ein paar Monate ins Helmholtz-Gymnasium und dann in das Privatgymnasium des Englisch-Amerikanischen Instituts. Ich war in der Pubertät und stellte fest, dass Englisch und Französisch für mich keine Alternative zum Leben waren. In meinem Zeugnis stand, mein Betragen und mein Fleiß seien gut, aber die Versetzung war wie schon in Bielefeld gefährdet. Was soll man sagen, wenn die Schule daraus besteht, Sprichwörter aus Friedrich Schillers »Wilhelm Tell« in ein Heft zu schreiben: »Die Unschuld hat im Himmel einen Freund.« »Der kluge Mann baut vor.« Da half auch der Wechsel auf die englisch-amerikanische Schule wenig.

Nachdem ich schon 1958 Maria Callas auf Italienisch singen gehört hatte, musste ich diese Sprache endlich lernen. Dieser wichtige Teil meines Lebens begann, als ich das Radio anstellte, in diesem Fall ein Blaupunkt-Radio. Ich saß abends in der Küche, war gerade dreizehn geworden, und es war zunächst nichts zu hören, nur ein Raumgeräusch. Dann fing ein Orchester an und schließlich begann eine Stimme zu singen. Das war Maria Callas, wie sich herausstellte – und ich hatte keine Ahnung von nichts. An den Abend erinnere ich mich genau, denn damals schmiss ich meine Mathematikbücher, die ich schon immer gehasst hatte, in den Mülleimer. Da sind sie grosso modo auch nie wieder herausgekommen. So ging das mit dem Italienischen los. Dank meiner Mutter organisierte ich mir einen Studenten, Luciano Rodolfo, für den sie kochte und den sie bezahlte.

Er war sehr streng mit mir. Aber da ich das Italienische liebte, lernte ich schnell. Ich hatte die Idee, ich muss weg aus Dossenheim, aus Deutschland. Und so folgte eins aufs andere.

Heidelberg – das war die Zeit, in der ich ein Album über Maria Callas anlegte und begann, Bilder und Zeitungsberichte von ihren Auftritten zu sammeln. Ich wusste beispielsweise alles über die Saisoneröffnung an der Mailänder Scala 1960, zu der die Zeitungen schrieben, die Callas wolle sich mit Italien aussöhnen. Ich hob Fotos von Speisekarten auf, denen man entnehmen konnte, was sie aß. Ich führte eine Liste mit ihren Tourneedaten, als sie 1962 München, Hamburg, Essen und Bonn bereiste, sammelte Kritiken von Joachim Kaiser und Jürgen Serke. Meine »Welt der Oper« war ein Materialhaufen zwischen zwei Buchdeckeln, in dem auch meine Fundstücke zu Joan Sutherlands und Grace Bumbrys Auftritten in Bayreuth oder die Programme der Städtischen Bühnen Heidelberg und der Arena di Verona Platz fanden.

Damals hörte ich viele Stunden lang Musik ... Ich besaß ein Tonbandgerät und begann, alles aufzunehmen, was von und über Maria Callas im Radio gesendet wurde. Später hatte ich dieses Bedürfnis, sie beständig zu hören, nur noch selten. Nach ihrem Tod war sie mir zwar immer noch nah, sie blieb so etwas wie meine seelische Heimat, aber es war mir eher unangenehm, die Sinnlichkeit ihrer Stimme zurückzurufen, als sei sie nicht gestorben. Im Grunde wollte ich damals nicht, dass ihre göttliche Stimme durch die Plattenkonservierung zur Fortsetzung von Endlichkeit wird, zur »Dauerwurst«, wie ich das einmal in einem Gespräch mit meinem Freund Daniel Schmid nannte.

Einmal war ich mit meinen Eltern im Amphitheater von Epidaurus, es muss 1960 oder 1961 gewesen sein. Ich hatte sie überredet, dahin zu fahren. Man fuhr damals vier Stunden die Berge hinauf, ganz langsam quasi im Konvoi. Die Callas in »Medea« in Epidaurus, das hat Kraft, denn die Akustik ist einfach umwerfend. Und die Zikaden! Das war das Konzert am Himmel. Als wir hinfuhren, sollte die Callas singen, aber sie sagte ab. Da stiegen die fünftausend Leute wieder in ihre Autos und fuhren vier Stunden den Berg hinunter.

Mit sechzehn Jahren ging ich nach Neapel, um ein Jahr eine Schule in der Nähe der Stazione Garibaldi zu besuchen. Dem Schulstoff in Italienisch zu folgen war kein Problem, überhaupt keins. Das Klima dort war wunderbar, herrlich. Damals wurde meine Liebe zu Neapel begründet, sie hat lange getragen und dauert fort. So erklärt sich auch, dass mein Film »Regno di Napoli« Jahre später in verschiedenen neapolitanischen Dialekten entstand.

In Neapel besuchte ich natürlich die Oper. Da gab es einen schwulen Verwaltungsdirektor, den Commendatore Spizico. Er versammelte abends die Tunten der Stadt vor der Oper und stieg auf einen Stuhl, weil er sehr klein war. Dann hielt er flammende Reden: »*Ragazzi di Napoli!*« Er war ein Genie, was der alles erzählte, wer mit wem fickt, solche Dinge. Ich traf ihn Jahre später wieder, als ich 1969 Teile von »Eika Katappa« in Neapel drehte. Damals bat ich ihn, eine Szene aus »Aida« mit Grace Bumbry in der Oper filmen zu dürfen. Da berief er wieder seine Versammlung ein, stieg auf seinen Stuhl und legte los: »Pòpolo di Napoli! Ascoltate tutti quanti! Questo signore avete visto, ragazzi! Impossibile questi ragazzi tedeschi, bla bla bla!« Und am Schluss sagte er dann doch: »Also komm, wir machen's.« Da ging ich in die Opera San Carlo, fand es nicht so interessant und filmte nicht. Aber Commendatore Spizico war eine neapolitanische Besonderheit, großartig und wunderbar.

Ich lebte bei einer richtigen *mamma neapolitana* in einer Pension. Sie bepuschelte mich und machte mir morgens Frühstück mit *cornetti con prosciutto di Parma* und *cappuccino*. Mittags gab es *spaghetti a le vongole*, Venusmuscheln, nach wie vor ein Lieblingsessen von mir. Abends hieß es »*una bella cotoletta, caro*«, und so weiter. Das war wunderbar, und es hat praktisch nichts gekostet.

Nach einem Jahr fing ich an, mich zu sehr in die Stadt zu verlieben. Meine Eltern merkten, dass ich wohl ganz dort verschwunden wäre. Da kam ich wieder zurück. Ich hatte sehr tolerante Eltern. Sie ließen mich ziehen. Sie wussten, dass ich ein sanfter Mensch bin, aber einen eisernen Willen besitze. Da war Widerspruch sinnlos. Natürlich wurde mein Wunsch, nach Italien zu gehen, in Frage gestellt, aber meine Eltern werden wohl verstanden haben, wen sie als Sohn hatten. Leider sind Eltern oft stumpfsinnig und ihre intelligenten Söhne und Töchter gehen dabei drauf. Meine Eltern konnten vielleicht so früh nicht leicht loslassen, aber sie wussten, ich liebe sie.

Ich kam also zurück und ging auf die amerikanische Schule, ich bin eben immer schon herumgezogen. Meine Mutter fuhr mich mit ihrem VW Käfer zur Schule, wenn ich die Nacht über weg gewesen und erst morgens nach Hause getrampt war. Sie hat mir auch manchmal ein Bad gemacht und mich gewaschen. Sie hat das gern getan. Mein Bruder und ich halfen damals nichts im Haushalt, wir spülten oder putzten nicht. Kein junger Mann macht das gern. Mein Vater auch nicht, wohl auch, weil meine Mutter keinen Mann in der Küche wollte. Solche Männer fand sie nicht gut. Ein pubertierender junger Mann, der seinen Platz in der Welt sucht, hat mit der Küche nichts im Sinn. Erst später machte ich die Küche, weil ich ein Küchenfreak war und meistens kochte.

Natürlich gab es Konflikte mit meiner Mutter. Einmal war ich sehr verliebt und wollte meinen Freund zu meinen Eltern mitbringen. Sie sagte am Telefon: »Dann haben wir wieder nichts von dir!« Es folgte eine heftige Auseinandersetzung: »Das ist mein Leben, mein Freund. Herzliche Grüße ins Leichenhaus!« Und auch als ich vor meinem Film »Willow Springs« bei den Eltern in Dossenheim war, überfiel mich die Depression. Ich stand in der Küche, als meine Mutter hereinkam und sagte: »Was hab ich nicht alles für dich getan! Du hast es doch gut.« Da bekam ich einen Wutanfall, griff in die Schublade und nahm ein Schlachtermesser heraus. Ich sah auf die über der Spüle hängende Küchenuhr, ich war ganz in meinem tragischen Weltempfinden gefangen, kam mir lächerlich vor und ungenügend. Damals war ich übermäßig selbstkritisch. Ich hätte sie ermorden können, nie wieder sollte sie so etwas zu mir sagen. Die Uhr lief weiter, der Impuls ging vorüber. Da nahm ich sie am Arm, ging mit ihr in unser kleines Gärtchen hinaus und erklärte ihr, was in mir abgelaufen war. Viel später, als ich mit meinem kranken Lebensgefährten Marcelo Uriona eine Tango-Inszenierung plante, kam ich in eine ähnliche Situation. Jetzt war ich derjenige, der einem angespannten, in sich gekehrten depressiven jungen Mann sagte: »Dir geht es doch gut.« Und auch er wollte mich umbringen.

Das Abitur legte ich 1966 ab, deutsch und amerikanisch, weil nur beides zusammen anerkannt wurde. Lächerlich. Ich war gut in Deutsch, der Rest war nicht so interessant für mich. »Arbeitet nur das, was ihm Freude macht«, stand im Zeugnis.

Danach wusste ich nicht, was ich machen sollte. Ich hatte nur Lust zu erfahren, was Liebe ist. Ich kannte die Leidenschaft, wollte aber Liebe lernen, Liebe erleben. »So scheint die Liebe Liebenden ein Halt« – meine Schulnotizen mit einer Dialogpassage aus Bert Brechts »Aufstieg und Fall der Stadt Mahagonny« drückten meine Sehnsucht nach einem anderen Leben aus: »Sieh jene Kraniche in großem Bogen!/Die Wolken, welche ihnen beigegeben/Zogen mit ihnen schon, als sie entflogen/Aus einem Leben in ein andres Leben«.

Während meiner Schulzeit hatte ich eine wunderbare liebesähnliche Beziehung in Italien, mit einem sizilianischen Kellner aus einer Bar am Gardasee. Er besuchte mich um 1963 in Heidelberg, und ich nahm ihn in die amerikanische Schule mit. Da saß er neben mir und die anderen Schüler sagten: »Look, Miss Leube, who is that guy?« Die Lehrerin darauf: »Please stand up.« Ich zu ihm: »Steh mal uff.« Dann: »Das ist mein Freund.« Und sie: »Aha, welcome, sit down. Let's start now the lesson.« Das war ein anderer Ton als in den deutschen Schulen, getragen von der Leidenschaft der Freiheit, die von Kennedy verkörpert wurde. Kennedys Tod war ein Riesenschock, wir haben ihm alles geglaubt. Er war eine echte »Allianza per il futuro« für uns. Der Kalte Krieg dagegen hat mich völlig cool gelassen. Das beeindruckte mich überhaupt nicht. Ich hatte vor dem dritten Weltkrieg nie Angst. Ich kann sie mir nicht anziehen, wenn ich sie nicht hatte. Ich könnte einen Krieg sowieso nicht beeinflussen. Traurig war ich über den Untergang der Hoffnung mit Kennedy. Wir waren damals überzeugt, die USA sind das Land der Freiheit, ein Glücksbringer. Es war halt nicht so.

Zum Zeitpunkt meines Abiturs hatte ich schon einigen Geschlechtsverkehr hinter mir, weil ich mit vierzehn damit angefangen hatte, was damals ungewöhnlich früh war. Als ich mit meinem Film »Nuit de chien – Diese Nacht« zum Filmfestival Ludwigshafen auf die Rheininsel eingeladen wurde, erinnerte ich mich daran, wie ich nach meinem Italien-Aufenthalt in derselben Gegend, in der sich damals weitläufige Hafenanlagen befanden, auf den Strich gegangen war. Zusammen mit einer Philosophiestudentin aus Karlsruhe, die ihrerseits auch Menschen kennenlernen wollte, trampte ich um 1965/1966 von Heidelberg nach Ludwigshafen zu den Matrosen. Dem Anderen nicht nur gedanklich und mit Gefühlen näherkommen, wieso sollte das nur romantisch sein? Wir wollten eben das Leben kennenlernen.

Damals war die Gegend voller Gaslaternen, und die chemischen Fabrikanlagen von BASF blinkten wie in einem Science-Fiction-Film – ein wunderschönes Bild der Nacht. Es gab da eine freundliche ältere Nutte, die mich adoptieren wollte. Aber morgens um vier trampte ich nach Hause, wusch den Schmutz von meinem Körper und wurde von meiner Mutter in die Schule gefahren. Liebe, das war ein unbekanntes Gefühl, das ich noch erleben wollte. Das erfahren und dann den Liebestod sterben – eine unglaublich romantische Idee.

DIE SONNE DER NACHT

Ich lernte Pier Paolo Pasolini kennen, als ich ganz jung war. Da zeigte er seinen Film »Accattone« in Heidelberg als deutsche Erstaufführung im Kino Harmonie, das es vielleicht sogar noch gibt. Es muss 1961 oder 1962 gewesen sein. Pasolini hielt eine Einführung, aber die deutsche Übersetzerin übersetzte falsch. Ich saß oben auf dem Balkon, und irgendwann, als es mir reichte, sagte ich laut: »Signore Pasolini, basta …« Damit zwang ich sie, richtig zu übersetzen, und manchmal übersetzte ich selbst. Er sagte zum Beispiel in seiner Sprache: »Ich weiß, dass ich hier nicht verstanden werde, in diesem kommerziellen Unkulturzentrum Deutschlands, in dieser falschen Studentenromantik, in einer kapitalistischen Stadt mit lauter arroganten Studenten. Die werden ›Accattone‹ nie begreifen, aber ich bringe den Film trotzdem, weil ich Geld brauche und weil ich denke, vielleicht wird man es doch verstehen.« Sie übersetzte aber: »Herr Pasolini ist stolz und froh, dass er in dieser wunderbaren Studentenstadt sein darf.« Und da ich diesen Unterschied in beiden Sprachen zum Besten gab, bedankte sich Pasolini danach bei mir. Ich war sechzehn oder siebzehn Jahre alt und dieser Dank von ihm war es mir wert.

Dann sah ich »Accattone«, meinen ersten Film von Pasolini. Ich fand ihn grandios, er blieb mir im Leibe stecken. Dieser Film altert nicht. Ich glaube, Pasolinis »Salò« altert, aber »Accattone« nicht. Es sind Bilder vom Mitgefühl in aller Brutalität oder anders: Brutalität und Gewalt sind nicht zu verhindern, aber in der Brutalität gibt es auch dieses Mitgefühl, das ist grandios.

Wenn ich an andere Filmvorbilder im Zusammenhang mit meinen eigenen Film- und Theaterarbeiten denke, fällt mir neben »Accattone« noch »La Passion de Jeanne d'Arc« von Carl Dreyer ein. Es war auch in meiner Heidelberger Zeit, als ich ihn um 1961 ein einziges Mal im ersten Fernsehprogramm sah. Damals gab es ja nur ein Programm, und da lief abends um 20.30 Uhr dieser Stummfilm von Carl Dreyer in Schwarzweiß. Ich fand ihn grandios, es ist noch heute einer der größten Filme. Es müssen irrwitzige Anrufe bei dem Sender angekommen sein, denn alle dachten, der Apparat sei kaputt oder gar der Sender. Stellen Sie sich vor, dass die Kulturbeflissenen damals den Kulturauftrag des Fernsehens wirklich wahrnahmen und dieses Meisterwerk im normalen Abendprogramm zwei Stunden lang zeigten, stumm, wie er ist – undenkbar heute!

Nach meinem Abitur tat ich zunächst gar nichts. Ich hatte zu der Zeit einige schwere Krankheiten hinter mir, Lungenvereiterung, offene Lungentuberkulose, und war in der Schule oft verprügelt worden. Die Anfälligkeit war seit dem Italienaufenthalt geringer geworden, und auch in der Schule war ich inzwischen in einer gewissen intellektuellen Position und nicht mehr nur der Prügelknabe. Trotzdem wurde ich häufig beschimpft. Man brüllte mir auf dem Schulhof »Julio Gréco« hinterher, weil ich schwarze Kleidung trug und die Leute irgendwie an Juliette Gréco erinnerte. Ich sprach mehrere Sprachen fließend und las sehr viel, dadurch wurde ich den anderen nur noch fremder und entwickelte das, was ich mein tragisches Weltempfinden nannte.

Die Bücher von Cesare Pavese beschäftigten mich damals, nachts übersetzte ich sie, weil mich seine Auseinandersetzung mit dem Selbstmordgedanken faszinierte und er sich ja auch selbst umgebracht hatte. Mein tragisches Weltempfinden wurde so etwas wie ein Schlüsselwort für meine Sehnsucht nach Ausdruck, aber wenn ich auf die Zeit damals zurückschaue, sehe ich meine Gefühle eher als drollige Melancholie. Ich bin ein Genussmensch geblieben, bis auf den heutigen Tag, ich lebte schließlich in einer wunderbaren Familie, und meine Mutter kochte ja so gut.

Das exzessive Lesen war mir wichtig, besonders nachts in der Stille, wenn alles schläft und man selbst noch wach ist. Die Nacht hält die Erleuchtung für den Einsamen bereit, das wissen alle, zumindest ich, denn ich habe nachts immer wenig geschlafen, morgens dafür lang.

Seit meiner Kindheit war ich ein begeisterter Leser, und nachts konnte ich mich immer sehr gut konzentrieren. »Einsam wachend in der Nacht«, singt Brangäne in Wagners »Tristan«, und Novalis sagt in den »Hymnen an die Nacht«: »Welcher Lebendige, Sinnbegabte liebt nicht vor allen Wundererscheinungen des verbreiteten Raums um ihn das allerfreuliche Licht ... Abwärts wend ich mich zu der heiligen, unaussprechlichen, geheimnisvollen Nacht.« Dieser Reichtum der Nacht hat mich von früh an begleitet.

Cesare Pavese und Edgar Allen Poe las ich in meiner Jugend besonders intensiv. Vor allem aber entdeckte ich den Dichter Lautréamont, den ich in einer Buchhandlung unter den Originalausgaben fand. Später in Frankreich stieß ich wieder auf ihn. Die Menschen, die ich dort traf, die sensiblen wie der Regisseur Jean Eustache und viele andere, sie alle kannten Lautréamont und waren sicher, er müsse mir gefallen. Lautréamonts Hauptwerk »Les chants de Maldoror – Die Gesänge des Maldoror« ist für mich wesentlich, da hatte Rainer Werner Fassbinder vollkommen recht, als er einmal in einem Artikel meine Arbeit in die Nähe von Novalis, Lautréamont und Louis-Ferdinand Céline rückte. Schon in einem meiner ganz frühen Filme »La morte d'Isotta« vom Frühjahr 1968 zitierte ich Texte aus den

»Chants de Maldoror«. In ihrer Abgründigkeit, ihrer Tiefe, ihrer Menschen-Hassliebe suchen sie ihresgleichen, das todesengelhafte »Diable et Dieu« ist in dieser Poesie versammelt. Er kommt mir vor wie ein dauernder Doppelgänger meiner selbst.

Isidore Ducasse, er gab sich das Pseudonym Comte de Lautréamont, hatte französische Eltern, die in Uruguay lebten. Er wurde 1846 in Montevideo geboren, verlor früh die Mutter und erlebte vermutlich mit fünf Jahren die Kämpfe am Ende des argentinisch-uruguayischen Krieges, das muss grausam gewesen sein. Der Vater schickte ihn zur Schule nach Frankreich und dort schrieb er, anstatt eine bürgerliche Karriere anzustreben, »Les chants de Maldoror«, sein einziges großes Werk, das zu seinen Lebzeiten aus Zensurgründen gar nicht vollständig erscheinen konnte. Man weiß sehr wenig über sein Leben. Mit nur vierundzwanzig Jahren starb er ziemlich einsam in einem Hotel, und sein Werk wurde fast vergessen. Zum Glück gibt es eine kongeniale Übersetzung von Ré Soupault, der in Bublitz in Pommern geborenen Frau des berühmten Surrealisten Philippe Soupault. Er war es, der Lautréamont wiederentdeckte und unter den Surrealisten bekannt machte, während seine Frau diese großartige deutsche Übersetzung schuf.

Lautréamont verfolgte mich immer weiter, er war die Inspirationsquelle für meine Filme »Neurasia«, »Argila« und »Der Tod der Maria Malibran«, in denen ich Texte aus den »Chants« zitierte. Zuletzt griff ich in »Deux« darauf zurück, aber auch in meiner Fotoausstellung »Autrefois et toujours« nahm ich 2009 auf die »Gesänge des Maldoror« Bezug. Das Motto für die Ausstellung stammt aus dem ersten Gesang: »Liebst du denn nicht die kristallklaren Bäche, in denen sich Tausende roter, blauer, silberner Fischchen tummeln? Du wirst sie mit einem Netz fangen, so schön, dass sie von selbst hineingehen, bis es voll ist.« Zur Vernissage inszenierte ich jene unheimliche Szene aus dem ersten Gesang, in der Maldoror einen Jungen dazu verführt, seine Familie zu verlassen.

Natürlich identifizierte ich mich nicht im eigentlichen Sinne mit dem Comte de Lautréamont, auch nicht mit Maldoror, dem Gespenst des Teufels, dem gefallenen Engel, dem Ewigen Juden Ahasver, das alles ist ja in dieser Figur enthalten. Aber die Art zu sehen, mit diesem Sarkasmus und dieser Sinnlichkeit, »malgré tout l'utopie – trotz allem die Utopie«, das hat ihn zusammen mit der Callas zu einem extrem bedeutungsvollen Künstler für mich gemacht.

Es gab einmal eine wunderschöne bibliophile Ausgabe der »Gesänge« mit hervorragenden Gemälden zur Illustration. Antje Ellermann vom Verlag Rogner und Bernhard brachte sie nach einem Hinweis von mir auf den Weg. Ich verschenkte sie leider oder verlor sie sonst wo. Heute ist Lautréamont wieder am Verschwinden, ich fand kürzlich im Buchladen nur ein Taschenbuch mit den »Gesängen«, in dem sie als Roman bezeichnet werden, was nicht stimmt. Es ist eine Dichtung wie die Odyssee oder Vergil.

Es geschieht mir oft, dass ich auf ungewöhnliche, seltene Werke stoße. Beispielsweise gibt es in »Palermo oder Wolfsburg« das Lied »Padre, padre«, das in den verfremdeten Gerichtsszenen des Films den kitschigen Höhepunkt setzt. Es kontrastiert ganz bewusst die Härte, mit der in dieser Szene über den Menschen verhandelt wird. Diese Schnulze hatte ich in Berlin während der Dreharbeiten für die Gerichtsszenen gefunden. Da stand auf der Straße ein Mülleimer, aus dem eine 45er-Schallplatte guckte. Ich zog sie einfach heraus, wusch sie zu Hause mit destilliertem Wasser und Spülmittel, legte sie auf den Plattenspieler, und da war's das Lied für den Film.

Meine Eltern waren der Ansicht, dass ich zu wenig tue. Ich war einundzwanzig Jahre alt, hatte das Abitur, wollte Lieben lernen und mich dann umbringen. Das war der Dauerplan, in dieser Reihenfolge. Selbstmord war für mich nichts Lebensfeindliches, nicht aus dem Gefühl der Depression denkbar. Ich wollte mich vielmehr in einem Zustand der Leidenschaft und Gnade, einem Zustand der extremen Lust umbringen. Heute sehe ich diesen Wunsch zwar als drollige Melancholie, aber er gehörte zu mir. Ebenso wie die Brille mit dicken schwarzen Rändern und die Rockerfrisur, die ich damals auf einem Foto im Wehrpass trug. Glücklicherweise sorgten meine früheren Krankheiten und ein Rückenleiden dafür, dass ich nicht fürchten musste, eingezogen zu werden.

Ich schrieb mich für das Studium der Psychologie und Medizin an der Universität Mannheim ein, doch nach drei Wochen haute ich dort ab. Ich konnte es nicht ertragen, das viele Geplapper da vorn, zumal ich das, was ich dort hörte, ja auch in Büchern nachlesen konnte. Ich hatte mir von der Universität erhofft, dass etwas Unerhörtes zum Besten gegeben wird, aber sie bot mir nichts, was nicht auch in den Büchern stand. Also verabschiedete ich mich mit einem Eklat, indem ich zu meinem Professor sagte: »Lecken Sie mich am Arsch!« Das war meine Universitätsbildung.

Nun überlegten meine Eltern wieder: »Er muss doch irgend etwas machen.« Sie hörten von der Filmhochschule in München, die 1967 gegründet wurde. Ich wollte gar nicht hin, ich habe alles gemacht, um nicht angenommen zu werden, man nahm mich aber trotzdem an. In der Aufnahmeprüfung sollte ich eine Filmkritik über Luchino Viscontis »Rocco e i suoi fratelli – Rocco und seine Brüder« schreiben. Der Text handelte auf vielen Seiten einzig davon, dass Visconti auf Alain Delon scharf war – doch es hat mir nicht zur Ablehnung verholfen. Drei Monate war ich dort und langweilte mich sehr, weil ich nicht stofflich arbeiten konnte. Wir durften nicht mit den Kameras hantieren und nichts. Viele blieben auf dieser Schule, auch mein guter Freund Wim Wenders. Unsere Freundschaft hat sich bis heute erhalten. Wim machte die Schule zu Ende, aber ich war froh, als ich auf dem Filmfestival in Knokke-le-Zoute auf die erste große Liebe meines Lebens traf. Ich betrat die Schule erst wieder, als ich anfing, dort zu unterrichten.

MUSE, GEFÄHRTIN, FREUNDIN – MAGDALENA MONTEZUMA

Ich lernte sie Mitte der sechziger Jahre in Heidelberg kennen. Es war nach einer Darbietung des »Living Theatre« in der dortigen Universität. Die Inszenierungen »Mysteries« und »Die Zofen« hatten uns sehr beeindruckt. Dort war auch die Frau, die ich später Magdalena Montezuma, die mexikanische Göttin und Herrscherin, nannte. Sie hieß Erika Kluge und war in der Absicht, sich zu töten, von einer Mauer heruntergesprungen, aber die Mauer war bloß zwei Meter hoch, da hatte sie sich verschätzt. Es war eher komisch und heute kommt mir ihr Versuch wie ein bukolischer Drang zur Selbsttötung vor.

Ich beobachtete sie an jenem Abend und fand sie wunderbar. Ach, ihre große Melancholie und ihre irrsinnigen Augen! Wir befreundeten uns, zuerst nur auf Distanz.

Erika war drei Jahre älter als ich, studierte Kunstgeschichte und Romanistik, malte und zeichnete. Sie war eine tief depressive Frau von starkem Temperament und Überlebenswillen. Eigentlich stammte sie aus Dresden. Als Kind lebte sie mit Mutter und Schwester in Würzburg und war im Unterschied zu mir eine adrette Musterschülerin, hochintelligent, ein brillanter Kopf.

Ich hatte zu der Zeit, als ich sie kennenlernte, den Bestseller »Little Me« von Patrick Dennis gelesen, die erfundene Biographie der Maybelle Schlumpfert, die sich Belle Poitrine – Busenschön – nannte und für einen Film- und Fernsehstar hielt. Neil Simon wandelte diese Geschichte damals in ein erfolgreiches Broadwaymusical um. »Little Me« war nicht nur eine herrliche romanhafte Parodie auf den Celebrity-Kult, es war auch ein trickreiches Buch mit inszenierten Fotos, wunderbar. Die große Widersacherin von Belle Poitrine war eine Magdalena Montezuma, zumal in dem Meisterfilm der beiden rivalisierenden Stars »E viva Tequila«. Als ich Magdalenchen kennenlernte, war dieser Name der einzig richtige. Eine Erika Kluge war sie einfach nicht. Da hatte ihr jemand den falschen Namen gegeben. Sie war ganz sicher unter dem Moctezuma-Zeichen geboren.

Magdalena hatte in ihrer Jugend viel gelitten. Als Kind hatte sie Rückenmarkstuberkulose und wurde das Opfer ihrer offenbar schrecklichen Mutter und Schwester. Jahrelang lag sie in einem Gipsbett und konnte die Straße nur über einen Außenspiegel einsehen. Als sie wieder einigermaßen gesund war, wollte sie nur noch vor Mutter und Schwester fliehen. Aber diese Kindheit war nicht wiedergutzumachen. Ich veranlasste sie einmal gegen ihren Wunsch, die Mutter zu besuchen, weil ich immer Harmonie wollte. Doch es war sinnlos. Die Mutter schrieb zum Beispiel, sie hätte Magdalena in meinem Film »Der Bomberpilot« im Fernsehen gesehen, was sie sich erdreisten würde, nackt aufzutreten, sie sei eine Schande für die Familie. Das hat sie gequält. Nach ihrem Tod verständigte ich die Familie nicht, ich wollte nichts mit ihr zu tun haben.

Meine Mutter hatte anfangs Schwierigkeiten mit ihr, weil sie so extrem war. Aber dann schloss sie sie ins Herz, und so hatte Magdalena auch ein bisschen Familie. Ihr Umgang mit meiner Mutter war reizend, nur schlafwandelte sie manchmal und miaute wie eine Katze. Das war meine Mutter nicht gewohnt, aber dann gelang es ihr, Magdalena zu domestizieren. Magdalena war nun mal eine sehr expressive exotische Gestalt, das sieht man in unseren Filmen unmittelbar. Ihre Erscheinung war nicht künstlich, das war sie einfach.

Als ich 1968 anfing zu filmen, war sie die erste Künstlerin, mit der ich arbeiten wollte. Vom allerersten Moment bis zu ihrem Tod im Jahr 1984 haben wir zusammengearbeitet, fast die ganze Zeit. Magdalena war eine sehnsüchtige, große, begabte Künstlerin, die aber ein schwieriges Verhältnis zu ihrem Werk, zu ihren Zeichnungen, Pastellen und Gemälden besaß. Es war ihr nie gut genug, sodass sie die meisten Sachen kaputtriss und wegwarf. Ein paar davon habe ich gerettet und nach ihrem Tod zusammen mit meinem Freund Marcelo Uriona in der Berliner Galerie Neue Räume ausgestellt. Da konnte man ihr großes Talent auf den ersten Blick erkennen.

Aber sie hatte auch ein völlig abgehobenes Darstellungstalent, das ihr nicht bewusst war. Ich habe es ihr bewusst gemacht, und so wurde uns klar, dass wir zusammenarbeiten wollten. Vom ersten Acht-Millimeter-Filmversuch gemeinsam mit Rosa von Praunheim, »Grotesk – Burlesk – Pittoresk«, bis zu »Der Rosenkönig« kurz vor ihrem Tod war sie meine Protagonistin. Sie war einfach die Protagonistin an sich, Ausdruck meiner Seele und ihres Talents und ihrer eigenen Sehnsucht und Seele.

Sie zog dann Ende der sechziger Jahre mit mir zusammen nach München. Wir hatten kein Geld, filmten aber trotzdem. Magdalena war reizend, sie nahm sogar eine Stelle als Telefonistin in der BMW-Fabrik an. Nachdem ich sie sehr stilisiert hatte – das war die schönste Arbeit, das Beste als elegante exotische Schönheit und expressive Frau aus ihr herauszuholen –, arbeitete sie auch im Delivery-Shop am Flughafen, wo sie besser bezahlt wurde. Und nachts arbeitete sie dann mit mir. Magdalena lief zeitweise auf Captagon, einem starken Aufputschmittel. Sie schlief keine drei Stunden, es war ein Wahnsinn. So haben wir Filme wie »Eika Katappa« gedreht.

Sie ging kaum je ins Kino oder sah fern, schon gar nicht, um sich für einen Film inspirieren zu lassen. Wir haben nicht auf Bildung gemacht. Und für die Oper hatten wir nun wirklich gar kein Geld. Einladungen nach der Art »Es ist uns eine Ehre, Herr Schroeter, wenn Sie unsere Premiere in der Staatsoper besuchen« gab es damals nicht. Ich war ein Schlurps, der mit Magdalena rumtappte, wer hätte uns denn eine Opernkarte geschenkt? Das Imaginäre war nur zu Hause.

Mir wurde damals permanent gezeigt, dass ich eine ungewöhnliche Erscheinung war, und der Montezuma wurde auch dauernd klargemacht, dass sie nicht die Tante von der Sparkasse war. Aber wir waren für die Sphäre, in die ich mit ihr hineinwollte, noch nicht weit genug. Meine Musikbildung hatte ich mir zwischen dreizehn und achtzehn Jahren in der Provinzoper angeeignet, und sie besaß ein großes Gespür für Bilder, so fanden wir übers Bildergucken und Musik, Musik, Musik zu einer Art plastischem Umfeld für unsere Visionen.

Wir gingen auch gerne ins Caféhaus. Mein halbes Leben mit ihr bestand aus Trampen und Im-Caféhaus-Sitzen. Noch zu Zeiten von »Eika Katappa« sind wir zum Beispiel nach Amsterdam getrampt und übernachteten in der Jugendherberge. Magdalena zeichnete und malte, und dann stellten wir ihre Bilder auf dem Straßenpflaster aus. Ab und zu kaufte jemand etwas, dann konnten wir uns im Café einen Genever leisten. Wir waren frei, bloß wenn wir nachts mit dem Koffer im Schneesturm standen, war's nicht so drollig. Aber das gehörte dazu, wir hatten ja Kraft damals.

Das Filmen und Reisen ist uns in dieser Lebensgemeinschaft gelungen, obwohl sie mitunter nahe am Zerbrechen war. Magdalena war wohl sehr in mich verliebt. Ich schätzte sie als Freund; Freundschaft war für mich immer das

Wichtigste bis auf den heutigen Tag. Aber das genügte ihrer Seele nicht, es gab Konflikte.

Zeitweise wohnten wir zu dritt in meiner fünfunddreißig Quadratmeter großen Wohnung in der Kräpelinstraße 63 in München gegenüber dem Max-Planck-Institut für Angewandte Psychiatrie. Steven Adamczewski, genannt Puttchen, wohnte mit uns, meine große Liebe, ein irrer, auch sehr junger Amerikaner. Wir hatten ein Bett, und wenn ich mit ihm schlief, erinnere ich mich, kam Magdalena mit einem Eimer und wusch vor dem Bett die Socken. Es war herrlich, aber für sie eben auch traurig.

Sie führte die Korrespondenz mit Kopierwerken, Filmkunstkinos, Goethe-Instituten und Verleihern, in tadellosem Französisch und Englisch. Einer musste es ja machen. Ich konnte es nicht und war auch zu faul, ich habe lieber gefickt. Magdalena leistete den ganzen Vertrieb der Filme von unserer Wohnung aus. So oft wie möglich waren wir zusammen unterwegs, wenn die Filme in Paris oder Mexiko-City oder anderswo herauskamen. Und manchmal hat sie mich auch allein vertreten und sprach mit dem Publikum, obwohl ihr das Reden über Filme lange Zeit sehr schwer fiel.

In dem Moment, in dem wir zusammen anfingen, Theater zu machen, interessierten sich auch Peter Zadek und Augusto Fernándes für sie. 1972 begann das in Hamburg mit Lessings »Emilia Galotti«, wohin ich auch Christine Kaufmann mitgeschleppt hatte. Die Spießer und das konventionelle Publikum fanden die Aufführung furchtbar, aber Benjamin Henrichs schrieb damals in der »Süddeutschen Zeitung« von der – so drückte er sich aus – grandiosen Terrassendynamik der Montezuma. So kamen wir dann nach Bochum ans Theater.

Der Kreis weitete sich, und sie konnte sich umverlieben,

tat dies jedoch leider in die verkehrte Richtung, zum Beispiel in einen Kollegen. Er genoss Magdalenas gute Küche, war aber wohl zur körperlichen Gemeinschaft nicht willens. Wie dem auch sei – eine unglückliche Liebe, noch eine. Es gab da auch einen Rechtsanwalt, der ihr etwas vormachte. Auf dem Höhepunkt von Magdalenas Liebe zu ihm schickte er ihr eine Einladung zu seiner Hochzeit mit einer anderen Frau ins Frankfurter Theater, wo wir gerade arbeiteten.

Aber indem sich der Kreis weitete, fühlte sich Magdalena selbständiger. Wir wohnten dann auch nicht mehr zusammen. Sie hatte in Bochum ihre erste eigene Wohnung, später dann in Berlin. Das Arbeiten mit ihr wurde freier, es ging immer weiter, so oft wie möglich mit ihr als Partnerin, als Bestandteil meines Herzens und meiner Arbeit. Was das ausmachte, wenn wir zusammen waren und arbeiteten!

In unserem letzten gemeinsamen Film »Der Rosenkönig« ist ihre Großartigkeit und Transparenz manifest. Sie war eine so feine Person, für die ich in diesem umfassenden Sinne nie eine Nachfolgerin gefunden habe. Unsere Gemeinsamkeit, das war die Initialzündung. Danach hatte ich wunderbare Freundschaften, sei es mit Bulle Ogier, Nathalie Delon, Ingrid Caven oder der Fotografin Roswitha Hecke, die Peter Zadeks Geliebte war und mit der ich zu seinem Missfallen ein Verhältnis hatte. Magdalena war in ihrer Art einzigartig wie die erste Liebe. Es fiel alles zusammen, die gemeinsame Arbeit, das gemeinsame Leben. Zwei so seltsame Menschen wie sie und ich gingen gemeinsam durch dick und dünn, das war wunderbar.

Als wir 1984 in Portugal den »Rosenkönig« drehten, schaute ich mich schon nach einem Grab für sie um. Klingt pervers, war aber so. Magdalena litt an Krebs, es ging ihr damals sehr schlecht, und ich dachte, sie wollte nicht mit uns zurückreisen. Sie wäre auf dem Friedhof in Sintra beerdigt worden. Aber sie wollte nach Berlin zurück und hat dort noch ein paar Wochen gelebt und gelitten, gelitten und gelebt. Das Schöne war, dass sie einen Arzt und gute Freundinnen hatte, die sie betreuten, als sie in ihrer Wohnung starb. Ich darf mich auch zu ihren Freunden zählen, die in der Krankheit zu ihr hielten, so gut ich eben konnte. Magdalena war gerade einige Stunden tot, da rief ich meinen Freund Antonio Orlando, der eine der drei Hauptrollen in »Der Rosenkönig« spielt, in Neapel an und sagte zu ihm: »Maddalena è morta.« Und er antwortete mit dem schönen Satz: »Dunque è nata una stella – Ein Stern wurde geboren.«

Magdalena wurde auf dem Berliner Friedhof am Südstern beerdigt. Ich war danach nie wieder dort. Ich gehe gern auf Friedhöfe, aber nicht zu den Gräbern bestimmter Personen. Für mich stellt ein Friedhof alle, die weg sind, dar. Ich suche dort nicht meine verstorbenen Freunde, ich trage sie in mir, mit mir. Im Fall meiner Mutter übernahm ich etwas Bestimmtes, nämlich ihre Liebe zu Aquamarin-Steinen. Das ist wichtiger.

»One Sunday morning
I come through the aisle
I'm very nervous
and he tries to smile«

ROSA/HOLGER UND CARLA – DER BEGINN DER KÜNSTLERISCHEN ARBEIT

1967, in dem Jahr, als ich in München Film studierte und mich langweilte, reiste ich zu dem grandiosen Festival EXPRMNTL nach Knokke-le-Zoute. Ich war krank mit einer Magersucht, fühlte mich schlecht und wog noch sechzig Kilo bei einer Größe von einem Meter einundachtzig. Meine Stimmung war wie in dem Tango von Jacques Brel, in dem es heißt: »Il pleut sur Knokke-le-Zoute / Ce soir comme tous les soirs / Je me rentre chez moi / Le cœur en déroute / Et la bitte sous l'bras.«

Dieses wunderbare Experimentalfilmfestival fand über Weihnachten und Silvester statt. Es war die Tür zu einer anderen Welt, zum amerikanischen Undergroundkino, zu Gregory Markopoulos, Andy Warhol und Jackie Curtis. Toll! Es war ein Blick in etwas völlig Fremdes, eine andere Filmform und ein Ausdruck für meine Sehnsucht.

Damals kannten alle, die mit Film zu tun hatten, das Festival in Knokke und wollten hin. In der Tasche hatte ich einen zehnminütigen Stummfilm im Acht-Millimeter-Format, den ich an schönen Plätzen in Verona, Venedig, Mailand und sonstewo gedreht hatte, als ich ein Jahr zuvor mit meiner Mutter in Italien herumgereist war. Den wollte ich in einer Nebensektion zeigen, aber ich war damals sehr schüchtern. Heute erinnere ich mich nur noch, dass Katzen darin vorkamen. Ich wollte ja die Liebe kennenlernen und dann von allem Abschied nehmen. Zusammen mit einer frustrierten jungen Tänzerin aus dem Mannheimer Corps de Ballet fuhr ich im VW Käfer nach Knokke. Sie erhoffte sich wohl auch die große Liebe, ich weiß es nicht. Karin hieß sie, Karin Müller. Wie dem auch sei, ich kam mir vor wie auf der letzten Reise. Ich war zweiundzwanzig Jahre alt und hatte keine Perspektive.

Es war die letzte oder vorletzte Ausgabe des Festivals, was aber mit mir gar nichts zu tun hatte. Ein Teil des Publikums protestierte während der Vorführungen und erzwang Diskussionen, weil die Filme oder einige davon angeblich zu unpolitisch waren. Es war die Zeit kurz vor dem Mai '68.

In Knokke lernte ich einen Filmemacher kennen, einen Berliner, er mochte mich sehr. Und ich verliebte mich in diesen Herrn Holger Mischwitzky alias Rosa von Praunheim. Und siehe da, auf einmal konnte ich wieder einen Cognac trinken und etwas essen. Die Liebe siegte.

Die wirkliche Liebeserfahrung fand ich also nicht in Neapel, sondern in Holger alias Rosa von Praunheim. Die Liebe als Passion, das war er. Davor hatte ich liebesähnliche Versuche unternommen, aber das wirkliche liebende Fühlen erlebte ich zusammen mit Holger. Im Januar darauf machte ich die ersten Acht-Millimeter-Filme, die meinen künstlerischen Weg öffneten. Holger riet mir, meine Energie in Kreativität umzuwandeln, weil er Menschen nicht ertragen konnte, die nicht aktiv wurden. Er fragte: »Warum bist du denn so lätschert?« Ich antwortete, was ich immer sage: »Das ist halt mein tragisches Weltempfinden.«

Er hat mich im wahrsten Sinne des Wortes angestoßen, so dass ich endlich meiner späteren Bestimmung zugeführt wurde. Das war eine Offenbarung, sonst hätte ich mich vielleicht doch aufgehängt oder mit Freunden zu Tode gesoffen.

Holger gab vielen Menschen den Anstoß zur Kreativität, auch Elfi Mikesch, der Fotografin, Filmemacherin und Kamerafrau, und ihrem Mann, dem Maler Fritz Mikesch. Er stieß viele Menschen in eine Richtung, in der sie ihr Talent aktiv auslebten und nicht passiv vor sich hin jammerten. Holger konnte motivieren, konnte Kraft geben, einen Tritt in den Arsch, salopp gesagt. Das war seine große Qualität.

Holger Mischwitzky hatte sich damals schon den Namen Rosa von Praunheim zugelegt. Er war drei Jahre älter als ich, studierte an der Kunsthochschule in Westberlin und hatte gerade seinen ersten Film »Von Rosa von Praunheim« fertig. Ich nannte ihn Holger, weil es anders Quatsch wäre. Aber dann setzte sich doch Rosa durch …

Im Januar, Februar 1968 fing ich also an, mit meiner alten Acht-Millimeter-Kamera Kurzfilme zu drehen. Ich gab vorläufig die Idee auf, den Liebestod zu suchen, und fuhr nach Berlin, um Holger zu besuchen. Und dort kam ich in einen Kreis von Bekannten bizarrster Natur, alle Superstars, Außenseiter, Künstler, die verrückte Ideen hatten. Aus dieser Zeit gibt es ein schönes Foto, auf dem mich Holger im Arm trägt wie eine Pietà. Darauf steht: Unsere Liebe währte nur kurz, unsere Freundschaft ewiglich. So war es.

Ich brach das pseudotheoretische Filmstudium in München endgültig ab. Ich wollte ja an die Kamera, an den Schneidetisch und richtig handwerklich und gedanklich arbeiten. In Berlin bewarb ich mich dann aber doch noch einmal an der dortigen Filmhochschule, genau wie Rainer Werner Fassbinder und Holger, aber wir drei wurden abgelehnt. Wenn wir später dort Seminare hielten, war diese Ablehnung immer wieder einen Witz wert. Im Jahr darauf, 1969, bekam ich für meinen Film »Eika Katappa« beim Filmfestival in Mannheim den Josef-von-Sternberg-Preis. Es ging in anderthalb Jahren von null bis dahin.

So war mein Weg eine organische autodidaktische Entwicklung. Ich war wie meine Freunde Rainer und Rosa gezwungen, mit Energie an die Sache heranzugehen und Widerstände auszuhalten. Ich begann als Dilettant, der die Kamera, das Licht, den Schnitt und die Musikbearbeitung selbst in die Hand nahm, weil es mir einfach Freude machte. Seitdem entwickelte sich alles organisch weiter, denn genau so kam das Theater hinzu, ab 1979 die Oper und später das Ballett.

Ich war damals natürlich von Maria Callas erfüllt und dem Kino, wie ich es aus Carl Dreyers »La Passion de Jeanne d'Arc« kannte. Ich liebte Alain Resnais' Filme, zum Beispiel »L'année dernière à Marienbad« oder »Muriel ou le temps d'un retour«. Und Filme von Michelangelo Antonioni, vor allem »La notte«, waren meine Richtung. Ich war Anfang zwanzig, hatte keine Erfahrung, und Filmemachen ist teuer. Wie konnte ich davon träumen? Aber mir war immer klar, dass ich den Schrott des Erzählkinos und die theaterhaften Fernsehspiele nicht wollte.

Allein im Jahr 1968 machte ich etwa zwanzig Kurzfilme mit meiner alten österreichischen Normal-8-Kamera. Es waren kleine Filmcollagen und Studien in Schwarzweiß und Farbe mit meinen Schauspielern und mir, meinen Stars Magdalena Montezuma, Carla Aulaulu, Steven Adamczewski und anderen Freunden und Freundinnen. Und es waren Filme über meine schmerzliche Liebe zu Maria Callas, in denen ich Szenenbilder und Portraits verwendete, die ich aus Illustrierten und Plattencovern und Werbezeug zusammengesammelt hatte. Ich wusste damals ja nicht, dass ich sie wenige Jahre später persönlich kennenlernen würde.

Damals experimentierte ich zum Beispiel mit der Montage von Szenenfotos der Callas, so dass ich es erreichte, sie wie in einem Animationsfilm in ihren Gesten und ihrem tragischen Ausdruck in Bewegung zu zeigen. Ich legte auch Texte, zum Beispiel Opernkritiken, über ihr Bild, experimentierte mit Wiederholungen, Doppelbelichtungen, Detailvergrößerungen, aufgeklebten Sprechblasen und Split-Screen. Ich bezog die unterschiedlichsten tagebuchartigen Aufnahmen mit ein, von mir – ich schrieb mich von da an Werner Schroeter, nicht mehr Schröter – und den Orten, den Dingen, dem Ambiente, in dem wir lebten. Meine Kamera war stumm, und so ging ich dazu über, von meinen Schallplatten mit Hilfe des Tonbands separate wilde Toncollagen für meine Filme zu komponieren, zum Beispiel mit meinen Lieblingsarien der Callas. Ich brachte sie auf diese Weise sogar dazu, mit sich selbst zu singen. Auch Schlager-Fetzen der von mir verehrten Caterina Valente, Weihnachtslieder oder Texte aus den »Chants de Maldoror« von Lautréamont kontrastierte ich mit den Bildern. Was damals begann, kann ich nicht interpretieren. Ich bin Künstler, ich arbeite intuitiv.

Irgendwann gab ich meine frühen Werke dem Münchener Filmmuseum, auch eine Pappschachtel mit ungeschnittenem Material aus diesem sehr produktiven ersten Jahr. Es sind Schauspiel-Etüden, die wir mit der Acht-Millimeter-Kamera in Berlin aufnahmen. Ich ließ sie nicht zu meinen ersten Retrospektiven, die es schon 1971 gab, zu, vernichtete sie aber auch nicht. Dass ich sie dem Archiv übergab, bezeichnete ein Kritiker einmal als »wurschtig«, aber egal, in einer dieser Studien sieht man mich in einem verzweifelten Tanz nackt, aber mit Socken an den Füßen, in meinem Zimmer. Oder Carla Aulaulu mimt die große Callas beim Singen und hält sich dabei ein Mikrofon wie beim Playback oder Karaoke vor. Humor konnte man uns nicht absprechen. Dann kaufte ich eine Sechzehn-Millimeter-Kamera mit Geld, das ich von meinen Eltern lieh, es war halb geschenkt. Meine Kurzfilme wurden umfangreicher und komplexer. »Neurasia« und »Argila« liefen im Jahr darauf auf der Hamburger Filmschau, und so ging es weiter. Heute wird unterschätzt, was für ein Aufbruch 1968 war. Es gab ein inneres Bedürfnis zur Kommunikation mit dem Anderen, mit dem Fremden.

Noch einmal zurück nach Knokke-le-Zoute: Holger war damals mit seinem Star Carla Aulaulu unterwegs, einer zierlichen blonden Frau, die er Mitte der sechziger Jahre in Berlin kennengelernt hatte. Es war ein wunderbarer Kunstname, denn sie hieß eigentlich Carla Egerer. Carla hatte eine besondere kreative Phantasie, die jeden Rahmen sprengte. Sie war von einer unglaublichen anarchischen Erfindungsgabe in der Komödien-Kopfwelt, die wir damals auslebten. Ich sah sie in Rosa von Praunheims erstem Film »Von Rosa von Praunheim«. Es war eine verrückte Parodie, die Travestie eines Melodrams, in dem Carla das unterdrückte Dienstmädchen einer bürgerlichen Familie gab und solche Sachen sang wie »Ich leide bis zum Überdruss. Mein Besen in meinem Herzen ist vergoldet …«. Sie hat da großartige Szenen, wenn sie etwa beim Teeservieren zusammenbricht und wieder hochkommt, immer wieder und wieder.

Carla hatte etwas von Marilyn Monroe, fanden wir. Es war die Zeit der Superstars, wie Andy Warhol sie auf die Leinwand brachte oder wie sie Jackie Curtis später als Hausfrauendiva in New York grandios auf der Bühne spielte.

Weihnachten und Silvester 1967 in Knokke-le-Zoute war Carla in Höchstform. Ich teilte mit Karin, der Tänzerin, die den VW Käfer fuhr, ein Zimmer in einer Pension, aber sie verschwand, sie hatte wohl jemanden gefunden. Ich zog also mit Carla Aulaulu und Holger Mischwitzky in deren

Pension. Da war ein Zweierbett, nicht allzu groß, in dem schliefen wir zu dritt. Zum ersten Mal empfand ich wieder etwas, durch meine gestärkte Physis und durch das Gefühl des Verliebtseins. Die Liebesnacht mit Holger war großartig, während Carla so tat, als ob sie schlief. Nach einem Moment Ruhe ging es wieder los. Da drehte Carla durch, schmiss mit Kissen und Matratzen, während wir fickten, und sang dazu: »Ein Jäger aus Kurpfalz, der stolpert übern Hühnerdreck und bricht sich Bein und Hals«.

So weit die Liebesnacht in Knokke mit all ihren Folgen. Ich wurde wieder lebendig, wurde Filmemacher und Autor und alles Mögliche. Meine Gesundheit besserte sich, ich fühlte mich zum Tun und Schaffen aufgerufen. Nach dem Festival besuchte ich Holger und seine Leute nicht nur, ich lud ihn auch zu meiner Mutter nach Dossenheim ein, drehte im selben Jahr mit ihm »Grotesk – Burlesk – Pittoresk« und assistierte ihm bei seinen Filmen. Einen von ihnen finanzierte er, indem er Carla heiratete, weil ein billiges Ehestandsdarlehen in Westberlin damit verbunden war.

1969 gab es eine große Szene. Ich war damals mit dem Künstler Steven Adamczewski befreundet, den ich sehr liebte. Und es gab da den leicht heroinsüchtigen Ingo, den wir alle sehr attraktiv fanden. Carla bildete sich ein, ich hätte was mit ihm – wie auch immer. Ich lag auf dem Bett bei Rosa, wo ich damals in Berlin zeitweise wohnte. Ingo, Rosa und ich waren ins Gespräch vertieft über Ingos Entzug. Da kam Carla ins Zimmer und hatte einen bayrischen Bierseidel in der Hand, weil sie Ingo ein Bier bringen wollte. Oder war es eine große Tasse? Sie fragte: »Habt ihr gefickt?« Und Rosa gab zur Antwort: »Ja, war wunderbar.« Quatsch war das, aber sie schmiss den Seidel quer durch den Raum mir auf die Stirn, so dass eine Blutfontäne emporschoss, mein Schädel angebrochen war und die Scherben in der Wandtapete steckten. Sie rannte davon, Rosa hinterher. Alix von Buchen kam grade zur Tür herein und wurde bei dem Anblick fast ohnmächtig. Ich schrie: »Ruf einen Arzt!« Dann war ich einen Moment lang bewusstlos. Rosa hatte Carla erwischt und verkloppte sie, es war die Rache des Kanalarbeiters. Alix von Buchen brachte mich ins Krankenhaus.

Dort war es damals Anfang 1969 widerlich, denn es war die Zeit der politischen Auseinandersetzungen auf der Straße, und man wollte unbedingt vor der Behandlung wissen, wer es gewesen war. Ich sagte: »Das war ein Betrunkener in einem Lokal.« Doch niemand glaubte mir, weil ich so hippy und anarchisch aussah. Sie ließen mich einfach sitzen, während das Blut aus dieser irren Wunde floss. Schließlich erklärten sie sich bereit zu nähen. »Sechs Stiche oder zwölf?« Ich: »Was ist der Unterschied?« Sie: »Mit sechs sehen Sie aus wie Nosferatu, mit zwölf ordentlich.«

Dann gaben sie mir die Spritze schlampig, sie flutschte unter der Kopfhaut durch, das war unangenehm. Schließlich lag ich mit verbundenem Kopf und eingegipst im Bett. Zweifel, ob es wirklich so war, habe ich nicht. Ist doch eine gute Geschichte. Carla kam herein. Ein Foto von ihr stand in der Nähe, das ich nach ihr schmiss, mehr nicht.

Ich entschloss mich, in »Eika Katappa« doch weiter mit ihr zu arbeiten, aber sie blieb mir unheimlich. Wenn ich sie sah, hatte ich das Gefühl, ich müsse meinen Kopf schützen. Ich hatte sie eigentlich auch für »Salome« im Libanon 1971 vorgesehen. Aber dann fing ihre Veränderung an, sie war der Meinung, dass wir alle Schweine, Ausbeuter und Arschlöcher seien. Ich sah das nicht so. Sie war in ihrer anarchischen Phantasie in unfasslich weiten Ausdrucksmöglichkeiten die wunderbare Ergänzung zu Magdalena

Montezuma gewesen, die Komikerin mit dem philosophischen Relief gegenüber der Philosophin Magdalena mit dem tragischen Gesicht. Doch dies war das Ende unserer Geschichte.

ARGILA UND NEURASIA

Ich kann meine Filme nicht interpretieren, aber ich kann erzählen, was zu ihnen hinführte. Für mich ist eine Beschreibung profund, wenn deutlich wird, wie sie vom Leben aus zum Film und Theater führt.

Ich hatte gut ein Jahr lang mit Acht-Millimeter-Filmen experimentiert, mehr als zehn davon waren in kurzer Zeit zusammengekommen. Inzwischen besaß ich die Sechzehn-Millimeter-Beaulieu-Kamera, mit der 1968 »Neurasia« und »Argila« entstanden, zwei nun schon mittellange Filme, die auf der experimentellen Hamburger Filmschau, dem deutschen Knokke-le-Zoute, sehr gut aufgenommen wurden.

Ich hatte ja während des Jahres mit den Acht-Millimeter-Filmen gute Freunde gewonnen. An diese Freunde, Magdalena, Carla und die anderen, dachte ich und an ein Kaleidoskop, eine thematische Auswahl aus meinem Herzen, die sich wie ein weiter Horizont in mir entwickelte. Der Vorsatz war, unser Lebensgefühl zu zeigen, unseren Anspruch an uns selbst, und eine Veränderung der Lebens- und Sehgewohnheiten zu erreichen. Ungewollt trafen wir damit den Zeitgeist. Die Gruppe war eine ästhetische Bewegung, eine ästhetische Revolte, parallel zu den politischen Ereignissen von 1968. Damals und bis auf den heutigen Tag trug mir das Komplimente ein. Man empfand meine Arbeit als ein Zertrümmern von blind gewordenen Fensterscheiben. Die Regisseurin Ulrike Ottinger initiierte damals beispielsweise einen Filmclub in Konstanz, zu dem Leute aus Zürich anreisten, um meine Filme zu sehen. Man wollte mit dem psychologischen Kino nichts zu tun haben, liebte das freiere Spiel mit Musik und Film. Aber natürlich war auch die Feindschaft groß.

Jemand aus einem bayrischen Jugendfilmclub nannte »Neurasia« ein »Schroeter-Musical«, in München liefen solche Filme im Anderen Kino. Das trifft es ungefähr, was wir wollten. Die Filmkritikerin Frieda Grafe nannte »Neurasia« einen »Schauplatz für Sprache«. Sie schrieb in der mir sehr wichtigen Zeitschrift »Filmkritik«: »›Neurasia‹ ist ein Stummfilm mit Musik. Die Weisen fügen sich zu den Bildern wie früher, als der Pianist noch im Saal saß. Manchmal hat man die Illusion von Synchronie, bis die Musik abbricht und Carla weiter den Mund aufreißt. Man erkennt genau: mal singt sie stumm, mal spricht sie stumm. Man versteht sie. In der gehobenen Sphäre, in der der Film sich bewegt, macht man keine Worte. Idol, Anbetung, Star, Mythos, Ekstase. Es geht nur noch um letzten Sinn, um höchste Bedeutung.« Und weiter brachte sie meinen Film mit Witold Gombrowicz' Aperçu von der »göttlichen Blödheit der Operette« in Verbindung, was mir außerordentlich gefiel.

Ein Wort zu Frieda Grafe. Sie war eine tolle Person, und sie kochte wunderbar. Ach, ihre Hasenleberpastete! Manchmal rief sie mich an, wenn ich in München war: »Ich habe wieder diese Pastete. Werner, kommst du vorbei?« Ich brauchte zwanzig Minuten von meiner kleinen Bude zu ihr, aber schwupps war ich da, und später packte sie mir sogar noch das eine oder andere ein. Damals, muss ich sagen, gab es mehr Kritiker als heute, die hoch gebildet waren. Ich kann sie jedenfalls nicht finden, obwohl ich täglich sieben Zeitungen lese. Aber Frieda Grafe war schon damals eine Ausnahme.

Die Experimente, an denen ich mit meiner Gruppe arbeitete, würde man heute vielleicht als Performance oder Installation bezeichnen, wir suchten im »Kulturschutt«, wie Frieda Grafe es bezeichnete, im »abgesunkenen Kulturgut« nach den großen Gefühlen und ihrer humorvollen Unterseite. In »Neurasia« sieht man Carla Aulaulu, Magdalena Montezuma, Rita Bauer und Steven Adamczewski in Schwarzweiß auf einer kleinen Bühne, die wir in unserer Wohnung einrichteten. Sie bewegen sich zu »My special prayer« von Percy Sledge, zu Foxtrott von Dajos Béla und Hawaii-Musik. Sie geben sich hin, das ist es.

Es freute mich sehr, als Wim Wenders in der »Filmkritik« schrieb: »Werner Schroeter macht Filme mit immer denselben Schauspielern. Und obwohl jeder Film den vorhergehenden nur wiederholt, ist jeder Film ein neuer Ausgangspunkt an Konzentration.« »Argila« war solch ein Ausgangspunkt, mit dem ich mir neue Wege öffnete.

Was war unser Sujet? Carla, die sich so intensiv auf einen Ausdruck festlegen konnte, »dass ihre Schreie das Bild in Wellen verwandelten«, wie Wim Wenders schrieb, singt den schönen Song, in dem es heißt: »I am checking out of Hotel Loneliness«. Man sieht Magdalena, Gisela Trowe und den schönen stummen Sigurd Salto, wie sie sich einander zuwenden, voneinander abwenden, berühren und anblicken, Sätze sagen, sie wiederholen und variieren. Es geht um das immer dauernde, jetzige und zukünftige Problem dessen, was Gefühle, Liebe, Zuneigung und Tod in unserem Leben sind, die Dinge, die überhaupt Kunst anstoßen und ermöglichen.

»Wie blass du bist. Bevor dieser Abend zu Ende geht, wird ein Unglück uns alle drei in den See der Verzweiflung stürzen.« Und: »Du willst, dass ich sterbe. Du hast kein Mitleid mit mir, die ich dich anbetete. Sag, was soll ich noch tun?« Solche Sätze, in einem Berliner Treppenhaus und im Interieur unseres Dossenheimer Häuschens in musikalischen Phrasen moduliert, konnte man auswendig hersagen, wenn der Film aus war, meinte Wim Wenders damals.

Ich hatte Gisela Trowe mit ihrer unvergleichlich warmen, dunkel-heiseren Stimme in Peter Lorres großartigem Film »Der Verlorene« gesehen. Sie verkörperte die Ältere, die mit meiner dramatisch-ernsten Magdalena um den Jüngling wirbt. Ob ich darin meine Konstellation sah: die Mutter, die Frau, den schweigend Abgekehrten, kam mir damals nicht in den Sinn.

Wenn ich mein Werk erläutern wollte, sind mir die handwerklichen Aspekte die zentralen. Bei »Argila« experimentierte ich mit der Doppelprojektion, in der sich eine melancholische Dreiecksbeziehung abspielt, nur in prägnanten Situationen, als Gefühlszustand, ohne Entwicklung einer dramatischen Erzählung. Jeder in dem Beziehungsgeflecht ist sein eigenes Spiegelbild, seine eigene Gegenfigur, denn eine Szene ist links in Schwarzweiß zu sehen, rechts in Farbe und seitenverkehrt mit kleiner Zeitverzögerung und leichter Überschneidung.

Ton und Musik waren schon am Anfang meiner Arbeit extrem wichtig, um ein komplexes Erleben zwischen der bildlichen und der akustischen Ebene zu ermöglichen. Auf beiden verstreicht die Zeit, das ist der Punkt. »Argila« ist ja sechsunddreißig Minuten lang. Ich unterstrich den räumlichen Aspekt durch die Doppelprojektion, in der die Bilder nicht genau parallel laufen. Das eine Bild ist die Erinnerung an das andere, aus verstreichender Zeit werden zwei Zeiträume, die sich zu einem einzigen verbinden, nämlich der Gegenwart und der in ihr bereits enthaltenen Erinnerung. Es war ein szenisches Experiment, das die Zeit als Raum darstellte. Der Ton ist souverän nur in einer Fassung präsent, die Töne überschneiden sich nicht. Die akustische Ebene ist ewig, immer, also Gegenwart, Vergangenheit und Zukunft, die bildliche ist Gegenwart und Erinnerung. Ich experimentierte mit ästhetisch-strukturellen Vorgängen.

Die Inhalte, meine Reflexionen über Beziehungen, Trauer, Liebe, Tod, diese archaischen Themen verfolgten mich schon immer. Aber als ästhetisches Experiment machte mir »Argila« viel Freude. Es war mein Weg gegen konventionell tradierte Erzählweisen. Ich schoss übers Ziel hinaus, ging sehr weit im Experimentellen. Das gab mir Sicherheit, meine eigentliche Arbeit zu finden, nämlich die Verschmelzung des progressiv Ästhetischen mit den immer fortdauernden archaischen Problemen.

EIKA KATAPPA

Im Januar 1969 war ich mit Magdalena Montezuma und Carla Aulaulu in Mannheim unterwegs zum Drehen. Dort entdeckte Carla vor einem Kino, wo sogenannte Gastarbeiterfilme gezeigt wurden, etwas für uns Unleserliches. Carla konnte kein Türkisch und ich natürlich auch nicht. Sie entzifferte es auf ihre Art: »Was steht da, Werner? Da steht ja Eika Katappa.« Das nahm ich dann als Titel für den Film, den wir nach »Neurasia« und »Argila« drehten. Später fand jemand vom Filmclub der Universität Bochum heraus, dass man es in Annäherung ans Griechische mit »Verstreute Bilder« übersetzen kann. Das fand ich witzig. Es gibt eben keine Zufälle.

Ich fand meine Filmtitel oft am Wege, spontan wie bei »Eika Katappa«. Da ich mit Experimenten beschäftigt war, lagen die Kunstworte nahe. Ich kann nichts Erklärendes beisteuern, wenn man »Neurasia« mit Neurosen in Verbindung brachte und »Argila« mit dem berühmten weißen Ton, aus dem Skulpturen hergestellt werden. Mich interessierte allein der Anstoß zur Assoziation.

Carla, die Komödiantin mit der Monroe-Frisur, und Magdalena, die Tragödin, waren beide der Kern von »Eika Katappa«. Hinzu kam die Erinnerung an Carl Dreyers Stummfilm »La Passion de Jeanne d'Arc«, der sich mir wie eine ewige Silhouette eingebrannt hatte. Wenn ich ganz streng bin, war dies der einzige Film, der mich je beeinflusst hat. Mit seinen Großaufnahmen, seinen konzentrierten Cadragen, seinen Schmerzgesten ist er auf eigenartige Weise extrem verwegen. In Knokke-le-Zoute verliebte ich mich auch in Gregory Markopoulos' Filme, vor allem in »Twice a Man«, diese seltsam zerdehnten Langsamkeiten und unverstellten schwulen Männerbilder. Holger fand sie kitschig, mich beeinflussten sie, aber mehr war es das Absolute in Dreyers »Jeanne d'Arc«, das Spuren hinterließ wie sonst nur Maria Callas. Bei der abgründig starken Magdalena und der irrwitzigen Commedia-dell'arte-Komödiantin Carla fand ich ja, was ich mir in diesem Sinne verwandt machen konnte.

»Eika Katappa« entstand wie meine anderen Filme selbstverständlich ohne Geld. Das heißt, ganz so war es nicht. Ich hatte einen Kredit von 20000 Mark, Reisen inklusive. Doch eine professionell gemachte Sechzehn-Millimeter-Filmkopie von zweieinhalb Stunden kostete schon 5000 Mark. Da blieb für uns nicht viel. Magdalena Montezuma steuerte ihren Verdienst bei, aber als wir »Eika Katappa« machten, schnorrten wir eben und ließen uns einladen. Meine Eltern bezahlten das Studium, das ich nicht betrieb, und sie finanzierten meine Wohnung in München. Wir konnten in unserem kleinen Haus in Dossenheim wohnen, wenn wir in der Nähe drehten, und meine Mutter kochte für uns. Es war eine Lebensform. Eigentlich waren wir die ganze Zeit zusammen, und so entwickelte sich die Geschichte authentisch nah.

Ich hatte außer der Sechzehn-Millimeter-Kamera ein relativ professionelles Uher-Tonbandgerät. Auf diesem war eine einzige Musik, die Cabaletta der Leonora aus dem dritten Akt von Giuseppe Verdis Oper »Der Troubadour«, »Tu vedrai que l'amore in terra – Keine Liebe auf der Welt ist stärker als meine«, wenn sie im Heerlager ihres Geliebten inmitten des Kriegs ganz von ihrer vielleicht endlich bevorstehenden Hochzeit erfüllt ist. Dreieinhalb Minuten Maria Callas, die ich immer im Ohr hatte. Diese Musik plus wir Menschen plus das Equipment gingen auf die Suche nach etwas Unbestimmbarem, das mit Leben, Freude, Trauer,

Sehnsucht zu tun haben sollte. Drei handgeschriebene Seiten Drehbuchentwurf trug ich bei mir, aber ich warf sie immer wieder weg und schrieb sie neu. So entwickelte sich der Film auf unserer dreimonatigen Reise als organischer Lebensprozess. Auf eine konventionelle Handlung legten wir keinen Wert, es ging um Gesten, Gebärden, pathetische Höhepunkte der schönsten Opern, die mir etwas bedeuteten.

Meine Mutter fuhr uns in ihrem Auto zu den Drehorten, zum Heidelberger Schloss und dem verlassenen Amphitheater in der Nähe, das als Thingstätte der Nazis gebaut worden war und nun von Gras überwuchert dalag. Die große pseudoantike Treppe dort war einer unserer Schauplätze für das langsame Schreiten, Innehalten und Hinsinken in »Eika Katappa«. Solche Treppen, die den Zuschauerraum des Amphitheaters zur Bühne machen, irgendwie aber auch an die typischen Treppen der Fernsehunterhaltung erinnerten, verwendete ich später auch in vielen Theaterinszenierungen …

Alles war improvisiert. Mein Tonband mit der Cabaletta aus dem »Troubadour« verwendete ich in den Szenen in Neapel, als der junge Zigeuner spontan in den Film hineinkam, weil er mir über den Weg gelaufen war. Bei Aufnahmen in Innenräumen spielte mein Freund Daniel Schmid Klavier, draußen machten wir Live-Musik, alles Mögliche, mit einem Trötophon beispielsweise. Mit geringsten Mitteln machten wir Stimmung zu den stumm gedrehten Szenen, es ging um pure Bewegung und Körperlichkeit.

So ist »Eika Katappa« eine Sammlung assoziativer Bilder und Töne aus meiner Lebenswelt, ein freies Kompendium, denn ein dramaturgisches Konzept entstand erst im Schnitt. Ganz wichtig war die Auseinandersetzung mit Magdalena und Carla, die oppositionelle Typen verkörperten. Magdalena und ihre angeborene Haltung zur Tragödie, Carla und ihr dadaistischer Humor.

Ich war bemüht, Glätte zu vermeiden. So wie ich geguckt habe und wie andere mich anschauten, sollte der Film werden. Im Lauf der Arbeit, die einer Reise von München über Heidelberg nach Neapel entsprach, kamen andere Personen in abgeschlossenen Episoden hinzu ... Ich war fremd und kurios damals, wenn ich Menschen ansprach und bat, mitzumachen, aber ich war immer zur Kommunikation bereit. So überwand ich schnell meine Schüchternheit.

Erstaunlich war die Begegnung mit dem neapolitanischen Fischer. Diesen Jungen fand ich auf attraktive Weise hässlich, er sah wie eine Parodie auf die sechziger Jahre aus. Dazu ein schöner französischer Zigeuner. Dieses Paar musste zusammengeleimt werden, das war unsere einzige Ausgangsidee. Als ich den Fischer ansprach, sagte er »Si, siamo tutti autori«, was soviel wie »Wir sind ja alle Autoren« oder auch »Täter« heißen konnte – er war eben ein Naturtalent und machte begeistert mit.

Zu diesem Teil der Dreharbeiten fuhr ich allein nach Neapel. Zuerst sollte Rosa von Praunheim assistieren, hatte aber keine Lust, in Neapel schließlich hielt er dann doch wieder durch. Die Menschen, die mitmachen wollten, fand ich unterwegs wie oft in meinen Filmen. Den blonden, unglaublich altmodischen Jüngling, den wir als Christus mit Dornenkrone in einem Passionsspiel zeigten, sahen Magdalena und ich im Zug. Ich sagte, der ist das absolute Kitschbild, wir gehen hin und fragen. Erst guckte er uns befremdet an, wie sich herausstellte, war er der Sohn des damaligen deutschen Botschafters in Moskau. Dann fand er Spaß an den kuriosen Filmmenschen.

In meiner kindlichen Freude und Arroganz war es mir egal, dass nur die Neapolitaner die Dialoge verstanden.

Ich wusste, dass man ihnen durch ihre Gesten und ihren stimmlichen Klang folgen kann. Wenn der Fischer, sein Sohn mit Krawatte und schwarzen Haaren und sein Freund dasitzen, sagt der Mann inhaltlich: »Du musst doch einsehen, mein Sohn, dass du mit diesem Fremden nicht weggehen kannst. Er wird dich verlassen, du wirst untergehen, du musst hierbleiben.« Diese thematische Grundmelodie versteht man wie im Stummfilm, so auch die Totenklage, wenn er den Körper seines Sohnes auf der Riviera di Chiaia findet.

Als ich neun Jahre später meine Chronik »Regno di Napoli« drehte, kam der alte Fischer noch einmal und fragte: »Erinnerst du dich?« Er hatte eine authentische neapolitanische Kadenz in der Sprache, das war nicht geschauspielert. Er erzählte verstört, dass sein wirklicher Sohn fünf Jahre nach den Dreharbeiten zu »Eika Katappa« an der Riviera di Chiaia gestorben war. Er wollte mir sein kleines Restaurant vermachen, ich sollte quasi adoptiert werden. Solche Wiederholungen als Doppelung einer Tragödie, dieses Immergleiche des Todes, faszinierten und beunruhigten mich. Sie sind mein Sujet geblieben. Ich schlug die Erbschaft natürlich aus.

Nähe entstand bei meinen Dreharbeiten ohne Zwang oder Reglement. Man brachte die Zeit herum, ohne das Gefühl, sie zu verlieren. Das Leben als etwas Schwebendes, Leichtes, das war mein Traum von jeher. Man erzählte Geschichten und sprach von sich. Ich konnte beobachten, wie jeder aufmerksam aufs Meer schaute. Es war keine tote Zeit, immer entwickelte sich etwas. Die Drehaufnahmen selbst waren nie aufwendig, wir brauchten nur ein wenig Make-up und mal eine andere Hose, ein anderes Kleid vom Flohmarkt. Die Arbeit mit dem Bild und den Darstellern dauerte höchstens vier Stunden pro Tag, die andere Zeit verbrachte man zusammen. So stellte ich mir lange Zeit meine Arbeit als Filmemacher vor.

Rund sieben Stunden Material hatten wir zusammen, am Ende wurde »Eika Katappa« zweieinhalb Stunden lang. Ich montierte den Film auf einem Moviskop, einem kleinen Gerät mit winzigem Bildschirm, wo auf der einen Seite die Rolle für dreißig Meter Film, auf der anderen die Leerrolle war, alles mit Handkurbel zu bedienen. Ich hatte kein Geld für eine Kopie, weshalb ich auf Umkehrmaterial drehte. Ektachrome Commercial und Kodachrome waren auch bei den folgenden Filmen mein Lieblingsmaterial. Ich schnitt ohne Ton und verließ mich darauf, auf dem kleinen Schirm genug für die spätere Vergrößerung mit Musik und Geräuschen zu sehen. Dann gab ich den Film einer wunderbaren Dame vom Arri-Kopierwerk in München, die ihn mir zum halben Preis richtig klebte, nämlich nass. Ich selbst verwendete einfachen Tesafilm. So entstand eine schwarzweiße Arbeitskopie in meiner autodidaktischen Filmküche.

Damals waren die Gebäude des Bayerischen Rundfunks nachts zugänglich. Wenn der Betrieb dichtmachte, ließ man mich herein, ich durfte mit meinem Karton voller Filmrollen und Musiken antappern und mich bis morgens um acht Uhr an den Schneidetisch setzen. Die ganze Nacht hindurch experimentierte ich mit Tönen und Musiken. Ich überlegte, wie ich gegen die übliche Dramaturgie angehen konnte, die sonst die Bilder totschlägt. Meine Musiken sollten ihren eigenen Klangcharakter behalten. Es waren ja alte Tonkonserven wie die aus »La Traviata«, die Maria Cebotari 1943 im Reichsrundfunk gesungen hat. Auch bei Tina Turners »If I dance« nivellierte ich bei der Überspielung nicht, jede Platte behielt ihren Charakter, vom blechernen Volksempfängerton bis zum Callas-Ton der fünfziger Jahre. Am Schneidetisch hängte ich alles aneinander, so dass auf

Musik stumme Teile oder ausgestellte einzelne Geräusche folgten, aber nirgendwo ein Geräusch in Einheit mit Musik und Sprache zu hören war. Es gab entweder Sprache, live aufgenommen, oder Geräusche oder Musik. Das war meine Art der Bloßstellung der normalen Dramaturgie, eine Provokation für Auge und Ohr, die ich natürlich liebevoll meinte. An den Schluss stellte ich ein Bild von Maria Callas, zu dem nicht ihre Stimme, sondern die von Celestina Boninsegna, einer großartigen italienischen Soprano spinto dramatico, zu hören ist. Boninsegna sang eine Paraderolle der Callas, die Arie der Leonora aus dem dritten Akt von Giuseppe Verdis »Die Macht des Schicksals«. Ich spielte mit dem Mythos der Callas, ihr Bild war mit dem Klang einer anderen Stimme gekoppelt; wo die »Wahrheit«, die Identität war, lag im Ermessen der Zuschauer.

Zu meiner Freude mochte Josef von Sternberg, der alte Herr, dessen Filme »Der blaue Engel«, »The Devil is a Woman« und »The Scarlet Empress« ich schon als Kind bewundert hatte, meinen Film. Dass ich bei den Mannheimer Filmtagen 1969 den Josef-von-Sternberg-Preis bekam, war damals eine Revolte gegen das Erzählkino. Der Norddeutsche Rundfunk kaufte den Film am Ende für herrliche zehntausend Mark. Aber bei der Ausstrahlung schnitt man im Dritten Programm des Bayerischen Fernsehens einfach den Schluss weg. Und als der Film in den siebziger Jahren wiederholt wurde, vertauschte man die Rollen. Damals wollte ich ihn mit Zazie de Paris in ihrer Wohnung anschauen, und als wir den Fehler bemerkten, rief ich den Sender an. Ich brachte die Verantwortlichen unter Drohungen tatsächlich dazu, nach vierzig Minuten anzuhalten und noch einmal neu anzufangen. So dauerte er dreieinhalb Stunden.

... UND WAS DARAUS FOLGTE

Mit dem Josef-von-Sternberg-Preis in der Tasche wurden wir bekannt. Die Zeitungen schrieben über »Eika Katappa« und mich als deutschen Undergroundfilmer. Wim Wenders nannte meine Filme »phantastische Filme über künstliche Leute« und in der Frankfurter Allgemeinen Zeitung erklärte der Kritiker Wilfried Wiegand, meine Filme leisteten eine »totale Kritik unseres Bewusstseins«.

Der Preis machte uns klar, dass es ein Publikum in den Filmclubs und Filmkunstkinos gab. Um in die großen Kinos zu kommen, hätte man einen Verleih gebraucht, aber daran war nicht zu denken. Auch an unserer chaotischen Situation änderte der Preis nichts. Wir waren mit der Kostenabrechnung für die Musiken in »Eika Katappa« in Verzug, und Zahlungsbefehle von Filmherstellungsfirmen flatterten ins Haus. Selbst das steuergünstige Prädikat »Wertvoller Film« verursachte bürokratische Kosten, die wir nicht finanzieren konnten. So hielt ich ausgerechnet an der Münchener Filmhochschule, von der ich aus Langeweile weggegangen war, Vorträge über »Strukturprobleme des Musikfilms«, um etwas Geld zu verdienen.

Magdalena war so liebenswürdig, sich um den Büro- und Papierkram zu kümmern, was ich nie gekonnt hätte. Sie war es, die die Anfragen beantwortete, die bald schon aus Brüssel, Paris, New York, London, Montreal und Rio de Janeiro eintrafen, und sorgte dafür, dass der Filmtransport von einem Kino zum anderen auf den Weg kam ... Sie schrieb wunderbare höfliche Geschäftsbriefe mit Wendungen wie »Je vous prie d'agréer, cher Monsieur, l'expression de mes salutations les meilleures«. Ja, sie hatte die Geduld für die Korrespondenz, die Expedition, die Abrechnung, und das neben ihrer Brotarbeit und der Arbeit an unseren nächsten Filmen.

Im Frühjahr 1970 wurde »Eika Katappa« zu den Filmfestspielen in Cannes eingeladen. Volker Schlöndorff machte Pierre-Henri Deleau, der damals zur Auswahl der deutschen Beiträge für die Quinzaine des Réalisateurs nach München gekommen war, auf meinen Film aufmerksam. Deleau nahm ihn sofort ins Programm, obwohl alle wussten, dass es nicht leicht werden würde. Ich war natürlich sehr stolz, dass »Eika Katappa« in Cannes präsentiert wurde. Dass der Film heftige Reaktionen hervorrief, weil die meisten Kritiker im Jahr nach der Revolte von 1968 politische Filme erwarteten, ärgerte und amüsierte mich zugleich. Angst machte mir die Ablehnung nie. Aggressivität entsteht zwischen Menschen, vor allem in einem intensiven Austausch, aber ich persönlich ging Konflikten gern aus dem Weg. Ich dachte, dass in Cannes Cineasten versammelt seien, aber mir ging es um die strenge Form, um ein Ritual, das viele Kritiker provozierte. Ich erinnere mich, dass jemand während der Vorführung in Cannes einen Schuh Richtung Leinwand schleuderte. Und selbstredend reagierte ich auf Buh-Rufer mit dem damals gängigen Schimpfwort »Faschist«.

Aber Pierre-Henri Deleau zeigte auch weiterhin Filme von mir, und so war ich auch mit »Der Tod der Maria Malibran«, »Der schwarze Engel«, »Flocons d'or«, »Regno di Napoli« und mehr Filmen in Cannes. 1972 wurden wir zu den Festivals in Avignon und Nancy eingeladen, 1973 zum Festival in Hyères, im selben Jahr zu einer ersten Retrospektive meiner Filme in Paris, die Frédéric Mitterrand in seinem Kino L'Olympic veranstaltete. Unser Erfolg im Ausland begann sehr früh, vor allem in Frankreich.

In Cannes machte mir der argentinische Dokumentarfilmregisseur Fernando Solanas ein Kompliment, das meinem Herzen entsprach. 1968 hatte er den berühmten Essayfilm »La hora de los Hornos – Die Stunde der Hochöfen« gedreht, den ich sehr liebte. Solanas sagte mir, sein sozialistischer Film über Argentinien und »Eika Katappa« ähnelten einander, ich ginge in die Seele und in die Leidenschaft hinein, er in die Politik und in die Polemik.

Damals war es so, dass die Filme der Quinzaine des Réalisateurs in der Cinémathèque française wiederholt wurden. 1970 also verliebte sich Henri Langlois, der legendäre Leiter der Cinémathèque, in »Eika Katappa«, als er ihn in Paris im Palais Chaillot zeigte. Dieser »kuriose Monsieur«, wie ihn manche nannten, hatte großes Verständnis für mich, er wurde ein lieber Freund, mit dem zusammen ich mir manchen Scherz erlaubte.

Henri Langlois und Mary Meerson, seine Gefährtin, liebten Magdalena sehr. Mary Meerson, die nur sehr schlecht sah, berührte Magdalenas Gesicht und konnte es genau beschreiben. In Paris brachte mich Henri Langlois immer im Hôtel de Seine unter. Wenn er aber, was vorkam, inkognito zum Filmfestival in Cannes anreiste, war ich der Einzige, den er traf. Wir hatten ein wunderbares Verhältnis zueinander. Wenn er zum Beispiel wollte, dass ich bei jemandem, den er nicht ausstehen konnte, ein bisschen Rabbatz machte, lud er mich in die besten Lokale zum Dinner ein und sagte: »Kommen Sie, Werner, kommen Sie! Ich muss Sergej Bondartschuk treffen. Machen Sie einen Skandal.« Gern geschehen. Wir saßen also in einem superguten Restaurant und ich triezte Bondartschuk. Henri Langlois war im Smoking gekommen und trug dazu Pantoffeln. Er war selig und quietschfidel. Triezen konnte ich Bondartschuk beispielsweise mit seinem Film »Krieg und Frieden«, indem ich ihn als Schnulze bezeichnete, als Vergewaltigung der Massen. Ich fragte ihn nach seinen Zielen und seiner Meinung über den Stalinismus aus. Ich bin gern als Clown aufgetreten, es wurde akzeptiert, wie ich war.

Ich pflegte schon damals eine Art Punk-Stil. Ich ging mit zerrissenen Jeans, Stiefeln und allem Dings, aber trotzdem sehr elegant. Zu den Müllklamotten trug ich beispielsweise ein schönes Kaschmir-Jackett von Yves Saint Laurent. Ich bekam es, glaube ich, von Frédéric Mitterrand geschenkt, der heute französischer Kulturminister ist. Er war es, der meine Filme zum ersten Mal in Frankreich verlieh. Damals, zwischen 1973 und 1975, war er im Verleihgeschäft und besaß drei sehr schöne Kunstkinos – diese Arbeit machte er hervorragend. Wir wohnten zeitweise zu dritt zusammen, Frédéric, André Téchiné und ich.

Weil alle großen Zeitungen uns nach Mannheim und Cannes wahrgenommen hatten, kam plötzlich auch das Fernsehen auf uns zu und bot an, dass ich mit kleinen Budgets völlig frei Filme fürs Nachtstudio drehen könne. Damals waren die Fernsehredakteure, insbesondere die vom Kleinen Fernsehspiel des Zweiten Deutschen Fernsehens, offen für künstlerische Experimente. Auf diese Weise entstanden innerhalb eines Jahres vier Filme, »Der Bomberpilot«, »Salome«, »Macbeth« und »Der Tod der Maria Malibran«.

In diesem interessanten Jahr 1970/1971 begann meine lebenslange Freundschaft mit der Fotografin Digne Meller Marcovicz. Sie arbeitete als Bildjournalistin für den »Spiegel«, wir lernten uns in München kennen, und von da an begleitete sie jede unserer Produktionen, sei es Film oder Theater, als Freundin und als Set- und Probenfotografin. Viele Jahre lang konnte ich sie anrufen und spontan einladen, wenn ich eine neue Arbeit begann, dann kam sie.

Und das obwohl sie drei Kinder zu versorgen hatte und als Fotografin für den »Spiegel« viel unterwegs war. Ich konnte sie nicht bezahlen, aber als es ihr einmal mit ihren kleinen Kindern und der Arbeit zu viel wurde, schickte ich – nein, bat ich Magdalena, ihr zu helfen. Die stand dann in dramatischem Schwarz am Bügeltisch. Leben und Arbeiten waren bei Digne eins, das hatten wir gemeinsam, und das brachte sie mit ihren Portraits und vor allem ihren Szenen- und Arbeitsfotos wunderbar zum Ausdruck. So hat sie außer Roswitha Hecke und Elfi Mikesch die meisten Bilder von meiner Arbeit gemacht, bis zu »Malina«. Manchmal konnte sie Zaubermomente besser als meine Filmkamera festhalten.

KOMÖDIEN

Wenn ich heute auf diese hoch intensiven, produktiven ersten Jahre zurückschaue, fällt mir auf, dass ich damals schon die Tendenz hatte, mit sehr unterschiedlichen Formen zu experimentieren. Ich ließ mich nicht festlegen, weder auf den Undergroundfilmer, das Wunderkind Puppi Goldbär mit seinen schwülstigen Über-Melodramen, noch den Post-Neorealisten von »Regno di Napoli« und »Palermo oder Wolfsburg«. In gut anderthalb Jahren, 1970 und 1971, drehte ich fünf Filme mit Magdalena und den Freundinnen und Freunden. Und nicht zuletzt bahnte sich in dieser Zeit meine Theaterarbeit an. Ich lebte mit Magdalena in München, später zeitweise in einer Kommune mit Ingrid Caven und Daniel Schmid, aber wir zogen unsere Kreise zwischen Dossenheim, Wien, London, Neapel und Beirut.

Nach »Eika Katappa« hätte ich beinahe die Chance gehabt, mit einem 35mm-Film ins große Kino zu kommen. Peter Berling, damals Produzent und Tausendsassa in München, wollte mit mir und Magdalena, Carla und einem gewissen Gavin Campbell eine »Bigger than Life«-Fortsetzung von »Neurasia« machen. Wir drehten in einem richtigen Studio der Firma Schonger am Ammersee. Robert van Ackeren, mein Kameramann vom achten Kapitel von »Eika Katappa«, arbeitete mit, aber letztlich blieb der Film nur eine seltsame Nebenepisode in meinem Leben. Niemand hat »Nicaragua« je fertig gesehen. Wegen unbezahlter Kopierwerksrechnungen – Peter Berling hatte sich übernommen – blieb das Material als Pfand bei der Münchener Filmfirma Arri liegen, es wurde irgendwann ausgemustert und ging verloren. Vielleicht kann man es eines Tages im Bundesfilmarchiv ausfindig machen.

Auch ein anderer Film aus der Zeit blieb unvollendet und unveröffentlicht, »Anglia«, den der ehrgeizige Fassbinder-Schauspieler, Regisseur und Produzent Ulli Lommel mit uns, seiner damaligen Frau Kathrin Schaake und Mascha Rabben zu drehen begann, bis auch ihm auf halber Strecke das Geld ausging. Nach diesen windigen Erfahrungen nahm ich wieder selbst die Kamera in die Hand.

Man sagte mir nach, meine Arbeit sei familienfreundlich gewesen, nicht so stark auf Rivalitäten aufgebaut, wie es bei Rainer Werner Fassbinder üblich war. Aber dazu mochte ich mich nicht gern öffentlich äußern. Fassbinder war ein sehr guter Freund, obwohl er mir in seinem letzten Lebensjahr ein Herzensprojekt klaute. Meinen »Willow Springs« erklärte er zu seinem Lieblingsfilm, aber auch »Eika Katappa« fand er wunderbar. Er zitierte oft »Life is so precious – even right now«; der Satz ist in der Sequenz mit Carla Aulaulus Filmtoden zu hören, wenn sie ein ums andere Mal wieder aufersteht. In »Warnung vor einer heiligen Nutte«, jener lästerlichen Persiflage auf das Filmemachen, wie wir es damals betrieben, legte Fassbinder diesen Satz Hanna Schygulla in den Mund. Er fragte mich, ob er auch die Szene aus »Eika Katappa« kopieren dürfe, in der man den schönen jungen Zigeuner im Heck eines Bootes sieht, wie er umgeben von viel Gischt von Neapel nach Capri fährt. Das Bild stellte er in »Warnung vor einer heiligen Nutte« mit Magdalena Montezuma nach, nur legte er eine Donizetti-Arie der Callas darüber, bei mir war es ein gutes Jahr vorher Hugo Wolf gewesen. Das war eine Dedikation, eine Hommage.

Nur ein Wort zum Familienunternehmen Fassbinder: Es waren immer alle Mitglieder seiner Gruppe gleich beteiligt, soweit ich mir ein Bild davon machte. Man konnte nicht verlangen, dass er immer nur Gott-ist-die-Güte ausstrahlte. Fassbinder hatte einen rauen, zwiespältigen

Charakter, war mir aber seelenverwandt, trotz seiner gewissen Andersartigkeit. Er sagte oft: »Werner, du bist der weiße Engel, ich bin der schwarze Engel« – in Anlehnung an ein Theaterstück von Christopher Fry. Ich sagte: »Da täuschst du dich sehr, ich schmiere die weiße Farbe nur dicker druff.« Da musste er lachen.

Magdalena und ich fuhren 1970 nach Sorrent, um Fassbinders Truppe zu treffen, die dort »Warnung vor einer heiligen Nutte« drehte. Im Frühjahr hatten sie in Spanien einen Spätwestern drehen wollen, was wegen ausbleibender Fördermittel und etlicher anderer Pannen misslang. Im September sollte genau diese Stimmung – gespannte Untätigkeit plus komischer Intrigen um die Besetzungsliste – zu einem neuen Fassbinder-Film gestaltet werden. Es war wie Urlaub und Nervenkrieg in einem, zur Abwechslung mal nicht der Spielleiter zu sein, sondern zu Fassbinders Entourage zu gehören. Ich spielte die winzige, bis auf den Anfang stumme Rolle des herumlümmelnden Standfotografen Deiters eben des Films, dessen Drehbeginn sich hinauszögert, weshalb wir uns langweilen, kränken und permanent zu verführen versuchen – wir waren in gewisser Weise selbst unser Sujet.

Wie jung wir damals waren! Wenn ich arbeitete, kam ich kaum zum Essen, schlief schlecht, rauchte und trank. Meine Freundin Digne sagte, sie hätte mich in jenen Jahren immer derart erlebt.

Übrigens nutzte ich öfter kleine Gastrollen oder Festivalbesuche für ein paar Tage bezahlten Urlaub von meinen eigenen Verpflichtungen. In »Warnung vor einer heiligen Nutte« sitze ich in der Hotel-Lobby und schaue melancholisch und ziemlich stoned unter meinem Hut hervor. Ein paar Mal tanze ich mit Magdalena eng umschlungen und tröstend. Sie spielte Irm, die abgewiesene Liebhaberin des Regisseurs, die ihm verzweifelte dramatische Szenen macht. Irm Hermann, Fassbinders Ex-Freundin und Ex-Protagonistin, wollte er in Sorrent nicht dabeihaben, Magdalena sprang für sie ein. In der Endfassung des Films spricht aber Irm Hermann die Stimme von Magdalena.

Magdalena und ich amüsierten uns über die Querelen innerhalb der Truppe, Rainer nahm das nicht übel. Kurz vor Ende der Dreharbeiten drehte er eine extrem lange Einstellung, in der ich als Fotograf Deiters eine verworrene Geschichte über Goofy, Winz-Willi und ein kleines Mädchen improvisieren sollte. Ich erzählte einen verrückten Traum, mehr weiß ich nicht mehr. Die Szene wurde die Eröffnungssequenz von »Warnung vor einer heiligen Nutte«.

Kurz vor unserem Italien-Ausflug hatte ich im Auftrag des ZDF »Der Bomberpilot« gedreht, meine einzige Komödie, die ich sehr mochte, über drei Frauen in der Zeit des Übergangs vom Nationalsozialismus zur Eisenhower-Ära. Bis zu »Neapolitanische Geschwister« war die Konstellation dreier verschiedener Frauen ein fester Bestandteil meiner Filme, ich schickte sie durch alle Zeiten, Kontinente *per aspera ad astra* – vom Dunkel zum Licht, vom Schmerz zum Sehen.

Im »Bomberpilot« interessierte mich die Zerreißprobe zwischen »Kraft durch Freude« und Nachkrieg mit amerikanischem Kultur- und Karriereverständnis, außerdem lagen diese deutschen Geschichten damals in der Luft. Mein Film war nicht weit von Robert van Ackerens »Harlis« und Fassbinders »Die Ehe der Maria Braun« entfernt. Letzteren mochte ich, nur interessierte mich die realistische Abbildlichkeit nicht. Es war mir unverständlich und es brachte mich immer wieder auf, dass viele Produktionsmittel in solche Filme flossen, während wir uns durchmogelten und mit praktisch nichts einen historischen Stoff verfilmten.

Den »Bomberpilot« nannte man gelegentlich auch eine »nicht ganz seriöse Nazi-Operette«, weil ich Luchino Viscontis Drama über die Krupps »La Caduta degli Dei – Die Verdammten« in einem Text für die »Filmkritik« als »seriöse Nazi-Operette« bezeichnet hatte. Unser Film war von absurder Komik, vielleicht auch inspiriert von den verflossenen Kunstträumen meiner Mutter und Großmutter. Magdalena stellte eine Kirchenrestauratorin, Reichsvolkshochschullehrerin und Schlangentänzerin dar, Carla Aulaulu (mit der ich hier zum letzten Mal zusammenarbeitete) eine Sängerin und Bäckerin, Mascha Rabben eine Varieté-Tänzerin. Mascha kränkelt mit einem Nervenzusammenbruch, Carla erleidet eine Fehlgeburt, Magdalena bringt sich beim Tod des Führers beinahe ums Leben. Die drei tingeln und machen Karriere bis nach Amerika, alles ziemlich bizarr. Wir hatten ja kein Geld und nahmen uns frech, was wir brauchten. Mein Freund Daniel Schmid war mein Regieassistent, es ließen sich schöne anarchistische Späße mit ihm aushecken. Amerika drehten wir zum Beispiel so: Wir fuhren zur US-Army in Heidelberg hin, die drei Damen machten sich an zufällig anwesende GIs ran, posierten für ein Gruppenfoto, und das war dann die Szene der Fraternisierung. Oder wir fuhren zur amerikanischen Schule, in der ich einmal Schüler war, betraten ein Klassenzimmer, filmten die drei Künstlerinnen mit den jubelnden Kindern und erklärten dann im Kommentar, das Ganze dokumentiere ihren großen Erfolg in Texas. Wir trieben es mit den komischen Kontrasten zwischen Bild und Sprache ziemlich weit. Der Bomberpilot übrigens tauchte im Film gar nicht auf.

Auf diese Komödie folgte »Anglia« und zum Jahreswechsel 1970/71 »Salome«, Oscar Wildes Tragödie, für die wir in den Libanon aufbrachen. Auch der darauffolgende »Macbeth« verschlug mich – obwohl als elektronische Fernsehproduktion in Frankfurt am Main aufgezeichnet – auf eine Reise, die mich mit Rosa von Praunheim nach London führte. Und schließlich reisten Magdalena und ich im Sommer 1971 in Vorbereitung meines Films »Der Tod der Maria Malibran« nach New York City.

FREUNDSCHAFT

Daniel Schmid, der im August 2006 an Krebs starb wie so viele, die mir nahe sind, war ein guter Freund in der Zeit, in der wir begannen, etwas mit Film, Musik und Kunst zu tun. Mit ihm kann ich beschreiben, was Freundschaft für mich, für Daniel, für Rainer Werner Fassbinder bedeutete, die wir so ähnlich und so anders waren.

Ich fuhr im Dezember 2007 in die Schweiz in das Belle-Époque-Hotel Waldhaus-Schweizer Hof, in dem Daniel Schmid seine Kindheit verbrachte. Die Filmemacher Pascal Hofmann und Benny Jaberg drehten ein Portrait über ihn, das inzwischen unter dem Titel »Daniel Schmid – Le chat qui pense« in die Kinos gekommen ist. In einem der plüschigen Salons antwortete ich auf ihre Fragen, während wir durch die Panoramafenster dieses zauberhaften Hauses sehen konnten, wie es draußen um den Flimser Stein zu schneien begann.

Es gibt ein Gedicht, das beschreibt, was uns verband. Ich habe es selbst geschrieben und in meinem Film »Schwarzer Engel« verwendet: »Sehnsucht, das sagt sich so leicht / und das lebt sich so schwer. / Tag, wie ein Bach bist du seicht / und ich träume das Meer.«

Die Frage, wie Freundschaften entstehen, kann ich kaum beantworten, aber Affinitäten beruhen auf Kontrasten, zumindest in meinem Leben. Daniel hatte die Berge, ich den Traum vom Meer, vom Atlantik in San Sebastián oder in Portugal. Das Schroffe und das Bewegliche beschreiben unsere Gegensätzlichkeit, wobei Daniel kein schroffer Mensch war. Aber dass er aus den Bergen kam, ist ein anderes Bild vom Leben als die dauernde Bewegung, die ich mit dem Meer verbinde. Die Freundschaft, wie wir sie gelebt haben, spricht für sich selbst, sie entwickelte sich und dauerte fast vierzig Jahre.

Es gab ähnliche Erfahrungen in unserer Kindheit und Jugend, die unsere Freundschaft stärkten. Daniel, fast vier Jahre älter, sprach viel von seiner Großmutter, ich von meiner. Auch seine Großmutter versuchte, die Welt auf eine andere Weise aufzubauen, als es die konkretistische des Alltags ist. Aber ich kam aus einem anderen Hintergrund, wir hatten alles verloren und überhaupt kein Geld, als ich klein war. Daniels Großmutter gab ihm viele Anstöße, sie war die treibende Kraft seiner Phantasie und gab ihm Anregungen über den Hotel-Alltag hinaus. Sie war ein Phantasietreibstoff wie meine Großmutter.

Es war ein notwendiger Schritt, die Familie zu verlassen. Auch ich hatte diese Tendenz, während mein Bruder Hans-Jürgen sich leider nie trennen konnte und fast daran erstickte. Die Trennung, die absolut notwendig war, schaffte ich erst mit etwa zwanzig Jahren, Daniel noch später. Früher wäre besser gewesen. Wenn die Persönlichkeit sich zwischen zwölf und zwanzig Jahren ausformt, ist es Zeit, sich selbst zu leben und zu finden.

In Flims war ich häufig, und Daniel besuchte mich bei meiner Mutter in Dossenheim bei Heidelberg. Er mochte sie sehr, und sie mochte ihn. Er nannte sie mit drolligem Respekt Frau Mutter, weil sie so ungemein hilfreich und charmant war und gut kochte. Damals Anfang oder Mitte der siebziger Jahre fuhren wir abends in putzig-düstere Clubs zum Tanzen, das waren die übriggebliebenen der ersten gewagten Schwulentreffs aus den fünfziger und sechziger Jahren. Dann kamen wir spätabends nach Hause und planten am nächsten Tag wieder Filme, die nie gemacht wurden, oder wir reisten nach Avignon weiter, wo Daniel oder ich unsere Arbeiten zeigten.

Daniel kultivierte seine Zuneigung zum Artifiziellen, zu Marlene Dietrich und dem Stil der zwanziger Jahre, aber er empfand es keineswegs als Verlust, dass es das in Berlin nicht mehr gab. Die Stadt war auch zu unserer Zeit eine Zauberwelt, reich an künstlerischen und menschlichen Entwicklungen. Daniel konnte seine Nostalgie in der Arbeit vitalisieren, er musste sie nicht in Berlin vorfinden. Man darf nicht vergessen, dass es damals nicht selbstverständlich war, homoerotische Beziehungen offen leben zu können. In Berlin war die Libertinage wie in den zwanziger Jahren möglich, es gab eine homosexuelle Szene – wobei es nicht um diesen einschränkenden Begriff ging –, die mit New York, Amsterdam und anderen Städten vergleichbar war.

Ich lernte ihn bei einer Aufführung meiner ersten Sechzehn-Millimeter-Filme kennen. Damals bildete ich mir nichts auf meine drei oder vier fertigen Filmchen ein, als Daniel die Filmhochschule gerade beendete und bei einem Film von Peter Lilienthal assistierte. Dann wirkte er bei »Eika Katappa« und »Der Bomberpilot« als Pianist und Regieassistent mit, auch bei »Der Tod der Maria Malibran« hat er geholfen. Ich bin ein sehr schlechter Tänzer, wenn ich führen muss, aber mit ihm konnte ich wunderbar tanzen. Ich erinnere mich an zahllose Wiener Walzer, die wir auf Festlichkeiten tanzten, zum Erstaunen der anderen Gäste. Er konnte beim Walzer gut führen, und ich konnte mit ihm schön arbeiten, denn bei meinen Filmen führte *ich*. Unser utopischer Gedanke war, man erfindet das Leben neu, und dieses Leben ist Kunst. Es ging um die Grenzüberschreitung, aus dem Leben eine künstlerische Äußerung oder wie durch ein Sieb eine neue Gestalt zu filtern. Es gab die Sehnsucht nach Gestaltung, und von seiner und meiner Seite kamen Magdalena Montezuma und Ingrid Caven dazu, die mit uns zusammenarbeiteten.

Maria Callas war meine Diva, Daniel aber sah überall Diven, er versuchte sogar seine Tante Pinkie als komische Diva zu verkaufen. Er hatte eine Divensucht, suchte, wo sie versteckt waren, damit man mit ihnen dieses artifizielle Überleben erzeugen konnte.

Ingrid Caven war die Spitzendiva, die zentrale Frauengestalt in Daniels Leben, seine Muse, im Leben seine beste Freundin und Kampfgefährtin. Es gab viel Streit beim Durchsetzen der gegenseitigen, manchmal auch gegenteiligen Überzeugungen, aber man konnte – bei allen Eigenheiten – wunderbar mit Ingrid arbeiten. Als ich »Willow Springs« gedreht hatte, arbeitete er mit ihr an dem exzessiven Melodram »La Paloma«, der Geschichte einer schwindsüchtigen, von der Liebe enttäuschten Nachtclubsängerin. Wenn Ingrid da ihre große Szene auf dem Berg hat und »Glück, das mir verblieb« als Karaoke singt, dann hätte das leicht schiefgehen können – ein solcher Ultra-Kitsch aus den zwanziger Jahren, noch dazu auf dem Playback der grandiosen Lotte Lehmann und Richard Tauber – es wirkt aber anders ... Die Elemente wandeln sich zu Neuem, das nicht nur ironische Distanz schafft, sondern diese Distanz überwindet und etwas gewinnt, das Susan Sontag Camp nannte. »Glück, das mir verblieb« – das weit atmende Opernelement verband uns.

Mit Rainer Werner Fassbinder waren Daniel Schmid und ich sehr befreundet. Ich erinnere mich, dass ich bei der Trauung von Fassbinder und Ingrid Caven im August 1970 dabei war. Die Hochzeitsreise zu dritt mit Daniel soll eine drollige Veranstaltung gewesen sein. Aber das müsste Ingrid Caven erzählen, ich war nicht mit von der Partie.

Rainer Werner Fassbinder und Daniel Schmid hatten eine vitale, schwierige Freundschaft, es kam mitunter sogar zu Kloppereien. So etwas muss man als Teasing sehen, nicht als Verächtlichkeit. Fassbinder wusste genau, was er an ihm hatte, er war durchaus von Daniels Adaption seines umstrittenen Theaterstücks »Der Müll, die Stadt und der Tod« angetan, das Daniel unter dem Titel »Schatten der Engel« verfilmte. Er spielte neben Ingrid Caven und Klaus Löwitsch die dritte Hauptrolle, den Zuhälter Franz. Trotz seiner Eifersucht wegen Ingrid arbeiteten die beiden zusammen, wobei der Film ganz Fassbinder, aber auch ganz Daniel ist. Es war das erwähnte Teasing, die Sado-Maso-Nummer, diese Art von Spielen zwischen Menschen – vielleicht waren sie bei Fassbinder und Daniel stärker als bei mir.

Unser gegenseitiges Vertrauen war nie in Gefahr, obwohl es natürlich Konkurrenz und Eifersüchteleien gab. Wir neigten sehr zur Eifersucht, waren mitunter enttäuscht, weil wir gern so einen Film wie der andere gemacht hätten. Aber ich begriff sie eigentlich als charmanten Aspekt unserer Freundschaft. Daniel war durchaus auch boshaft, aber sein Schweizer Humor und mein polnisch-deutscher Humor rieben sich aneinander.

Wir waren ein Freundschaftspaar. Liebe, den gelebten Eros, den Sex suchte man woanders. Wenn man Männer liebt, sucht man nicht sich selbst im anderen, das ist ein Klischee. Der andere Mann, das Andere und Fremde, das ist das wirklich Schöne. Es gab damals in Deutschland, genauer: in Westdeutschland, immer noch den Paragraphen 175. Wenn man in einem Lokal anfing, eng mit einem Mann zu tanzen, war das ein exotischer Reiz, abenteuerlich und schön. Dass man damit nebenbei gegen vorhandene Ressentiments kämpfte, empfanden wir als Underground-Romantik.

Natürlich nahmen wir uns auch die Freiheit, Haschisch und anderes auszuprobieren. Wenn man unter sich war und Filme drehte, rauchten fast alle Joints. Es war genauso normal wie Sekt oder Wein. Es gab Stimulanzien aller Art, wir ließen uns da nicht einschüchtern. Das hätte auch nicht zu der aktiven Art gepasst, mit der wir versuchten, im Film, im Theater, in der Malerei Neues auszuprobieren. Eigentlich ging das Hand in Hand, wir fühlten uns auch in schwierigen Situationen wohl, die von außen gesehen negativ gewirkt haben mögen. Es ging um das exotische Abenteuer der Selbsterfahrung, und wir waren ohne Angst.

1973 besuchte ich Paris das erste Mal mit Daniel gemeinsam. Er kannte schon Bulle Ogier, die zwei Jahre später »Flocons d'or – Goldflocken« mit mir drehte, und ihren Lebensgefährten Barbet Schroeder. Am ersten Abend stellte er sie mir im berühmten La Coupole vor. Witzigerweise wurde an diesem Abend Bulles Handtasche gestohlen. Nathalie Delon und Gérard Depardieu kreuzten auf dem Motorrad auf, er hatte kurz vorher gerade einen kleinen Unfall gehabt. Das war gleich ein schöner Einblick in die Pariser Welt, die Daniel damals schon besser kannte. Nathalie wurde eine gute Freundin, ich traf sie oft in Paris. Sie schrieb Romane und spielte nur noch selten in Filmen, so auch in »Nuit de Chien«.

Ich war nach Paris gekommen, weil meine Filme im Olympic, dem Kino von Frédéric Mitterrand, liefen. Daniel entschloss sich damals, in Paris zu leben, und fand eine Wohnung am Montparnasse in der Rue du Val de Grâce, nahe dem Krankenhaus, im Gnadental eben. Eine sympathische sturmfreie Bude, um die Ecke von Ingrids Wohnung in der Rue Henri Barbusse. Manchmal habe ich gekocht, manchmal Daniel, oft waren wir auch mit Ingrid essen, später mit ihr und Jean-Jacques Schuhl, ihrem Lebensgefährten. Zusammen mit Bulle, Barbet und vielen Freunden war es ein geselliges Zusammensein, eine Verklammerung. Fassbinder hatte damals zeitweise auch eine

Wohnung in Paris. Wir hatten eine schöne Zeit zusammen, verfolgten aber jeder unsere eigenen Projekte. Ingrid war die Einzige, die mit uns allen arbeitete. Ein Beispiel: Nachdem ich 1976 in München eine Show mit ihr inszeniert hatte, richtete ich 1980 noch eine weitere mit ihr im Palace in Paris ein. Daniel war es, der ihre Show 1978 inszenierte. Es war eine umwerfende Produktion von Yves Saint Laurent, die zu ihrem Triumph wurde. Er mietete das Le Pigalle, ein ehemaliges Stripteaselokal, und stattete es neu aus, die schwarze Robe, die er für Ingrid entwarf, wurde legendär. Einzigartig! Schade für jeden, der nicht dabei war.

SALOME IN BAALBEK

Im Januar 1971 machten wir uns in den Libanon auf, in die antike Tempelstadt Baalbek, um »Salome« zu drehen. Es war nach »Der Bomberpilot« mein zweiter Film für die ZDF-Redaktion Kleines Fernsehspiel. Ich wollte den Film an Oscar Wildes Tragödie anlehnen, nicht an die Oper, die Richard Strauss nach Wilde komponierte.

Schon vor dem Jahreswechsel waren wir nach Beirut gefahren, um uns nach geeigneten Drehorten umzusehen, und ich verliebte mich sofort in dieses wunderschöne Land – wieder ein mediterranes –, in dem ich mich wohler fühlte als in Deutschland. Und die orientalische Küche! Überall dieser feine Duft von Jasmin, Orangen, Gewürzen und Haschisch! Damals – vor der Bürgerkriegskatastrophe – stand die ganz und gar französisch-arabische Kultur noch in voller Pracht.

»Salome« war meine erste Arbeit, die der Einheit von Ort, Zeit und Handlung folgte. Oscar Wilde hatte den Einakter in wunderbar musikalischem Französisch geschrieben, ich stützte mich auf die kongeniale Übersetzung von Hedwig Lachmann-Landauer und hatte zum ersten Mal so etwas wie ein richtiges Drehbuch, einen Plot, eine Geschichte. Auf meiner Suche nach den letzten Dingen im Irrationalen stellt sich für mich bis heute die Inhaltslogik als platte Konstruktion, als Lüge, dar. Bei Shakespeare, Lessing, Wilde und allen Dramatikern, die ich liebe, triumphieren die Form, die Musikalität, die Poesie der Sprache.

Wenn ich mich recht erinnere, ließen wir in »Salome« den Auftritt der Juden aus, der mir seltsam erschien, denn ich wollte etwas Bestimmtes betonen: »Ils disent que l'amour est amer, mais j'ai baisé ta bouche«, sagt Salome, wenn sie das Haupt des getöteten Jochanaan geküsst hat. »Es war ein bitterer Geschmack auf deinen Lippen. Hat es nach Blut geschmeckt? Nein, doch schmeckte es vielleicht nach Liebe. Sie sagen, dass die Liebe bitter schmecke.«

Der Schleiertanz als symbolischer Totentanz, das ist pures 19. Jahrhundert, aber dieses Eros-und-Thanatos-Thema ist mir nah. Salome, Herodes und Herodias treibt ein Begehren, das in der unausweichlichen Katastrophe endet. Mich interessierte das nicht als Sittengemälde, als dynastisches, politisches oder psychologisches Drama, für mich ist Salome, die Jochanaan will und ihn tötet, unschuldig. Mein eigenes Liebestod-Thema klang für mich darin an, mein tragisches Weltempfinden war höchst lebendig.

Wir fanden im Bacchustempel in Baalbek eine schöne breite Freitreppe vor einer monumentalen Mauerwand. Mit wenigen Mitteln, nur ein paar Fackeln und Leuchtern und den Thronsitzen für das Herrscherpaar, wurde es unser wunderbar glaubwürdiges abstraktes Bühnenbild. Ich hatte Pier Paolo Pasolinis »Medea«-Film gesehen, mit meiner Götterbotin Maria Callas in der Hauptrolle, und war sehr enttäuscht von Pasolinis Besessenheit, sie auf eine naturalistische Ebene zu ziehen. Ich wollte »Salome« anders. Nun gut, im Lauf der Jahre änderte ich meine Kritik an den archaisch-orientalischen Pasolini-Filmen. Bei unseren Gesprächen stimmte mir Maria Callas später übrigens zu, dass ihr spezieller gestischer Ausdruck als Sängerin und Schauspielerin nur in Bühnenräumen wirkte, Pasolini mochte dies aber nicht akzeptieren. *Unsere* »Salome« sollte kein schöner Reisefilm in die Antike sein, aber auch nichts mit dem symbolistischen Kitsch der Salome-Illustrationen von Aubrey Beardsley zu tun haben.

»Salome« war wegen des Auslandsdrehs als größere Produktion kalkuliert worden, deshalb arbeitete das ZDF mit einer Wiesbadener Produktionsfirma zusammen. Mein Regieassistent war Harry Baer, den ich als Mitglied der Fassbinder-Familie kannte, und als Kameramann hatte ich Robert van Ackeren engagiert. Bei dieser Arbeit musste ich mich auf die Schauspieler konzentrieren, denn für mich, der ich ja ein Autodidakt bin, waren das Stück und seine Dramaturgie eine Herausforderung. Neben unserem kleinen deutschen Ensemble kamen noch libanesische Komparsen und Musiker als Hofstaat zum Einsatz.

Wie dem auch sei, für »Salome« legte ich mit »Roberta«, wie ich van Ackeren nannte, minimale Kamerabewegungen, Schwenks und Zooms fest. Der steinerne, monumentale Raum war mir wichtig. Wieder die Treppe als Bühne. Als wir uns über die handwerklichen Fragen verständigt hatten, fuhr ein Produktionsleiter der Wiesbadener Filmfirma nach Beirut und Baalbek voraus, um die technischen Voraussetzungen zu organisieren. Doch als unsere Truppe im Januar 1971 in Baalbek eintraf, stimmte nichts.

Unser Redakteur Christoph Holch, den ich wiederum »Frau Holle« nannte, schilderte das Abenteuer später: »Ein Teil des vorausgeschickten Equipments war in Beirut verlorengegangen, und oben in Baalbek war so gut wie nichts vorbereitet. Statt der versprochenen elektrischen Anschlüsse fanden sich im Tempelbereich nur abgeschnittene Kabelstummel. Und als der sehr exakte Tonmeister Günther Stadelmann feststellte, dass das Schmalband für diese O-Ton-Produktion schon einmal benutzt worden war, musste ich dem sogenannten Produktionsleiter dringend nahelegen, nicht am Drehort zu erscheinen. Er wäre verprügelt worden. Offensichtlich war auch die Produktionskasse merkwürdig leer. Standen die ausgedehnten Besuche dieses Herrn im ›Casino Liban‹ damit in Zusammenhang? Mit dem ganzen Team half ich erst einmal mit, das Drehen überhaupt zu ermöglichen. Da auch die Lampenstative spurlos verschwunden waren, zog ich mit Magdalena Montezuma, die zwar nicht arabisch, aber ausgezeichnet französisch sprach, zum Dorfschmied. Magdalena hatte sich für ihre Herodes-Rolle eine Glatze rasieren lassen. Zwar lag eine Perücke bereit, aber auf diese verzichtete sie mit königlicher Geste. Als kahlköpfige Majestät machte sie auf die Schmiede und Schlosser nachhaltigen Eindruck: Die Stative waren in einem Tag fertig.«

Wir mussten die verlorene Zeit wegen der fest gebuchten Rückflüge unbedingt aufholen. So drehten wir rund um die Uhr ohne Wochenenden und Pausen. Ein Assistent der Geschäftsleitung der Filmfirma reiste an, ein umsichtiger Mensch. Er prüfte die Bücher, überhaupt die chaotische Hinterlassenschaft seines Angestellten und half uns bei der Aufnahmeleitung, beim Weckdienst und beim Essen. Tatsächlich schafften wir unser Drehpensum in zweieinhalb Wochen.

Magdalena, die Mutige, trug als Herodes ihr kahles Haupt zur Schau. Elfi Mikesch, in späteren Filmen meine vertraute Kamerafrau, war im Libanon unsere Masken- und Kostümbildnerin. Sie schminkte Magdalenas surreale Gesichtszüge zu einer abstrakten weißen Herrschermaske. Elfi musste sämtliche Darsteller zur halben Nacht wecken, um die aufwendigen Masken herzurichten. Ellen Umlauf, die Salomes Mutter Herodias, die Gattin des Herodes, spielte, verwandelte sich unter Elfis Händen in eine giftige düstere Liz-Taylor-Kleopatra.

Ellen war die einzige ausgebildete Schauspielerin unter meinen Darstellern, sie kam vom Max-Reinhardt-Seminar in Wien. Ich kannte sie aus dem Film »Das Wunder des Malachias« und hatte sie im Theater gesehen, aber das Tolle war, dass sie parallel zu unserer »Salome« auch in Softporno-Filmchen wie »Hausfrauen-Report« auftrat, was mir als Kontrast aus dem wirklichen Schauspielerleben sehr gefiel. Wenn Ellen frühmorgens, also zu nachtschlafener Zeit, von unserem mitgereisten Redakteur Christoph Holch geweckt wurde, begrüßte sie ihn »mit donnerndem Bühnenton«, wie er sich später erinnerte. Ich kam wie immer und besonders nach einem achtzehnstündigen Arbeitstag schwer aus dem Bett und brauchte einen Schluck Hennessy fürs nächste Drehpensum.

Mascha Rabben, die Salome, trug ein transparentes weißes Gewand, so dass ihr schmaler Körper bei jedem Schritt sichtbar wurde, auch sie war in schwarzweißen Konturen geschminkt. So fragil erschien sie mir als ein ausdrucksstarkes Pendant zu der besessenen Magdalena. Mit dämonischem Femme-fatale-Kitsch hatte das nichts zu tun. Mascha, damals ein bekanntes Fotomodell, eine Muse wie Uschi Obermeier, hatte mit der Schauspielerei erst kurz zuvor in einem »Schulmädchen-Report« angefangen – so war das damals im deutschen Film. Ich entdeckte sie für den »Bomberpilot« und »Salome«, dann spielte sie in Filmen von Roland Klick, Robert van Ackeren, Rainer Werner Fassbinder und Helma Sanders-Brahms.

Den Schleiertanz der Salome zeigten wir als eine Art kalten Striptease, extrem langsam und marionettenartig. Maschas Nacktszene – sie wirkte in der Totalen äußerst schmal – war eine heroische Tat, bei der wir den Tempelbezirk sicherheitshalber absperrten. Die Libanesen nahmen es gelassen, der Aufstand wegen dieses Affronts gegen die lokalen Sitten blieb aus, viel schlimmer war die eisige Kälte, die unsere Dreharbeiten von Tag zu Tag schwieriger machte. Wir waren weit über jede normale Arbeitszeit hinaus auf den Beinen, wie eigentlich immer, aber hier wollten wir vor dem ersten Schnee fertig werden. Am Meer in Beirut war es auch im Januar noch angenehm warm, alle Leute aus meiner Entourage, die über die Berge sechzig Kilometer weit hinunterfuhren, zum Telefonieren oder um unsere Muster zu holen, schwärmten davon. Im hochgelegenen Bekaa-Tal zwischen den Bergzügen des Libanon hingegen konnte von Schwimmen oder Sonnenbaden keine Rede sein.

Wenn wir abends von Einheimischen eingeladen wurden, gab es außer gutem Wein auch Haschisch aus eigenem Anbau. Dafür ist die Bekaa-Ebene berühmt. Und Harry Baer kaufte ein Gewehr. Im Hotel warnte man uns, solche Waren auf keinen Fall in die Stadt mitzunehmen. »Tante Holle« bemerkte die Zeichen der Gefahr rund um den Tempelbezirk sehr deutlich: »Der Bürgerkrieg warf seine Schatten voraus. Vor dem Hotel fuhr fast jeden Tag ein Schützenpanzer vor und kontrollierte die Autos nach Waffen. Der Hotelbesitzer geriet in Panik. Harry musste die Flinte sofort und ungesehen zurückbringen. Er hatte die Gefährdung der Produktion gar nicht erkannt.«

Am Tag, nachdem wir Baalbek verlassen hatten, fing es an zu schneien, und so verpassten wir ein mögliches Bild von Salomes blutenden Füßen im Schnee, das mich natürlich entzückt hätte. Christoph Holch, der auch bei meinen Filmen »Neapolitanische Geschwister«, »Der lachende Stern«, »Palermo oder Wolfsburg« und »Malina« wieder beteiligt war, empfand die »Salome«-Reise zusammen mit unserer Truppe als eine »wunderbare Horrorproduktion«, die ihn aus seiner »dramaturgischen Büromentalität« herausgeholt hatte. Ich war gerührt.

Zusammen mit der Cutterin Ila von Hasperg stellte ich eine Schnittfassung her, die ich zu meinem großen Erstaunen auch ohne Musik vorführen konnte. Das probierte ich aus, aber es gefiel mir nicht. So wie der Film war, empfand ich ihn doch als kalt und bearbeitete ihn. Die

Stimmen gaben mir einfach zu wenig Atmosphäre wieder, deshalb haute ich Musik drauf, so dass eine fremde Ebene zu den Bildern und zur Sprache entstand. Rosita Serranos »La Paloma« nahm ich hinzu, Walzer und Orgelmusik, rauschende »Salome«-Passagen aus der Strauss-Oper, Verdi und Donizetti und die Geräusche der Flugzeuge, die wir in Baalbek beim Anflug auf Beirut hören konnten.

SCHÖN IST HÄSSLICH, HÄSSLICH SCHÖN

Es gibt eine Fotografie von Maria Callas, die ich seit meiner Kindheit bei mir trug und mehrmals in meinen Filmen zitierte. Sie zeigt die Callas als Botin der Wahrhaftigkeit in einem knallroten Hermelin-Mantel mit breitkrempigem Federhut und glühendem schwarzem Blick, als übermännlich-weibliche Lady Macbeth, in Giuseppe Verdis »Macbeth«. Verdis Credo der »Erhabenheit und Kürze« war mir in diesem knallfarbenen Bild immer gegenwärtig. Seit meiner frühesten Hinwendung zur Oper wollte ich Shakespeares Tragödie und Verdis mutiges »hässliches« Melodram befragen, auseinandernehmen, neu montieren. Da kam der Hessische Rundfunk auf mich zu und lud mich ein, »Macbeth« als experimentelles Fernsehspiel im Studio in Frankfurt am Main zu verwirklichen.

Im selben Jahr hatte Rosa von Praunheim seinerseits vom Westdeutschen Rundfunk in Köln den Auftrag zu einer »Macbeth«-Version in der Tasche. Er sollte auf 16mm-Filmmaterial drehen, in Schwarzweiß und an Außenschauplätzen in England und Cornwall. So waren wir ganz direkt Herausforderer, Rivalen, gegenseitig inspirierende Freunde, und arbeiteten beide mit derselben Lady Macbeth, der großartigen Magdalena Montezuma, zusammen.

Rosa von Praunheim drehte seinen Schnee-und-Eis-»Macbeth« 1970 in England. Wir fuhren zusammen nach London und erlebten amüsante Seitengeschichten. Damals entstanden Fotos von uns beiden, in denen er mir mit theatralischer, leicht sado-masochistischer Pose an den Hals geht.

Wir waren dort eines Abends bei Sir Nigel Gosling, dem Feuilletonchef des »Observer«, und seiner Frau, einer ehemaligen Ballerina des Royal Ballet, eingeladen, beides ganz zauberhafte Menschen. Über meinen Freund Christopher, eine weitere interessante Gestalt aus meinem Leben, hatten wir sie kennengelernt. An diesem Abend war auch Rudolf Nurejew zugegen. Ich trug zu jener Zeit gern meine Damenstiefel von Louis Jourdan, sie waren aus dunkelbraunem, ganz feinem Rehleder, kniehoch. Sie standen mir, und komischerweise lief ich sogar sehr gut in ihnen. Ich saß also zu Füßen der Ballerina Lady Gosling auf einem weißen Angora-artigen Teppich und merkte mit einem Mal einen unangenehmen Geruch. Ich sah nach und musste feststellen, dass Hundekacke unter meinem rechten Fuß klebte. Was sollte ich tun? Ich neigte mich also aufmerksam der Familie Gosling zu, versteckte dabei den Fuß unter dem Sofa und rieb und scheuerte ihn da für die Anwesenden unsichtbar, in der Hoffnung, die Kacke trocknet und fällt ab. So war es auch.

Rudolf Nurejew saß die ganze Zeit da, hatte viel getrunken und war guter Dinge, als er unbedingt darauf bestand, dass ich ihn mit Erdbeereis füttere. Er sperrte den Mund auf, ich fütterte ihn und war stolz wie Bolle. Gerade noch hatte ich Hundescheiße unter dem Schuh gehabt, und nun fütterte ich den größten Tänzer seit Nijinsky mit Erdbeereis.

Bei den amüsanten Abendgesprächen lernten wir auch den hübschen Amerikaner Carl kennen. Nicht nur ich, sondern jedermann war in ihn verliebt, aber wir erreichten nichts, weil Nurejew Carl in selbiger Nacht seine Adresse gab und in seinem drolligen Englisch zu ihm sagte: »You'll find me, just come whenever you want.« Carl ging hin und erzählte uns später eine Geschichte, die ich ganz gemein fand. Nurejew hatte nämlich vom Tor bis zu seiner wunderbaren Villa durch den ganzen Park einen Kilometer lang einen Blumenpfad aus Magnolien und Rosenblüten gelegt. Die zehn Zentimeter breite Straße führte im Haus die Treppen hinauf ins fürstliche Schlafzimmer, wo Nurejew ihn nackt auf dem Bett erwartete. Wir platzten vor Eifersucht, alle Mann. Auch ein Freund von Peter Lilienthal war dabei, den ich Herrn Trommel nannte, ein raffinierter junger Mann. Und alle wollten Carl. Das war London 1970.

Rosa drehte seine »Macbeth«-Version in der Winterkälte in Stonehenge, an verschiedenen Orten in Cornwall und schließlich auf einem Schneefeld in Berlin. Magdalena hielt die rauen Drehbedingungen ebenso mutig aus wie ein Jahr später bei unseren Dreharbeiten zu »Salome« im Libanon. Rosa mochte Shakespeares Tragödie nicht, er legte es darauf an, die Gewalt über die Tonspur seines Films darzustellen. Er hatte Lynn, eine Bekanntschaft aus Stratford-on-Avon, den Text auf Band sprechen lassen und gab ihn Magdalena in zerschredderter Form, mit extremer Modulation vor. Sie gestaltete es dann draußen in der Kälte bibbernd mit Playback zu einem ganz eigenen Gebärdendrama.

1971, ein gutes Jahr später, hatte ich mit meiner eigenen sechzigminütigen »Macbeth«-Version anderes im Sinn. Anfang der siebziger Jahre steckte die elektronische Aufnahmetechnik, vor allem die Montagetechnik der Magnetaufzeichnungen, noch in den Kinderschuhen. Aber es war schön, dass die Redaktionen nach Stoffen und Formen suchten und Filmregisseure zu experimentellen Projekten einluden, um die Möglichkeiten zu erkunden. Rainer Werner Fassbinder drehte zum Beispiel für den Westdeutschen Rundfunk »Wie ein Vogel auf dem Draht«, eine Personality-Show mit Brigitte Mira nach amerikanischem Vorbild.

Man nahm das Geschehen – in Farbe selbstverständlich – gleichzeitig mit sechs elektronischen Kameras auf und hatte den Schnitt exakt nach Plan zu gestalten. Das

Bandmaterial war wenig lichtstark, so dass unsere Treppenszenerie viel heller ausgeleuchtet werden musste, als wir es eigentlich wollten. Licht und Schatten, die mir im Wechselspiel so sehr wichtig sind, konnten gar nicht mein Gestaltungsmittel sein. Stattdessen entstanden interessante Solarisationseffekte, wenn wir Feuer machten. Da fiel mir Maria Callas mit ihrem rot leuchtenden Herrschermantel wieder ein. So wie dieses Werbefoto sollte alles ein Abklatsch sein, in dem der Wahnsinn nistet und die Auflösung der Identität grell hervortritt. Verdis Oper, die uns die Motive eingab, wurde im Klavierauszug gespielt, Maria Callas' grandiose Wahnsinnsarie »Una macchia è qui tuttora – Dieser Flecken hier kommt immer wieder« habe ich neben ungeschulte Stimmen gestellt. Die Rollen wurden im Wechsel von Männern und Frauen gespielt, Magdalena hatte noch ganz kurzes Haar, nachdem sie im Winter zuvor den Herodes in »Salome« mit kahlem Haupt gespielt hatte. Es war ein interessantes Experiment, bei dem die Technik jedoch mehr Macht über uns hatte, als ich es mir für meine Idee von Ästhetik wünschte. Die Abläufe erschienen mir viel zu bürokratisch. Seither vermied ich die elektronische Produktion.

DER TOD DER MARIA MALIBRAN

Jimi Hendrix und Janis Joplin, die ich sehr bewunderte, starben einen frühen tragischen Tod. Wie Jim Morrison von den Doors gehörten sie zu jenem Club der Siebenundzwanzigjährigen, die auf dem Gipfel ihres künstlerischen Ausdrucks, als strahlende mythische Idole, unwiderruflich ihr Leben verloren. María Malibran gehörte ebenfalls dazu. Ich hatte viel über die spanisch-französisch-italienische Belcanto-Sängerin gelesen, die das Urbild aller Diven, auch meiner Maria Callas, war und 1836 ebenfalls mit siebenundzwanzig Jahren starb – unmittelbar nach einem einzigartigen, herausfordernden, erschöpfenden Konzert. Alles was mein Film »Der Tod der Maria Malibran« darzustellen versucht, ist aus meiner inneren Auseinandersetzung mit diesen Künstlern geboren, die ich sehr bewunderte.

Eine Episode aus der Zeit der Vorbereitung dieses Films mag die Spannung verdeutlichen, die mich zu diesem Sujet trieb. Ich schrieb sie für ein Buch über Luchino Visconti und »Morte a Venezia – Tod in Venedig« auf. Magdalena und ich sahen den Film an einem unerträglich heißen Sommertag 1971 in einem kleinen Kunstkino in New York, wohin ich zur Vorbereitung von »Maria Malibran« gereist war. Wir fanden ihn oberflächlich, arrogant und unglaubwürdig, was sich im Lauf der Zeit ändern sollte, aber das steht auf einem anderen Blatt: »Zwei Cognacs später, nach einer Stunde der Lethargie: Viscontis Abenddämmerung im Widerstreit mit New Yorks tobender, schwüler, grausiger Wirklichkeit. Magdalena und ich beschlossen, ein Konzert mit James Brown im Apollo Theater zu besuchen. Wir nahmen ein Taxi nach Harlem, an dessen Grenze wir Fahrer und Taxi wechseln mussten, weil – wie damals üblich – die

Borderline zwischen Weiß und Schwarz so massiv war wie ein Betonklotz, zwar unsichtbar, aber doch real, wie eine Rasierklinge in der Wange eines zweifarbigen Menschen. Das war die *Wirklichkeit*, auch für uns. Im Apollo dann das vierstündige rasende Konzert des James Brown: *Sexmachine*. Magdalena und ich: zwei weiße Löcher in einem wogenden schwarzen Meer. Wir hatten es mit New York aufgenommen und gesiegt. Fernab der Welt von Viscontis venezianischem Kunstmodul.«

Wir lernten Candy Darling kennen, die transsexuelle Diva aus Andy Warhols Factory, und konnten sie tatsächlich für unser hypertrophes surreales Kunstprojekt »Der Tod der Maria Malibran« interessieren.

Candy war eine schmale, große, sehr blonde Erscheinung mit zart schimmerndem Porzellangesicht, sie schluckte Unmengen von Hormonen, um ihre andere, frühere Geschlechterrolle als James Laurence Slattery aus Brooklyn hinter sich zu lassen. Mit Warhols Hilfe wollte sie sich in einen Movie-Star à la Jean Harlow, Marilyn Monroe und Rita Hayworth verwandeln. Das war ihr Traum. Ich bewunderte ihre Eleganz, ihre Schönheit und Melancholie, im Ganzen die Konsequenz, ihren Körper radikal zum Kunstwerk zu gestalten. Candys Gesundheit war durch die Hormonbehandlungen ruiniert, sie starb kaum drei Jahre nach unseren gemeinsamen Dreharbeiten an Leukämie, gerade neunundzwanzig Jahre alt.

Candys radikale Selbstverwandlung faszinierte mich als eine wahre Pioniertat in jener repressiven Zeit, obgleich sie bei aller Underground-Romantik durch die New Yorker Warhol-Entourage etwas geschützt war. Ich hätte ihre Konsequenz nicht aufbringen können, obwohl das Zwittrige, Androgyne fester Bestandteil meines Werks und meiner Phantasie ist. Frauen in Hosenrollen und Männer in Frauenroben, Schauspielerinnen und Dilettantinnen, artifizielles Pathos und unschuldige Naivität wollte ich von Beginn an gleichwertig zeigen, als Reichtum in der Verschiedenheit. Ich traf damals nur selten Männer, die mich für den Film interessiert hätten – in der Theaterarbeit sollte sich das ändern. Die Strenge der Frauen und gleichzeitig ihre Formbarkeit waren meine Projektionsflächen. Der schöne Einar Hanfstaengl, den ich in »Maria Malibran« besetzte, war wie Sigurd Salto in »Argila« stumm, passiv, ein wenig wie ein Spielzeug. Mit Magdalena Montezuma, Christine Kaufmann, Ingrid Caven, Anette Tirier, Candy Darling und Manuela Riva, einer korpulenten transsexuellen Sängerin mit sanftem Wesen, die ich in einer Ludwigshafener Schwulenbar entdeckte, sollte »Der Tod der Maria Malibran« ein Film über die Liebe, den Tod des Geliebten, die Totenklage sein – inspiriert vom historischen Divenkult.

Die Malibran war eine der größten Operndiven des 19. Jahrhunderts. Sie machte die Opern von Bellini, Rossini und Donizetti in Europa und den USA überhaupt erst bekannt. In Brüssel, wo sie beerdigt ist, hat man eine Straße nach ihr benannt und in Venedig ein Theater. Sie komponierte Lieder, die auch die Callas sang, und war berühmt für die Eleganz ihrer selbst entworfenen Bühnengarderobe. Stendhal, den ich damals las, war einer ihrer großen Bewunderer. Heute weiß man, dass María Malibran einen schweren Reitunfall nicht auskuriert hatte und überdies schwanger war, als sie von London nach Manchester reiste, um ein Hauskonzert zu geben. Nach dem Konzert brach sie tot zusammen. Ihr Tod bestätigt die tragische Intensität, mit der sie lebte, und die zog mich an, weil sie auch ein starkes Motiv in meinem Werk ist.

Eine solche Geschichte über verzehrende Schönheit begegnete mir bei einer großen Belcanto-Diva wieder, obwohl ich fest davon überzeugt bin, dass auch eine Klofrau ein solches Schicksal haben kann, wenn sie intensiv lebt ... In meinem Film »Poussières d'amour – Abfallprodukte der Liebe« jedenfalls singt die von mir hoch verehrte wunderbare Anita Cerquetti, ohne eigentlich zu singen, denn auf dem Höhepunkt ihrer Karriere verlor sie ihre göttliche Stimme, und seither lebt sie die Musik mehr, als dass sie sie ausführt.

Jemand schrieb, »Der Tod der Maria Malibran« sei ein Gesichter-Theater, das die Historie umspielt. So könnte man es sagen. Es war eine Auftragsproduktion für das Fernsehen mit einem Budget von nur sechzigtausend Mark, da ließen wir uns etwas einfallen. Wir drehten in München-Bogenhausen, wo Digne Meller Marcovicz die prachtvolle Villa des Konsuls Styler für uns aufgetan hatte, in Wien und im Schlosspark von Schwetzingen, dort zumal in einer Felsengrotte mit Landschaftsausblick, die unser Schauplatz für eine düster-romantische Wahnsinnsszene war. Als ich das Portrait der verstorbenen Konsulin Styler in der Münchener Prachtvilla hatte hängen sehen, kam sie mir wie eine Patin unseres Films vor: Diese Frau hatte richtig gelebt!

Die theatralischen Innendekors nahm ich so auf, dass der Raum fast schwarz wurde und die Gesichter wie auf Medaillons leuchteten: Ein Defilee lebender Bilder zu Johannes Brahms' Alt-Rhapsodie nach Goethes »Harzreise im Winter«: »Dem Geier gleich, / Der auf schweren Morgenwolken / Mit sanftem Fittich ruhend / Nach Beute schaut, / Schwebe mein Lied.« Auch Beethovens Tripel-Konzert C-Dur, Strawinskys »Le Sacre du Printemps«, Mozart, Händel, Puccini, Rossini, Marlene Dietrichs »Mundharmonika«-Song und Caterina Valentes »Spiel noch einmal für mich, Habanero« waren zu hören. Schön fügte sich auch ein Slow-Waltz ein, den ich irgendwo gefunden hatte:

»The love of a boy can change a girl into a woman«. Und nicht zuletzt spricht Sir Laurence Olivier zu einem Bild, in dem die Frauen einfach anwesend sind und in die Kamera blicken, aus dem »Hamlet«, 4. Akt, 4. Szene: »My thoughts be bloody, or be nothing worth!«

Motto für dieses merkwürdig atmende Filmgebilde waren Heinrich Heines Verse: »Und mein Stamm sind jene Asra, / Welche sterben, wenn sie lieben.« Besonders schön fanden wir, wenn Magdalena und Candy, die einander bekämpfenden Diven, im Morgenrot vor der Kulisse des Olympischen Stadions taumeln, das damals halbfertig in der Gegend stand. Es gab auch ein Messer, mit dem sich Christine Kaufmann als María Malibrans Vater das Auge aussticht, es gab Tränen, Blut und Lippenrot und Magdalena als phantastisch maliziösen Tod, der in der Maske eines Wandergesellen das Auge für einen Bissen Brot einfordert.

Ich ging vielleicht etwas weit in meinen Experimenten, manchmal waren die Zusammenhänge bis zur Absurdität verfremdet, kontradiktorisch und paradox, manchmal bewusst willkürlich. Ich setzte einfach voraus, dass man eine Beziehung zur Musik hat, zu Frauen, zur Landschaft, zum Haus, zum Spiegel.

Was kann ich noch dazu sagen? Vielleicht das: Carl Rowe, ein Professor an der San Francisco State University, den ich kennengelernt hatte, schrieb mir einmal, dass er die Sänger der Oper in San Francisco nach ihrer Probe in der Corner Grocery Bar angetroffen und ins Pacific Archive Institute gegenüber zu einer Vorführung von »Der Tod der Maria Malibran« eingeladen hatte. Danach seien sie alle trillernd und zwitschernd in Larry Blake's Pub weitergezogen und hätten noch lange beim Bier Arien gesungen.

EMILIA GALOTTI ODER WIE MICH DAS THEATER ENTDECKTE

Nachdem mein »Salome«-Film im Fernsehen ausgestrahlt worden war, riefen Ivan Nagel, Peter Zadek und Jean-Pierre Ponnelle bei mir an und sagten: »Werner, Sie müssen auch Theater machen.« Der Regisseur Jean-Pierre Ponnelle war mir ein Freund geworden, Ivan Nagel leitete als Intendant das Schauspielhaus Hamburg, Peter Zadek stand kurz davor, Intendant am Schauspielhaus Bochum zu werden.

Ivan Nagel schlug mir die Inszenierung von Jean Genets »Der Balkon« vor, das verband sich mit meinem Image: der Wahnsinnige, das Wunderkind. Ich sollte etwas extravagant Modernes machen. Nun liebte ich Jean Genet immer sehr, er war Bestandteil meiner Phantasie, »Querelle de Brest« ist ein wunderbarer Roman.

Was ich aber an Genets Stücken nicht mag, ist ihre nachweislich reaktive Haltung. Was ist damit gemeint? Es ist eine bestimmte Haltung, mit der man seine Schlüsse zieht und etwas aus der Reaktion auf das Gegebene schöpft. Genet sagt: »Wenn die Leute behaupten, ich sei ein Dieb, dann werde ich eben einer.« Das ist salopp gesagt ein reaktives Verhalten. Ich kritisiere es nicht, es hat mich nur nicht fasziniert. Hingegen war Lessing in seiner Art damals für mich ein Utopist. Ich liebte ihn deshalb und wegen seiner Sprache, die absolut immer zu meinem Herzen und meinem Verstand spricht. Lessings Sprache ist für mich ein Wunder. Ich erklärte das Herrn Nagel, aber er konnte es nicht verstehen oder fand es bizarr. Ich aber beharrte auf »Emilia Galotti«. Er erbat sich Bedenkzeit, und schließlich machte ich Lessings »Emilia Galotti«, nicht Genets »Balkon«.

Ich konnte also etwas erreichen, nur musste ich wissen, was ich selbst wollte. Ich war damals krank, hatte es mit Nierensteinen zu tun bekommen und laborierte zusätzlich an der Entscheidung gegen Genet. Rosa von Praunheim schrieb mir einen besorgten Brief, meinen »nahen Tod vor Augen«. Jeder auf seine Art wissen wir um unsere Sentimentalitäten. Er hatte ja recht mit der Mahnung: »Uns macht das Bewusstsein der tausend Möglichkeiten kaputt und unruhig. Wir leben wie in Ostberlin mit dem unbewältigten Gefühl vom nahen unerreichbaren Westen.« Er traf den richtigen Ton, der meine weiteren Entschlüsse beförderte: »Kultiviere deinen Mythos und zerstöre ihn nicht durch unüberlegtes Irgendwas.«

Ich wollte meine beiden Protagonistinnen Magdalena Montezuma und Christine Kaufmann in der »Emilia Galotti« zum ersten Mal gemeinsam auf die Bühne bringen, und das mit mehr oder weniger berühmten Schauspielern des deutschen Staats- und Stadttheaterbetriebs wie Hans Peter Hallwachs und Wolfgang Forester.

Christine Kaufmann hatte als ehemaliger Kinderstar, gequält von ihrer Mutter, zu nichts mehr Lust, aber mit mir fand sie wieder Spaß an einer gemeinsamen kreativen Arbeit. Wie dem auch sei, die Emilia war ihr Bühnendebüt, die Orsina das von Magdalena. Die Mischung hatte eine gewisse Spannung. Für den deutschen Staatsschauspieler war Christine Kaufmann immer nur das »Rosen-Resli« oder auch »Neurosen-Resli«, wie sie boshaft genannt wurde, und Magdalena eine Abstraktion von etwas nie Dagewesenem. Dazwischen stand Gisela Trowe, die nach unserer gemeinsamen Arbeit für die Filme »Argila« und »Eika Katappa« eine liebe Freundin geworden war und nun die Claudia, Emilias Mutter, spielte.

Die Aufführung gestaltete sich auf verschiedene Weise

interessant. Lessing hatte ja einen schönen Gedanken, indem er sich gegen die Fallhöhe der Tragédie française auflehnte, nach der nur Prinzen und hochgestellte Herrschaften Gefühle und Lust verspüren, vor allem: leiden können. So erfand Lessing die bürgerliche Tragödie, das bürgerliche Trauerspiel.

Alle Menschen können fühlen, das ist ein wichtiger Gedanke, aber darüber hinaus ist Lessings Sprache in ihrer Durchformung durchaus mit der Geschwindigkeit der Tragédie française zu vergleichen. Ich befürwortete, ja bewies das, indem ich das Stück ohne jede Kürzung aufführte. Es dauert drei Stunden, aber bei mir nur zwei Stunden fünfzehn Minuten, weil die Darsteller ohne Ausdrucksverlust in einem sehr schnellen Tempo sprechen mussten. Wir trainierten das intensiv. Eine Passage wie die folgende: »Aber was ist das? Niemand kömmt mir entgegen. Nur ein Undankbarer, der mir lieber grade den Eintritt verweigert hätte. Wie? Sie hier, Marinelli? Und der Graf nicht hier, der Prinz nicht hier?«, kam mit unglaublicher Beschleunigung, wie ich es heute noch gern vorspreche. Alles selbstverständlich sehr deutlich gesprochen. Der Ausdruck blieb voll erhalten, es sollte kein mechanisches Geplapper sein, sondern ein »Affekt«volles Spiel als Ritual. Den ganzen Text zu spielen, erhob ich noch oft in meinen Theaterarbeiten zum Prinzip.

Es waren wunderbare Situationen mit Magdalenas extravagantem Schauspielstil, der in ihrer Persönlichkeit gespeichert war, und mit Christine Kaufmann, dieser wunderschönen Frau von fünfundzwanzig Jahren. Beide trugen herrlich dekadente Barockkostüme.

Das Bühnenbild war ein schwarzer Raum mit goldenem Rahmen, nicht kitschig. Es gab einen Weg durch den Spiegel nach hinten, durch Spiegel hindurch. Die Figuren gingen ab und kamen über die Spiegel wieder, so dass eine tiefe Bewegung im Raum entstand, etwas Undurchschaubares. Die Bühne ein schwarzer abstrakter Spiegelsaal, was hätte man sonst bauen sollen? Eine Küche? Es ist ein großartiges Stück, und nur dumme Menschen bauen dafür einen Palast. Die gehen nach außen, bei uns ging es um das Innen. Früher paukte man uns Schülern ein, dass Lessings »Galotti« töricht und verstaubt sei. Und damit unlesbar. Das stimmt nur bedingt. Natürlich sind die Figuren begrenzte, ziemlich mickrige Seelen, und ihre Moralphilosophie ist abgestanden. Man denke an Lessings Brief an Nicolai, in dem es über die Galotti heißt: »Das Schicksal einer Tochter, die von ihrem Vater umgebracht wird, weil dem ihre Tugend werter ist als ihr Leben.« Das war für mich als Problem völlig uninteressant, aber mich interessierte die Gesamtkonzeption, um ein Höchstmaß an Formen herauszukristallisieren und den bürgerlichen Stumpfsinn ad absurdum zu führen.

Christine spielte mit den ihr zur Verfügung stehenden Mitteln, es waren sparsame, aber glaubhafte Mittel. Dies gab dem Text eine Natürlichkeit, wie man sie selten gehört hat. Berühmte Schauspielerinnen waren damals von solch einer Natürlichkeit, Agnes Fink beispielsweise, die Frau von Bernhard Wicki, eine der Lieblingsschauspielerinnen meiner Mutter und eine gute Freundin von mir. Agnes fand es großartig, dass die Inszenierung kein Staatstheaterklischee bediente. Am Schluss, wenn Christine mit den Worten auftrat: »Mein Vater, meine Mutter nicht da? ... Müssen wir nicht ruhig sein, wenn alles verloren ist?«, war der Vater schon vorn und bewegte den Kopf in der Spiegelschneise. Ihre Stimme war unbewegt, eine lineare Stimme, die vor sich hin sprach. Sie leierte nicht, sie sprach einfach ohne aufgesetzten äußeren Ausdruck, und dabei flossen die Tränen, und sie bewegte den Kopf in einem inneren Abschütteln dessen, was mit ihr passiert war. Die Tränen flogen in die Scheinwerfer und die Spiegel, es war unglaublich.

Am Ende wurde die Inszenierung sehr zwiespältig aufgenommen, man war damals in einem Theater wie dem Schauspielhaus Hamburg offenbar noch nicht dafür bereit. Obwohl wir im Malersaal, der kleineren Bühne, spielten, galt sie vielen als Affront. Aber es gab doch Menschen, die auf meine Arbeit reagierten. Eine der klügsten Kritiken, ungeheuer genau, stammte von Hellmuth Karasek in der »Zeit«. Er schilderte die »Galotti« als ein »Prägemuster für die Figurenkonstellationen des bürgerlichen deutschen Dramas«, das man unter dem Gesichtspunkt des »Schon« oder des »Noch nicht« betrachten könne. Unsere Inszenierung sei offensichtlich am »Noch nicht« interessiert. Sein Resümee traf die Dialektik, die mir vorschwebte: »Nun ist es wahr, dass Schroeters Befragung des Lessingschen Stücks nicht nur die allzu geölten Scharniere einer ›Ha, er kömmt!‹-Dramaturgie sichtbar zu machen verstand, sondern auch zeigte, wie das Bewahren einer allzu strengen Form das Korsett ist, mit dem das Stück seine freigesetzten Gefühle wie mit einer Zwangsjacke bändigt.« Natürlich gefiel mir auch, dass Karasek dafür plädierte, die Inszenierung aus dem Malersaal für hundert Zuschauer ins Große Haus zu verlegen. Vor allem seine Begründung: »In einer auf Öffentlichkeit getrimmten Welt, in der jede Werbung für einen Schwitzfleck vor Millionen Fernsehaugen stattfindet, fielen Emilias Tränen fast schon ins esoterische Nichts.«

Bei der Direktion machte ich mich damals allerdings unbeliebt. Es kam verschiedentlich zu komischen Episoden. Beispielsweise diese: Hans Peter Hallwachs, der den Prinzen spielte, trug auf der Kostümhauptprobe einen wunderschönen Brokat-Morgenmantel, der ihn richtig einhüllte, da sprang Herr Nagel auf und rief: »Wie können Sie diesen wunderbaren Oberkörper verstecken?« Ein tolles Argument. Wie dem auch sei, es war nicht sehr harmonisch.

Das hatte schwerwiegende Folgen. Eine Abordnung von Jean-Louis Barrault hatte die Aufführung gesehen und wollte sie auf seinem Theaterfestival in Frankreich zeigen. Meine erste Theaterarbeit! Es freute mich sehr, als ich durch einen Anruf davon erfuhr. Ich rief im Schauspielhaus an und gab weiter, dass Barrault die Inszenierung zeigen wolle. Die Antwort war ein wenig begeistertes Ja, ja, hm, hm. Dann rief man mich wieder aus Frankreich an und sagte, die Leitung habe mitgeteilt, die Bühnenbilder seien abgebaut und nicht mehr vorhanden, die Kostüme gebe es nicht mehr, man könne nicht verhandeln, es sei nichts zu machen, es ginge nicht. Das war äußerst unangenehm, dieses Verhalten nahm ich ausnahmsweise sehr übel. Ich empfand es als Veruntreuung meiner Arbeit. Zwei Jahre später sagte ich Herrn Nagel auf einer Geburtstagsfeier von Rudolf Augstein meine Meinung. Nun gut. Es wäre einfach sehr schön für mich gewesen, diese Inszenierung in Frankreich zu zeigen.

Lessings »Emilia Galotti« ist übrigens eines der wenigen Stücke, die ich zwei Mal inszenierte. Neunzehn Jahre nach dem Experiment im Malersaal des Schauspielhauses Hamburg brachte ich das Stück mit Elisabeth Krejcir in der Hauptrolle, Ernst Alisch und Jens Berthold als Prinz von Gonzara am Schauspielhaus Düsseldorf noch einmal heraus.

WILLOW SPRINGS

»Der Tod der Maria Malibran« hatte mehr gekostet als geplant, so dass ich der Fernsehredaktion einen Folgefilm zum halben Preis schuldete. Solche Schwierigkeiten mit der Produktion hatte ich immer wieder. Meine deutschen Regie-Kollegen bekamen oft mehrere hunderttausend Mark in Fernsehanstalten und Fördergremien zusammen, ich realisierte meine abendfüllenden Spielfilme mit Budgets zwischen fünfzigtausend und achtzigtausend D-Mark, was mich oft schon am ersten Tag in finanzielle Bedrängnis brachte. Meine Filme wurden mit ökonomischen Mitteln produziert, mit denen jeder andere nur einen zehnminütigen Kurzfilm hergestellt hätte – sagte ich mir auch nach »Maria Malibran«. Ich fand es völlig gerechtfertigt, für diese Art von Filmerei kompromisslos nur aus meiner Eigenwelt zu leben. Weil ich so wenig Mittel verbrauchte, nahm ich mir die Freiheit, mich skrupellos selbst zu realisieren, und also setzte ich auch das musikalische und literarische Assoziationsniveau des Publikums hoch an.

Meine ZDF-Redakteure Eckart Stein, Christoph Holch und Anne Even machten mir klar, dass ich zu den unberechenbaren, schwierigen und schrägen Regisseuren gehören würde, deren Projekte sie von Anfang an vor ihren Vorgesetzten verteidigen müssten. Dass meine Filme dann trotz ihrer minimalen Budgets in die Quinzaine des Réalisateurs nach Cannes eingeladen wurden und auf viele andere Filmfestivals ebenso, half mir natürlich für den jeweils nächsten Film weiter. Wenn ich Preise bekam, den Fernsehpreis und den Deutschen Filmpreis für »Palermo oder Wolfsburg«, schickte der Intendant eine Gratulation. Aber wichtiger ist: Die Redakteure waren damals mutiger, einige von ihnen begleiteten mich über viele Jahre und sind wie Anne Even gute Freunde geworden.

An meinem Arbeitsstil änderte das alles wenig: Auch später bei teureren Filmen, Theater- und Operninszenierungen brachte ich noch jede Kalkulation zur Explosion. Ich hatte alle möglichen, auch unlauteren Tricks auf Lager, um meine Ideen durchzusetzen. Die Bürokratisierung der Kunst ist mir einfach zuwider, die normale Filmerei langweilt mich. Ich weiß, ich bin ein bisschen arrogant, wenn es darum geht, meine Visionen auszudrücken.

Mit den Redakteuren des ZDF-Nachtstudios bzw. Kleinen Fernsehspiels arbeitete ich über Jahre zusammen, bei anderen Fernsehleuten verspielte ich meine Chancen, aber es war mir völlig egal. In den siebziger Jahren kreuzten Rosa von Praunheim und ich einmal beim Westdeutschen Rundfunk auf, wo viele von Rainer Werner Fassbinders Filmen produziert oder koproduziert wurden. Wir marschierten zum Schreibtisch des Redakteurs Günter Rohrbach, warfen als »Rohrbach-Sisters« die Beine hoch und brüllten Heil Hitler, um zu zeigen, was wir von der Redaktion und ihrem Vorgesetzten hielten. Meine Verpflichtungen aus dem »Malibran«-Film musste ich abtragen, deshalb schlug ich dem ZDF 1972 einen Filmessay über Marilyn Monroe vor. Es sollte eine Art strukturalistische Arbeit über die Monroe-Bilder von Andy Warhol mit Elvis-Presley-Musik und Allen Ginsberg und allem Möglichen sein. Ich schrieb ein Exposé, in dem ich behauptete, Marilyn Monroe sei ein pathetischer Mythos unseres Zeitalters. Ich wollte sie mit dem »geschichtslos gewordenen unenträtselbaren Ausdruck der Mona Lisa« vergleichen. Erst gefiel mir die Idee, aber dann nicht mehr.

Christine Kaufmann, mit der ich anderthalb Jahre zusammengearbeitet hatte und die eine gute Freundin geworden war, geriet zu dieser Zeit in Schwierigkeiten. Sie war nach ihrer Kinderstar-Periode nach Hollywood gegangen, hatte den Hollywood-Star Tony Curtis geheiratet und ihre Töchter Alexandra und Allegra bekommen. In »Der Tod der Maria Malibran« stehen die zwei einmal ziemlich traurig um ihre Mutter herum. Nach ihrer Scheidung war Christine 1968 mit den Kindern nach Deutschland zurückgekehrt, aber nun verlangte das amerikanische Sorgerecht nach Ablauf von fünf Jahren, dass Tony Curtis die Mädchen nach Los Angeles mitnahm. Christine war todunglücklich und deshalb sagte ich zu ihr – wir machten gerade »Emilia Galotti« in Hamburg: »Weißt du was? Wir fahren hin und holen die Kinder zurück.«

Also flog ich mit Christine, Magdalena und Ila von Hasperg, die seit »Salome« meine Filme schnitt und mir assistierte, mit einem Vorschuss auf den neuen ZDF-Film nach Los Angeles. Ich legte die Redaktion rein, man kann es nicht anders bezeichnen. Wir sahen uns Los Angeles an, saßen herum und warteten, Christine verhandelte unterdessen mit den Anwälten. Insgesamt verbrachten wir anderthalb Monate in Los Angeles, bis wir zu drehen begannen, um dem ZDF etwas für sein Geld vorweisen zu können. Am Ende kamen auch die Kinder wieder zurück.

Ich hatte zwar immer noch den Plan, einen dokumentarischen Film über das Leben der Monroe zu machen, aber dann fing ich an, mich hauptsächlich um mich selbst zu kümmern. Ich machte den Führerschein und fuhr ziemlich viel in der Gegend herum. Die stilisierte Stargeschichte, das strukturalistische Zeug, das ich aus Europa mitgebracht hatte, interessierte mich nicht mehr, mein vorgefundenes Material waren ja meine drei Tanten, die ich eigentlich gar nicht auf etwas anderes hintrimmen wollte. Schließlich befanden wir uns in fast derselben Lage wie das fatale

Frauentrio des abstrakten Melodrams »Willow Springs«, das nun entstand.

Wir wohnten in einem kleinen Hotel, zehn Kilometer von dem verlassenen Kaff Willow Springs in der Mojave-Wüste entfernt, und waren ähnlich abgeschlossen, wie es auch meine Protagonistinnen sind. Der Ort, in dem wir wohnten, war zudem in der Hand eines amerikanischen Faschisten, was eine unschöne und erschreckende Atmosphäre erzeugte.

Es ging uns nicht gut. Ila von Hasperg bekam eine schmerzhafte Entzündung und litt zudem an einem vereiterten Zahn. Man muss sich vorstellen, dass wir kaum Geld in der Hand hatten und nicht wussten, wie es weitergehen sollte. So fuhr ich im Oktober nach Las Vegas und heiratete meine Jugendfreundin Jutta aus Oberflockenbach an der Bergstraße. Sie konnte uns finanziell aushelfen. Magdalena, kann man sich vorstellen, reagierte äußerst depressiv und dominant.

Ich setzte mich also hin und schrieb die billigste Geschichte zusammen, die wir unter solch reduzierten Verhältnissen zusammenbekommen konnten. In diesem Sinn spiegelt »Willow Springs« unsere miserable verworrene Situation. In gewisser Weise war es eine Fortführung der Drei-Frauen-Geschichte im »Bomberpilot«, nur machte ich sie hier zu aktiven Männervertilgerinnen: Drei melancholische Frauen in einem gottverlassenen Nest töten die in ihre Abgeschiedenheit einbrechenden Männer.

Magdalena spielte eine Art Heilige und Kraftweib, Lesbierin und Gewaltfigur. Jemand schrieb, die Männer in »Willow Springs« würden in einer »Gegen-Vergewaltigung« ausgenommen und umgebracht, was man durchaus so sehen kann. Auch dass sie eine Sekte abgeben, gefiel mir als mögliche Erklärung. Man sprach mich darauf an, dass mein Film Ähnlichkeit mit Albert Camus' Theaterstück »Das Missverständnis« habe. Ich kannte es nicht, als wir drehten. Bei Camus kommt ein Mann aus der Fremde heim in das Hotel seiner Mutter und Schwester, sie erkennen ihn nicht und bringen ihn um. Michel Foucault meinte, es behandele den Topos der unheimlichen Herberge.

Wir nahmen uns in dem verlassenen Willow Springs ein passendes Haus, eine Krachbude von Saloon mit Dreck und Spinnweben, wir haben nichts verändert. Ähnliche düstere, von Spinnennetzen verschleierte Häuser fand ich später in Portugal auch für meinen Film »Der Rosenkönig«. Magdalena und Christine traten in großer Robe auf, geschminkt und abseitig glamourös, nicht banal oder vulgär. Marilyn Monroe hängten wir in Christines Zimmer zur Erinnerung an die Wand.

Die Kamera machte ich natürlich selbst, es blieb mir ja nichts anderes übrig. Ich benutzte wieder wie für »Maria Malibran« extrem empfindliches Filmmaterial. In Los Angeles liehen wir uns das bisschen Equipment samt Jack, dem Mann für den Direktton, zusammen. Nur fünf oder sechs Tage drehten wir, ganz schnell in einem durch, das könnte erklären, warum »Willow Springs« so dicht und knapp wirkt. Ich mochte eben amerikanische Trivialfilme ohne tiefere Bedeutung, ohne Psychologie über das hinaus, was im Bild zu sehen ist.

»Christine«, so hieß es in meinem verrückten Skript, »liebt die Musik und ihr Verhältnis zur Realität ist gebrochen«. Sie hält eine Puppe im Arm und sagt Sätze wie: »Ich habe noch nie geliebt, außer das Kind, das in mir starb, bevor es geboren wurde.« Sie war die kühle Ästhetin, die sich in ihr Zimmer zurückzieht und vom Batterieplattenspieler Musik hört.

Zu Magdalena gibt es eine Ouvertüre: Ein Mann fährt

mit dem Motorrad in den Ort, betritt ihr Haus und verlässt es wieder, während er den Gürtel schließt. Ila spielte die leicht Debile in dem Frauen-Dreieck, sie ist die Dienerin, die rebelliert. Sie verliebt sich in den dahergelaufenen Michael, will ihn vor seinem Schicksal retten, was Magdalena nicht gestatten kann. Von Liebe ist nämlich keine Spur zwischen den Frauen, wohl aber von obsessiver Abhängigkeit.

Meine »Willow Springs«-Geschichte, die ich dem Film später für die Kinoprogramme beifügte, war ein richtig schön grimmiges Märchen, wie es meine Großmutter nicht besser hätte erfinden können. Zum guten Schluss heißt es da: »Auch Christine, von den Schüssen geweckt, steht in der Tür und begrüßt in Verkennung der Sachlage ihre entmenschte Gebieterin. – Auch sie wird von Schüssen niedergestreckt. Magdalena entschwindet in der Wüste und weiß bis heute nicht, was ihr Fehler war.«

Michael O'Daniels, der Mann, um den die Leidenschaften der Frauen zirkulieren, erlaubte mir, Teile aus seinem Tagebuch für den Film zu verwenden. Und in den Ruinen von Willow Springs fand ich halb verkohlte Briefe. Am Schneidetisch zersägte ich alles in winzige Sinnfragmente und setzte sie für die Tonebene neu zusammen. Man kann sich vorstellen, dass die Redaktion, die ich im Glauben gelassen hatte, wir würden einen Monroe-Film drehen, zuerst schockiert war. Aber als sie »Willow Springs« gesehen hatten, waren sie zufrieden. Der Film kursierte auf Filmfestivals – auf der Hamburger Filmschau 1973 neben einer ganzen Programmsektion zum aktuellen Thema »Klassenkämpfe in Westdeutschland«. Auf dem Filmfestival in Montreal bekamen wir ein Diplôme d'Excellence, leider war kein Geld damit verbunden.

Hollywood begeisterte mich nicht, so wie wir damals lebten, war das keine Frage. Es gibt Filme, die ich bewundere, Charles Laughtons »Night of the Hunter – Die Nacht des Jägers«, aber das war kein klassischer Hollywoodfilm. Und natürlich waren Spuren von »What ever happened to Baby Jane?« und »Sunset Boulevard« in »Willow Springs« enthalten. Mich brachten Shakespeare, Bellini, Donizetti und Verdi auf künstlerische Ideen, nicht Hollywood. Ich betrachte mich trotz meiner USA-Reisen und -Abenteuer als europäischen Künstler. Die Musik in »Willow Springs« ist diesem Gefühl verpflichtet. Wenn Christine die Balkontür öffnet und man von ihrem Plattenspieler das Thema der Arie der Micaela aus Bizets »Carmen« hört, dann sollte man eigentlich wissen, dass es heißt: »Hier in der Felsenschlucht ich sprach, dass ich furchtlos mich fühle.« Oder wenn Magdalena die Treppe herunterkommt, an die Bartheke tritt und den Revolver hervorholt, hört man »L'altra notte« aus Arrigo Boitos »Mefistofeles« und kann nachvollziehen, dass Margarete da im Kerker um Gnade fleht.

KALIFORNIEN

Die Zeit, die ich in den USA verbrachte, war voller Seitengeschichten, die die Rückkehr nach Deutschland nicht einfach machten. Meine Heirat mit Jutta half unserer gestrandeten Frauengruppe in Kalifornien aus der Klemme, ähnlich wie auch Rosas Heirat mit Carla Aulaulu ein winziger finanzieller Coup gewesen war. Jutta wollte die Heirat, ich nicht – oder wenn ich es recht bedenke, damals vielleicht doch. Ich kannte sie, seit sie sechzehn war, ich liebte sie, aber eben nicht leidenschaftlich. Sie wollte aus ihrem bürgerlichen Zuhause ausbrechen und alles Mögliche probieren, Alkohol, Zigaretten, Captagon.

Fünf Jahre vor unserer Las-Vegas-Hochzeit, als Jutta noch nicht volljährig war, brannten wir einmal zusammen nach Südfrankreich durch, was ihre besorgten Eltern zu einer Suchaktion bei meiner Mutter veranlasste. Ich weiß noch, dass wir in einer Spelunke in Nizza oder Marseille auf Jean Genet trafen. Er interessierte sich für uns, vor allem für Jutta. Er sprach sie an und unterhielt sich mit ihr, auch mit mir, der ich damals sehr schüchtern war. Ein sehr feiner Mann, hatte ich den Eindruck.

Ich erinnere mich an einen schönen Nebeneffekt unserer Ehe, eine andere interessante Reise. Sie führte zu meinem Schwager, der damals im indischen Benares an einer Universität lehrte. Ich machte ausgiebige Touren bis hinauf in den Himalaya, wo wir im Bundesstaat Himachal Pradesh auf fast zweitausend Metern Höhe das alte Manali besuchten, einen mythischen Ort, in dem die Sagengestalt Manu nach der großen Flut mit seiner Arche gelandet sein soll und das menschliche Leben neu erschuf. Heute ist diese alte britische Expeditionsstation ein ziemlich überlaufener

Basispunkt für Bergsteiger. Damals aber nahm ich aus meiner Indienreise tiefe Eindrücke vom Leben in Armut mit. Auch dass die Kranken, Gebrechlichen und Missgestalteten dort auf den Straßen leben, während sie in unserer Kultur versteckt werden, berührte mich ...

Zwei Jahre nach der Hochzeit wurden Jutta und ich in Deutschland geschieden. Jutta hatte die Scheidung eingereicht. Es gab nie eine gemeinsame Wohnung, unmittelbar nach der Hochzeit war ich nach Los Angeles zurückgekehrt, später nach München und sonst wohin, sie war wieder als Stewardess unterwegs. Wir gingen als freie Menschen Hand in Hand zum Scheidungsgericht. Oder war ich gar nicht bei der Verhandlung? In der Begründung stand, es habe seit November 1972 keinen ehelichen Verkehr gegeben. Das war ja wohl klar ...

Nach Las Vegas und »Willow Springs« sollte ich Weihnachten in Dossenheim verbringen. Meine Eltern, mein Bruder und Jutta, die ich ja nun geheiratet hatte, warteten auf mich. Friede, Freude, Eierkuchen, ich fühlte mich unwohl dabei. Es war wie unter einer Nervenlupe. Da ging ich aus dem Haus hinaus und durch die Weinberge hoch in den Wald, wo alles verschneit lag. Ich legte mich unter einen Baum und wünschte mir nichts sehnlicher, als einzuschlafen. Es war kein Todeswunsch, nur Müdigkeit.

Zurück zu »Willow Springs« und meiner ersten Reise in die USA: Die Rolle des jungen blonden Mannes in »Willow Springs« hätte eigentlich Rosa von Praunheim spielen sollen. Aber er zickte. Michael O'Daniels übernahm sie, was viel besser war. Er war mir von Bekannten in Los Angeles vorgestellt worden, ich fand ihn erotisch sehr anziehend und war viel mit ihm zusammen. Eine amerikanische Schönheit aus den Südstaaten, ein Träumer, der *so* abdriftete, wenn er Drogen genommen hatte. Sein Vater war Gouverneur gewesen. Wenn Ila von Hasperg ihn in »Willow Springs« zum ersten Mal in der Türe sieht, sagt sie da in der mörderischen Budike, in dem Gasthaus zum Galgen: »Oh, you must have been born on Christmas Eve.« Genau so sah er aus.

Später, wenn ich Michael bei meinen Kalifornienreisen sah, fuhren wir nachts in Los Angeles herum und stellten irre, schöne Sachen an. Ich kam ihm erotisch nicht näher, das übernahm dann unter anderen Herr von Praunheim, was ich nicht schön fand, weil ich ihn sehr liebgewonnen hatte. Obgleich: Er sah mich, den Deutschen in schwarzen Lederhosen, eher wie eine dämonische Figur.

Ich stiftete Michael zur abenteuerlichen Männerjagd in Mafia-Clubs an. Einmal hatte ich einen pockennarbigen Typen, der mich in sein Häuschen entführte, eine gefährliche Sache, aber spannend. Gut, man war dreißig Jahre alt, die Eier juckten, das Herz schlug schnell. Man hatte diese Sucht, diese Sehnsucht nach dem Körper des Anderen, wie man sie auf dem Höhepunkt der männlichen erotischen Potenz besitzt. Frauen kennen das auch.

Damals hatte ich einen anderen Freund, der Musiker war und seinerseits Freunde hatte, die im großen Maßstab mit Kokain handelten. Es war ungestreckt und rosa, das allerfeinste. Da kam ich auf den Geschmack, sehr schön.

Michael O'Daniels fuhr ein Cabriolet und besaß einen lebenden Fuchs. Der Fuchs ließ sich nicht gut zähmen, er wollte mir und Michael immer die Nase abbeißen. Als mich Michael einmal ein bisschen angetrunken vom Flugzeug abholte, ich völlig jet-lagged und auch angetrunken, führte er mich zu einem Konzert von Josephine Baker ins Beverly Hills Hotel. Es war dermaßen komisch, dieses Konzert! Sie hatte vier stone-old Gospelboys als Hintergrundchor und sang »I see God!«, »I see God!«, »I see God!«. Dann ging sie in die Knie, die Gospelboys sangen, der große Schlitz vorn in ihrem Kleid öffnete sich und das Schamhaar zog nach oben Richtung Bauchnabel. So was hatte ich noch nie gesehen. Sie trug wohl ein Schamhaar-Toupet. Wir saßen vorn an einem Tisch, wo sie merkte, dass ich lachte. Sie kam auf mich zu, ihr kleiner Sarotti-Mohr mit dem Kabel hinterher. Ich beherrschte mich, denn da war Michael, sein Fuchs unterm Tisch. Sie starrte mich voller Wut an, sang und starrte, sang und ging zurück zur Bühne. Eine seltsame Ausstrahlung hatte diese Frau, aber das Fotzentoupet war toll: »I see God!« Ich konnte nicht anders, ich baute den Gospel in »Flocons d'or – Goldflocken« ein, den Fuchs und die Josephine-Baker-Szene in »Deux«, wenn Tim Fischer »In the upper room with Jesus« singt.

Eine andere tolle Geschichte mit Michael war der Ostergottesdienst in Watts, im Ghetto der Schwarzen. Damals vor vierunddreißig oder mehr Jahren war es sehr heruntergekommen, heute wird es wohl saniert sein. Wir waren zwei weiße Punkte in der Gospelkirche. Und der Pfarrer! Und die Leute! Und man wurde an den Armen mitgerissen. Diese Stimmung, dieser Dampf, dieser Geruch! Und »Leaning, leaning, leaning on God«! Ich guckte aus dem Augenwinkel zum Mittelgang und trat Michael auf den Fuß. Gerade raste einer in die Kirche hinein, grapschte die Kollekte und raste wieder hinaus. Ich musste so lachen: »Leaning, leaning on God!«

Immer, wenn ich in Kalifornien war, sah ich Michael, erst 1976 riss unser Kontakt ab. Er war wohl auch verheiratet mit einer Frau und hatte Kinder. Es war traurig, wie wenig er das Leben verkraftete.

Von Tom Luddy, dem Leiter des Pacific Film Archive in San Francisco, hörte ich, dass Michael einen gefälschten

Brief von mir gezeigt hatte, um meine einzige untertitelte Kopie von »Willow Springs« in die Hände zu bekommen. Er wollte sich damit wohl bei einem Produzenten vorstellen. Danach verschwand er von der Bildfläche. Der Verlust der Kopie machte Tom Luddy sehr verlegen. Am Ende konnte mir das Pacific Film Archive Ersatz bieten – ausgerechnet Liza Minnelli hatte dem Haus eine große Summe gespendet.

LEIDENSCHAFT

»Willow Springs« fand zusammen mit »Der Tod der Maria Malibran« um 1974 in Frankreich ein Publikum, das mich sehr gut aufnahm. Ich wurde dort auch von den Intellektuellen wahrgenommen, was mich mit Stolz erfüllte. So lernte ich beispielsweise Gilles Deleuze kennen, ich fühlte mich von seiner Nietzsche-Lektüre inspiriert, die ich später für meine Theaterinszenierungen fruchtbar machen konnte. Auch mit dem Schriftsteller Jean-Jacques Schuhl tauschte ich mich, wann immer es möglich war, über Kunst und ihre Bedeutung aus. Er schrieb einen Roman über seine Frau Ingrid Caven, Rainer Werner Fassbinder und unsere deutsche Künstlerszene, in den unsere Anekdoten, unsere Provokationen, unser Selbstausdruck eingegangen sind. Eine andere Persönlichkeit aus den Pariser Zirkeln war Jack Lang, der spätere französische Kulturminister. Ich weiß noch, dass er mir seine Telefonnummern auf einem Schreibblock notierte, an dessen Kopf ein Bleistiftspitzer mit einem in Blütenform gerollten Bleistiftrest abgebildet war. Jack Lang bot mir auch die französische Staatsbürgerschaft an, heute sage ich mir, dass es dumm von mir war, sie nicht anzunehmen.

In Deutschland kannte ich kaum literarische Salons, ich hatte mehr Austausch mit Film- und Theatermenschen, anfangs in Berlin und München, später am Schauspielhaus Bochum und überall, wo ich arbeitete. In Berlin besuchte ich zeitweise auch einen Zirkel um Ulrike Ottinger, der sich in den siebziger Jahren zu gemeinsamen Essen traf und Arbeitsproben zeigte oder spontane Performances veranstaltete.

In Paris, ich erwähnte es bereits, zeigte Frédéric Mitterrand, ein Neffe von François Mitterrand, meine Filme in seinen Kunstkinos und übernahm ihren Verleih. Bei dieser Gelegenheit muss der Philosoph Michel Foucault sie gesehen haben. Der Zeitschrift »Cinématographe« gab er in der Ausgabe zur Jahreswende 1975/1976 ein Interview, in dem er besonders auf »Der Tod der Maria Malibran« einging.

Damals diskutierte man viel über Pier Paolo Pasolinis »Salò oder Die hundertzwanzig Tage von Sodom«, über Liliana Cavanis »Der Nachtportier« und im weiteren Sinne über das Thema Sadismus auf der Leinwand. Ich mochte übrigens Pasolinis »Salò«, aber das steht auf einem anderen Blatt. Foucault erklärte, warum er de Sade und das Kino eigentlich für unvereinbar hielt. De Sade war in seinen Augen eine Art Drillsergeant, ein Pedant und hierarchiebesessener Zeremonienmeister der Sexualität, der keinen Platz für Bilder, kein offenes Phantasma, kein erotisches Spiel zuließ. In meinem Film sah Foucault im Gegensatz dazu etwas Neues, von dem er meinte, es bringe die Körper und ihre Verschwendung zum Singen. Ich fühlte mich verstanden in meinem grundsätzlichen Thema, indem Foucault von der Anarchisierung der Körper sprach und poetische Metaphern dafür fand. Die Körper würden vollkommen plastisch wirken und quasi zu knospen beginnen, die Küsse, Lippen, Zähne, Wangen der Frauen in »Malibran« seien keiner Hierarchie unterworfen, wie es die sexualisierten Körperteile bei de Sade sind.

Wenn ich heute auf Foucaults poetische Bilder für »Maria Malibran« angesprochen werde, komme ich meist auf mein Handwerk zurück. Es ist schön, dass die Körperlichkeit, die Foucault meint, diesen formalen ästhetischen Aspekt besitzt, denn bei den Großaufnahmen in dem Film, zumal denen von Christine Kaufmann, setzte ich mich mit einem heute nicht mehr gebräuchlichen niederempfindlichen Farbmaterial auseinander, das wie ein Dokumentenfilm in Farbe wirkte und mit dem ich diese bestimmten Effekte erzeugen wollte. In der Tat erscheinen die kirschroten Lippen in den Großaufnahmen, in denen sie ein silbernes Messer vor dem Kinn hält, wie eine Skulptur. Dieser illusorische Eindruck von Körperlichkeit entstand durch das Experimentieren mit dem Material. Es war mir wichtig, eine solche Plastizität zu erreichen, eine, sagen wir: falsche Dreidimensionalität in der Färbung. Der optische Effekt, der zu Foucaults Eindruck geführt hat, ist heute – nebenbei gesagt – nur durch digitale Bearbeitung zu erreichen. Die explizit starke Dreidimensionalität der Farbe empfand der Philosoph als ein Moment sinnvoller Aggression, als Provokation, und das war es, was mir aus dem Herzen sprach.

Als ich den Artikel im »Cinématographe« damals las, hatte ich den Wunsch, den Mann zu treffen, der so klarsichtig formulierte, was ich selbst in dem Film sah. Aber erst Jahre später kam die Gelegenheit zu einer Begegnung, die in dem Text, »Passion et Amour – Leidenschaft und Liebe/Conversation avec Werner Schroeter« dokumentiert ist. Darin ging es um die grundsätzlichen Antriebskräfte Leidenschaft und Liebe und nicht zuletzt darum, wie wir lebten.

Im Dezember 1981 führte uns der junge Filmkritiker Gérard Courant in Paris zusammen. Er hatte ein Begleitbuch in Arbeit, das meine Filme und Theaterarbeiten in Essays und Interviews darstellen sollte, so dass ein Gespräch mit Foucault gut hineinpasste. Das schmale Buch wurde zu einer Retrospektive publiziert, die das Goethe-Institut Paris im Jahr darauf in der Cinémathèque française veranstaltete. Das Gespräch mit Foucault wurde nach seinem Tod auch in seinen Schriften veröffentlicht, aber als ich es noch einmal nachlas, fand ich den starken Eindruck, den unsere Begegnung in mir hinterließ, nicht wieder.

Der große Philosoph, der sich nicht zu schade war, mit mir über die basischen Themen zu schwadronieren, zu sprechen und zu suchen – das hätte eigentlich fortgesetzt werden sollen. Ich stellte es mir in Form eines intensiven, über Wochen geführten Gedankenaustauschs vor, aber kein Verleger war dafür zu interessieren, wir hatten auch keine Zeit mehr füreinander, und dann machte Michel Foucaults Tod 1984 meiner Idee ein Ende.

Wenn ich heute an unser Treffen denke, mischt es sich in der Erinnerung mit Foucaults poetischen Assoziationen zu »Der Tod der Maria Malibran«, die nach wie vor viele Cineasten interessieren. Man könnte sagen, er äußerte sich im ersten Text über die Körperlichkeit in meinem Werk, bei unserem Gespräch ging es hingegen um Ideen und Gefühle. Mein Gebiet ist die Theorie nicht, ich könnte meinen Freund Wolf Wondratschek zitieren, der einmal über mich schrieb: »Das Codewort ersetzt die Theorie.«

Die Begegnung zwischen Foucault und mir war von Gérard Courant initiiert worden. Er saß die ganze Zeit mit seinem Aufnahmegerät dabei und verhielt sich sehr diskret. Man muss sich vorstellen: Der strenge kahlköpfige Intellektuelle mit Brille und Rollkragenpulli saß mir, dem fünfzehn Jahre jüngeren, schwarz gekleideten deutschen Filmemacher mit langen Haaren und Bärtchen, gegenüber. Ich war sehr stolz und redete, glaube ich, viel drauflos. Er hatte sich auf dem Teppichboden niedergelassen, war freundlich und interessiert an dem exotischen Vogel, der da kettenrauchend vor ihm saß, jedenfalls ging er mit sehr persönlichen Bemerkungen auf meine Ansichten ein.

Ich kannte sein Buch »Die Ordnung der Dinge« und war auch über seine Geschichte der Sexualität und der

Überwachungs- und Strafsysteme informiert, obwohl mich mein ganzes Leben lang die Poesie und das Experiment mehr als die akademischen Diskurse fasziniert haben. Nur ein Beispiel: Bei meinen Reisen in die USA besuchte ich auch Häftlinge im Hochsicherheitsgefängnis San Luis Obispo, weil mich die Figur des Verbrechers seit je interessierte. Foucault und ich führten keine Kontroverse, sondern unterhielten uns anhand von »Willow Springs« und »Der Tod der Maria Malibran« über das, was wir unter Leidenschaft und Liebe verstanden, und wie Leidenschaft das eigene Selbst zum Kunstwerk zu entwickeln vermag.

Foucault vermied öffentliche Äußerungen über seine Homosexualität. Ich, der ich sie offen lebe, forderte ihn quasi dazu heraus, sie als das attraktivere Lebensgefühl zu feiern. Ich war auch nach seinem Tod 1984 erstaunt, dass seine Freunde seine Aids-Erkrankung verheimlichen wollten. Damals fürchtete man das Stigma mehr als heute, aber wir wussten ja alle voneinander, dass wir in Nachahmung von Oscar Wilde, Jean Genet, Paul Bowles, William Burroughs und wem auch sonst nach Marrakesch reisten und die Saunen in San Francisco besuchten, um unser Schwulsein auszuleben.

Ich bezeichnete in vielen Interviews immer wieder meine Homosexualität als die mir nahe attraktive Existenzform, so auch ein gutes Jahr vor dem Treffen mit Michel Foucault, als mich mein Freund Daniel Schmid nach der gesellschaftlichen Funktion der Kunst befragte. Mir war in allem, was ich tat, die poetische Substanz des Außenseiterdaseins wichtig, wie ich es damals formulierte, Homosexualität ist gegen die Norm gerichtet, gegen die im Sinne der Gesellschaft funktionalisierte Sexualität, genau deshalb war und ist sie für mich attraktiv. Außerdem, sagte ich damals wie heute, ist sie einfach schön.

1. Hans-Jürgen und Werner Schröter, um 1952

2. Die Eltern: Lena und Hans Otto Schröter, dreißiger Jahre
(Fotos: privat)

3. Werner Schröter mit seinem Vater, um 1957

4. Die Großmutter: Elsa Buchmann, geb. Baroness von Rodjow, fünfziger Jahre (Fotos: privat)

5. Mit Rosa von Praunheim, Anfang der siebziger Jahre
(Foto: Deutsche Kinemathek)

6. Christine Kaufmann (links) und Gisela Trowe in »Emilia Galotti«, Hamburg 1972

7. Mit Magdalena Montezuma, Probe zu »Emilia Galotti«,
Hamburg 1972 (Fotos: Digne Meller Marcovicz)

8. Mit Candy Darling, Probe zu »Der Tod der Maria Malibran«, 1971 (Foto: Digne Meller Marcovicz)

9. Mit Magdalena Montezuma, siebziger Jahre

10. Magdalena Montezuma, 1975
(Foto: Werner Schroeter)

11. Mit Daniel Schmid, siebziger Jahre
(Foto: Deutsche Kinemathek)

12. Mit Ila von Hasperg und Daniel Schmid im Schneideraum
(Foto: Digne Meller Marcovicz)

13. Mit Ingrid Caven, siebziger Jahre
(Foto: Deutsche Kinemathek)

14. Christine Kaufmann in »Flocons d'or«, 1975
(Foto: Digne Meller Marcovicz)

15. In Mexico City, 1974
(Foto: Rodolfo Alcaraz)

16. Ingrid Caven und Wolfgang Schumacher in »Fräulein Julie«, Bochum 1977

17. Mit Margareth Clémenti während der Dreharbeiten zu »Neapolitanische Geschwister«, 1978

18. Elisabeth Krejcir als »Käthchen von Heilbronn«, Bochum 1978 (Fotos: Digne Meller Marcovicz)

19. Mit Magdalena Montezuma bei Proben zu »Käthchen von Heilbronn«, Bochum 1978

20. Nicola Zarbo und Brigitte Tilg in »Palermo oder Wolfsburg«, 1979

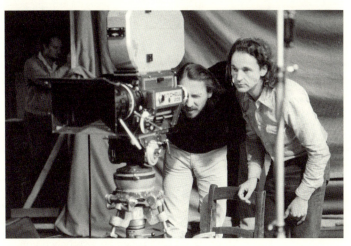

21. Mit Kameramann Thomas Mauch, 1979
(Fotos: Digne Meller Marcovicz)

22. Goldener Bär für »Palermo oder Wolfsburg«, Berlin 1980
(Foto: Digne Meller Marcovicz)

Foucault hielt mir eine kleine Vorlesung über die Unterschiede zwischen Liebe und Leidenschaft, ich fragte ihn nach seinen Leidenschaften. Heute sind das vage Anekdoten, wichtiger ist vielleicht, dass wir mit dem Begriff Liebe damals gar nichts anfangen mochten. Ich zitierte während unseres Gesprächs meine Freundin Ingrid Caven, die einmal sinngemäß bemerkte, Liebe übertrage das eigene Gefühl auf den anderen und beginne aus der Einseitigkeit heraus, Forderungen an den anderen zu stellen. Liebe mache einsamer, distanzierter, sagten wir damals, ich nannte sie eine verlorene Kraft, eine isolierte Phantasie. Heftige Leidenschaft, offen aggressiv, nicht versteckt in Liebesformeln, empfanden wir als das intensivere Lebensgefühl, als etwas Kommunikatives und Kreatives.

Foucault verglich »Willow Springs« mit der Darstellung der Frauen in Ingmar Bergmans Filmen. Bergman habe immer wissen wollen, was zwischen ihnen passiere und warum. Doch schiere Evidenz ohne psychologische Tiefe, meine Art, den Mainstream-Film hinter mir zu lassen, sagte ihm mehr zu. Wir verstanden uns, denn wenn man mich fragt, bin ich bis heute gegen die Psychologie eingestellt. Damals nannte ich sie ein gefährliches System, das die Menschen gegeneinander ausspielt, und auch heute halte ich sie für ein Instrument der Anpassung – was nicht heißt, das sie nicht in Form von Menschenkenntnis und Witz den menschlichen Umgang angenehm gestaltet. Ich weigerte mich und tue dies auch heute, meine Beziehung zu Maria Callas und meine Beziehung zu meiner Mutter mit psychologischen Spitzfindigkeiten zu verdrehen.

Obgleich meine Filme aus der Evidenz der Bilder leben und nie aus der Handlungslogik und Symbolik, schließen sie das innere Erleben auf. Einmal bekam ich einen Brief von dem Arzt und Psychiater Ernest Holmes, der eine Kopie von »Der Tod der Maria Malibran« ausleihen wollte, weil er sicher war, der Film könne in seiner Klinik in der Therapie von psychisch kranken Menschen wie ein Medium wirken.

Leidenschaft, darin waren Michel Foucault und ich uns einig, suchten wir nicht bei den Frauen, obwohl wir beide die Freundschaft mit ihnen schätzten. Liebe, die nicht mit dem Begehren kollidiert, war mir immer sehr wichtig. Liebe als brüderlich-schwesterliches Gefühl, als Freundschaft und Kokreation, habe ich bei den Frauen in meinem Leben gefunden. Wenn das Begehren nicht zwischen mir und dem andern, der Frau, Freundin, Schauspielerin steht, ist sie die bessere Projektionsfläche für den ewigen unaufhebbaren Konflikt zwischen Liebe und Leidenschaft.

ABGEWIRTSCHAFTETE GÖTTER

Peter Zadek war 1971 Intendant am Bochumer Schauspielhaus geworden. Als er mich einlud, bei ihm zu inszenieren, wurden wir uns einig, dass ich »Salome« nach meinem Film noch einmal für das Theater machen sollte, nur eben ganz anders. Es war ein Stück, das Zadek liebte, 1947 hatte er es für seine erste eigene Inszenierung in London ausgewählt.

Nach Bochum holte Peter Zadek nicht nur mich, sondern auch Rainer Werner Fassbinder, Augusto Fernándes, Rosa von Praunheim, Fernando Arrabal und andere, jeder durfte seine Truppe mitbringen, damit erst gar keine Stadttheaterroutine aufkam.

Während wir »Salome« probten, war Fassbinder in Bochum mit Franz Molnárs »Liliom« befasst. Er und ich hatten den Eindruck, dass Zadek seine eigenen Inszenierungen mit allem ausstattete, was er brauchte, unsere Budgets aber eher knapp hielt. Fassbinder, der seinen zwiespältigen Charakter und seinen Sadismus gern auslebte, kaufte sich einen Hund, den er »Zadek« nannte und demonstrativ herumkommandierte. Ich lästerte über den großen Zadek, überhaupt war mir die Sache mit dem Theater zuerst nicht angenehm, aber im Ganzen und aus dem Abstand betrachtet schätzten und liebten wir uns, Peter Zadek und ich.

Ich konnte seit der Veröffentlichung meines Filmentwurfs »Die Matrosen dieser Welt« im Sommer 1972 in der »Filmkritik« den Gedanken nicht lassen, es wäre Zeit für mich, einen großen 35mm-Kinofilm zu drehen. Doch damit kam ich ebenso wenig weiter wie mit einem Projekt über den englischen Poeten Thomas Chatterton, ein Genie, das sich 1770 mit nur achtzehn Jahren das Leben genommen hatte. Nirgendwo konnte ich Geld dafür lockermachen. Auch dies einer meiner unverfilmten Filme.

Als ich in Bochum ankam, wäre ich zu Beginn der Bühnenproben auf der Bühne am liebsten wieder umgekehrt. Das ganze System, der Apparat waren nichts für mich. Ich scheute davor zurück, obwohl mir das Engagement bei Zadek nach dem finanziellen Debakel bei »Willow Springs« und auch bei den folgenden Inszenierungen eine Zeitlang gesicherte Einkünfte einbrachte. Ich lief irgendwann tatsächlich davon, aber Peter Zadek schickte mir einen Rolls Royce hinterher, der mich zurückholte.

Wir begannen mit den Proben zu »Salome«, als »Willow Springs« fertig war, und hatten am 16. April 1973 Premiere. Magdalena spielte die Rolle des Jochanaan, Fred Williams war der Herodes Antipas, Ingrid Caven die Herodias, Christine Kaufmann in einem transparenten bodenlangen Gewand die Salome. Rainer Will, der ein enthusiastischer Anfänger war und überall mithalf, spielte den Pagen der Herodias und war danach in vielen meiner Inszenierungen und Filmen, zum Beispiel in »Palermo oder Wolfsburg«, »Die Soldaten« und »Le Prix Martin«, mit dabei.

Damals in Bochum fegte Ingrid in ihrer weißen Fin-de-Siècle-Robe und dem ausladenden Federschmuck im Haar furios über die Bühne, sie donnerte ihre rauen Monologe, was ein harter Kontrast zu ihrem Äußeren war. Die Kritiker nannten es Röhren und Jaulen, als spräche sie in eine Gießkanne, aber so war es nicht. Ich spürte ihre Musikalität, ich hatte sie zum Singen bringen wollen. Drei Jahre darauf inszenierten wir ihre erste große Show in München.

Für Ingrids Chanson-Karriere war Peer Raben von großer Bedeutung. Ich kannte ihn als Musiker, Komponisten und Theatermacher aus München, da war er schon lange mit Ingrid befreundet. Nun arbeiteten wir in Bochum am

Theater zusammen, er komponierte die Bühnenmusiken zu »Salome« und »Lukrezia Borgia« und zu Aufführungen von anderen Regisseuren. Peer schrieb schöne hintersinnige Chansons, später auch nach Gedichten von Hans Magnus Enzensberger, die Ingrid in München, in Paris und in der halben Welt vortrug.

Das Bühnenbild, das Magdalena und ich zusammen mit dem technisch versierten Jan Moewes entworfen hatten, war eine nach innen gebogene enorme Treppe auf der großen Bochumer Bühne. Sie hatte vom Computer errechnete Stufenhöhen und war ganz mit Perlmutt-Nagellack lackiert. Das glitzerte und funkelte, sah aber nicht billig aus, sondern wie das Innere einer Muschel. Darunter im Orchestergraben war eine schwarze Kohlenlandschaft. Auf einem schwarzen Felsen stand da unten Magdalena als Jochanaan, langhaarig und nackt mit einem Lendenschurz, wie ein Atlas, der die Welt aus dem schwarzen Graben hochstemmt.

Es endete mit einem in Mullbinden gewickelten Kinderchor, der nach Herodes' finalem Satz, »Man töte dieses Weib!«, ein A-cappella-Lied aus dem »Faust«, »Gerichtet – Gerettet!«, anstimmt. Die Kinder zogen Salome die Treppe hinauf, die rote Sonne ging auf, und zehntausend Liter Schweineblut flossen ihnen entgegen.

Das Blut wurde aus gesundheitlichen Gründen verboten, was natürlich Quatsch war. Wir essen ja auch Blutwurscht. Das Blut für die Aufführung wäre jeden Abend frisch vom Schlachthof gekommen, es hätte niemandem geschadet. Man wollte dann Kunstblut nehmen, aber das habe ich verweigert, weil es wirklich zu gefährlich war, denn Kunstblut ist giftig. Die Kinder nackt in dem Blut, nein. Es sollte der Salome vergeben werden, ich weiß nicht mehr, wie ich das Problem löste, weiß nur noch, dass Magdalena, der getötete

Prophet mit Dornenkrone und Kruzifix, aus dem Verlies wiederauftauchte. Aber es war nicht so schön wie das Blut.

Auf jeden Fall schlug die Aufführung wie eine Bombe ein. Damals konnte man mit zwei halbnackten Knaben, die zu Mozarts Arie aus »Zaide« »Ruhe sanft, mein holdes Leben / schlafe, bis das Glück erwacht; / da, mein Bild will ich dir geben, / schau, wie freundlich es dir lacht« am Bühnenrand standen, und erst recht mit Salomes mechanischem Tanz zu Jahrmarktsgeschepper in Porno-Verdacht geraten. Die Fotografen von der Bild-Zeitung musste ich bei der Generalprobe aus den Kulissen und der Hinterbühne pflücken. Sie wollten Christine Kaufmann im durchsichtigen Chiffonkleid fotografieren, es war halt 1973. Die Bild-Zeitung schrieb dann auch so etwas Ähnliches wie »die unbegabteste Schauspielerin mit dem dümmsten Regisseur Deutschlands«. Ich fand das komisch, Peter Zadek noch komischer. Er ließ das Faksimile vergrößern und hängte es vor das Schauspielhaus. Aber nach einiger Zeit wurde die Fahne wieder abgehängt, weil auf dem Platz vor dem Theater Unfälle passierten, die Autofahrer starrten alle auf Christines Bild.

Diese Inszenierung wurde zum Festival von Nancy eingeladen. Und ich erklärte in einem Interview in »Le Monde«, wie ich sie mir vorgestellt hatte, bevor ich auf die Einschränkungen des Bochumer Theaterbetriebs eingegangen war. Salome, Herodes und Herodias wären dann nackt mit bemalten Körpern aufgetreten, wie eine Albtraumfamilie von abgewirtschafteten heidnischen Göttern.

Im Jahr darauf, ich kam gerade aus Mexiko zurück, sollte ich mit der Bochumer »Salome« auf Tournee gehen, Peter Zadek kam auf solche Ideen, um sein Volkstheater auch dem Provinzpublikum nahezubringen. Aber ich sträubte mich mit Händen und Füßen dagegen. Am Ende wurde ich krank, jedenfalls bestätigte mir ein Attest, dass mir die Sache zu sehr an die Nieren gegangen war.

1974 war auch das Jahr, in dem ich in Bochum »Lucrezia Borgia« von Victor Hugo machte. Es wurde als Übersetzung und Bearbeitung von Georg Büchner angekündigt, dabei stammte beides eigentlich von mir. Büchner hatte das Stück schlampig übersetzt, eine Brotarbeit, schnell hingeschrieben. Außer der »Lucrezia Borgia« gibt es noch »Marie Tudor« von Victor Hugo in seiner Übersetzung, alles nicht gut, neben seinem Drama »Dantons Tod« erledigt. Aber sein Name zieht die Leute ins Theater. Zadek hatte eine Laufschrift am Haus anbringen lassen, auf der stand: Ein romantisches Schauerdrama von Victor Hugo, übersetzt von Georg Büchner.

Magdalena, Katharina Schüssler und ich hatten blaugrau getönte Venedig-Prospekte und eine düstere Krypta als Bühnenbilder entworfen, darum herum ein plastischer Goldrahmen. Die Hofgesellschaft zeigten wir als Nachtwandler-Marionetten. Magdalena spielte die Lucrezia Borgia, Gattin des Herzogs Alfonso d'Este von Ferrara, die eine Papsttochter war und es in dieser abgehobenen verrotteten Gesellschaft fertigbrachte, alle, die ihr im Weg standen, mit Gift zu beseitigen. Fritz Schediwy spielte ihren Mann Alfonso d'Este, Siemen Rühaak ihren zwanzigjährigen Sohn Gennaro, der seine Mutter aber gar nicht kennt. Jeden Monat erhält er einen Brief von ihr, erträumt sich die Mutterliebe, hasst jedoch die Borgia wegen ihres monströsen Lebenswandels. Er beleidigt sie, sie verlangt seinen Tod, ohne zu ahnen, dass er ihr Sohn ist. Am Ende hat sie seinen Dolch im Leib und gibt sich ihm, der an ihrem Gift sterben wird, zu erkennen.

Wir waren mit dieser »Lucrezia« erfolgreich, die Aufführung war schön, Magdalena großartig, obwohl man ihr nachsagte, sie spiele die Hexe aus dem Weihnachtsmärchen. Die Leute begriffen nicht, dass ich am rohen, ungeschliffenen Sprechen auf der Bühne interessiert war. Doch nach Auskunft der Zeitzeugen war es eine schöne Aufführung, kam sehr gut an, besser als die »Salome«.

EL ANGEL

»Der schwarze Engel« war meine mexikanische Katastrophe. Es begann damit, dass ich im November 1973 zu einer Retrospektive ins Goethe-Institut Mexiko-City eingeladen wurde. Der dortige Leiter Dr. Christian Schmitt hatte die Idee, auch mexikanische Kultur zu fördern, und initiierte deshalb alle möglichen Koproduktionen zwischen einheimischen und deutschen Künstlern. Ich fand es ausgezeichnet, der mexikanischen Kultur im Goethe-Institut auch eine Stimme zu geben. Viele seiner Kollegen sahen das damals anders.

In dieser Mission fuhr ich also das erste Mal mit Magdalena Montezuma nach Mexiko, auch Ellen Umlauf war dabei, die die Herodias in unserem libanesischen »Salome«-Film gespielt hatte und mittlerweile eine gute Freundin war. Ich hatte eine völlig irre Geschichte über eine spleenige blonde Amerikanerin mit Kitsch-Ideen und rosa Kitsch-Kostümen erfunden, die sich mit der durchgedrehten dunkelhaarigen Magdalena zusammentut, einer aus Göttingen stammenden Anbeterin des Maya-Kults. Diese exaltierten Gestalten auf Stöckelschuhen, die blonde eine Touristin, die dunkle eine Idealistin mit tragischem Einschlag, machen sich zu den Ruinen nach Palenque und Uxmal auf. Die Amerikanerin ist enttäuscht, weil niemand sie so liebt, wie sie ist, die andere aus Göttingen opfert sich, weil sie alles missverstanden hat, den Göttern, sehnsüchtig nach den Mythen suchend ... Das Ganze sollte ursprünglich »El aeropuerto de las lacrimas – Flugplatz der Tränen« heißen.

Wir kamen also bei diesem Doktor Schmitt an, und ich wollte endlich die Maya-Stätten Palenque, Uxmal, Chichén

Itzá und Mérida besuchen. Mexiko war lange schon eines meiner Traum- und Sehnsuchtsländer, nicht zufällig hatte ich ja meiner Freundin Erika Kluge den Künstlernamen Magdalena Montezuma gegeben. Mein Gedicht »Sehnsucht, das sagt sich so leicht / und das lebt sich so schwer ...« entstand auf dieser Reise, und einer von diesen merkwürdigen Boleros von Caterina Valente gab am Ende den Filmtitel: »Ihr Maler, lasst euch sagen / Ihr habt soviel uns zu schildern / Ich frag euch, darf ich's wagen, / Es fehlt etwas in euren Bildern. / Sagt, warum malt ihr denn nur weiße Engel, / die vom blauen Himmel schweben? / Diese vielen kleinen Engel muss es doch auch anders geben. / Warum denkt ihr denn nie daran, / dass auch ein Engel schwarz sein kann?«

Caterina Valente besaß noch immer eine starke Magie für mich. Die hohe Kunst und das Triviale können sich im Film ja mit Bildern verbinden, die beides aufheben und verstärken. Caterina Valente besetzte ein Zwischenreich, immerhin gab es Schlager *und* hervorragende Jazz-Platten mit ihr und Chet Baker. Diese Person machte ihre Sachen mit Witz und Humor, das ging in »Wo meine Sonne scheint« bis zur Ekstase und begeisterte mich. In meinen Filmen wird das Triviale ebenso pathetisiert, was zu vitalen Widersprüchen führt. Mit solch einem wunderbaren System bereichert man das Spektrum. Man muss mit allen Geräuschen, Musiken und Sprachen im Film umgehen, durch die Kombination gewinnen sie neue Gestalt.

Wir wollten also in Mexiko filmen, nur mussten wir uns erst umschauen, was überhaupt möglich war. Wir hatten wieder kein Geld, es war eine meiner Produktionen fürs Nachtprogramm des ZDF. Achtzigtausend Mark hatte man uns zur Verfügung gestellt, das Äußerste am Ende des Jahresbudgets der Redaktion in jenem November. Das Goethe-Institut half, eine kleine mexikanische Crew zusammenzustellen, und besorgte die Drehgenehmigungen, auch dass die Zensur über alles Bescheid wissen wollte, erledigte man für uns. Ich lernte Arcibaldo Trueblood-Burns kennen, halb Schotte, halb Mexikaner, der ein guter Freund wurde. Durch ihn kam der Regieassistent Paul Helfer hinzu, der uns tatsächlich wunderbar weiterhalf, und Louis O'Keedy, der mir sagte, er habe in Luis Buñuels mexikanischer Phase mitgearbeitet. Dieser Louis konnte aus einem Scheißhaufen Gold machen, beispielsweise kleidete er einen Lampenkoffer mit Silberpapier aus, so dass ein wunderbarer Leuchter daraus wurde. So haben wir gearbeitet.

Eines Tages, während die beiden Damen im Hotel Luma in Mexiko-City saßen, entschloss ich mich, beim Cruz Verde, dem mexikanischen Äquivalent zum Roten Kreuz, Mitglied zu werden. Man machte mich zum Assistenten einer Ambulanz und ich saß viel im Krankenhaus herum, wo wir auf Einsätze warteten. Ich wurde El Angel, der Engel, genannt, denn man hatte das Gefühl, es passiere weniger, wenn ich da war. Ich machte einige Einsätze, ganz normale, eine niedergeschlagene Frau beispielsweise. Aber dann kam ein Tag, an dem eine Massenkatastrophe im Fußballstadion mit sehr vielen Toten und unglaublichen Geschichten geschah. Da hörte ich auf, weil ich merkte, dass ich das gar nicht kann. Schuster, bleib bei deinen Leisten, kann man nur dazu sagen. Oder auch den Lieblingsspruch von Marianne Hoppe: Dummheit und Stolz wachsen auf einem Holz.

Ich war eben alles: Ton, Kamera, Autor, Regisseur und Produzent. Ich filmte natürlich auch während des Wartens und im Ambulanzauto, denn mein Ausflug zum Cruz Verde war eine Begegnung mit dem wirklichen Mexiko. Ich sammelte Bilder und Fakten, alle möglichen Wahrheiten über die soziale Lage und die Ungerechtigkeit in diesem von den USA abhängigen Land. Es kam auch ein taubstummer Junge vor, den ich bei meinen Erkundungen mit dem Cruz Verde in einer Hütte irgendwo in einem Armenviertel fand. Als stummen Zuschauer und Kontrast zu den spleenigen Fremden nahm ich ihn mit in den Film herein. Beim Schnitt in Deutschland mischte ich diese Dinge mit Musik, Gedichten und Aphorismen, z. B. Zitaten von Hölderlin, Nietzsche und Hans Henny Jahnn.

Kurz und gut: Ich drehte die Damen, wie sie in Mexiko-City auf die Märkte gingen. Unser mexikanischer Fotograf Rodolfo Alcaraz schoss schöne Fotos davon. Dann machten wir uns nach Palenque und Uxmal auf. Man lernte erstaunliche Dinge bei der Fiesta de la Muerte kennen, dem verrückten Allerseelen-Fest, das eigentlich ein Karneval ist. »Der schwarze Engel«, das ist Magdalena, die falsche Maya-Priesterin mit der endlos langen schwarzen Perücke und dem schwarzen Kleid, das mir Hartmut Rathmeyer von der Münchener Boutique Daisy mitgegeben hatte.

Wie dem auch sei, der Film ist halb misslungen, ganz amüsant zwar, aber nicht so, wie ich es mir gewünscht hätte. Ein nostalgischer Spaß, eine Klamotte. Ich nehme ihn nie in die nähere Auswahl für Retrospektiven, aber das ist vielleicht dumm. Es war ein lustiges Scheitern am Sujet, das mir wie etwas Vergangenes und Fremdes vorkommt. Humorlos ist der Film nicht.

WELTGEFÜHL – SÜDAMERIKANISCHE REISEN

In Lateinamerika wuchs mir immer ein Weltgefühl zu, das mein tragisches Weltempfinden vertrieb. Ich hatte, um nur ein Beispiel zu nennen, 1975 in Paris einen Freund aus der Dominikanischen Republik, Juan-Luis, einen Filmemacher, den ich sehr liebte. Ich zog zu ihm in seine kleine Pariser Wohnung, und da waren wir dann zusammen. Eines Tages sagte er, dass er zurückmüsse nach Santo Domingo de Guzmán. Das war die Hauptstadt, wo sich der verrückte Diktator Trujillo das Gesicht rosa anmalte, um nicht so schwarz auszusehen.

Juan-Luis und ich verabredeten uns auf den Tag genau zweieinhalb Monate nach unserem letzten Tag in Paris. Ich wäre nicht auf den Gedanken gekommen, ihm zu schreiben oder zu telefonieren, so etwas tat ich nicht. Ich war viel unterwegs und beschäftigt, damals war die Kommunikation noch nicht so weltumspannend. Dann brach ich mit dem Flugzeug via USA auf, aber die Lufthansa hatte einen Schaden, und so musste ich eine Nacht auf dem Flughafen Miami warten. Ich hatte kein Geld, klaute zum Dinner Schokolade, trank Leitungswasser und war ständig auf der Flucht vor den Sicherheitsleuten. Und keine Verbindung zu Juan-Luis. Schließlich kam ich in Santo Domingo an, und da stand er wie selbstverständlich und erwartete mich. Er wusste, dass er mir vertrauen konnte und dass ich kommen würde. Das ist es, was ich mit Weltgefühl meine.

In den siebziger Jahren fühlte ich mich eine Zeitlang in Mexiko zu Hause. Ich konnte mir vorstellen, dort für immer zu bleiben. In Las Ánimas Jalisco an der Pazifikküste verbrachte ich einige Wochen mit Wolf Wondratschek, auch im Leben ein guter Freund, um ein Drehbuch zu schreiben, aus dem aber leider nichts wurde. Wir lebten unter einfachsten Verhältnissen in einer Lagune bei einer sehr armen Familie mit vierzehn Kindern, die keine Arbeit hatten außer dem bisschen, was in der Bucht anfiel. Ich war so nah mit ihnen zusammen, dass mich die Mutter der Familie am liebsten adoptiert hätte. Als ich wegfuhr, brach sie in Tränen aus. Damals war meine Mutter gerade gestorben.

Auch in den achtziger Jahren träumte ich davon, ganz in Mexiko zu leben – falls ich es mir jemals würde leisten können. Es ging mir sehr gut, weil ich dort Richard Strauss' Oper »Salome« inszenieren durfte, was mir zuvor in Augsburg unmöglich gemacht worden war. Dort war es zu einem politischen Eklat gekommen, von dem ich an anderer Stelle erzählen will.

Meine dritte »Salome« nach dem Film und der Bochumer Inszenierung war eine mexikanische Erstaufführung im Palacio de Bellas Artes in Mexiko-City, eine schöne Arbeit. Die Oper wurde natürlich in Deutsch auf die Bühne gebracht. Ich arbeitete wieder mit der von mir heißgeliebten Mezzosopranistin Kristine Ciesinski zusammen. Nach den Opern »La Wally« von Alfredo Catalani in Bremen und »Médée« von Luigi Cherubini in Freiburg war das unsere dritte gemeinsame Inszenierung. Kristine sang die Salome, sonst waren wunderbare mexikanische Sänger und Sängerinnen dabei. Estrella Ramírez, keine keifende Megäre, sondern eine schöne, stimmlich hervorragend ausgebildete Frau von Anfang dreißig, sang die Rolle der Herodias fast belcantistisch. Auch der Herodes Ignacio Clapés, ein Mozart-Tenor, und der ganz junge Jochanaan Armando Mora waren beide sehr gut. Und erst das Riesenorchester! Wir haben die große Besetzung mit hundertzehn oder hundertzwanzig Musikern gespielt, das quoll aus allen

Ecken, aus den Logen, aus dem Orchestergraben, und es klang immer ein bisschen wie Mariachi-Musik. Es war ein Traum.

Das Bühnenbildkonzept unterschied sich von dem in Bochum. Es sollte wie eine Glasglocke in der Wüste aussehen, als sei ein Raumschiff gelandet, eine Art-déco-hafte Käseglocke, riesig und vorn offen. In der Wüste sollten Fellachen, Beduinen, Kinder, Kamele angesiedelt sein, die ihr ganz normales Leben führen, also vielleicht eine Scheibe einwerfen oder dagegenpinkeln. Es war ein Leben, bei dem man zum unfreiwilligen Zuschauer der misslungenen Emanzipationstragödie der Salome wird. Wenn man so will: das Kind in seinem Horror, seinem Albtraum und Liebesrausch.

Diese »Salome« kostete den Palast der schönen Künste fünfundsiebzig Millionen Pesos, mit circa hundertfünfundzwanzigtausend Euros die teuerste mexikanische Operninszenierung jenes Jahres, obwohl ich nur ein Viertel vom üblichen Regiehonorar forderte. Ein Jahr lang bereiteten wir alles vor, man wollte ja die »Salome«, weil ich den Film in Baalbek gedreht hatte. Dann aber, als ich zwei Monate vor der Realisierung nach Mexiko kam, musste ich die Inszenierungsidee an die Bürokratie anpassen. Der bestellte Sand kam nicht in der Oper an, die angeforderten Kamele blieben auf der Strecke, und so verwandelten wir notgedrungen das ursprüngliche Bühnenbild ins Irreale. Die Vorhänge des Palastes der schönen Künste wurden abgehängt, die Bühne selbst zum nach allen Seiten offenen Glaspalast des Herodes.

Kristine Ciesinski, die Salome, sorgte für große Aufregung. Sie ist im Gegensatz zu den mexikanischen Sängern und Sängerinnen hoch gewachsen und schlank, es lag also neben ihrer wundervollen Stimme und Ausdrucksfähigkeit an ihrer schieren Größe, dass man zu ihr als Diva aufschaute. Den Schleiertanz inszenierten wir eher gymnastisch, sportlich, ich glaube, sie machte sogar einen Spagat. Den Journalisten erzählte ich von meinen ersten Opern-Erfahrungen, bei denen ich »Carmen« in Bielefeld mit einem Tenor gesehen hatte, der nur gut anderthalb Meter groß war, während die amerikanische Carmen ihn um einen Kopf überragte. Schönheit als Irrtum, diese Idee gefiel mir.

Südamerika blieb mir mein Leben lang sowohl mit schönen als auch grausamen Erfahrungen nah. In Manaus in Brasilien inszenierte ich die Opernszenen in »Fitzcarraldo« für Werner Herzog, meinen alten Bekannten aus Münchener Zeiten. In Buenos Aires lehrte, inszenierte und drehte ich einen Film, dort lernte ich meine Liebe Marcelo Uriona und meine Freundin Marie Louise Alemann kennen und erlebte unmittelbar, was es heißt, einer Diktatur ausgesetzt zu sein. Auch mein jüngster Film »Nuit de chien – Diese Nacht«, eine Parabel über den Terror, fußt, obgleich in Portugal entstanden, auf einem Roman des uruguayisch-argentinischen Schriftstellers Juan Carlos Onetti.

Mein Weltgefühl ist in lateinischen und lateinamerikanischen Kulturen zu Hause. Ich lernte neben Englisch, Französisch und Italienisch auch Spanisch und Portugiesisch. Heute spreche ich diese Sprachen ganz selbstverständlich. Ich fühle mich in diesen Ländern wohler als in Deutschland, weil die Menschen leichter leben. Ich will die Realitäten nicht verklären, in Europa, zumal in Deutschland, wird die Gewalt verinnerlicht, in Mexiko und anderswo in Südamerika ist sie außen, fassbar und zum Greifen nah. Für mich ist es keine Frage, dass das, was bei uns in Deutschland geschieht, am Ende zerstörerischer ist.

Dennoch wurden wir auch von der argentinischen Militärdiktatur drangsaliert. Nur dieses eine Mal gab ich der Angst nach, denn darum geht es im Leben: keine Angst zu haben. In den siebziger Jahren, zur Zeit des »schwarzen Engel«, war ich trotz meiner Punk-Frechheiten für meine Freunde meist noch »das Puppi«, das über Opern redete, bei den Mexikanern war ich El Angel, mit dem auf den Straßen weniger Schlimmes passierte. Ich liebte die Strichjungen, die wie Götterknaben aussahen, wie Wolf Wondratschek es spöttisch beschrieb, war in Gesellschaft meist von meinen dramatisch eindrucksvollen Darstellerinnen begleitet und wurde fast überall von liebenswürdigen Müttern adoptiert. Eine so kuriose Erscheinung ruft Neugier und Hass gleichermaßen hervor. Mit meiner Liebe zur Oper, meinen Jesus-ähnlichen Haaren, den Ringen, Halsketten und Broschen, Tüchern und Hüten, die ich immer schon liebte, war ich »poco hombre«, kein idealer Macho.

Heute hat Mexiko-City zwar offiziell die Ehe unter homosexuellen Paaren erlaubt, ist aber auch die Metropole mit den meisten Morden an Schwulen in ganz Südamerika. Die Homophobie grassiert, Hass auf alles, was nicht die erstarrten stereotypen Geschlechterrollen bestätigt, gilt als normal. Man glaubt, dass Schwulsein ansteckend ist, dass Männer und Frauen gegensätzlich sind, nicht einfach verschiedene menschliche Wesen gleichen Ranges.

Eins der besten Bücher, die ich kenne, brachte damals in den Siebzigern diesen unaufgehobenen Widerspruch zwischen Menschlichkeit und Gewalt auf den Punkt. Maryse Holder war eine New Yorker Literaturdozentin um die dreißig, die an einem bestimmten Punkt ihres Lebens beschloss, nach Mexiko zu gehen und das Leben zu erleben. Ihr Buch »Give sorrow words – Ich atme mit dem Herzen« besteht aus den Briefen, die sie an eine Freundin in New

York schrieb. Sie suchte den besseren Sex, die wirkliche Leidenschaft, und setzte sich damit rücksichtslos der brutalen Seite der mexikanischen Gigolos aus. Am Ende wurde sie von einem der Männer, die sie meist in Diskos kennenlernte, umgebracht. Die Verfilmung diese Buches hat mich nicht interessiert, sie ist vollkommen misslungen. Man kann nicht zeigen, dass Maryse Holder an einer Gesichtslähmung litt, dass sie ein Stigma trug und geteilt war in eine schöne und eine hässliche Seite.

Heute ist Portugal das lateinisch-südamerikanisch-afrikanisch geprägte Land, in dem ich am liebsten leben würde. Seit dem »Rosenkönig«, »Deux« und »Diese Nacht« träume ich von der Wärme, der Liebenswürdigkeit und Körperlichkeit der Menschen dort, und ganz besonders sehne ich mich nach dem Atlantik. Ich müsste einen weiteren Film, eigentlich zwei drehen können, um diesen Wunsch wahr zu machen: »Das Geschlecht: Wege in die Wirklichkeit« und »Das Geschlecht: Wege aus der Wirklichkeit« über die Frage nach der nicht stattgefundenen Emanzipation der Frauen und der Schwulen in Portugal. Ich frage mich, warum die Frauen dort weniger als im übrigen Europa an der Emanzipation teilhaben, ich frage dasselbe in Bezug auf die portugiesischen Schwulen. Was hat diese merkwürdige Ungleichheit mit der imperialen Vergangenheit und der Diktatur Salazars zu tun? Ich möchte nach Portugal reisen und auf den Straßen, bei der Arbeit und im Theater Menschen finden, die mir vor der Kamera von sich erzählen – so wie ich immer arbeite, wenn mich ein Land interessiert

ABENTEUER

Wie lebten wir? Je mehr Magdalena im Theater Fuß fasste, desto häufiger war sie zu ihren Vorstellungen allein unterwegs oder blieb in Bochum. Wir hatten eine Wohnung in der Münchener Kraepelinstraße, die nach dem berühmten Irrenarzt benannt war. Auch ich war immer unterwegs, lebte bei Freunden, in Hotels oder provisorischen Unterkünften, bei meiner Mutter. Die Kraepelinstraße nutzte ich als offizielle Adresse, doch die Menschen, die mir vertraut waren, hielten meist über meine Mutter in Dossenheim Kontakt. Mitte der siebziger Jahre erledigten Cheryl Carlesino und Marion Kroner von München aus meine Korrespondenz, vor allem den Verleih der Filme. Ich brauchte jemanden für das Schriftliche, die Schreibmaschine war nichts für mich.

Filmexposés, Inszenierungsideen und Artikel entwerfe ich bis auf den heutigen Tag mit ein paar handschriftlichen Notizen auf alten Briefumschlägen, Servietten und sonstigen Zetteln. Am Ende kann man alles wegschmeißen, denn nicht einmal bei der Inszenierungsarbeit selbst halte ich mich an das Schriftliche, aber ich stütze mich auf Freunde und Freundinnen, die notieren, mitschreiben, parat halten, was ich im Kopf habe. Ich bewundere Künstler, die es anders können, wie meine Freundin Ulrike Ottinger. Sie stellt alle ihre Vorarbeiten, Fotos, Texte, Hintergrundmaterialien und Skizzen wunderbar zu schönen Büchern zusammen. Ich kann ihr das nicht gleichtun, ich bin sozusagen selbst das Konzept.

Magdalena sandte mir manchmal Briefe, die sie auf langen Eisenbahnfahrten schrieb. Wenn sie über einen meiner seltenen Zornausbrüche während der Proben entsetzt war, kamen ihre vorsichtigen Vorhaltungen erst, nachdem sie die Spießer im Abteil, die Bahnbeamten und die Landschaften vor dem Fenster gewürdigt und um den richtigen Ausdruck für ihre Empfindungen gerungen hatte. Am Ende warb sie darum, dass ich aufhören sollte, die anderen zu kränken. So war meine Freundin Magdalena im alltäglichen Leben.

Wolf Wondratschek gibt in seinem Buch »Die weiße Reise« eine Szene wieder, die zeigt, dass Magdalenas theatralische Lebensform nicht meiner Erfindung entsprang. Er schildert, wie er ihr einmal im Urlaub in Griechenland das Schwimmen beibringen wollte: »Sie war durchaus einverstanden, es zu versuchen, ließ aber nicht mit sich reden, das nasse Element nicht doch lieber im Sommerkleid und mit einem bukolischen Strohhut auf dem Kopf zu betreten.« Er kommt zu dem Schluss, Magdalena habe sich gar nicht über Wasser halten wollen, sondern »studierte das Gegenteil: wie gehe ich unter – und das, ohne eine Kopie von Ophelia abzugeben.«

In den siebziger Jahren unternahm ich ohne Magdalena viele Ausflüge nach Italien, sehr oft reiste ich mit Daniel Schmid nach Rom. Tagsüber sahen wir die Freunde, später tapperten wir auf Abenteuersuche durch die Nachtbumsen und tanzten Walzer ...

Ich erinnere mich, einmal mit Daniel, einem hübschen jungen Italiener, und dessen amerikanischem Freund, der ihn so liebte, in Nachahmung von Anita Ekberg in »La dolce vita – Das süße Leben« in die Fontana di Trevi geklettert zu sein. Es war zum Schießen komisch, wie wir danach als nasse Frösche ins Grand Hotel Via Veneto trapsten, wo uns ein älterer Herr eingeladen hatte. Ein schönes Abenteuer! Dieses Ausleben, diese Suche nach Vitalität und Schönheit gehörte zu unserem Leben. Es gab uns Klarheit durch

Experimentieren. Aus der Sehnsucht nach Leben, aus der Angstbesiegung entstand die Kreativität.

1975 führte mich mein Reiseleben wieder in die USA zum Goethe-Institut San Francisco und zur Universität in Berkeley. Man fuhr über die riesige Bay Bridge und landete in Berkeley auf dem Campus. Das Pacific Film Archive mit seinem damaligen Leiter Tom Luddy war eine kleine feine Kinemathek, eine sehr angenehme Institution. Tom Luddy wurde später Chefmanager von Francis Ford Coppola in San Francisco.

Meine erste Reise Mitte der siebziger Jahre hatte eine Retrospektive zum Anlass, und zusätzlich war ich eine Zeitlang Professor für neue französische Literatur, Theater und Film in Berkeley. Der Chef des Departments, ein Romanist, hatte mich eingeladen. Der Unterricht war so geplant, dass ich französisch für Fortgeschrittene sprechen sollte. Aber es war merkwürdig, die Studenten interessierten sich für nichts. Nach zehn Minuten war klar, dass kein Mensch etwas verstand außer Bonjour, also machte ich auf Englisch weiter. Nur acht Jahre nach dem Aufstand in Berkeley von 1967 waren wieder bloß Pfeffersäcke dort, deren reiche Eltern das Studium bezahlten. Es gab allerdings Ausnahmen. Auf der Straße lernte ich einen richtigen, wie man dort untereinander sagte, schwarzen Nigger kennen, einen tollen Typen mit einer irren Black-Power-Frisur. Erst erschreckte ich mich, als er mich ansprach: »Hey Man.« Er war gar kein Student und fragte, ob er an meinem Seminar teilnehmen dürfe. Ich sagte ihm, ich würde es durchsetzen. Es stieß zwar auf Widerstand bei den mehr oder weniger weißen Pfeffersäcken in meinem Seminar, aber zusammen mit einem anderen Studenten war er der Einzige, der intelligente Fragen stellte und schöne Ideen hatte.

Ein anderes Mal wohnte ich bei Mabel Sacharow in San

Francisco, einer guten Freundin von Rosa von Praunheim und mir. 1977 waren wir dort zusammen Dozenten am Arts Center. Mabel Sacharow hatte einen dunkelhäutigen Mann aufgenommen, der im Affekt seine Freundin totgeschlagen hatte und gerade aus dem Gefängnis entlassen worden war. Nachts musste ich durch einen dunklen unheimlichen Gang, wo er mir auflauerte, vermutlich nur, um mich zu erschrecken. Eine dumme Geschichte geschah an der San Francisco Opera. Ich war dort mit Jean-Pierre Ponnelle verabredet, der »Othello« inszenierte. Dieses riesige Marmorgebäude lag damals direkt auf der Stadtscheide zwischen Armut und Reichtum. Ich stieg mit Magdalena, die gerade bei mir war, aus dem Taxi und ging am Bühneneingang die Treppe zu einer großen Glastür hinauf. Magdalena wollte das Wechselgeld vom Fahrer zurück, aber ich rief: »Komm, komm sofort!« Aus dem Augenwinkel sah ich von der anderen Straßenseite her einen Trupp Farbiger, die überhaupt nicht guter Absicht waren, zu Fuß auf uns zukommen. Ich rannte los, Magdalena wollte sich dennoch das Geld zurückholen, kam mir aber plötzlich mit einem Arschtritt von denen entgegengeflogen. Glücklicherweise stand die Glastüre offen, so dass sie nicht verletzt wurde. Da waren wir nun beisammen, Jean-Pierre Ponnelle, Plácido Domingo, Mirella Freni, Magdalena und ich, alle ruhig, aber höchst angespannt. Jeden Moment hätten wir einen Schlag abkriegen können. Ich weiß nicht mehr, wer sagte »On stage, on stage!«. Wir liefen los, das Gebäude war sehr verwinkelt, und deshalb fanden sie uns nicht. Aber sie kamen in die Oper hinein, fünf oder sieben Mann, und verzogen sich erst nach einiger Zeit. Ich konnte sie verstehen, es war schließlich eine unschöne Provokation, dieses Luxus-Opernhaus gegenüber einem Slum, dieser Schöngesang vor dem Armenviertel.

Einmal befand ich mich mit dem großen Pianisten Christoph Eschenbach in einem Luxus-Hotel. Ich übernachtete in der Stadt und fuhr nicht nach Berkeley zurück. Eschenbach klebte alle Fenster zu und schloss die Vorhänge. Kein Lichtstrahl durfte hereinkommen. Ich war es aber gewöhnt, mit gedämpftem Raumlicht zu schlafen, weil ich nicht die Orientierung verlieren will. Komisch, solch eine ungewohnte Nacht in vollkommener Dunkelheit. Eschenbach brauchte die Schwärze für seine Konzentration, es war nicht mit ihm zu reden. Anderntags hörte ich das 5. Klavierkonzert von Beethoven, das Seiji Ozawa dirigierte. Christoph und ich hatten vorher ein langes Gespräch gehabt, weil die Timpanesse, die beste Schlagzeugerin, die ich je in einem Symphonieorchester gehört habe, noch dazu eine schöne Frau und die einzige Farbige im Orchester, gerade herausgeekelt werden sollte. Im langsamen Satz des Konzerts Nr. 5 gibt es einen Dialog zwischen Klavier und Schlagzeug, den sie einfach großartig mit ihm spielte. Ich hatte angekündigt, nicht mehr mit ihm zu sprechen, wenn er sie nicht beim Schlussbeifall nach vorn bitten würde. Es müsse sein, weil sie aus purem Rassismus rausgeekelt werden sollte. Er holte sie zum Applaus tatsächlich nach vorn.

Eine Zeitlang wohnte ich bei Viva, der Warhol-Diva, die in Agnès Vardas Film »Lion's Love« gespielt hatte, und ihrem Geliebten, dem französischen Filmemacher Michel Auder. Agnès Varda war ich in Paris begegnet, und in Kalifornien sahen wir uns wieder. Bei Viva lebte ich mit Sammy zusammen, einem Strichjungen mexikanischen Ursprungs. Ein reizender, lieber Junge, den ich sehr mochte, nur konnte er nicht aufhören zu klauen.

Es gab auch unangenehme Geschichten mit den Leftovers der Charles-Manson-Gruppe, die mich erspäht hatten, als ich irgendwann in Los Angeles war und im heruntergekommenen Hotel Château Marmont am Sunset Boulevard wohnte. Einige junge Frauen und Männer hatten mich aufgetan, sie dachten vielleicht, ich wäre der neue Führer und Erlöser. Sie waren alle auf Drogen, so dass es unangenehm wurde und ich deshalb nach San Francisco zurückkehrte. Zuerst ließen sie mich dort auch in Ruhe, dann aber sah ich sie wieder. Sie tauchten einfach im Hotel auf und saßen herum. Ich sollte für sie kochen, die Frauen strickten. Sie trugen immer Baskenmützen auf dem Kopf, weil darunter ihr Zeichen, die Axt-Tätowierung, war. Einer, ein scharfer Typ, der zweifellos auf Angel-Dust, diesem Elefanten-Tranquilizer, war, wollte mit mir in dem verdreckten Swimmingpool schwimmen. Ich dachte, machen wir's halt, aber er war ein muskulöser Typ, der mich so an sich drückte, dass er mich unter Wasser fast erstickt hätte. Ich kam nur los, indem ich unter Wasser ausatmete, mich schmaler machte und entwischen konnte. Es war keine Mordabsicht, nur Drogenrausch, aber eine sehr fragwürdige Unternehmung.

Es könnte sein, dass alles deshalb geschah, weil ich auf ihren Wunsch Tex Watson, ein Mitglied der Manson-Family und einer der Mörder von Sharon Tate, in San Luis Obispo, High Security Male Prison, Main Section, besucht hatte. Er hieß Tex Watson, weil er aus Texas stammte und nach den Morden dahin geflüchtet war. Ich besuchte ihn, weil er mich interessierte. Er ist seit vierzig Jahren in diesem Gefängnis, eine faszinierende Gestalt. Watson heiratete und zeugte bei den Besuchen seiner Frau vier Kinder. Mir schrieb er in einem Brief: »Come back to Jesus, Werner.« Er meinte es ernst, war Gott ganz hingegeben und bezeichnete sich als wiedergeborenen Christen. Ich kann seine erstaunliche Entwicklung nur bewundern.

In diesen Jahren war ich in Kalifornien auf merkwürdigen Veranstaltungen mit Daniel Schmid. Einmal trafen wir in einem Hotel auf Ava Gardner. Sie sagte zum Kellner: »My breakfast please.« Er gab die Bestellung weiter: »Miss Gardner wants her breakfast.« Und dann brachte man ihr eine Flasche Scotch. Sehr konsequent! Es hat ja niemandem geschadet. Sie war einfach auf ihrem Weg.

Damals träumten Daniel und ich davon, Filme mit Ava Gardner oder Rita Hayworth zu drehen. Ich traf Rita Hayworth einmal im Spielkasino in Cannes, aber leider kriegte ich für mein Filmprojekt kein Geld zusammen. Im Beverly Hills Pavillon in Los Angeles besuchten Daniel und ich ein Konzert von Marlene Dietrich. Daniel war Marlene-Fan, mich beeindruckte an ihr lange Zeit am meisten, dass sie so viel essen konnte. Wenn sie Spargel zubereitete, kam pro Person ein halbes Pfund Butter dazu, und trotzdem wurde sie nicht dick. Ich lernte auch ihre Familie kennen und sollte später in Rom einmal eine Ausstellung über sie eröffnen, was nicht klappte, weil ich zu teure Bedingungen stellte. Damals in Los Angeles war Miss Dietrich sehr betrunken und sang: »Frag nicht, warum ich gehe, frag nicht, warum, was immer auch geschehe, na na na!«, wie es eben klingt, wenn man betrunken ist. Und dann stolperte sie und fiel in den Orchestergraben, es machte Kling!, weil der Gips wohl aufplatzte. Sie war ja in ihr Kleid eingegipst, die alte Dame. Das Publikum erschrak, Daniel, der Diven-Liebhaber, wurde pathetisch, aber ich schüttelte mich vor Lachen, als die Stimme von der Dietrich aus dem Orchestergraben drang. Sie war anscheinend durch den Sturz nüchtern geworden und sagte auf ihre unnachahmlich kühle Art: »Miss Dietrich won't leave the orchestra pit, before the audience has left.«

FLOCONS D'OR

Wenn ich in Mexiko und in Kalifornien lebte, brauchte ich Einladungen zu einer Retrospektive oder einem Universitätsseminar oder ein einigermaßen realisierbares Filmprojekt, um meinen Aufenthalt zu finanzieren. In Deutschland konnte ich durch meine Theaterinszenierungen Geld verdienen und von den Produktionsvorschüssen meiner Filme leben. Keiner meiner Filme spielte bis dahin Erlöse ein. »Der Tod der Maria Malibran« war für rund fünfundsiebzigtausend D-Mark entstanden und davon hatten wir uns als Gruppe monatelang ernährt, mit »Willow Springs« und »Der schwarze Engel« war es nicht anders.

Ich wäre zwar damals gern in mein Sehnsuchtsland Mexiko gezogen, zumal man dort meine Filme mehr schätzte als in Deutschland, tatsächlich aber musste ich in Europa mit meinen verschiedenen Arbeiten und Projekten Geld verdienen.

Also holte ich zu meinem letzten Superundergroundfilm aus: »Flocons d'or – Goldflocken«. Er entstand folgendermaßen: Ich hatte mit »Willow Springs« beim Avantgardefestival Toulon 1974 den Hauptpreis gewonnen, nicht viel Geld, heute entspräche es etwa dreitausend Euro. Damals lief ich Chantal Akerman über den Weg, die ihren »Je, tu, il, elle« zeigte und mich fragte: »Wieso gewinnst du den Preis?« Ich darauf: »Weil du ihn nicht gewinnst.« Seitdem sind wir Freunde, und ich nenne sie liebevoll Frau Kakerman.

Mit diesem Preisgeld jedenfalls fing ich an, ins Blaue hinein einen Film zu drehen. Arbeiten im finanziellen Chaos war ich ja gewohnt, und so blieb es auch, obwohl das staatliche Institut de l'Audiovisuel (I.N.A.) in Paris, die

Produktionsfirma Les Films du Losange, das ZDF und ich selbst »Flocons d'or« gemeinsam produzierten.

Die Besetzung bestand aus Andréa Ferréol, die durch »Das große Fressen« bekannt geworden war und mit der ich laut Bild-Zeitung angeblich verlobt war, Magdalena natürlich und Irene, eine schöne Prostituierte aus Zürich, über die meine Freundin Roswitha Hecke das legendäre Fotobuch »Liebes Leben« veröffentlicht hat. Auch Udo Kier, Ellen Umlauf, Christine Kaufmann, Ingrid Caven, Isolde Barth, Ila von Hasperg und Rainer Will wirkten mit, nicht zuletzt die zauberhafte Bulle Ogier, meine Freundin aus Paris, die mir zuvor in Luis Buñuels »Der diskrete Charme der Bourgeoisie« und in Jacques Rivettes »Céline et Julie vont en bateau« so sehr gefallen hatte. Alle arbeiteten ohne Honorar, Andréa und Bulle zahlten sogar ihre Fahrtkosten selbst.

Eine Episode drehten wir auf einem verlassenen Bahngelände in Bochum, als wir uns zum Theaterspielen in der Stadt aufhielten, eine andere entstand in Avignon, wo mich der Leiter des dortigen Festivals, Jacques Robert, zur Präsentation meiner Filme eingeladen und in seiner Villa beherbergt hatte. Ich wollte von dieser Stadt und der Einladung profitieren und meinen Film voranbringen, ohne dass ich damals wusste, ob ich Produktionspartner finden würde.

Es sollte der dritte Teil einer Trilogie werden, die mit »Der Tod der Maria Malibran« und »Willow Springs« begonnen hatte und Episoden der menschlichen Tragödie und Komik zusammenfügte. Die zerpflückte Arbeit an »Flocons d'or« brachte mich auf die Idee, vier unabhängige Novellen zu erzählen und das übergreifende Thema Tod durch einen Prolog und einen Epilog zu verklammern. Da sah man Christine Kaufmann, Udo Kier und Magdalena, ihre

Gesten und Spiele mit fallenden Mikado-Stäben und einem Kartenhaus, dazu hörte man die verrauschte alte Aufnahme des Kartenlegerinnen-Terzetts aus Bizets »Carmen«, »Toujours la mort« – eine Schallplatte der wunderbaren spanischen Mezzosopranistin Conchita Supervía, die ich in Mexiko gefunden hatte.

Zum Entsetzen der ZDF-Redaktion wurde »Flocons d'or« am Ende zwei Stunden und fünfzig Minuten lang, aber immerhin wurde er vollständig gesendet. Es war der Abschied von meinem bisherigen Dasein als Filmemacher, bevor ich etwas grundsätzlich Neues begann und »Regno di Napoli – Neapolitanische Geschwister« schrieb. »Flocons d'or« sollte durch den Kitsch hindurch die Sinne für die Tragödie öffnen, ohne Scheu vor dem Trivialen. Ich schrieb in meinem Exposé: »›Willow Springs‹ erlaubte die Liebe nicht mehr, ›Flocons d'or‹ lässt sie wiederauferstehen.« Diese erste Episode mit dem Titel »En Cuba« war meine Antwort auf das große Kinomelodram à la Ava Gardner und Rita Hayworth. Fünf Personen und ihre Liebesintrigen in den vierziger Jahren in Kuba, das Ambiente einer Caterina-Valente-Phantasie, Magdalena darin die französische Gattin eines heroinsüchtigen Großgrundbesitzers. Die zweite Episode »Un drame de rail« drehten wir als naturalistisches Drama am Bochumer Güterbahnhof. Es ging um eine Frau, deren Mutter ihre Liebe zu einem Gastarbeiter verhindern will. Am Ende wirft sie sich aus Verzweiflung vor den nächsten Zug. Die dritte Episode, die in Avignon entstand, nahm meine Faszination für den Wahnsinn aus »Tag der Idioten« vorweg. Andréa Ferréol, gekleidet in ein schwarzes Bordell-Negligé, das sie für ihr Hochzeitskleid hält, leidet am Verlust ihres Geliebten. Sie geistert verwirrt in ihrem Landhaus herum und sorgt sich um vier Hunde. Es erscheinen ihr die rätselhafte Bulle Ogier, eine Orakel-

Gestalt, und die »nach lebendigen Opfern für ihre hungernde Seele« Ausschau haltende Todesbotin Magdalena. Ich drehte diesen Sommerspuk in überbelichtetem Schwarzweiß, was die Figuren, Gesichter und Räume merkwürdig transparent erscheinen ließ. Bulle Ogier, die sich anfangs mit meinem Arbeitsstil, dem Improvisieren und den verschwimmenden Grenzen zwischen Arbeit und Leben sehr schwer tat, öffnete sich, wenn sie nicht genau wusste, was in der nächsten Sekunde zu tun war. Sie war am Ende ganz enthusiastisch.

Die Hundenärrin, die Andréa verkörperte, war vielleicht durch »Les chants de Maldoror« angeregt oder auch durch unsere Bochumer Schauspielkollegin Tana Schanzara, die ihr kleines Häuschen mit vierzig Hunden teilte und manchmal auf dem Couchtisch schlief, um die Tiere nicht aus dem Bett aufzuscheuchen.

Im Exposé, das die Fernsehredaktion amüsiert und erwartungsvoll akzeptierte, skizzierte ich Andréas Schicksal so: »Von den vier Teilen des Films hat nur noch einer eine Art von ironischem Hoffnungsschimmer: Die Geschichte der schönen debilen Hundenärrin Andréa Ferréol, die sich von der angeblichen Todesbotin nicht ins Boxhorn jagen lässt, sondern aus den verschlammten Fluten eines Vorstadtbaches ertränkt wieder zum Vorschein kommt, anstatt einem mystischen Befehl Folge zu leisten. Sie schreitet zu unbekannten neuen Ufern.« Genauso stellte es die selbstbewusste Andréa dar. Das muss man können, nach einem misslungenen bukolischen Selbstmord erhobenen Hauptes aus einem flachen Bach zu steigen. Die vierte Episode, »Réalité – Vérité!«, war eine Parodie auf den neuen deutschen Heimatfilm à la »Pioniere in Ingolstadt« und »Jagdszenen aus Niederbayern«. Udo Kier verkörperte »den Franzl« in Bundeswehrjacke, einen Schänder und naiven

Mörder auf der Flucht, der von dem schwarzen Todesengel Magdalena verfolgt wird, bis es kein gutes Ende nimmt.

Ich war wieder Autor, Regisseur und Kameramann in einer Person. Meine beiden französischen Stars mussten sich auf Proben und Aufnahmen fast rund um die Uhr einstellen. Alles was sie tun sollten, machte ich ihnen vor, denn mein Konzept entwickelte ich wie immer unmittelbar an den Schauplätzen. Und selbstverständlich halfen sie mit, die Ausstattung und die Kostüme herzurichten. Auch ein Teil der Musik kam unter uns zustande, wenn Andréa beispielsweise die Mundharmonika spielte, Magdalena die kubanische Hymne sang, Peter van Hornbeck und ich Musik machten, wenn Spieldosen und Glockenspiele erklangen. Anlässlich von »Flocons d'or« entdeckte ich Mozarts Musik für die Glasharmonika, an die ich mich 2009 bei dem Theaterprojekt »Antigone/Elektra« an der Volksbühne Berlin wieder erinnerte.

Es hätte in dieser Richtung weitergehen können, aber als der Film 1976 fertig war, wusste ich, dass ich etwas Neues beginnen musste. Meine Form des Undergroundfilms konnte ich nicht weiter steigern.

»Der Tod der Maria Malibran« hatte ein intellektuelles Publikum, lauter aufmerksame, offene Zuschauer, vor allem in Frankreich und Mexiko. Aber ein solches Publikum reichte nicht zum Überleben, Kino ist sehr kostspielig. Für »Flocon d'or« zahlte ich noch ein Jahr lang Schulden bei einem Münchener Kopierwerk ab, eine enorme Summe für mich. Ich hatte rund einhunderttausend Euro zur Produktion zur Verfügung, aber der Film kostete ein Drittel mehr. Kein Schauspieler wurde bezahlt, niemand wurde bezahlt. Es war schwierig, so mit Freunden zusammenzuarbeiten, die mir in vielem geholfen hatten. Ich fand das unerträglich und wollte so nicht weitermachen.

In den USA hatte ich Kokain probiert und war auf den Geschmack gekommen, es war die einzige harte Droge, die mich interessierte. Ich geriet damals geradezu in Ekstase, wenn ich gutes Kokain bekam. In Paris verteilte es einmal sogar der Schuldirektor des englischen Lyzeums auf einer Schulfeier, als es in der Stadt sehr guten Stoff gab. Nach über dreißig Jahren schadet es sicher niemandem mehr, davon zu erzählen. Er war ein feiner, sehr gebildeter Herr. Freundinnen von mir waren auch dabei. Man zelebrierte das Kokainschnupfen, während die englischen Eltern mit den englischen Kindern im englischen Mädchenlyzeum herumstolzierten. Das war ein Spaß nach meinem Geschmack.

Eines Tages hörte ich mit dem Kokain auf und fertig. Bei der Arbeit an »Flocons d'or« spürte ich die Schattenseiten. Wenn ich es nachts bei der Montage zu mir genommen hatte und am nächsten Tag wiederkam, erkannte ich den Schnittrhythmus nicht wieder, weil sich die Maßstäbe verschieben. Wenn man zu lange Kokain genommen hat, ist der Effekt auch nicht mehr euphorisierend. Man ist daran gewöhnt, dass sich die Ebenen und Zeiten in sich verschieben. Manchmal hatte ich das Gefühl, mir kraucht etwas auf der Haut. Also sagte ich mir: Schluss! Dann war ich zwei Tage im Bett, trank Pfefferminztee mit Zitrone und Eiswürfeln, und damit hatte es sich.

MAN MUSS WEGGEHEN, UM ZU VERSTEHEN

Als »Flocons d'or« fertig war und bald darauf im Mai 1976 im deutschen Fernsehen gesendet wurde, wäre ich am liebsten nach Mexiko gefahren, um in Ruhe darüber nachzudenken, wie es weitergehen konnte. In München traf ich mich mit Ingrid Caven und Daniel Schmid, um Ingrids Premiere als Chanson-Sängerin vorzubereiten. Dann erfuhren mein Bruder und ich, dass unsere Mutter sehr krank war und bald sterben würde. Wir holten sie in unser Häuschen in Dossenheim und konnten ihr doch nicht mehr helfen.

Meine Mutter, die uns noch bei »Flocons d'or« als meine Produktionsleiterin zur Hand gegangen war, hatte sich in jenem Sommer oft nicht gut gefühlt. Die Ärzte vermuteten zuerst eine Kreislaufschwäche und schickten sie viel zu spät zu einem Spezialisten, der Leberkrebs diagnostizierte, nicht mehr zu behandeln. Sie war eine willensstarke Frau, sie hasste Kranksein und Krankenhäuser. Deshalb pflegten mein Bruder und ich sie zu Hause, so gut wir das in der niederschmetternden Vergeblichkeit vermochten.

In jenen vier Wochen ihres Sterbens kam ich auch meinem Bruder wieder nahe. Hans-Jürgen hatte sich nie aus der liebevollen Umklammerung des Elternhauses lösen können, er war trotz eines Physikstudiums immer zu Hause geblieben. Es hatte oft zornige Auseinandersetzungen gegeben, meist von mir angefacht, weil ich meinen vier Jahre älteren Bruder aus seiner fatalen Lage herausholen wollte. Aber sollte ich meiner Mutter Vorwürfe machen? Sollte ich in ihrem Leben Gründe suchen, um mir zu erklären, wie es um mich und meinen Bruder stand? Vielleicht war es seltsam, dass unsere Mutter uns immer noch waschen wollte, als wir längst erwachsen waren. Aber ich sah uns alle als kuriose, besondere Menschen an, begabt mit Humor, und aus dieser Selbstsicherheit heraus erzählte ich solche Szenen auch vor Journalisten als charmante Schnurren. Psychologie, wie gesagt, wies ich zurück.

Mein Bruder hatte mehr Schwierigkeiten mit mir als ich mit ihm, ich war ja aus der Familie weggegangen und hatte meinen eigenen Weg gefunden. Damals bei unserer sterbenden Mutter sprachen wir wieder miteinander. Hans-Jürgen beschäftigte sich mit Esoterik, er hatte ein Buch über Astrophysik und Astrologie geschrieben, von dem er mir erzählte, so dass ich zum ersten Mal verstand, was ihn bewegte. Er hat es übrigens nie veröffentlicht, es scheint verlorengegangen zu sein.

Mein Bruder lebte in Dossenheim mit meiner Mutter zusammen. Unsere Eltern hatten sich getrennt, aber eine formelle Scheidung war bei einem Ehepaar ihrer Generation undenkbar. Mein Vater Hans zog nach München, mein Bruder folgte ihm nach dem Tod unserer Mutter, und beide blieben viele Jahre meine deutsche Anlaufadresse. In Geretsried bei München baute mein Vater noch einmal ein Häuschen und eine kleine Fabrik für mechanische Bremsen auf, heute leitet meine Cousine sie.

Als meine Mutter starb, ging etwas unwiderruflich zu Ende. Ich war sehr traurig, für lange Zeit. Mit meiner Mutter verlor ich mein Zuhause, in das ich mich zurückziehen konnte ... Bis dahin stellte ich mir den Tod als Ekstase vor, als Verschmelzung mit allen, die um mein Bett stehen oder mit mir darin liegen würden. Ich malte ihn in meinen Filmen als etwas Grandioses aus, und als Maria Callas starb, schrieb ich in meinem Nachruf, dass sie mit ihrer Stimme die Zeit anhalten und die Gewissheit des Todes in einem Augenblick der Schönheit aufheben konnte. Als hätte ich vorausgeahnt, was kommen würde, war »Flocons d'or« ja eine sarkastische Überspitzung von theatralischen Posen und Todessehnsüchten gewesen, eine Art Schlusspunkt. Denn am Sterbebett meiner Mutter erkannte ich plötzlich, dass der Tod eine vollkommen einsame Sache ist. Meine Mutter lag unter Morphium da oben in unserem Häuschen, sie fiel ins Koma und nahm gar nichts mehr wahr. Ihr Leib wehrte sich nur noch im Reflex gegen die vollkommene Auflösung der Vitalität. Es war unerträglich, sehr traurig. Ich konnte lange Zeit nicht darüber sprechen.

Auch Magdalena starb einen ähnlich schweren Tod, auch mein Vater und mein Bruder, mein Lebensgefährte Marcelo, meine Liebsten Arpad und Jens und viele Freunde und Freundinnen. Es war mir bewusst, dass sich manche, die mir nahestanden, von mir verlassen fühlten, als sie krank geworden waren, aber auf die Pflege habe ich mich nie wieder eingelassen. Magdalena, die mir so nahestand, wurde von Freundinnen gepflegt. Auch beim Tod meiner anderen Liebsten hielt ich mich zurück. Als Marcelo in Düsseldorf im Krankenhaus lag, inszenierte ich in Köln. Ich redete vom Aids-Mobil, wenn ich zwischen beiden Städten hin- und herreiste, aber ich hatte wochenlang keine Zeit für Besuche … Ich bin in meinem Leben ausreichend mit Todesfällen und Selbsttötungen ausgestattet gewesen. Ich musste versuchen, damit zu leben, da halfen mein Gottesglaube und das positive Denken, die ein Bestandteil von mir sind.

Von meiner Mutter übernahm ich die Liebe zum Aquamarin, seither trage ich Aquamarin-Ringe an jedem Finger und Anhänger um den Hals, weil mir dieses Andenken wichtiger ist als Trauerrituale. Ein Geschenk von Arielle Dombasle, der wahnsinnigen Schauspielerin und Sängerin, die in »Deux« mitspielte, ist zuletzt hinzugekommen.

Nach dem Tod der Mutter fuhr ich im Sommer 1976 mit »Flocons d'or« zum Festival nach Locarno. Dort traf ich Detlev Sierck, der in Hollywood Douglas Sirk heißt und mit seinen Melodramen berühmt wurde. Ich verbrachte eine wunderbare Nacht mit ihm, denn wir kamen über Alter und Tod ins Gespräch, und er spürte, wie traurig ich war. Ein sehr feiner Mensch, ein Gentleman von achtzig Jahren, dieser Douglas Sirk aus Lübeck, der vor den Nazis nach Hollywood geflohen war. Natürlich bewunderte ich ihn sehr für seine opulente Art der Darstellung und des raffinierten Einsatzes der Gefühle in seinen Filmen. »Imitation of Life« mit Lana Turner hatte mich in meiner Jugend gegraust, weil ich ihn kitschig fand, erst später hatte ich ein gewisses Vergnügen auf zweiter Ebene daran. Mich interessierte viel mehr der große Humanist, der seinen Weg wählte, indem er aus Deutschland wegging. An jenem Abend saßen wir noch lange und er tröstete mich über den Tod meiner Mutter.

Im Herbst desselben Jahres lernte ich meine Freundin und langjährige Ausstatterin Alberte kennen. Es ging also weiter. Udo Kier, der in »Flocons d'or« mitwirkte und ein Freund war, hatte mich in Paris eingeladen. Er drehte gerade »Spermula«, einen furchtbaren Film von Charles Matton, und als ich an einem Abendessen mit dem Team teilnahm, begegnete ich Alberte, die für die Ausstattung verantwortlich war.

Im Jahr darauf hätte ich die Familie beinahe vergrößert: um meinen Ziehsohn, Balthazar Clémenti. Balthazar war der Sohn von Pierre und Margareth Clémenti, damals acht Jahre alt. Sein Vater Pierre sah toll aus und war ein bekannter Schauspieler bei Pasolini, Buñuel, Rivette, Visconti und Philippe Garrel. Aber die Droge hatte ihn arg erwischt.

Balthazar war von der Schule beurlaubt, weil er wohl Dummheiten gemacht hatte. Seine Mutter Margareth Clémenti, Schauspielerin in Pasolinis »Medea«, Fellinis »Casanova« und auch in meinem Film »Regno di Napoli«, hatte damals ein kleines Kind mit einem anderen Mann und lebte mit diesem zusammen. Balthazar war wohl eifersüchtig. In Rom, wo ich ihn traf, sagte er plötzlich: »Nimm mich mit.« Ich war erstaunt, dass die Mutter sofort zusagte und mir Briefe mitgab, in denen sie mir die Reise mit dem Kind erlaubte. Und dann fuhr Balthazar als mein Ziehsohn mit mir durch Europa.

Anfangs war es schwierig, weil er nur französisch sprach. Ich nahm ihn mit nach Dossenheim, wo mein Vater sein Schulfranzösisch herauskramte und im Garten mit ihm Federball und Tischfußball spielte. Ich hätte den Jungen auch adoptiert. Wenn man jung ist, hat man Kraft. Allerdings war ich mir damals auch nicht sicher. Nicht lange zuvor hatte ich eine Freundin geschwängert. Es war ja so, dass mich immer wieder Frauen ins Bett kriegen wollten, obwohl ich schwul bin. Es belastete mich, aber es war auch schön. Zu dem Kind sagte ich damals konsequent nein. Heute würde ich es anders machen, wenn ich sehe, wie schwer sich die jungen Leute mit der Entscheidung für ein Kind tun.

Als ich 1977 nach Locarno fuhr ins berühmte Grand Hotel, wo alle Filmfestivalgäste beisammen waren, nahm ich Balthazar mit. Damals wollte er sich absolut nicht waschen. Also schlich ich mich nachts an seine Sachen und wusch die Unterhosen und Socken schnell, damit er nichts merkte. Es gab zwei englische Tunten aus dem Kreis um Derek Jarman, der damals seinen Film »Sebastiane« in lateinischer Sprache vorführte. Für die galt ich als la Tapette, die Schwuchtel, der Päderast. Na gut. Man guckte im Hotel ganz komisch, ich war Persona non grata. Als ich das merkte, nahm ich Balthazar beiseite und sagte ihm, er solle sich etwas einfallen lassen. Da machte er bei den beiden

Liebkind und tollte um den Swimmingpool, bis sie ihm ihr Zimmer zum Ausruhen anboten. Er ging hinauf, griff sich den Rasierschaum und sprühte das Zeug in alle Taschen und Schuhe. Dann kam er wieder herunter und sagte: Denen haben wir's gezeigt. Leider hatten sich Balthazars Eltern nach den Sommerferien entschieden, ihn in eine andere Schule zu geben, ich verlor ihn aus den Augen und habe leider keine Ahnung, was aus ihm geworden ist. Als ich vierzig wurde, packte mich noch einmal der Wunsch nach einem Sohn, aber die junge Schauspielerin, die ich mir als Mutter meines Kindes vorstellen konnte, verliebte sich in einen anderen.

DER WAHNSINN, DIESER DIETRICH ALLER HERZEN!

Das Theater ist dem Leben näher, der Film der Eitelkeit. Es ist doch wunderbar, wenn man einen Film gemacht hat, den man immer wieder vorführen kann, so eitel ist nun jeder Künstler. Theater ist das Flüchtige, das Kino das Manifeste, das Mitnehmbare sozusagen. Das widerspricht sich keineswegs.

Als ich von Peter Zadek, Jean-Pierre Ponnelle und Ivan Nagel zum Theater geholt wurde, ließ ich mich zunächst nur schwer überzeugen. Der bürokratische Betrieb war mir unheimlich. Erst mit »Salome« in Bochum, wo Peter Zadek Intendant war, fühlte ich mich wohl. Daraus wurde eine Theaterfamilie, und wie Familien so sind, findet man kaum noch heraus. So kam eins zum anderen, fast achtzig Theaterarbeiten seit 1972. Bei zwei bis vier Monaten Lebenszeit für eine Produktion kann man ausrechnen, wie viele Monate ich im Theater verbrachte. Meine Freundin Ingrid Caven prägte ein schönes Bonmot für unser Leben, den dauernden Schwebezustand zwischen Proben und Vorstellungen: Tage im Dämmer, Nächte im Rausch.

Arbeit ist ein falscher Begriff, in ihr liegt mein Leben. Ich betrachte es als ungeheure Anstrengung, mich auszudrücken, aber auch als innere Notwendigkeit. Psychisch strengt mich die Arbeit nicht an, sie macht ungeheure Freude, physisch dagegen sehr. Aber das ist meine Lebensform. Ich glaube, jeder, der nicht lügt, empfindet sein Leben nur als erfüllt, wenn er ebenso kreativ arbeitet, wie er liebt. Die Grenze dazwischen sehe ich nicht. Ich habe immer nur mit Menschen gelebt, die mit Theater oder Film zu tun hatten, habe immer nur Schauspieler oder Sänger verführt. Ich habe die geliebt, die mit diesem Beruf zu tun haben, aber mir unähnliche andere Persönlichkeiten sind. Ich hätte gar keine Zeit gehabt, mich woanders umzugucken.

So wie es war, hatte ich nicht genug Zeit, mich durchgehend um Filme zu kümmern, aber ich bereue es nicht. Es kamen immer neue Leute hinzu, Schauspieler, Mitarbeiter, Freunde und Freundinnen, wunderbar und begeisternd. So fehlte mir der Film über lange Zeit gar nicht. Theater beansprucht viel Energie, und darin ging ich ganz auf, weil ich meine Idee, dass zwischen Leben und Kunst kein Unterschied besteht, hier besser verwirklichen konnte. Und umgekehrt hat es beim Filmemachen geholfen, dass ich die komplexen Konfliktsituationen aus dem Theater kannte. Es gibt den Film »Ich will doch nur, dass ihr mich liebt« von meinem Freund Fassbinder. In diesem Sinn ist der Versuch, sich in der Kunst auszudrücken, auch immer der Versuch, geliebt zu werden. Als *Primus inter pares* ist man bei der Film- und Theaterarbeit der, der am meisten geliebt werden will, es aber auch am meisten unmöglich macht. Das gilt für mich und letzten Endes für alle, die die Spielleitung übernehmen. In einer kokreativen Gruppe, wie ich sie nenne, kommt von den mitwirkenden Gestaltern so viel, dass ich nicht mehr weiß, von wem welcher bildliche, gestalterische oder schauspielerische Einfall stammt. Es ist eine gemeinsame Kreation, die aber von einem Obermotz gesteuert wird, eben jenem Spielleiter, der am meisten geliebt werden will.

Kollektiv kann man keine Kunst machen. Das ist etwas anderes als die Gruppe, die ich meine, und die Herzensfreundschaft mit Magdalena. Ich wüsste nicht, wie es mit dem Kollektiven funktionieren sollte, selbst Sozialisten wie Brecht haben es nicht geschafft. Brecht hat sich zuarbeiten lassen von seinen Frauen, die er ein bisschen ausgenommen hat. Vielleicht gehört das auch dazu, auch mir halten meine Freundinnen vor, dass ich die Gruppe ausgenommen habe.

Aber das Kollektive, wie soll das gehen? Zusammen mit anderen Regisseuren? Das könnte ich mir nicht vorstellen. Je eigener jemand ist, desto besser kann er doch mit Menschen arbeiten. Bei Peter Zadek in Bochum war genug Geld da, dass jeder Leute mitbringen konnte. Fassbinder, Jiří Menzel, Augusto Fernándes, Regisseure verschiedener Nationalitäten, brachten Schauspieler, Bühnenbildner, Musiker mit. Das war ein sehr kluger Gedanke! Verschiedenheit am gleichen Ort, ohne Gruppenideologie. Einmal spielte ich bei Augusto Fernándes in »Atlantis« mit, ein anderes Mal spielte Magdalena in Zadeks »Lear« eine der Töchter.

Magdalena konnte sich in Bochum wunderbar entfalten. Peter Zadek setzte ihr Talent und ihre Intelligenz sehr klug ein und kümmerte sich überhaupt nicht um die dumme Kritik an ihrem Dilettantismus, im Gegenteil: Sie war traumhaft als Geist im »Hamlet« und tanzte wie Valeska Gert in »Professor Unrat«, beides Inszenierungen von Peter Zadek. Die Theaterarbeit half ihr zu mehr Freiheit, sie lernte andere Regisseure kennen, die mit ihr arbeiteten. So konnte sie sich von mir emanzipieren, und unser Zusammensein gewann in der Freundschaft.

Wir waren in Bochum fast immer im Theater, außerhalb gab es so gut wie nichts Unterhaltsames. Peter Zadek hatte im Keller die Bo-Kneipe eingerichtet, und da trafen wir uns. In seinen Memoiren schilderte er den Club, der dort zusammenhing, und machte sich über meine Entourage lustig, »lange, schöne, schlanke Menschen, die langsam wie eine Sekte durch die Gegend schritten«. War ja klar, dass ich damals dünn und düster-lustig aussah in meinen schwarzen Lederhosen, wir unterschieden uns halt von den anderen Gruppen. Da halfen auch die Kaffee-und-Kuchen-

Runden bei Traute Eichhorn wenig, die uns bemutterte und abends die Souffleuse war. Zadek liebte uns, das spürte man durch den Spott hindurch. Damals hatte er eigentlich wenig Grund dazu, er war sogar sehr tief gekränkt, als ich mit Roswitha Hecke, seiner Lebensgefährtin, eine Affäre begann. Roswitha und Zadek trennten sich, und dann war sie die Freundin und Gefährtin meines Freundes Wolf Wondratschek, der ein schönes Vorwort zu ihrem Fotobuch »Liebes Leben« über die schöne Züricher Nachtgestalt Irene beisteuerte.

Apropos eitle und voyeuristische Intendanten: Claus Peymann redete mich immer mit »Ah, Majestät sind wieder hier!« an. Das war nicht einmal boshaft oder zynisch gemeint. Als ich am Berliner Ensemble die Georg-Kreisler-Uraufführung »Adam Schaff hat Angst« mit Tim Fischer inszenierte, geriet die Arbeit in eine furchtbare Krise, weil ich in einem vergeblichen Liebeskampf um Tim Fischer stürzte. Irgendwann verschwand ich einfach, und darauf versuchte Claus Peymann bis nachts um drei Uhr, mich zu erreichen. Ob er helfen könne, er komme sofort vorbei. Ich sagte ihm: »Herr Peymann, Sie brauchen mir nicht zu helfen. Morgen geht's besser.« Er hat sich ganz loyal gezeigt, ohne es zu merken, vielleicht fand er so einen Liebesrausch bei einem Schwulen spannend. Das Einzige, was ich ihm vorwerfe, ist sein schlechtes Programm. Das BE ist das einzige deutsche Theater, das man auf der ganzen Welt kennt, das berühmteste überhaupt. Aber sein Programm ist zu popelig im Vergleich zu dem, was es haben müsste.

Ich persönlich brachte meine Zeit am Theater oft mit klassischen Frauenstücken zu. Unter Peter Zadeks Intendanz inszenierte ich in Bochum »Salome«, »Lucrezia Borgia«, »Fräulein Julie« und »Das Käthchen von Heilbronn«. Nimmt man »Emilia Galotti«, die erste Inszenierung im

Malersaal des Schauspielhauses Hamburg 1972, und »Miss Sara Sampson« am Staatstheater Kassel 1977 hinzu, beide von meinem geliebten Lessing, dann sieht man, dass es eine große Neigung zu Frauendramen gab.

»Lucrezia Borgia« war eine von Magdalenas grandiosesten Arbeiten, ich wollte das Stück unbedingt machen. Auch »Fräulein Julie« war ein Vorschlag von mir, ebenso »Miss Sara Sampson«, weil ich auch die Vorstufe zu »Emilia Galotti« inszenieren wollte, ungekürzt in großem Tempo. Aber dann dauerte es doch über drei Stunden, weil das Stück ausuferte. Es waren alles herrliche Sachen, die ich gerne inszenieren wollte: »Das Käthchen von Heilbronn« war von mir ausgesucht, auch meine erste Oper, der »Lohengrin«, den ich 1979 am Staatstheater Kassel inszenierte. Erst als ich anfing, stetig in Düsseldorf am Schauspielhaus zu arbeiten, war es der Intendant Volker Canaris, der »Doña Rosita« vorschlug. Man könnte auch »Lohengrin« als Auseinandersetzung mit den unterschiedlichen Charakteren und Persönlichkeitsvoraussetzungen von Frau und Mann ansehen, wenn Elsa zum Beispiel nicht ertragen kann, das Geheimnis des Anderen zu wahren. Für mich war die Frau immer das transparente Lebensmodell in der Theater- und Filmarbeit, obwohl sich das im Lauf der Zeit enorm erweitert hat mit »Werther« von Jules Massenet, »Caligula« von Albert Camus, Shakespeares »Othello« und »König Lear«, »Die Soldaten« von Jakob Michael Reinhold Lenz, »Don Carlos« von Friedrich Schiller und Giuseppe Verdi.

Man kann sich eine schöne Theorie überlegen, warum ich so viele Frauen inszenierte, aber außer der Begründung, dass ich sie in ihrer gesellschaftlichen Rolle und als Projektionsfläche für meine Phantasien interessanter fand als Männer, kann ich nichts dazu beitragen. Wichtig war mir, schöne Rollen für Magdalena, Ingrid Caven, Tamara Kafka, Elisabeth Krejcir, Traute Hoess und die vielen anderen Schauspielerinnen aus meiner Theaterfamilie zu finden.

In Bochum wohnte ich eine Weile bei Tamara Kafka. Sie war in »Fräulein Julie«, »Lucrezia Borgia« und »Das Käthchen von Heilbronn« dabei, auch in meinem Film »Tag der Idioten« und anderen Aufführungen, später wurde sie Dramaturgin, Autorin und Regisseurin. Einmal hat sie mir hundertachtzig D-Mark für eine Bahnfahrt vorgestreckt, ziemlich viel angesichts ihrer Gage. Sie musste das Geld von meinem Vater zurück erbitten, weil ich es einfach nicht schaffte. Seit »Emilia Galotti« waren meine Gagen, zumal wenn Bühnenbilder oder Stückbearbeitungen dazukamen, von dreitausend auf achttausend D-Mark gestiegen. Für Shakespeares »Wie es euch gefällt« hätte ich fünfzehntausend bekommen, aber die Arbeit sagte ich im Todesjahr meiner Mutter ab. Wie dem auch sei, ich schob immer Schulden vom Filmemachen vor mir her, das Reiseleben kostete Geld, und sparsam war ich noch nie.

Zurück zu »Fräulein Julie«. Diese Aufführung 1977 wurde nach Persepolis eingeladen, in die Palast-Metropole von Schah Reza Pahlavi. Ich lehnte ab, weil ich es aus ideologischen Gründen nicht vertreten konnte. Heute würde ich einer Aufführung zustimmen – unter Beibehaltung der identischen Inszenierung ohne jede Änderung.

Wie dem auch sei, für uns am Bochumer Theater war wichtig, die verlogene Einteilung in ernste Kunst und Unterhaltung, dieses falsche seriöse Getue zu attackieren. Mit meinen Lessing-Inszenierungen und Kleists »Käthchen« wollte ich gegen die deutsche Humorlosigkeit angehen. Heinrich Kleists Stück war als romantisches Mysterienspiel verkitscht worden, wir bürsteten es gegen den Strich, um durchscheinen zu lassen, was wir vermissten. Ich sah das Stück viel wahnsinniger, als es normalerweise inszeniert wird. Diese Bedingungslosigkeit, mit der Käthchen dem Mann hinterhertappt! Diese innere Stärke, obwohl er sie sadistisch quält! Ich legte Kleists Stück so aus, dass es die heimliche Angst des Autors vor solch einer weiblichen Stärke zum Gegenstand hat.

Ich gestaltete mit Hans Peter Schubert ein wunderschön einfaches Bühnenbild aus herabhängenden Metallstangen, mit denen wir Ritterburggemäuer und Landschaft im Sturm phantastisch einfach zeigen konnten. Magdalenas Kunigunde von Thurneck war so, wie Kleist sie wirklich dargestellt hatte, eine Puppe, kahlköpfig, nackt, in einem Chiffon-Gewand, das die Wasserfrau andeutete. Sie war bei uns keine Undine, eher eine groteske Gestalt. Elisabeth Krejcir zeigte das Käthchen als ein Opfer des Ritters Wetter von Strahl – dass es sich quälen lässt, konnten wir ja nicht als Liebe ausgeben. Den Seufzer von Käthchens Vater, »Der Wahnsinn, dieser Dietrich aller Herzen«, nahmen wir als Motto. Und den aufgeblasenen Rittern wünschte ich in meinem sarkastischen Beitrag fürs Programmheft »dank ihrer chauvinistischen Uneinsicht allen mitsamt ein schreckliches Zugrundegehen in ihren blechernen Spielhöschen«.

MARIA

Wenn die Bild-Zeitung hässlich über mich schrieb, war ich stolz. Aber wie man in Deutschland mit Maria Schell umgegangen ist, fand ich schandbar. Es ist ein deutsches Phänomen. Französische Journalisten fragen mich immer wieder, wieso man in Deutschland häufig so schlecht mit Künstlern umgeht. Romy Schneider schaffte den Absprung, Maria Schell nicht. Ich meine nicht den Absprung nach Frankreich, sondern den nach Hollywood. Da hätte sie bleiben können, denn sie drehte immerhin drei Hollywoodfilme.

Ich kannte Maria sehr gut, ich war eng mit ihr befreundet, wir hatten aus vollem Herzen eine richtig schöne Freundschaft. Maria war eine prima Person, intelligent, sensibel, loyal und solidarisch. Aber in Deutschland wurde sie von den jüngeren Generationen gehasst, weil man sie als Kitschbild und Tränensuse betrachtete. Als ich in Bochum »Fräulein Julie« mit Ingrid Caven probte, spielte sie im »Turm von Babel« von Fernando Arrabal, den der tolle kleine spanisch-marokkanische Meister des Absurden auch selbst inszenierte. Wenn er in der Kantine seinen Pimmel in die Kaffeetasse von der Schell tat, war sie erstaunt, aber letztendlich fand sie es witzig und lachte darüber.

Damals in Bochum fragte ich Maria: »Kennst du deinen Film ›Le notte bianche – Weiße Nächte‹«? Nein, sagte sie, sie hätte sich den Film, den sie mit Luchino Visconti drehte, nie angeschaut. Wir sprachen nicht mehr weiter, aber ich organisierte heimlich eine Projektion in den Kammerspielen, damit sie sehen konnte, wie wunderbar sie bei Visconti war. Ich sagte zu ihr: »Maria, es läuft jetzt ein Film von mir«, setzte sie ins Kino, und es lief »Weiße Nächte«. Sie sah sich also auf der Leinwand und meinte: »Ich bin ja gar nicht so schlecht.« Ich wusste, es fehlte ihr das Zutrauen zu ihrem Talent.

Gute Regisseure konnten etwas mit ihr anfangen: Wolfgang Staudte, Robert Siodmak, Luchino Visconti und René Clément. Mit Clément drehte sie »Gervaise«, den ich in meiner Kindheit sehr mochte. In »Die Brüder Karamasow« war sie besser als Yul Brynner. Eine sensible Person. Wie sie mich auffing, als Maria Callas gestorben war, werde ich ihr nie vergessen. Mir gefiel, dass sie sehr offen war.

Wir hatten uns 1969 in Berlin kennengelernt. Ich saß mit Rosa von Praunheim, der damals mein Geliebter war, und meiner Verlobten Jutta in der Künstlerkneipe Diener. Am anderen Ende sie mit ihrem Mann Veit Relin. Sie schickten über den Kellner ein Billet doux, so ein Zettelchen mit der Frage, ob sie die reizenden jungen Herrschaften zu einem Glas Wein einladen könnten. Nach einigem Zögern gingen wir zu ihnen hin. Ich hatte den Eindruck, dass die damals dreiundvierzigjährige Maria meine Verlobte scharf fand. Dass sie sich im Diener nicht auf Jutta stürzte, war ein halbes Wunder. Später gingen wir über den Ku'damm in ein anderes Lokal, und die Leute guckten: »Das ist doch die Schell, ist die lesbisch, oder wat?« Sie hatte meine Verlobte unter dem Arm gefasst, bras dessus bras dessous. Ich sagte zu ihr: »Das ist doch endlich mal ein Kompliment, Frau Schell.« Da lachte sie.

Rosa von Praunheim verbreitete in seinem Buch »50 Jahre pervers« eine Anekdote ähnlicher Art über Maria Schell. Dann bekam er Angst, dass sich ihre Anwälte bei ihm melden würden. Er sandte mir eine vorbereitete Zeugenerklärung, in der ich bestätigen sollte, dass ich die Geschichte mit eigenen Ohren gehört hatte. Ich sollte sie unterschrieben an ihn zurücksenden, was ich aber nicht tat.

Die Freundschaft zwischen Maria und mir begann mit

diesem Treffen und sie dauerte über die Jahre. Einmal rettete Maria mir praktisch das Leben. Ich war mit ihr zum Essen verabredet, 1983 in der Freien Volksbühne in Westberlin, wo sie die Maria Stuart in »Elisabeth von England« von Ferdinand Bruckner in der Inszenierung von Rudolf Noelte spielte. Ich holte sie und ihren Assistenten am Bühnenausgang ab und wir gingen zusammen zum Austernessen, zu dem sie mich und den jungen Mann eingeladen hatte. Dann kam ich gerade noch bis zur Tür des Lokals, bis mir schlecht wurde. Ich musste mich übergeben und beschmutzte ihren Nerzmantel. Es ging immer weiter, furchtbar, und sie bemühte sich um mich. Wir sind zurück zur Volksbühne, wo ich Plastiktüten fand, um in ihrem Mercedes weiterzukotzen. Dann brachte sie mich nach Hause. Ich war inzwischen auf allen vieren, die Fahrt zu überstehen, war grauenhaft. Eine Austernvergiftung ist Horror. Nachts um vier Uhr schaffte sie es, einen Doktor zu finden. Sie füllte Weinflaschen mit heißem Wasser und legte sie mir unter. Noch am Morgen hockte sie da, bis ich nach den Spritzen des Arztes überlebt hatte. Sie ließ mir eine Autogrammkarte vom Tourneetheater aus früheren Zeiten da, vorne sie als Kameliendame, hinten druff: »Anyway, Werner, I've always loved vomiting men. Cheers Maria«. Sie hatte Humor. Und abends spielte sie wieder.

NEAPEL IM WINTER

Die Idee zu »Regno di Napoli« entstand 1975/1976, nachdem ich mit »Flocons d'or« alle stilistischen Muster, alle Kämpfe mit mir und meinem persönlichen Genius ausgefochten hatte. Diese Periode war zu Ende, ich suchte nach etwas Neuem. Als ich das Gefühl bekam, ich könne mich nicht mehr weiter steigern in dem, was ich bis dahin im Undergroundkino gemacht hatte, besann ich mich auf Neapel. Ich suchte mir eine Zeitperiode, die ich überblickte, die Elemente einer Familienchronik von 1945 bis 1972. Diese Geschichte schrieb ich auf, es entstand ein verlängertes Treatment mit den schönen Fotos, die ich in Neapel und Umgebung aufgenommen hatte.

Zu diesem Film stellte ich tatsächlich einmal ein schön gestaltetes Drehbuch mit den möglichen Schauplätzen zusammen, zusätzlich fügte ich assoziative Momente hinzu, zum Beispiel eine verschleierte Jungfrau Maria und einen verschleierten Christus, die am Ende auch im Film vorkommen.

Ich fand etwas Unglaubliches: die Kapelle des Fürsten von San Severo, ein inzwischen profanisierter Ort. Der Fürst muss ein ungewöhnlich grausamer, aber ingeniöser Mensch gewesen sein, der wahnsinnige Dinge tat. Unter anderem zwang er seine Marmorbildhauer dazu, einen verschleierten Christus und eine verschleierte Maria herzustellen. Aber machen Sie mal aus einem Marmorblock einen Schleier! Wie wollen Sie den Effekt erreichen, dass das Gesicht wie verschleiert aussieht? Das gibt es, man muss es gesehen haben. Im Film ist der Effekt gelungen, aber der ist auch nicht dreidimensional. Die Bildhauer schufteten wohl unendlich daran, die Illusion zu erzeugen. Es handelte sich sogar um zwei Marmorblöcke, Christo velato und Maria velata.

Solche Dinge stellte ich im Drehbuch zusammen, dann rief ich meinen Freund Wolf Wondratschek an. Wolf kam eines Abends vorbei, wir sprachen ein bissel über alles und ich sagte: »Setz deinen Namen mit drauf, das macht mehr her.« Gut, nun hatte ich dieses Treatment und kam mit dem Kameramann Thomas Mauch ins Gespräch, den ich schon lange kannte. Er war von der Idee begeistert und übernahm die Kamera. Christoph Holch vom ZDF beteiligte sich, auch Peter Berling machte mit, mein alter Freund, der sich damals für Koproduktionen zwischen Italien und Deutschland einsetzte und von Rom aus Partner zusammenbrachte. So kam die Produktion mit sehr wenig Geld zustande. Ich glaube, es waren dreihunderttausend Mark, für einen Spielfilm unglaublich wenig. Wir drehten im Super16-Format und bliesen dann auf 35mm auf, was preiswerter war.

Weihnachten 1977 kamen wir mit dem Team in Neapel an und feierten Silvester, wie es dort üblich war, nämlich wie im Bombenkrieg. Um Mitternacht zündeten die Leute die Mülltonnen mit Schweizer Krachern an und schmissen alles zum Fenster hinaus, was sie nicht mehr wollten: Radios, Kühlschränke, Sofas und Sessel. Man musste aufpassen, wenn man über die Straße ging. Thomas Mauch und ich standen im Hotel hinter der Gardine und schauten auf die vollkommen verrauchte, in Farbschleier getauchte Straße, in der die neapolitanischen Jungs wie schöne Gespenster herumsprangen. Es war etwas in der Luft, das ich nur als Eros bezeichnen kann.

Ich suchte einen männlichen Hauptdarsteller für den Jungen der Familiensaga, einen attraktiven kleinen Neapolitaner um die zweiundzwanzig Jahre, der Massimo, den Sohn der Familie Pagano, als Jugendlichen spielen sollte. Es kamen im Film viele Laien vor, weil in Neapel sowieso jeder überzeugt war, die ideale Besetzung zu sein, ganz egal, ob er spielen konnte oder nicht. Ich hatte einen pompösen drolligen Regieassistenten namens Gerardo d'Andrea, der mit mir das Casting machte. Wir ließen eine unendliche Menge junger Männer über uns ergehen, so lange bis er nicht mehr konnte. Zum Vorsprechen hatte ich nämlich eine Szene ausgesucht, wo der Junge mit Rosario à Frances spricht, der Prostituierten, die im Film von Margareth Clémenti gespielt wird. Gerardo, der arme dicke pompöse Neapolitaner, musste die Nutte spielen, die Jungs den Kunden. Es gab allerlei zu sehen, ein paar mit Pickel und Talent und andere ohne Pickel und ohne Talent.

Dann eines Tages kam Antonio Orlando. Sofort bemerkte ich, dass er ein nichtprimitives darstellerisches Vermögen, Intelligenz und Serenität besaß. Er spielte die Szene, zu seinem Entsetzen hatte ich wieder Gerardo holen lassen, wieder kam der Dialog, und ich sagte zu Mauch: »Geh näher ran! – Più vicino, più vicino!« Als Antonio gegangen war, sagte ich zu Gerardo: »Das ist er – è lui.« Da riss Gerardo die Zimmertür in unserem wunderbaren Hotel direkt am Yachthafen in Santa Lucia auf und lief brüllend durch die Flure und über die Treppen: »Heureka, heureka, l'abiamo trovato! Il cazzo del maestro ha parlato finalmente! – Heureka, wir haben ihn! Wir haben den Jungen für die Rolle! Der Schwanz des Meisters hat gesprochen!«

Gerardo hatte überhaupt ein Komikertalent. Im Film spielte er auch das sitzengebliebene dicke Muttersöhnchen mit dem Papagei, aus dem ein tumber reicher Hausbesitzer wird. Und Antonio? Bei seinem unwiderstehlichen Charme entwickelte sich eine Zuneigung zwischen uns, die ein gutes Jahr später dann auch zu einem erotischen Kontakt führte.

Die anderen Rollen wurden ebenso besetzt, indem Menschen ankamen und sich vorstellten, darunter die große Diva Ida Di Benedetto, die im Film Pupetta Ferrante, eine eiskalte theatralische Aufsteigerin und Fabrikbesitzerin, spielt. Unsere erste Begegnung war witzig. Ida hatte einen großen Hut auf und sah wunderbar aus, sehr elegant, neapolitanischer ging es nicht. Sie blieb fast in der Zimmertür in unserem Hotel Santa Lucia stecken, weil der dicke Peter Berling gerade im Begriff war, hindurchzugehen und sie auf ihn prallte. Ich sagte nur trocken: »Que incontro – was für eine Begegnung!« Da war schon der Faden gesponnen. Ida wurde verpflichtet und blieb mir eine gute Freundin. Und Liana Trouche, im Film die verarmte, berechnende, alleinstehende Mutter Valeria, wurde auch gefunden – ohne Zusammenstoß. Dann hatten wir die große Besetzung zusammen und die Dreharbeiten begannen.

Ich bemühte mich, nicht folkloristisch zu arbeiten. Da war ich gut beraten, nicht nur von meinem eigenen Gehör und meiner Kenntnis des authentischen Neapolitano, das ja als Sprache unzählig viele Facetten besitzt, in jedem Stadtviertel eine andere. Es sollte nicht wie ein deutscher Film wirken, in dem beliebige Neapolitaner auftreten. Ich bemühte mich, die Authentizität zu wahren. »Una cronaca familiare«, das war die Geschichte der Familie Pagano, die vom Krieg, der amerikanischen Besatzung und den Schiebereien, der Etablierung der Christdemokraten und der Kommunistischen Partei erzählt und davon, dass die Armen die Verlierer geblieben waren. Die Chronik war der Ausgangspunkt der Geschichte, aber es ging darum, sie mit meinem Weltempfinden zu gestalten.

Mit den Neapolitanern selbst hatte ich überhaupt keine Schwierigkeiten. Die Produzenten in Rom machten sich lächerlich vor lauter Angst, sie weigerten sich hartnäckig, für uns Drehorte in den Slums zu suchen. Da ging ich selbst mit meinem Assistenten hin und fand die passenden Abbruchhäuser, und niemand machte uns Probleme. Die Römer dachten, es wäre gefährlich, in Neapel zu drehen. Aber es war nur gefährlich, wenn man die Leute für Idioten hielt, Arroganz ließen sie sich nicht bieten. Ich persönlich lernte in Neapel, so wie es zur Zeit von »Regno di Napoli« war, wieder die Herzlichkeit und Offenheit kennen, die mir seit meiner Jugend und seit »Eika Katappa« vertraut war.

Im Frühjahr brachten wir die Dreharbeiten im Hafen von Neapel mit der Szene zu Ende, in der die berühmte Pietà von Michelangelo verladen wird. Ich habe sie in doppelter Größe anfertigen lassen, denn ich wollte mehr Eindruck, es ging ja um Film, nicht um akademische Wahrheiten. Danach zogen wir nach Rom um und schnitten den Film in der Fune Roma, einer alteingesessenen Firma, die inzwischen leider längst bankrott ist. Schön war diese Firma, sie hatte noch das richtig klassische italienische Kino an den Wänden hängen. Mit der Cutterin Ursula West zusammen saß ich bei der Montage, die dem Lauf der historischen Ereignisse im Film folgen sollte. Als alles fertig war, wurde der Film aufgeblasen, und da erlebte ich etwas sehr Erstaunliches: in der Fune Roma arbeitete im Laboratorium eine leicht verkrüppelte junge Frau, die auf ganz altertümliche Art und Weise arbeitete, indem sie das Super16-Material in der einen Hand und das aufgeblasene 35mm-Material in der anderen Hand hatte und parallel schnitt. Wie sie das bloß gemacht hat?! Ich fragte sie, ob sie das denn wirklich könne. Da antwortete sie mit dem höflichen Stolz der Wissenden: »Io mi spaliero mai – Ich werde mich niemals täuschen.« Sie täuschte sich nicht um einen Frame in dem ganzen Riesenfilm. Bei der Mischung verwendete ich zum Teil eine Musik, die ich mir extra von Roberto Pregadio komponieren ließ, die anderen Musiken kamen wie immer aus meinem Repertoire.

»Regno di Napoli« wurde zum Festival nach Taormina eingeladen, das damals ein wunderbares Festival war. Dieses Amphitheater über dem Meer! Ida Di Benedetto war mit meinem Freund Giuseppe Fava, einem sizilianischen Schriftsteller und Journalisten, gekommen, mit dem ich über ein weiteres italienisches Projekt sprach, aus dem »Palermo oder Wolfsburg« entstand. Nach der Vorführung fuhr ich von Sizilien nach Neapel zurück, weil ich eine Zahnvereiterung hatte. Ich rechnete mir keine Chance auf einen Preis aus. In Taormina liefen so stolze Filmmenschen herum, unter ihnen auch ein berühmter tschechischer Regisseur, der sicher war, dass er den Preis bekommen würde. Schließlich erreichte mich ein Anruf der Festivaldirektion, ich solle umgehend auf die Insel zurück. Ich freute mich so sehr! Ich also wieder nach Taormina, da guckte der tschechische Meister höchst misstrauisch, als wollte er sagen: »Wo kommt jetzt der am Tag der Preisverleihung her?« Ja, so gewann ich den wunderbaren großen Preis!

Die Italiener reagierten kritisch, dass ein Deutscher die Geschichte Neapels erzählte und die Folgen des Krieges, der amerikanischen Besatzung und des zerstörerischen Aufschwungs durch Konsuminteressen bloßlegte. Ein gewisser Chauvinismus war zu spüren. Die gesamte linke Presse von »Lotta continua« bis »Il Manifesto« protestierte gegen meinen Film, weil er die italienischen Kommunisten als Selbstbereicherungsverein zeigte. Einige wollten mir am Zeug flicken, weil ich beim Festival vor Aufregung ein paar grammatikalische Fehler gemacht hatte. Sehr kleinlich war das, nach dem Motto, wenn er zu blöd ist, italienisch zu sprechen, dann kann er auch nicht so einen Film … Aber wer macht keine Fehler, wenn er uffgeregt ist?

Meinem Freund Peter Berling gelang jedoch ein geschickter PR-Coup. Ursprünglich hatte nämlich der deutsche Produzent Hanns Eckelkamp Rainer Werner Fassbinders Film »Die Ehe der Maria Braun« beim Festival in Taormina einreichen wollen, aber er entschied sich, ihn für die Berlinale aufzuheben. Die sizilianischen Pressebetreuer und Werbefirmen hatte er jedoch schon bezahlt, und diese Vorleistungen trat er nun auf Peter Berlings Bitte kostenlos an unseren »Regno di Napoli« ab. So kam es, dass wir mit richtigen Presseheften und Plakaten auftreten konnten, in denen ich meinen Film ernsthaft erklärte. Vorher hatte ich meine Filme ja immer eher wie sarkastische Pulp-Geschichten nacherzählt. Peter Berling vermutet, diese neue Form von Werbung hätte auch der Jury Eindruck gemacht: »Der Zeitraum von 1944 bis 1976 wird in sechzehn charakteristischen Sequenzen gezeigt, in etwa angelehnt an das Prinzip des halb naturalistischen, halb pamphletischen Brecht-Theaters.« Wenn es für meinen Film, was die poetische Gestaltung anlangt, ein Vorbild geben kann, so ist es der frühe Buñuel-Film über Mexiko-City, »Los Olvidados«, und was die faktische Präzision angeht, Filme wie »Tittycut Follies« – womit wir eine schlimme amerikanische Psychiatrie-Anstalt meinten. Ich prangerte am Beispiel von Neapel an, was mir an der Entwicklung in Italien unerträglich war: »Ebenso wie das gesamte Kommunalwesen der Stadt Neapel hat auch die persönliche Entwicklung des einzelnen Bewohners der permanenten gewalttätigen Überfremdung durch fremde Mächte, Konsuminteressen und Touristen nicht standhalten können. So bietet das heutige Neapel ein Bild verzweifelter Auflösung, das in seiner lebensfeindlichen Erscheinungsform selbst dass soziale Gefälle einer lateinamerikanischen Großstadt wie Mexiko-City hinter sich lässt. In der süditalienischen Entwicklung in eine kriminelle Anarchieform kündet sich bereits die Entwicklung des europäischen Kontinents an.«

Kurz und gut, ein paar Kritiker nahmen meine durch Buñuel und Pasolini gestärkte Kulturkritik ernst, sie fanden »Regno di Napoli« großartig. Aber es war auch klar, dass man es nicht leicht schluckte, wenn sich ein Deutscher an das Heiligtum Neapel und seine Sprache heranmachte und dann ausgerechnet in Italien den Hauptpreis einer internationalen Jury gewann. Im Lauf der Zeit wurde »Regno di Napoli« zum Mythos, heute wird er in der italienischen Filmgeschichte als spätes Meisterwerk des Neorealismo in der Nachfolge von Roberto Rossellini aufgeführt. Natürlich fühlte ich mich gebauchpinselt. Es machte mir Mut, weiterzuarbeiten. Und Thomas Mauch hatte Lust, den nächsten Film selbst zu produzieren.

CHAMPAGNER-SCHROETER

Außer dem Preis des Festivals von Taormina erhielt ich für »Regno di Napoli« auch den italienischen Staatspreis und den Preis des Filmfestivals Chicago, in Deutschland den Bundesfilmpreis und den Grimme-Preis für den besten Fernsehfilm.

Ich konnte damit zu Goethe-Instituten und Festivals reisen, war in Cannes, Brüssel, Orléans, auch nach Indien reiste ich mit dem Film, alles wunderbare Einladungen, um mir die Welt anzusehen und mich zu erholen. Asien zog mich mehr und mehr an, das Leben dort war vergleichbar mit dem in Mexiko. Die Menschen zeigten sich ohne Scheu, das Leben fand in aller Öffentlichkeit statt. Mir wurde bewusst, dass ich mich veränderte.

Aber mein persönliches Leben war nur die eine Seite der Geschichte.

Vielleicht sollte ich nachtragen, dass die italienische Produktionsfirma in jenem Sommer 1978 pleiteging und ich monatelang keine Gage sah. Beim Festival in Cannes hatte ich überhaupt kein Geld, für die Promotion des Films gab die Firma dort auch keinen Pfennig aus. Ohne Plakate, ohne Pressematerial ging mein Film in Cannes leider im Trubel unter. Schon kurz darauf, im Juni 1978, lief »Regno di Napoli« im ZDF-Programm. Der deutsche Titel war nun nicht die wörtliche Übersetzung »Königreich Neapel« sondern lautete in Anlehnung an einen Roman von Franz Werfel, den sowieso niemand mehr kannte, »Die neapolitanischen Geschwister«. Weil das deutsche Fernsehprogramm auch in Österreich und der Schweiz zu sehen war, sanken meine Chancen bei den Filmverleihern, den Film zu verkaufen. Eigentlich konnte ich mich nicht beklagen, weil das ZDF mit neunzig Prozent der Produktionskosten beteiligt war und sich mir gegenüber immer fair und korrekt verhielt, aber es verhinderte eben einen guten Kinostart.

Den wollte ich aber unbedingt. Deshalb hatte ich ja von vornherein auf Super16-Material bestanden. Es war der Trick, um trotz des geringen Fernsehbudgets Kopien für einen regulären Kino-Einsatz produzieren zu können. Wenn man nämlich auf Super16-Material drehte, blieb kein Platz für die Tonspur auf dem Filmstreifen, man musste ihn zur Mischung zwangsläufig auf 35mm aufblasen, und von diesem Ausgangsmaterial hätte man, hoffte ich, ein paar Kopien für die Projektion im normalen Kino ziehen können.

Das Problem mit meinen Filmen bis dahin war ja immer gewesen, dass ich sie nur ins »Andere Kino« und Fernsehen bringen konnte, ich verdiente kein Geld, selbst wenn ich wie ein Verrückter arbeitete. Jetzt hatte ich mit »Regno di Napoli« einen Film, der zwar linear erzählte, aber doch meine Themen Liebe und Tod weiterführte. Ich stand dazu und wollte ins Kino, wollte nicht mehr nur die Komplimente der Cineasten für meine brotlose Kunst lesen. Schließlich drehten meine Freunde Wim Wenders, Werner Herzog und Volker Schlöndorff damals alle im Ausland und alle, auch Rainer Werner Fassbinder, kamen ins große Kino.

Nach dem Tod meiner Mutter schaute ich auf meine Filme zurück. Ich konnte nicht dabei stehenbleiben, obwohl mir alle meine Filme sehr lieb sind. »Regno di Napoli« war zugänglicher, nicht so subversiv, aber ich fühlte mich wohl damit, weil mich die Menschen in Neapel in meinem Weltgefühl bestätigten. Vorher war ich mehr auf mich bezogen, aber ich mochte nicht ewig mit Jugendlichkeit identifiziert werden. Zehn Jahre nach 1968 suchte ich eine neue Form für die Grundfragen, an denen ich bis heute festhalte: Wie die Macht des Todes brechen? Wie das menschliche Wesen in all seiner Zwiespältigkeit lieben?

Viele Menschen in meiner nächsten Umgebung mochten nicht akzeptieren, dass ich diese Fragen mit einer Kritik an den politischen Verhältnissen verknüpfte. Das Team von »Regno di Napoli« bestätigte mir, dass ich die Situation und Mentalität der Neapolitaner erstaunlich gut verstanden hätte, und diese Gratulation erschien mir wertvoller als all die prominenten Kritiken über meinen Stil.

Ich erlebte die politischen Ereignisse des Jahres 1977, den sogenannten Deutschen Herbst, aus der italienischen Perspektive. Meine Freunde und ich betrachteten die Rolle des Künstlers damals mit den Augen kritischer Außenseiter. Wir empfanden uns als Anarchisten, zumindest als radikale Freigeister. Ich kannte Holger Meins von der Roten Armee Fraktion, weil er mit meinem Freund Daniel Schmid zusammen die Film- und Fernsehakademie in Berlin besuchte. Es gab damals sehr viele Künstler in Deutschland, die dieser Truppe halfen, auch mit vorübergehenden Unterkünften. Man sah darin nichts Kriminelles. Zeitweise wohnten wir mit Holger Meins zusammen, und er trug Sachen von mir. Auch Irmgard Möller, die die Selbstmordaktion der RAF im Gefängnis in Stammheim überlebte, kenne ich gut, eine sehr intelligente sensible Frau. Sie stellte mir übrigens nach der Premiere von »Diese Nacht« in Hamburg die einzige kluge Frage.

Doch ich beschäftigte mich damals mehr mit der Situation in Italien. Die Roten Brigaden, die damals in Italien operierten, nannten sich zwar Anarchisten, aber wir hatten allen Grund, sie für die neuen Faschisten zu halten. Im Frühjahr 1978, als »Regno di Napoli« herauskam, wurde der ehemalige italienische Ministerpräsident Aldo Moro entführt und ermordet. Moro war ein rechter Politiker der

Partei Democrazia Cristiana, er war für einen »historischen Kompromiss« mit den italienischen Kommunisten eingetreten und hatte sie an der Regierung beteiligen wollen, um die Wirtschaftskrise zu bewältigen. Heute weiß man ziemlich sicher, was damals auch schon ein Gerücht war: Die Geheimdienste waren mit Hilfe der CIA an seiner Ermordung beteiligt, um die Kommunisten zu diskreditieren und das Land zu destabilisieren. Bei der Premiere von »Regno die Napoli« in Cannes unterhielten wir uns alle sehr offen darüber.

Die PC kam mir wie ein großes Blabla vor, als Partei der Fettleber und des Paternalismus, und das in einer Situation, in der Italien ins Chaos stürzte und sich nicht dagegen organisieren konnte. Darauf bezieht sich beispielsweise die Szene, in der Antonio Orlando, der im Film zehn Jahre lang Hilfsarbeiter für die kommunistische Partei, die Hoffnungsträgerin der Armen, ist, schließlich von ihr mit dem Posten eines Putz- und Müllmanns abgespeist wird.

Das brachte mir Ärger ein. Die römische Produktionsfirma hatte die Frechheit zu sagen, ich solle den Film neu schneiden, sublimer anlegen und die politische Seite eliminieren. Ich stritt mich mit denen herum, hatte aber auch Angst, dass sie selbst zensieren würden, weil sie im Besitz des Negativs waren. Da halfen mir am Ende die Preise und Aufmerksamkeiten.

Im Januar 1979 schrieb Herr von Praunheim einen Artikel über »Regno di Napoli«, »Mit herzlichem Gruß an Champagner-Schroeter von Rosa von Praunheim«, in dem er versuchte, mich fertigzumachen. Er bot ihn zuerst der Bild-Zeitung an, die ihn nicht druckte, dann der »Filmkritik«, die sich nicht entblödete, ihn zu veröffentlichen. Da war zu lesen: »Der Film ist im Gegensatz zu anderen Filmen

Schroeters humorlos, er nimmt sich selbst tierisch ernst. Er handelt vom Leid und Tod italienischer Familien, dauernd kommt der Leichenwagen, eine stirbt mit Opernarien, andere werden erschossen, eine Mutter wird wahnsinnig. Am Schluss stirbt die Nutte, ihr Aufschrei ist Schroeters Botschaft an uns. Sie erinnert verdammt an Fassbinder: Es hat alles keinen Zweck, wir sind alle am Arsch.« Fassbinder schrieb einen Gegenartikel in der Frankfurter Rundschau, »Verrat am besten Freund«, den er mir vorher am Telefon vorlas, ob ich ihn akzeptieren könnte. Es war ihm ein Bedürfnis, mir auf diese Weise seine Freundschaft und Wertschätzung zu zeigen.

WEISSE REISE

Rosa von Praunheim ging einen anderen Weg als ich. Er engagiert sich bis heute sehr für die Schwulenbewegung und hat große Verdienste. Es war nur selbstverständlich, dass er meine Beteiligung erwartete und mich immer wieder darauf ansprach. Ich bin dafür, keine Frage. Aber wenn ich meine Unterschrift unter Erklärungen setzen sollte, sagte ich meist, ich könne keinen Protest gegen die Unterdrückung der Schwulen unterschreiben, weil ich mich persönlich nicht unterdrückt fühlte. Das kann man sehen, wie man will, aber ich habe meine Schwierigkeiten mit Verbänden, Vereinen und Aktivisten und tue mich schwer mit Berufsschwulen. Ich persönlich betrachtete mein Schwulsein immer auch als Chance für die unkonventionelle Arbeit. Ich war in einer größeren Reibung mit mir selbst, und ich musste mich auf mehr Widerstand gefasst machen, wie es sicher bei allen Außenseitern der Fall ist.

»Weiße Reise« war zwölf Jahre nach meinen Anfängen der erste Film mit einem schwulen Thema. Zwischen Hauptdreh und Nachdreh von »Regno di Napoli« im Vorfrühling 1978 bereitete ich eigentlich schon Teil zwei meiner geplanten italienischen Trilogie vor, »Palermo oder Wolfsburg«, aber ich hatte auch ein Skript bei mir, das schon 1972 in der »Filmkritik« veröffentlicht worden war, »Die Matrosen dieser Welt – Tous les marins du monde«. Unter diesem Titel war meine Geschichte über zwei verliebte Matrosen auch in der französischen Zeitschrift »L'énergumène« erschienen.

Von Italien aus war ich mit dem Maler Harald Vogl, in die Schweiz unterwegs, wo wir uns in Luzern mit Daniel Schmid und Eric Franck, einem Schweizer Galeristen und

Filmproduzenten, der heute in London lebt, trafen. Franck produzierte damals gerade Daniels Film »Violanta«, in dem Maria Schneider mitspielte. Auch Margareth Clémenti war nach »Regno di Napoli« auf Durchreise in der Schweiz, und natürlich saßen wir alle zusammen. Eigentlich wollte ich nicht lange in der Schweiz bleiben, ich war neben »Regno di Napoli« schon mit »Palermo oder Wolfsburg« beschäftigt, aber dann packte mich die Sucht nach Befreiung – ich wollte noch mal auf die Pauke hauen.

Ursprünglich war »Die Matrosen dieser Welt« das Exposé zu meinem ersten großen 35mm-Film, er sollte von der Liebe und den Abenteuern zweier Matrosen in den großen Welthäfen handeln. Aber der Plan, mit großem Budget an Originalschauplätzen in Genua, La Spezia, Marrakesch, San Francisco, Hongkong und sonstewo zu drehen, war fünf Jahre lang immer wieder an der Finanzierung gescheitert.

Man vertraute mir einfach nicht, und die Zeit war auch noch nicht reif für eine radikal liebevolle schwule Geschichte. Damals 1972 holte ich wirklich alles an Pathos heraus, die Geschichte sollte gegen banalen Konsumismus immun machen. Ein Beispiel: Vor der Apotheose, wenn Thomas, der bleiche Deutschamerikaner, und Fausto, der braunhäutige Italoamerikaner, sich in den gefährlichen Straßen von Hongkong verlieren, schildere ich Thomas' Suche kurz vor dem gemeinsamen Liebestod: »Durch die nunmehr feindlichen Straßen, die erschreckende Armut der Umwelt, ihre Entsetzlichkeit, ihre Abnormität im Frühlicht erkennend, irrt Thomas den Tränen nahe durch die Stadt auf der Suche nach dem Freund; in unverständlichem Chinesisch von Polizisten gemaßregelt, die den Frühverkehr zu leiten glauben, von auffällig mit bereits zerbröckelnder Schminke aufgedonnerten Prostituierten, die das einträgliche Geschäft der Nacht versäumt haben, angepöbelt, an den mit Straßenschmutz und Unrat befleckten Blumenverkaufsständen vorbeihetzend, den urplötzlichen Gestank Tausender Unglücklicher wahrnehmend und in die Lungen pressend, läuft er von Hospital zu Hospital, von Polizeiwache zu Polizeiwache und fragt nach Fausto.«

Als ich Eric Franck bei den Dreharbeiten zu Daniels Melodram »Violanta« begegnete, überzeugte ich ihn, dass er mir ganz schnell diesen Film produzieren müsse. Er machte umgerechnet etwa zwanzigtausend Euro locker, und damit drehten wir »Weiße Reise« in nur sieben Tagen in einer Züricher Villa. Maria Schneider machte mit, auch Margareth Clémenti, Harald Vogl, Jim Auwae, die Tänzerin Tilly Soffing und Trudeliese Schmidt, die Mezzosopranistin und Schwester von Ingrid Caven.

Die Schauplätze, die großen Welthäfen, hängten wir als gemalte Kulissen, die von meinem genialen österreichischen Malerfreund und Geliebten Harald stammten, einfach an die Wände. Wir amüsierten uns sehr mit unserem »home movie«. Alle gestikulierten wie in der Oper, spielten mehrere Rollen, improvisierten drauflos. Ich machte die Kamera selbst. Es war ein Punk-Film, mit Humor und Narretei gedreht.

Dietrich Kuhlbrodt beschrieb in einem Essay sehr schön, was in den fünfzig Minuten Weltreise passiert: »Das Land wird nicht verlassen, soviel auch von fremden Ländern und Meeren die Rede ist. Die Reise ist auf der Heimbühne zu fixieren. Den Titel gibt eine Eisenbahnfahrt. Schroeter hielt auf der Fahrt nach Zürich die Kamera aus dem Fenster und filmte den sehr weißen Schnee, der auf die sehr dunkle Landschaft fiel. Die autobiographische Schneespur folgt den Spuren des Matrosenliebespaars. Die Gleise nach Zürich gehen gleichsam in die weiße, schaumige, lange Kielspur des Schiffes über, das die Liebenden in dunkle Weiten führt: in den Liebestod. Aus Biographischem, Dokumentarischem, Kino-, Lese- und Theatererfahrung reichert sich der Film an. Er bewegt sich auf tausend Plateaus: Er fährt wie ein wahnsinniger Fahrstuhl auf der Senkrechten gleichzeitig nach oben und unten. Neben Hölderlins ›Aber silbern an reinen Tagen‹ werden die Rock- und Pop-Texte ›At the time you'll get this letter‹ und ›Should I tell him‹ zitiert.«

Ein Jahr später traf ich Bulle Ogier beim Filmfestival in Montreal wieder und fragte sie, ob sie den Film nicht synchronisieren wolle. Sie sagte ja, und wir gingen zwei Tage in ein Studio, sie sprach alle Stimmen des Films, ohne groß nachzudenken, einfach wie im Spiel. Sie war Maria Schneider, Margareth Clémenti, Tilly Soffing. Ich schnitt dann alles assoziativ neu, wie ich es in »Willow Springs« gemacht hatte. Dann war das fertig, ein großer Spaß für uns alle. Eigentlich noch einmal eine drollige Klamotte auf die Schroeter-Phase Nummer eins. Danach hatte ich sie erledigt, diese Phase.

Wahnsinn, Punk war es sowieso. Maria Schneider befand sich damals in einem schrecklichen Zustand, schwer drogenkrank. Zum Glück ist sie heute gerettet und lebt mit ihrer Freundin wunderbar. Damit gingen die letzten Spasmen der »Regina del Underground« – wie ich in Italien in einem Buch über den deutschen Film genannt wurde, endgültig zu Ende. Obgleich: »Untergründig« blieb ich immer.

FREMD IN DEUTSCHLAND UND ITALIEN

Es war uns unmittelbar nach »Regno di Napoli« klar, dass Thomas Mauch und ich den zweiten Film der italienischen »Duologie« zusammen drehen wollten. Mauch ist selbst nicht nur Kameramann, sondern auch Filmemacher und besitzt eine eigene kleine Produktionsfirma. Er ging auf Eric Franck zu, der Daniel Schmid produzierte und mir so schnell zu »Weiße Reise« verholfen hatte. So kam »Palermo oder Wolfsburg« mit einer kleinen schweizerischen Beteiligung zustande, und auch das ZDF war wieder mit dabei.

Ich kannte den sizilianischen Journalisten und Schriftsteller Giuseppe Fava, der in den siebziger Jahren mit Artikeln, Büchern und Theaterstücken gegen die Mafia in seiner Heimat opponierte. Pippo Fava war eine charismatische Gestalt, ein eindrucksvoller, zwanzig Jahre älterer Mann, dessen Bücher, zum Beispiel »Gewalt – Die fünfte Macht«, ich verschlang. Pippo wurde ein paar Jahre nach unserem Film im Januar 1984 vor dem Teatro Bellini, dem Opernhaus in Catania, von der Mafia erschossen. Ein sehr trauriges Schicksal. In »La Passione di Michele« versetzte er sich in einen jungen sizilianischen Gastarbeiter, und dieses Buch war einer meiner Ausgangspunkte für den Film. Ich traf mich in Rom und München und auf Sizilien mit ihm, um daran zu arbeiten.

Aber es gab, abgesehen von meiner engen Verwurzelung und Beziehung zu Italien, noch einen weiteren Impuls. In Bochum hatte ich bei der Arbeit an einem Theaterstück einen Spaziergang gemacht und dabei eine zerfetzte Ruhr-Zeitung gefunden. Ich las die Schlagzeile, hob das Blatt auf und las weiter. Es war die Geschichte eines Jungen aus Griechenland, Italien oder Spanien. Diese Angaben waren weggerissen. Ihm war in Deutschland zugestoßen, was wir im Film erzählen: Dass er die Freunde eines deutschen Mädchens umbrachte, weil man ihn zum Narren gehalten hatte. Diese Geschichte in ihrer Klarheit und Einfachheit faszinierte mich. Zusammen mit Giuseppe Fava dehnte ich sie auf das Ganze des sozialen Umfelds aus. Ich wollte den Ort finden, von dem ich mir vorstellen konnte, dass ein solcher Arbeiterjunge dort herstammt. Mit einem jungen Assistenten fuhr ich durch Süditalien, Apulien, Kalabrien und Sizilien, und schließlich kamen wir in Palma di Montechiaro auf Sizilien an, wo ich sagte: »Hier ist es ideal.« Der Assistent: »Na, da haben wir uns was Schönes ausgesucht, hier herrscht die Mafia, das ist der elendeste Ort.« Ich darauf: »Das ist genau das Ambiente, schau die Häuser an!«

Wir fingen Ende 1979 in Palma di Montechiaro, das der Volksmund dort »il chesso di la Sicilia – das Klosett von Sizilien« nennt, zu drehen an. Damals war es das heruntergekommene Dorf, das man im Film sieht. Kein Haus war fertig, die Leute nach Deutschland gegangen. Sie fingen zu bauen an und verschwanden wieder, oder sie verloren ihre Stelle in Deutschland und konnten ihre Häuser daheim nie fertigstellen. Es war das typische Elend des sogenannten Arbeiteraustauschs zwischen Nord- und Südeuropa ...

Auch wenn ich es poetisch schilderte, waren es doch furchtbare Bedingungen, unter denen die Menschen in den Arbeiterheimen sich zurechtfinden mussten. Sie versuchten, ein bisschen Heimatkultur hochzuhalten, indem sie spielten und Feste feierten – natürlich mit viel Alkohol. Was sollten sie sonst machen? An den Fließbändern und unglaublich lauten Maschinen holten sie sich Gehörschäden trotz der Ohrenschützer. Eine Karriere von der Wiege bis zur Bahre: Wenn sie in Deutschland ankamen, unterschrieben sie einen Vertrag bis zum Rücktransport im Sarg – ein trübsinniges Leben.

Ich war gelassen, was den Umgang mit der Mafia anging. Als einmal Alberte Barsacq, die wieder meine Ausstatterin und Kostümbildnerin war, in Sizilien mit mir aus dem Flugzeug stieg, kamen zwei grimmige Typen auf uns zu und behaupteten, sie hätten den Auftrag, uns zu chauffieren. Ich ging ganz selbstverständlich darauf ein. Man wollte sehen, ob wir uns einschüchtern ließen, ob wir gefährlich waren. Sie saßen ein paar Tage in der Hotellobby herum, dann verzogen sie sich wieder. Natürlich wirkten sie angsteinflößend, das beabsichtigten sie doch. Ich war der Meinung, es handelte sich um ein jahrhundertealtes System, das ich nicht durchschaute und nicht ändern konnte. Auch heute bin ich nicht sicher, ob es klug ist, die Mafia durch einen brutalen Krieg zum Aufrüsten anzustacheln. Ich kann nur sagen, dass sie mir bei unseren Dreharbeiten keine Angst machte, Alberte das jedoch sicher anders sah.

Gegen Ende der Dreharbeiten saß ich einmal im Hotel etwas unterhalb von Palma am Meer. Eines Morgens sagte ein Produktionsassistent: »Kommen Sie bitte herunter, Herr Schroeter, da ist eine Dame für sie.« Es war sehr früh, wir hatten bis in die Morgenstunden gearbeitet, ich war total übernächtigt und hatte einen Hangover. Aber ich ging in die Halle hinunter, wo eine Dame in Schwarz mit ihrer Handtasche saß und wie ein dunkler Vogel aussah. Ich zu ihr sehr freundlich: »Guten Tag. Was möchten Sie, bitte?« Sie war wie erstarrt, zitterte und sagte: »Wieso tun Sie das meinem Sohn an?« – »Wieso tue ich Ihrem Sohn was an?« Es stellte sich heraus, dass die Geschichte, die ich in Bochum auf dem Papierfetzen gelesen hatte, von einem Jungen handelte, der tatsächlich aus Palma di Montechiaro stammte. Ich war sprachlos. Von Tausenden Orten in Griechenland, Spanien, Italien hatte ich den authentischen Schauplatz der Herkunft des Jungen gefunden. Solche märchenhaften Koinzidenzen gefielen mir sehr.

Ich versuchte zu erklären, dass alles zur Verteidigung ihres Sohnes und zum Verständnis seiner Lage gedacht sei. Plötzlich zog sie eine Pistole aus ihrer Tasche. Drollig, dass niemand sonst mit am Tisch saß. Die von der Produktion hatten einfach keine Lust, sich der Situation auszusetzen. Wir mussten uns ja auch nachts auf die Kamera draufsetzen, damit sie nicht geklaut wurde.

Schließlich konnte ich die Dame beschwichtigen. Es kamen andere hinzu, um sie zu beruhigen. Wir brachten sie nach Hause, nach Palma hinauf. Und im Auto sagte sie, sizilianisch gefärbt: »Lui ha fatto bene! – Mein Sohn hat recht getan!« Solche erstaunlichen Dinge geschahen.

Wenn man mich als Melodramatiker bezeichnete, antwortete ich immer, dass das Melodram für mich in erster Linie ein Singspiel in der Oper ist. Meine Emotionsopern kamen aus dem Leben selbst, wenn auch aus dem Müll der vermischten Zeitungsnachrichten. Ich hatte nie Douglas Sirks »Imitation of Life« als Inspiration in der Tasche, eher »Il Cristo proibito – Der verbotene Christus«, den einzigen Film des Schriftstellers Curzio Malaparte. Das war höchste Kunst und grandioser surrealer Kitsch, eine Geschichte von zwei Brüdern, die in den Verrat der Widerstandsgruppe ihres Dorfes an die Nazis verstrickt waren. Da gibt es die Szene, in der der eine Bruder nach dem Krieg nach Hause kommt und der andere, der Verräter, ihn erwartet. Sie treffen in einem weißen Raum mit lichtreflektierenden Wänden aufeinander wie überirdisch. Der eine Bruder kommt auf den anderen zu und sie umarmen sich in diesem Licht.

Dann löst sich der Heimgekehrte, tritt ein paar Schritte zurück und man sieht, er hat ein Messer im Herzen. Das Blut fließt in Schwarz in weißem Licht. Visconti hätte »Rocco und seine Brüder« ohne diesen Film von Malaparte nicht machen können. Dagegen könnte man das Gesamtwerk von Hollywood-Melodramatikern entsorgen. Vor Melodramen gruselte ich mich, vor einer rachedurstigen Sizilianerin nie.

Nicola Zarbo, der sechzehnjährige Junge in »Palermo oder Wolfsburg«, stammte, so schien es mir, aus einer völlig korrupten Familie, halbe Analphabeten, was man ihm natürlich nicht vorwerfen konnte.

Wir alle hatten den Eindruck, dass seine Familie versuchte, die Produktion und auch mich zu erpressen. Ich kam gut mit ihm aus, aber nicht einmal die italienischen Mitarbeiter verstanden ihn, weil er einen vermurksten Dialekt sprach. Die schönen Briefe, die er im Film schreibt, stammen von Giuseppe Fava. Übrigens änderte ich das Drehbuch wie üblich. Wenn man mit Laien in einer semidokumentarischen Atmosphäre arbeitet, muss man auf die Situation eingehen, um der Sache gerecht zu werden.

Zum Beispiel war der seltsame Baron, der immer »Marlborough, Marlborough!« sagt, ein echter Adliger aus einem alten Geschlecht in Palma di Montechiaro. An seinem kuriosen Ambiente voller Nippes wurde nichts verändert, er lebte wirklich in diesem wahnsinnigen Bergdorf, bildete sich ein, gereist zu sein, und gab Nicola Ratschläge. Und was für welche! Auch den Pfarrer, der den Jungen vor der Fremde warnt, ließ ich improvisieren.

In den zwei Monaten, die wir für den Film unterwegs waren, wurde Nicola immer dicker. Ich musste ihn am Schluss selbst einschminken, weil man ihm ansah, dass er viel futterte. Müsli und Salat halfen uns nicht weiter. Da ließ ich Antonio Orlando, der seinen Kameraden in »Palermo oder Wolfsburg« spielte, Fünfmarkstücke zukommen und machte beide auf die Wolfsburger Peepshows aufmerksam. Von da an wurde Nicola wieder schlanker.

Wir arbeiteten überall mit authentischen Laien, auch in den Wolfsburg-Szenen. Man sieht im Film, wie das Leben auf die Leute abfärbte. Sie spielten wie eine Soap-Opera heute, wie eine Dilettanten-Soap, diese Deutschen in Wolfsburg! Wohingegen die Sarden und Griechen in ihrer Wehmut ihre Authentizität bewahrten. Die Frau des einen Gastarbeiters, eine blonde deutsche Furie, spielte, wie sie im Leben war, überzeugt davon, dass es richtig ist, einen Hilfesuchenden vor die Türe zu setzen. Die Gastfreundschaft war in ihr Gegenteil verkehrt. In Nicolas Männerwelt verstand niemand, wie die deutschen Frauen handelten.

In Berlin drehten wir die Schlusssequenz des Films, eine Gerichtsszene. Unser Drehort am Reichpietschufer war zur Nazi-Zeit der Volksgerichtshof gewesen. Unsere Szene entstand am selben Ort, an dem der fanatische Freisler Todesurteile fällte. Das Gebäude strahlte damals diese Atmosphäre aus, heute scheint die historische Anmutung durch die Renovierung wegretuschiert.

Juristisch gesehen ist der Prozess, den wir im Film sehen, korrekt, auch die Schauspieler, mit denen ich hier arbeitete – Otto Sander, Tamara Kafka, Ula Stöckl und viele andere –, traten realistisch auf, aber am Ende ließ ich die Prozessszene doch ins Absurde kippen. Gericht über Menschen zu halten, fand ich schon immer einen grotesken Vorgang, der mich an ein Bibelzitat erinnerte: »Wer frei von Schuld ist, werfe den ersten Stein.« Den Prozess inszenierte ich als überspitzte Groteske, bis der Schluss in ein gelasseneres Tempo zurückfällt, wenn Magdalena Montezuma, die Anwältin Nicolas, seinen Freispruch erwirkt. Dann fällt das Licht wie eine künstliche Sonne auf sein Gesicht, er erhebt sich und gesteht: »Ich habe es getan, ich wollte es tun.« Naiv, aber aufrecht behauptet er seine Existenz, auf diese tragische Wahrhaftigkeit kam es an.

Am Schluss spreche ich aus dem Off einen Appell: »Anfassen, anfassen, anfassen.«

Ich hatte in Deutschland das Gefühl, dass die persönliche Berührung etwas Undenkbares war. Heute, wo man sich im virtuellen Raum bewegt, scheint mir die Fremdheit, die Unfähigkeit, sich auf den Anderen einzulassen, noch größer.

Am Ende hatten wir Material für einen Film von fünf Stunden Länge. Ich musste kürzen, ganze Sequenzen fielen weg, auch eine mit Christine Kaufmann. »Palermo oder Wolfsburg« gewann 1980 den Goldenen Bären bei den Filmfestspielen in Berlin, es war ein großer künstlerischer Erfolg, über den ich sehr glücklich war. Leider aber konnte mein Produzent Thomas Mauch den Film nur schlecht verkaufen. Er war fast drei Stunden lang, ein Publikum dafür zu finden blieb schwierig.

Mein dritter Film hätte »Italia – speranza del futuro? Italien – Hoffnung für die Zukunft?« heißen sollen. Damals glaubte ich an die Utopie, dass Italien wegen seiner Menschen, seiner Lebensqualität und seinem Sinn für die Freiheit ein Modell für ganz Europa sein könne. Diese Hoffnung ist längst verloren. Ich gab sie schon damals auf, so dass der dritte Film der Trilogie, eine Commedia-dell'arte-Reise durch Italien, nie realisiert wurde. Ich schminkte mir sozusagen das Thema ab und vergaß Italien. Erst als ich im September 2008 bei den Filmfestspielen in Venedig für mein Lebenswerk geehrt wurde, nahm ich in Interviews wieder Stellung zu Italien. Man schleppte mich von mittags bis abends vor die Kameras und Mikrofone, bis ich Fieber hatte und krank wurde, so groß war das Interesse, meine

Meinung über das Berlusconi-Italien zu hören. Seither fällt mir keine Poesie mehr dazu ein, aber das Thema bleibt ein wunder Punkt. Schon auf dem Festival selbst war die Härte im Umgangston, die emotionale Sperre zu spüren. Wenn man ein Land liebt, sieht man seine bedauerlichen kulturellen Veränderungen besonders deutlich.

DAS WEISSWURST-KOMPLOTT

1980 war die Stadt Augsburg mit einem Bild von mir plakatiert, auf dem ich mich zuerst nicht erkannte. Auf den Litfaßsäulen stand ungefähr die Botschaft: Damit so einer wie ich in Augsburg keine Kunst machen darf, wählen Sie bitte die CSU. Es handelte sich um einen unglaublichen Vorgang, eine Kampagne im Bundestagswahlkampf der CSU, als Franz Josef Strauß Bundeskanzler werden wollte.

Ich hatte gerade den Goldenen Bären der Filmfestspiele Berlin für »Palermo oder Wolfsburg« gewonnen und war vom Stadttheater Augsburg engagiert worden, »Salome« zu inszenieren, die Premiere sollte am 4. Oktober des Jahres stattfinden. Nach dem »Salome«-Film und der Bochumer Theaterinszenierung wollte ich nun also die Oper von Richard Strauss auf die Bühne bringen.

Aber im März erschien in der »Zeit« ein langes Interview, das ich dem Journalisten André Müller gegeben hatte. Wir sprachen über Ereignisse in meinem Leben und Wendepunkte in der Arbeit auf dem Weg zu »Palermo oder Wolfsburg«, auch der Tod meiner Mutter, meine Liebe zu Maria Callas, meine Haltung zu Deutschland wurden angesprochen. Gegen Ende fragte mich André Müller nach Franz Josef Strauß. In »Palermo oder Wolfsburg«, der zu der Zeit in den deutschen Kinos startete, hatte ich ihn als Bundeskanzler bereits vorweggenommen, als Schreckbild sozusagen. Die Frage war, ob es meine letzte Hoffnung für Deutschland sei, dass Strauß nicht Bundeskanzler werden würde? Ich gab aus dem Moment heraus zur Antwort, meine letzte Hoffnung sei, »dass er zerplatzt, weil er so dick ist. Man müsste ihm ja nur ein kleines Bömbchen in Form einer Weißwurst zu essen geben. Aber eigentlich will ich darüber gar nicht reden. Mit solch einer Mittelmäßigkeit mich auseinanderzusetzen, fehlt mir die Lust.« Weiter wurde ich zum Thema Hitler befragt und sagte, der habe seine Potenz nach außen getragen, indem er andere unterdrückte, sei aus Impotenz machtgeil gewesen, hätte nicht ordentlich ficken können, nach der Art: »wenn ich keinen hochkriege, dann sind die anderen schuld«. Und am Ende fielen Bemerkungen zu meiner Selbstbefreiung von den eigenen Schuldgefühlen. Mein Beispiel: Ich gab in meiner Jugend Schallplatten, die ich geklaut hatte, aus Gewissensbissen wieder zurück, nur die von Maria Callas nicht, weil diese Frau stärker als jedes Moralempfinden war. Dann fügte ich an: »Heute könnte ich jemand umbringen, ohne mir das geringste dabei zu denken, weil ich ein sinnliches Gefühl hab' für so eine anarchische Haltung. Das erregt mich unheimlich, oben, unten und in der Mitte.«

Das Interview löste eine Lawine aus, ein »weltanschauliches Beben«, wie der »Spiegel« schrieb … Zwei riesige Koffer mit Presseartikeln sammelten sich an, es waren tolldreiste Kommentare darunter … In der Augsburger Lokalpresse erschienen Leserbriefe, die mich als Schwulen, als entarteten Künstler und Kapitalisten diffamierten. Man gruselte sich vor einer »Salome« mit Tierblut, stellte mich als Exhibitionisten hin, warf mir den »Frontalangriff auf das Bestehen sittlicher Gesetze des Abendlandes« vor. (Spiegel) Ein CSU-Politiker beschimpfte den anderen: »Wenn Sie der Meinung sind, dass schwul normal ist, dann ist das Ihre Sache!« (Spiegel) Ein Professor schrieb in seinem Leserbrief, man dürfe mich nicht in die Stadt lassen, denn wer könne garantieren, dass der schwule Schroeter ihm nicht nächtens einen unsittlichen Antrag macht und ihn tötet, um sich an seiner Leiche zu befriedigen.

Die »Frankfurter Rundschau« stellte diese Kuriosität

auf die erste Seite, weil man sie so idiotisch fand wie ich. Die Glosse hieß, glaube ich, nach dem berühmten Spielberg-Film »Die unheimliche Begegnung der Augsburger Art«. Das war nicht außerirdisch und freundlich, sondern inländisch und entsetzlich, und dazu von einer unfreiwilligen satanischen Komik. Wenn ich mich recht erinnere, war der Mann, der solches schrieb, Lehrer, was dem Ganzen noch einen extra Knall aufdrückte.

Ich bin Pazifist, nicht Terrorist, das weiß jeder, der mich kennt. Natürlich betrachtete ich dieses Interview als schwarze Satire. Aber Franz Josef Strauß, der sich ja mit dem Spruch »Lieber ein kalter Krieger als ein warmer Bruder« hervorgetan hatte, griff die Sache persönlich auf und sprach mir wegen mangelndem Schamgefühl und öffentlichem Aufruf zum Mord das Recht ab, im bayrischen Augsburg zu inszenieren – weil das Theater mit Steuergeldern finanziert sei. Für die »Salome«-Oper waren mir fünfundzwanzigtausend D-Mark angeboten worden, zehntausend mehr als üblich in Augsburg. Das Geld war durch Spenden zusammengekommen, was die verbalen Brandstifter nur noch mehr anstachelte. Man mochte meine Provokation für eine Entgleisung halten – zugegeben, man konnte es so sehen –, aber mir wurde in toto jegliche Qualifikation abgesprochen, und die Leserbriefschreiber schäumten vor Hass: »Dieser Herr hat sich in seinem ›Zeit‹-Interview als pervers, unverschämt in seinen Forderungen (25 000 DM!!!), ehrverletzend und widerlich in seiner Ausdrucksweise vorgestellt. Wenn solche Macher am Werk sind, wie soll man da noch an die hehre Kunst glauben?«

Der bayrische Innenminister Gerold Tandler, die Stimme seines Herrn, mischte sich ein und verlangte vom Augsburger Oberbürgermeister, per ordre de Mufti den Arbeitsvertrag des Stadttheaters mit mir aufzulösen, obwohl beide gar nicht dazu befugt waren. Jemand reichte wegen »Verherrlichung der Gewalt« eine Anzeige gegen mich ein; sie wurde sogar angenommen, zwischen Hamburg, wo die Zeitung erschien, und Augsburg, wo man mich loswerden wollte, hin- und hergereicht und erst im Juni abgewiesen. Der katholische Bischof der Stadt, ein Herr Stimpfle, stimmte in die Hexenjagd ein und begründete sie damit, dass die Stadt sich schuldig mache, »wenn wir derlei hinnehmen«.

Ich hatte die Ehre, dass in der Süddeutschen Zeitung eine prima Karikatur erschien, in der der dicke Strauß als Herodes auf dem Thron saß, Innenminister Tandler den Schleiertanz der Salome vollführte und mein Haupt mit schwarzem Hut, Langhaar, Schnauzbart und Sonnenbrille, so wie ich damals eben aussah – in abgeschlagenem Zustand auf dem Tablett serviert wurde.

Der Intendant Rudolf Stromberg und sein Generalmusikdirektor Gabor Ötvös fanden mein Interview pubertär, albern und verantwortungslos, was sie mir in öffentlichen Erklärungen vor die Füße warfen, aber festhalten am Vertrag wollten sie schon. Dann kam der Einspruch der Strauss-Erben hinzu. Der Erbverwalter Richard Strauss jr., ein Briefmarkenhändler, ließ sich auf nichts ein, nicht einmal, als die Theaterleitung anbot, ihm die Bühnenbildentwürfe zu schicken. »Die Salome, die ich sehr liebe, ist eine schmale Gratwanderung«, erklärte er sein vorauseilendes Misstrauen, »und macht jemand einen Fehltritt, rutscht es schon runter in die Sauerei.«

In Riesenartikeln nahmen die großen Zeitungen für mich Stellung. Benjamin Henrichs, den ich als Schreiber und Theaterkritiker bis auf den heutigen Tag schätze, schrieb in der »Zeit« über die hysterische Lokalposse, wobei mir sein Artikel zwiespältig vorkam. Mein Interview mit André Müller geißelte er als Akt der Selbstentblößung, die Reaktionen darauf auch. Aber, dass er den ideologischen Skandal dahinter nicht deutlich kritisierte, fand ich fragwürdig. Wo führt es denn hin, wenn die Briefmarkenhändler und Erben eines Komponisten den Regisseur zum Ketzer erklären und in die Freiheit der Kunst eingreifen?

Benjamin Henrichs zitierte auch Oscar Wilde, das Bonmot von den »moralischen Menschen, die einfach wilde Tiere sind«. Augsburg bewies tatsächlich, dass sich seit Oscar Wildes Schicksal wenig am homophoben Menschenbild geändert hat. Wildes Resümee ist mir das liebste: »Ich hätte viel lieber fünfzig unnatürliche Laster als eine unnatürliche Tugend.« Vielleicht ärgerte mich an Benjamin Henrichs Artikel nur, dass er ein hässliches Foto von mir nahm, ein extrascheußliches. So sah ich aus, wenn ich drei Tage durchgesoffen hatte. Und daneben ein Foto, auf dem Strauß einigermaßen menschlich aussah.

Die Situation wurde noch komplizierter. Die Augsburger Kinos weigerten sich, »Palermo oder Wolfsburg« zu zeigen. Auch der Film »Der Kandidat«, den der Spiegel-Journalist Stefan Aust und sein Kollege Alexander von Eschwege mit Alexander Kluge und Volker Schlöndorff gegen Franz Josef Strauß gemacht hatten, kam nicht ins Augsburger Kinoprogramm. Aber in der »Komödie«, einem Saal des Stadttheaters, wurde »Der Kandidat« schließlich doch vorgeführt, und Volker Schlöndorff, Alexander Kluge, Rainer Werner Fassbinder, Alf Brustellin, Christian Rischert und andere Filmemacher nutzten die Vorführung zu einer Solidaritätsveranstaltung für mich, an die sich die gesamte Bundesvereinigung des Deutschen Films anschloss. Auch die Theater gaben über das Kölner Schauspielhaus eine Solidaritätserklärung heraus, die von Schauspielern in Hamburg, Berlin, Bremen, Stuttgart, Ulm, Mannheim, Kassel, Köln und Bochum unterzeichnet war.

»Und morgen Augsburg!« ist der Stoßseufzer in Thomas Bernhards Komödie »Die Macht der Gewohnheit«. Auch Bernhard bekam den Zorn der Stadt zu spüren, weil es seinen Zirkusdirektor vor dem kalten Augsburg graust. Bernhard soll sich dafür entschuldigt haben, dass er die Stadt, die mit Bertolt Brecht und Leopold Mozart auf sich hält, aus purer Lautmalerei so schrecklich hinstellte. Ich wollte es anders: Am 1. Juli, als man mich endgültig ausgeladen hatte, trat ich die Flucht nach vorn an, ich ließ in Augsburg Plakate kleben, auf denen ich in langen Unterhosen zu sehen war. Dazu ein Zitat aus dem Deutschland-Bericht der Untergrund-SPD im Nazi-Jahr 1936: »In Augsburg ist der Druck des Polizei- und Militärapparates auf Schritt und Tritt spürbar. Die ganze Atmosphäre dieser Stadt atmet Zwangsstaat und Zuchthaus.«

Eines Abends in jenem Sommer erreichte mich ein Anruf, ob ich bereit sei, für »Palermo oder Wolfsburg« den Bayrischen Filmpreis entgegenzunehmen – ein Geldpreis! Ohne Zweifel war dies eine oberste absolutistische Anweisung, um sich großzügig zu zeigen nach dem Motto: Aha, auch dieser Künstler sieht Fehler ein und nimmt in Gnaden an, was man ihm verleiht. Ich war so blöd, nein zu sagen. Eine Jugendsünde, einfach dumm.

Meiner bayrischen Verlobten Herbert Achternbusch, wie ich ihn nenne, erzählte ich davon. Er darauf: »Bist ja bled, Werner, hätt'st es doch anders g'macht.« – »Ja, wie denn?« – »Ich hätt' mich schick anzog'n, und hätt' alten Katzenscheiß aufg'sammelt. Die hätt' ich in Plastik 'tan, in die rechte Tasch', dann hätt' ich mit der Linken den Scheck g'nommen, die Rechte hätt' ich in die Scheiße 'tunkt, hätt' dem Strauß ordentlich die Hand g'schüttelt und wär' ab'gangen.« Das hätte der Herbert mir vorher sagen sollen. Ha!

Wie ging das Ganze also aus? Zwischen dem Theater und mir wurden mögliche Ersatzinszenierungen erwogen, Umberto Giordanos »Fedora« oder Luigi Cherubinis »Medea«, doch der Streit war längst prinzipiell. Dass man dem Briefmarkenhändler meine Konzeption vorlegen wollte, um ihn gnädig zu stimmen, war ein weiterer Skandal im Weißwurst-Komplott. Es wurde ein Trauerspiel, man bootete mich aus und stellte sich in Sachen Entschädigung plötzlich auf die Seite meiner Gegner. Das Theater unterstellte, ich hätte die »Salome« zum »sozialkritischen Kampfstück« ummodeln wollen, und warf mir »anarchistische Tendenzen« vor. Ein Jahr nach dem »Zeit«-Interview gestand mir das Bühnenschiedsgericht das vereinbarte Regiehonorar zu – ohne Spendenaufschlag.

LA PATRIE DE L'ÂME

Dass man mich in diesem Komplott Ratte und Ungeziefer nannte, deprimierte mich natürlich, aber ich wollte mich weiterentwickeln. Ich blieb nie lange bei einem zurückliegenden Projekt stehen, erst recht nicht bei einem gescheiterten. Sentiment ist eine wesentliche Kraft, Sentimentalität schadet nur.

Trotz der Auszeichnung mit dem Goldenen Bären – es war der erste für einen deutschen Regisseur bei diesem Festival überhaupt – wurde »Palermo oder Wolfsburg« bei der Verleihung des Bundesfilmpreises übergangen, das hieß, dass ich ohne finanzielle Produktionsförderung für den nächsten Film blieb.

Während die bayrische Kampagne gegen mich lief, war ich in Frankreich, im Herbst dann in Italien, in Brasilien und wieder in Italien. Wenn nicht in Augsburg, dann inszenierte ich in Florenz und Venedig. Meine Krise manifestierte sich in dem Film, den ich im Mai drehen konnte, »Die Generalprobe«, ein dokumentarischer Essay über das Festival Mondial du Théâtre in Nancy und zugleich die Urzelle meiner Dokumentarfilme über Künstler, zu dem später »À la recherche du soleil« über Ariane Mnouchkine, »Poussières d'amour« über geliebte Sänger und Sängerinnen und »Die Königin« über Marianne Hoppe hinzukamen.

»Die Generalprobe« entstand mit Hilfe von Thomas Schühly, ehemals Regieassistent am Bochumer Schauspielhaus und nun ein ehrgeiziger Filmproduzent. Colette Godard, eine befreundete französische Theater- und Filmkritikerin, die alle meine Arbeiten in Paris und Avignon begleitete und mich 1974 in »Le Monde« als »Super-Star underground« in Frankreich bekannt gemacht hatte, beriet uns bei der Vorbereitung. Mostefa Djadjam, mein Freund, in den ich sehr verliebt war, arbeitete in Paris als Schauspieler, aber in »Die Generalprobe« war er mein Regieassistent. Doch der Gedanke an die Ablehnung und Diffamierung, die in Deutschland gegen mich lief, blieb beständig präsent. Ich fühlte mich im Land meiner Muttersprache nie eingemeindet, und diese Kampagne verdeutlichte mir einmal mehr, dass es nur im utopischen Sinne für mich die »patrie de l'âme – die Heimat der Seele« war.

Wunderbare Tänzer, Pantomimen, Puppenspieler und Performer trafen in Nancy, dieser Rokoko-Puppenstube, zusammen, diskutierten wild über die Zukunft der Theaterkunst und brachten nie gesehene Choreographien, Sketche und Szenen zur Aufführung. Es war großartig, sich ihnen nähern, ihre Proben beobachten oder einfach filmen zu können, zu sehen, wie sie die Stadt in ihre Kunst miteinbezogen. Da waren Pina Bausch, der greise japanische Tänzer Kazuo Ohno, der mit einer Blume im Haar Maria Callas beschwor, Reinhild Hoffmann, die tanzend nicht von einem mächtigen Sofa fortkam, oder das weißgepuderte japanische Männerpaar Sankai Juku, das mir wie ein verdoppelter Maldoror erschien. Es gab auch einen würdevollen alten Nancy-Clochard, der einem degradierten russischen Großfürsten ähnelte und uns seine Meinung über die Liebe sagte. Das Leben selbst und unsere Stimmung bei den Dreharbeiten mischten sich mit dem Theater. Man musste diese Gesichter sehen, diese Körper – etwas Schwebendes, Leichtes, Melancholisches war um uns alle – Colette Godard deutete es so: »Das Leben als Komplize des Todes.«

In Paris half mir dann meine Freundin Catherine Brasier-Snopko – sie war meine Cutterin bei diesem und den zwei folgenden Filmen, bevor sie 1990 viel zu früh starb –, das Thema des Films aufzuspüren. »Parle-moi d'amour« –

unsere Gespräche, die Szenen, Dialoge und Musiken kreisten alle um die Liebe, die Hingabe und die Vergänglichkeit. Das fanden wir in unzähligen gemeinsamen Nachtschichten heraus, ich schnitt alles Material in winzige Fragmente und neu wieder zusammen, um eben diese poetische Botschaft sichtbar zu machen – wie, das kann ich nicht beschreiben.

Als »Die Generalprobe« im September beim Filmfestival Venedig Premiere feierte, übrigens parallel zu der Aufführung von Fassbinders vierzehn Folgen »Berlin Alexanderplatz«, waren die Kritiken wohlwollend.

Doch die leidige Kampagne ging weiter, immer wieder wurde ich danach gefragt. Ich zitierte im Presseheft zu »Die Generalprobe« den Anfang des vierten Gesangs aus den »Gesängen des Maldoror«: »Wenn der Fuß über einen Frosch gleitet, dann empfindet man Ekel; berührt man dagegen den menschlichen Körper nur ganz leicht mit der Hand, dann springt die Haut der Finger auf wie die Schuppen von einem Glimmerblock, den man mit dem Hammer zerschlägt; und wie das Herz eines Hais, der seit einer Stunde tot ist, noch auf der Brücke mit zäher Lebenskraft zuckt, so bewegen sich unsere Eingeweide noch lange nach der Berührung bis in die letzte Faser. So groß ist das Entsetzen, das der Mensch seinem eigenen Mitmenschen einflößt!«

Ich gab viele Interviews, in denen ich auf die grundsätzlichen Fragen zurückkam, die mir wichtig waren, ob ich nun am Stadttheater willkommen war oder sonst wo weiterarbeitete. Ich bestand einfach darauf, exzentrisch zu sein, um den Leuten Mut zu machen. Es war mir bewusst, dass es immer ein unvorteilhaftes Image nach sich zieht, wenn jemand ein bestimmtes Maß an Freiheit wagt. Menschen, die versuchen, sich angstfrei zu verhalten, werden zwangsläufig zu Feindbildern gegenüber einer Ordnungsgesellschaft. Wenn ich es als Künstler mit meinem Zugang zur

Öffentlichkeit nicht versuchte, wer sollte es sonst machen? Schon 1973, lange vor der Weißwurst-Bombe, hatte ich in Kritiken über meine Bochumer »Salome«-Inszenierung gelesen, dass man mit anderen Mitteln als der Sprache gegen mich vorgehen müsse. Peter Zadek, meine Gruppe und ich nahmen es humorig und lästerten darüber, aber was für Feindbilder steckten dahinter? Diese Form von Theaterkritik war im Ausland nie zu lesen. In Frankreich hätte es ganz anderer Konflikte bedurft, um jemanden von der Inszenierung einer Oper auszuladen und als Ketzer zu brandmarken, in Deutschland geriet man dagegen als Künstler schnell zu einer überflüssigen Figur.

Es lag mir nichts an der pathetischen Verdammung des Briefmarkenhändlers, ich hatte ja nicht einmal etwas gegen Franz Josef Strauß, der übrigens die Wahl verlor. Seine Kandidatur war von harten Protesten und Polizeieinsätzen begleitet, und kurz vor dem Wahltag gab es ein schweres Attentat auf dem Münchener Oktoberfest, das der RAF angelastet wurde – vorschnell. Die Stimmung war aufgeheizt, und Strauß nutzte das, aber er stand mir in seiner komplexbeladenen Wuseligkeit menschlich näher als andere deutsche Politiker – menschlich. Im Grunde genommen erweckte der Mann in seiner hässlichen Unholdigkeit mehr Rührung in den Herzen der Menschen als andere Politiker, weil er Leuten ähnlicher war, die zu leben versuchten. Aber als Politiker und Staatschef mochte ich ihn nicht sehen. Es war deprimierend, dass die Emotionen derart manipuliert und hochgepuscht werden konnten, dass wider besseres Wissen Feindbilder aufgebaut wurden. Wir sahen dies als drohende Faschismus-Gefahr, unter diesem Blickwinkel kommentierte ich die Situation in den Interviews, die ich von Frankreich und Italien aus den deutschen Zeitungen gab. Der Faschismus beginnt immer mit extremer Schwarzweißmalerei, mit einem Feindbild, das von einer pietistisch scheußlichen Menschheitsidee ausgeht: Das eine ist rein, das andere verkörpert einen Abgrund an Schlechtigkeit. Das erschreckendste Ergebnis der Augsburger Geschichte war für mich, dass falsche Voraussetzungen benutzt wurden, zum Beispiel die Mischung zwischen Anarchist, Mörder, Schwulem und Großkapitalist, die mir angekleistert wurde. Die heiligen Werte des Kapitalismus – mein angeblicher Großverdienst für die Inszenierung – wurden mit der Femme fatale von der Schwulenseite gekoppelt und meine unstatthafte politische Haltung mit dem mörderischen Anarchismus des »Weißwurstwerfers«. Das kam von denselben Leuten, die sich ihr Leben lang um nichts kümmerten, als den Normen unserer Leistungsgesellschaft entsprechend einen möglichst großen Verdienst zu erzielen. Im Grunde warfen sie mir ihre eigenen Ziele vor.

Ich kritisierte damals auch, dass Deutschland sich nicht glaubhaft und seriös mit dem Dritten Reich auseinandersetzte, sondern ein negatives Spiel mit Komplexen und Emotionen betrieben wurde, das die historische Analyse verhinderte. Die Hitler-Filme von Joachim Fest und Hans-Jürgen Syberberg bereicherten sich an dem Thema und bliesen die Figur Hitler immer mehr auf, statt sie zu erklären. Dass man mich mit Syberbergs filmischen Monstrositäten in Verbindung brachte, war eine ganz und gar unstatthafte Parallele, die mich sehr ärgerte. Meine Filme waren Auseinandersetzungen zwischen Traum und Realität, auf die deutsche Realität hätte ich mich gar nicht einlassen können, auch nicht auf Historienfilme, wie sie damals plötzlich in Mode kamen.

MISSERFOLG MACHT MENSCHLICH

Wirkliche Politmenschen waren wir nie, aber im Rahmen dessen, was wir Individualisten an ehrlichem politischem Engagement aufbringen konnten, waren wir auf der Seite derer, die versuchen, den unerträglichen sozialen Alltag zu ändern. Den Gedanken unterstützten wir jedenfalls. Als sich Kemal Altun, ein junger türkischer Asylbewerber, 1983 aus einem Fenster des Berliner Sozialgerichts zu Tode stürzte, weil er fürchten musste, in die türkische Militärdiktatur zurückgeschickt zu werden, musste ich meine Öffentlichkeit als Künstler nutzen, um gegen das entsetzliche Vorgehen der deutschen Behörden die Stimme zu erheben. Ich inszenierte damals an der Freien Volksbühne die »Komödie der Irrungen« von William Shakespeare, nach der Premiere trat ich vor den Vorhang und rief das Publikum zum Protest auf.

Wir wollten aber in erster Linie als Künstler die dominierenden Strukturen aufbrechen, denkt man beispielsweise an das Fernsehen, an die glatte psychologisierende Gestaltung bzw. Simulation eines Lebens ohne innovative Form. Wir wollten inhaltlich weit gehen, ästhetisch noch weiter. Ich kam eher von Alain Resnais' »L'année dernière à Marienbad – Letztes Jahr in Marienbad« her, aber die Frechheit gehörte zu mir.

Wie man Deutschland, insbesondere Bayern komödiantisch angeht, machte uns Herbert Achternbusch vor. Sein Humor ähnelte meiner kunstbayrischen Episode in »Flocons d'or«, deshalb war es mir eine Ehre, den Bischof in seiner blasphemischen Posse »Das Gespenst« zu geben. Schöne Geschichte, dieser Jesus, der vom Kreuz heruntersteigt, durch Bayern stolpert und alles falsch macht. Annamirl Bierbichler, die Schwester von Sepp Bierbichler, die damals mit Herbert Achternbusch zusammen war, wirkte auch mit. Oje, war diese Frau wunderbar! Eine schöne, tolle Frau, die früh an Krebs gestorben ist. Sie war neben ihrem Geliebten Achternbusch, der ein großer Grantler ist, diejenige, die Bodenhaftung behielt. Nun aber leider nicht mehr, nun hat der Boden sie.

Wie dem auch sei, als »Das Gespenst« 1982 fertig war, fanden die deutschen Selbstzensierer von der Freiwilligen Selbstkontrolle den Film gotteslästerlich, eine Kampagne setzte ein und dann entzog der frisch ins Amt gekommene Alois Zimmermann, CSU-Bundesinnenminister und oberster Filmpolitiker, dem Achternbusch zur Strafe die letzte Rate der Filmförderung, die ihm eigentlich zustand. Mit meiner Phantasie von der mörderischen Weißwurst war ich zwar ein seltener Vogel, aber nicht allein. Und selbstverständlich schloss ich mich den Protesten der deutschen Künstler gegen die christliche Kulturpolitik an.

Ich hatte unterdessen ein neues Projekt vorbereitet, ich wollte Jean Genets genialen Roman »Querelle de Brest« verfilmen. Jean Genet, der Dieb und Strichjunge, der im Gefängnis zu schreiben begann, war einer unserer Hausgötter, mir stand er als Verwandter im Geiste von Lautréamont, Oscar Wilde, Antonin Artaud und William Burroughs besonders nah. Ich war seit meinem Entschluss, meine Stilformen weiterzuentwickeln, damit beschäftigt, »Querelle de Brest« nach meiner Art zu adaptieren. Es wäre die schwarze Wendung meiner Liebesgeschichte »Matrosen dieser Welt« gewesen, eine notwendige Fortführung und eine intensive Auseinandersetzung mit dem Bösen und seiner Schönheit. In der bürgerlichen Gesellschaft haben nur der Verbrecher und der Künstler noch Freiraum. Meine Grundidee besteht für mich fort: dass jeder Mensch den

Wunsch hat, »in seiner Existenz eine Sehnsucht zu entfalten«, dass dieser ursprüngliche Wunsch auf ein Lebensgefühl der Freude zielt, auf Kontakt mit anderen Menschen, dass Kunst in diesem Sinne etwas durchaus Soziales ist, ein Kataklysmus von nicht gelebten Sehnsüchten. Die Kunst, sage ich, betrifft das Soziale genau wie das Verbrechen, weil auch das ein Ausdruck der Frustration ist, mutiger als der Kauf von drei Mercedes-Autos oder Ähnlichem.

Der Künstler als radikaler Außenseiter hält der Gesellschaft peinvoll provozierend den Spiegel ihrer Negativität vor, das war unsere Haltung. Für mich war und ist Homosexualität als Lebensentwurf des Künstlers attraktiv, wenn sie sich gegen das Gesellschaftsnormale, Materialistische, Konsumistische auflehnt. Schwul sein, Künstler sein, gegen das System sein und folglich auch gegen die verordnete Heterosexualität eingestellt sein, hat mehr poetische Substanz, als etwas sozial zu vollziehen, das man eigentlich nicht einsieht, weil die Gesellschaft, in der man lebt, diesen sozialen Vollzug als repressiven Anspruch formuliert.

Für »Querelle de Brest« hatte ich schon Matrosen-Darsteller mit schönen Schwänzen gecastet und in Sardinien einen Schiffsfriedhof des italienischen Militärs ausgekundschaftet, wo man mir sogar Dreherlaubnis gegeben hätte – eine unglaubliche Pointe. Die Produzenten in München, die den Vertrag mit mir geschlossen hatten, taten sich mit Abschreibungskünstlern zusammen und bekamen durch die politische Schlacht gegen mich – die »Salome«-Kampagne war gerade in vollem Gange – Angst. Sie fürchteten, die apokalyptische Schwulen-Verbrecher-Geschichte »Querelle« nicht durch die Filmfördergremien lotsen zu können, weil dort überall politische Parteileute mitmischten. Sie gaben zwar im Januar 1981 eine Presseerklärung heraus, in der ich als Regisseur genannt wurde, der Beginn der Dreharbeiten sollte im Herbst sein. Was dann folgte, kann man nur als groteskes Schurkenstück bezeichnen, jedenfalls ließ man mich fallen und mein Freund Rainer Werner Fassbinder ließ sich die Chance nicht nehmen, den Film zu machen.

Auch andere Projekte, die ich in diesem Jahr vorhatte, verliefen im Sande ... Mit Romy Schneider war ich in Kontakt, um eventuell die Lebensgeschichte der Schweizer Weltreisenden und Abenteurerin Isabelle Eberhardt zu verfilmen. Romy Schneider hatte sich die Option gesichert, sie kannte meinen »Flocons d'or« und »Tag der Idioten«, aber bevor es zu konkreten Gesprächen kam, starb sie im Mai 1982. Andere Projekte gelangten nie über die Idee hinaus: beispielsweise die Adaption der »Contessa d'Amalfi« von Gabriele D'Annunzio und ein Essayfilm über die stalinistische Richterin und DDR-Justizministerin Hilde Benjamin. »Im dunklen Herz des Nachmittags« war ein Filmprojekt über einen Jungen, der zwischen zwei wesentlich älteren Frauen die Liebe zu den Büchern und die Sexualität kennenlernt, James Baldwins Roman »Giovanni's Room«, in dem ein junger Mann seine Homosexualität entdeckt. Von »Hochzeit mit Gott«, einem Filmprojekt über den Tänzer Vaclav Nijinsky und seinen Sturz in den Wahnsinn, konnte ich nur eine mit Meir Dohnal verfasste Drehbuchseite in den Cahiers du Cinéma veröffentlichen, als Wim Wenders 1987 der Gastredakteur der zweihundertsten Ausgabe war. Es zerschlug sich schließlich alles.

Ich hatte kaum Chancen bei den komplizierten Mischgeschäften zwischen privaten Finanziers, Filmfördergremien und Fernsehanstalten. Und doch arbeitete ich fast ununterbrochen. Die Augsburger »Salome« wäre nicht meine Premiere auf der Opernbühne gewesen. Noch vor »Palermo oder Wolfsburg« hatte ich 1979 bereits eine Einladung des Staatstheaters Kassel angenommen und Richard Wagners

»Lohengrin« inszeniert. Damals entwarf ich in der überschwänglichen Freude, an einem gut budgetierten Haus arbeiten zu dürfen, ein Bühnenbild mit einer Pyramide, darüber ein Sternenhimmel, der allein dreihunderttausend D-Mark gekostet hätte. Ich konnte am Ende nur eine sparsamere Variante verwirklichen, aber es war ein schönes Debüt, bei dem ich die Zusammenarbeit mit dem Dirigenten James Lockhart sehr genoss. Hier war die Musik nicht mehr ein überhöhendes oder kontrastierendes Element der Montage wie in meinen Filmen, sie war *das* tragende Ausdrucksmittel, dem sich alles andere zuordnete. Ich war so glücklich über diese neue Erfahrung und mein Zusammenspiel mit dem musikalischen Leiter, dass ich voll kindlicher Freude den romantischen Kern der Wagner-Oper heraushob. Ich wollte das Märchen »Lohengrin« ganz naiv, anstatt es mit kritischem Besteck zu sezieren. Auch wenn mir die Kritik oft nicht glaubte, inszenierte ich grundsätzlich nie mit den Waffen der Dekonstruktion gegen ein Werk.

Meine italienischen Filme bewirkten den schönen Nebeneffekt, dass ich zu Inszenierungen an italienische Theater eingeladen wurde. So arbeitete ich im Januar 1980 am Teatro Niccolini in Florenz mit dem Theaterstar Piera Degli Esposti an der modernen Medea-Adaption »Lunga notte di Medea« von Corrado Alvaro. Und im Oktober desselben Jahres hatte ich das Glück, im berühmten Teatro La Fenice in Venedig wieder eine Oper nach Oscar Wilde zu inszenieren, anstelle der »Salome« Alexander von Zemlinskys Einakter »Eine florentinische Tragödie«.

Ein anderes Filmprojekt, das in den frühen achtziger Jahren ebenfalls nur eine Idee blieb, hätte mich wieder nach Südamerika geführt. Peter Berling stieß in Rom auf die Geschichte einer exzentrischen Balletttruppe, die wir in einem Historienfilm auf eine Tournee zu neureichen Postkolonialisten im Amazonasgebiet schicken wollten. Gegen Jahresende 1981 nutzte ich eine Retrospektive meiner Filme in Brasilien dazu, mich mit Peter Berling zu treffen und die Transamericana-Straße zu erkunden, deren Bau ein Kulturschock war, der uns zeigte, dass die Ausbeutung des Amazonasgebietes nicht länger ein mythisch-romantisches Thema war. Aber in Manaus, wo wir natürlich gern im legendären Opernhaus drehen wollten, hatte schon Werner Herzogs Bruder und Koproduzent Lucki Stipetic Vorbereitungen für die Dreharbeiten zu »Fitzcarraldo« getroffen. Peter Berlings Film wäre zu nah an Herzogs Projekt und folglich unfinanzierbar gewesen.

Es kam dann so, dass wir für »Fitzcarraldo« engagiert wurden: Peter Berling für den Kurzauftritt des Operndirektors in Manaus, der Klaus Kinski stolz den protzigen Bau der Kautschukbarone vorführt, ich für die Inszenierung der Eingangssequenz von Werner Herzogs Film, die den Auftritt von Caruso und Sarah Bernhardt in der Dschungeloper zum Sujet hat.

»Fitzcarraldo«, schrieb der Filmkritiker Wolfram Schütte, zeige im Grunde, dass die Oper als Kunstform selbst ein Dschungel ist, und genau so ist es. Im März 1982 inszenierte ich in Manaus für Werner Herzog die Oper-im-Film-Szene des Films. Leider fiel sie in der Montage viel zu häufig unter die Vorspanntitel. Werner Herzog hatte damals keine Ahnung, wie man eine Opernszene baut, später immerhin inszenierte er fünfundzwanzig und mehr Opern weltweit, nicht zuletzt wegen »Fitzcarraldo«.

In der Anfangsszene kommen Klaus Kinski und Claudia Cardinale mit dem Ruderboot in Manaus an, nach tausend Kilometern Flussfahrt von Iquitos her, um einmal im Leben einen Auftritt von Caruso und Sarah Bernhardt im Opernhaus in Manaus mitzuerleben, aber zu spät, Caruso stirbt gerade den Heldentod, seine Bühnenbraut ringt verzweifelt die Hände, der Vorhang fällt. Ich wählte Giuseppe Verdis Opera lirica »Ernani«, aus der ich schon in »Der Tod der Maria Malibran« zitiert hatte. Es geht da um die mörderisch-grotesken Ehr- und Rachebegriffe von spanischen Adligen, die ja in das kolonisierte Südamerika exportiert worden waren.

Enrico Caruso trat übrigens in Wirklichkeit nie in Manaus auf, die Tragödin Sarah Bernhardt mit ihrem Holzbein schon. Die Kautschukmillionäre wollten sie unbedingt engagieren, obwohl sie gar nicht singen konnte. Wir machten es so, dass Jean-Claude Dreyfus, den ich aus Daniel Schmids »Schatten der Engel« kannte, mit seiner markanten Visage die Bernhardt mimte, während Mietta Sighele ihren Part vom Orchestergraben aus sang. Jean-Claude kam mit grauenerregender Perücke und puffärmeligem Divengewand die Wendeltreppe heruntergewankt und reckte pompös verzweifelt die Arme. Es war so komisch, was Fitzcarraldo da als Ausgeburt der europäischen Oper bewundert hat!

Danach taten wir uns etwas Gutes, schließlich hatten wir es uns verdient, Peter Berling, Magdalena, die mitgekommen war, und ich. Wie die Müßiggänger auf der Grand Tour fuhren wir mit dem Dampfer den Amazonas hinab, Tropenanzug, Cognac, Hängematte inklusive. Peter Berling kolportierte übrigens das Bonmot eines römischen Filmjournalisten über die Werners vom deutschen Film: Rainer Werner Fassbinder komme wie ein Schläger im Rotlichtmilieu daher, Werner Herzog wie ein Irrer auf Ausgang, Werner Schroeter wie ein streunender Prophet.

TAG DER IDIOTEN

Carole Bouquet lernte ich im Sommer 1980 kennen, als ich mich in Saint Tropez im Haus eines Freundes von dem Ärger um die Augsburger »Salome« erholte. Sie war dreiundzwanzig Jahre alt und seit ihrem Debüt in Luis Buñuels »Dieses obskure Objekt der Begierde« und Bertrand Bliers »Buffet froid – Den Mörder trifft man am Buffet« in Frankreich bekannt. Beides Filme, die mir sehr gefielen. Wenn man sich in Italien mit ihr auf der Straße zeigte, verursachte sie Autounfälle, und mehrfach wurde ich von eifersüchtigen Männern fast umgebracht. Sie hatten allen Grund dazu, ich fand Carole unglaublich schön, »aigre«, von einem grauen, scharfen, tollen Eros. Sie war nach der Scheidung ihrer Eltern bei ihrem strengen wortkargen Vater aufgewachsen. Ohne ihre Mutter hatte sie lange Zeit nicht gewusst, was Weiblichkeit ist und wie sie leben sollte. Sie war extrem schüchtern, sehr ernst, konnte kaum Konversation machen und in den Spiegel schauen. Sie hasste es, wenn sie angestarrt wurde.

Damals kam der Exil-Tscheche Karel Dirka auf mich zu und sagte, dass ich einen von ihm mit Veith von Fürstenberg und Peter Genée koproduzierten Film drehen könnte. Dirka, das Schlitzohr, wie mein Freund Peter Berling ihn nannte, war 1968 vor dem kommunistischen Regime geflohen, hatte einige Zeit als Standfotograf gearbeitet und in München eine Produktionsfirma aufgezogen, die dann über geheime Wege trotzdem eine Koproduktion mit den staatlichen Barandov-Studios in Prag zustande bekam. Das Drehbuch stammte von Dana Horáková, die Bild-Zeitungsjournalistin war und irgendwann Hamburger Kultursenatorin wurde.

Dana Horáková kam mit der Idee zu dem Film, ich arbeitete das Buch um, bis wir im Februar 1981 in Prag im Studio, in Cafés und auf der Straße zu drehen anfingen. Carole Bouquet spielte Carole Schneider, eine Frau, die aus Angst vor dem Leben in die Anstalt will. Viele von meinen Freundinnen und Theaterschauspielern waren dabei: Magdalena Montezuma, Ingrid Caven, Ida Di Benedetto, Christine Kaufmann, Ellen Umlauf, auch Carola Regnier, Fritz Schediwy, Hermann Killmeyer, Tamara Kafka und Marie-Luise Marjan, die ich in Bochum kennengelernt hatte. Marie-Luise Marjan übernahm später diese Dauerbrenner-Rolle in der »Lindenstraße« im Fernsehen, die ich mir nie angeschaut habe.

Prag selbst ist ein theatralischer Ort, die Anstalt, die wir im Studio bauten, war in diesem Sinne ein uralter überzeitlicher Schauplatz – ich wollte alles surrealistisch fremd und irreal, aber wir hatten nur ein Zehntel des notwendigen Budgets.

Die psychischen Innenwelten der Wahnsinnigen waren mir immer schon nah, sie sind die wahrhaftig gelebte Transgression, die immer mein Motiv und Reservoir war. Die Idee von »Tag der Idioten« war nun, den Wahnsinn so zu erzählen, dass er mit der Welt außerhalb der Anstalt verknüpft wurde.

Dana Horáková hatte ein politisches Plädoyer geschrieben, und ich interessierte mich schon lange für Michel Foucaults »Wahn und Gesellschaft«, für den »Antioedipus« von Deleuze und Guattari und die Antipsychiatrie-Schriften von Ronald D. Laing, David Cooper und Franco Basaglia, Letzterer war ja in Italien mit der Forderung erfolgreich, die Anstalten zu öffnen und die Schizophrenen in die Welt zu entlassen. Die Philosophie und Politik der Öffnung interessierte mich sehr, denn man definierte ja auch die Homosexuellen als krank, sperrte sie weg und therapierte sie – diese sanktionierte Repression war ein Grund, warum ich die Psychologie, Psychoanalyse und Psychiatrie ablehnte.

Aber interessant ist doch der einzelne Mensch, also die Frage, ob er die Öffnung aushält, die Angst besiegt.

»Tag der Idioten« war voller Ideen, wir inszenierten mit den Frauen zusammen die innere Anstalt, die Manien und Ängste und den speziellen Humor der Kranken.

Die Carole des Films versucht alles, um in die geschlossene Anstalt hineinzukommen und vor ihrer Verrücktheit in den geregelten Zwang zu flüchten, quasi in die Welt des »Ich latsch herum, mir wird ganz dumm, ich latsch im Kreis und mir wird heiß, ich latsch gradaus und ich will raus ...« – so lautete der Stegreim, den eine Patientin wiederholt. Sie schafft es, indem sie eine andere Frau bei der Polizei denunziert und behauptet, diese sei eine Terroristin.

Die Terroristenhetze damals wollte ich unbedingt ohne jeden moralischen Vorwurf mit hineinnehmen. In der Anstalt kommt sie mit den merkwürdigsten Gestalten zusammen, mit Frauen in einem großen Saal, die sich alle in ihren Manien nahe sind, manchmal auch zu nahe. Magdalena Montezuma ruft nach ihrer verlorenen Seife, Ellen Umlauf brüstet sich mit neunundvierzig Mal an einem Tag im Eros-Center, Christine Kaufmann kaut an den Nägeln, Ula Stöckl pinkelt stolz im Stehen wie ein Mann, was ich mir immer auch von Maria Callas vorgestellt hatte. Die Anstaltsärztin Laura, die Ingrid Caven spielt, und ein Pfleger zweifeln aber Caroles Wahnsinn an. Es kommt zu der Entscheidung, ob sie draußen zu ihren Bedürfnissen stehen kann, ob sie überhaupt wagt, herauszufinden, was ihre Bedürfnisse sind. Die Anstaltsärztin spricht Klartext:

»Ich glaube an die offene Anstalt.« Und dazu ließen wir die Studioaufbauten buchstäblich zusammenbrechen. Aber als Carole dann als Junge gekleidet draußen ist, schafft sie es nicht und läuft vor ein Auto. Es liegt immer in einem selbst, ob man die Freiheit findet.

Ich finde Carole in »Tag der Idioten« in ihrer Art vollendet. Wir gewannen 1982 den Bundesfilmpreis in Gold, aber ich war in Deutschland Persona non grata für große Spielfilmproduktionen, und so gab es keinen Anschlussfilm. Ich hätte die Musik gern selbst zusammengestellt, die von Peer Raben komponierte kam mir wie Mauschelmusik vor. »Jamais la vie« hieß der Film, als wir ihn in Cannes präsentierten – vielleicht der bessere Titel.

Carole probierte sich in Abenteuern aus. Ich erinnere mich, dass ich nach den Dreharbeiten mit ihr nach Italien fuhr, ich fünfunddreißig, sie vierundzwanzig Jahre alt. Wir waren in ihrem wunderbaren Auto unterwegs, hatten aber kein Geld, was uns bei dem tollen Auto kein Mensch glaubte. Also sagte ich zu ihr: »Jetzt machst du deine Schauspielprüfung« und schickte sie in Florenz in ein Café, wo sich der Besitzer bei ihrem Anblick an die Eier fasste, diese typisch italienische Geste: »Isser noch da? Zum Einsatz bereit.« Das passierte Carole unentwegt. Sie sollte sagen, sie liebe ihren Mann da draußen wahnsinnig, aber leider hätte er auch das Bedürfnis nach jungen Männern. Er solle die besten Schwulenlokale nennen. Der Wirt fiel vor Schreck fast um. »Wird's bald? – Sei muto?« konnte ich von ihren Lippen ablesen. Mit Krakelschrift schrieb er eine Adresse auf. »Jetzt hast du die Prüfung bestanden«, lobte ich sie. Wir fuhren also in einen Schwulenbums, was es in Italien ja kaum gibt, da saßen Schwule und Lesben zusammen. Irgendwann sprach uns ein Italiener in den besten Jahren an. Er hatte einen schwarzen oder silbernen

Jaguar und lud uns in sein Haus auf den Hügeln über Florenz ein. Die anderen Gäste warnten uns, das sei gefährlich. Aber sie wollten sich nur Carole schnappen, da gab es nämlich welche, die es auch gern mit Damen hatten, diese Hinterpommern.

Wir fuhren also mit dem Mann in seine schöne Villa. Er hatte tatsächlich einen von innen beleuchteten Swimmingpool, es war Sommer, laue Luft, laues Wasser. Er machte uns ein schönes Bett mit Champagner rosé im Eiskübel. »Das kann noch was werden«, meinte Carole. Es war klasse, Carole war eine tolle Reisekameradin.

Sie wurde im selben Jahr, als wir »Tag der Idioten« drehten, das James-Bond-Girl »in tödlicher Mission«, von da an war sie ein Star und ein paar Jahre später spielte sie auch in »Jenatsch« von Daniel Schmid.

Carole heiratete den exzentrischen Filmproduzenten Jean-Pierre Rassam, einen Libanesen, der es mit Marco Ferreris »La grande Bouffe – Das große Fressen«, mit Roman Polanskis »Tess« und vielen anderen Filmen zu Geld und Ruhm gebracht hatte. Rassam war ein begnadeter Trinker, ein großer wilder Hedonist, der auch einige Jahre mit Isabelle Huppert liiert war und 1985 an einer Überdosis Beruhigungstabletten starb.

An dem Silvesterfest davor feierten wir eine Party mit Rassam, Carole und einer großen Gesellschaft in Paris. Mein Freund Antonio Orlando verschwand mit Sofia Coppola, die damals vierzehn war, im Keller. Es wurde ein Affentheater! Sofia ein halbes Kind und Antonio ein süßer kleiner Neapolitaner. Die beiden tauchten wieder auf, da dachte ich, das Unheil naht, aber Rassam kreuzte auf und knallte Antonio eine, während Francis Ford Coppola vom anderen Raum her auf die beiden zurollte. Rassams strafende Geste hielt das Verhängnis auf, das musste ich dem schockierten Antonio später in der Nacht auseinandersetzen. Rassam war seine Rettung gewesen, sonst wäre der Alte über ihn hergefallen. Sofia fand Antonio einfach süß, was ich gut verstehen konnte.

Heute dreht Carole ein, zwei Filme im Jahr und spielt Theater, zum Beispiel »Bérénice« von Jean Racine am Théâtre Les Bouffes du Nord, wo Peter Brook gastierte. Ich frage mich, ob sie Fortschritte als Schauspielerin macht, ob sie diese Textmengen bewältigt? Sie ist kein dramatisches Talent, aber sie mag es und hat genug zu tun. Carole war lange mit Gérard Depardieu liiert, sie hat zwei Söhne großgezogen und setzt sich engagiert gegen Kinderschändung und Wohnungsmissstand ein. Sie ist heute eine schöne Dame, die als Model für »Chanel Nr. 5« ein Vermögen verdient, da hat man ausgesorgt. Ich mag sie sehr.

Jean-Pierre Rassam wäre ein Kapitel wert, auch seine Schwester. Es gab differenziertere Begegnungen zwischen uns. Der Regisseur Claude Berri gehört dazu, Rassams Schwager, der Ehemann der Schwester von Jean-Pierre Rassam. Seine Frau Anne-Marie Berri. Sie war eine ganz liebe Freundin, einer der wenigen Menschen, mit denen ich gern im selben Bett geschlafen habe. Wir waren wie Geschwister.

Anne-Marie schenkte mir beim Filmfestival in Venedig spontan ihren Ehering. Sie wurde ganz aggressiv, als ich sagte, dass ich ihn nicht annehmen könnte: »Du nimmst ihn, sonst schmeiße ich ihn dir ins Gesicht!« Ich nahm den Ring also. Es war der Ring der Großmutter von Claude Berri, aus Platin, mit einem großen Brillanten als Solitär, Schätzwert hunderttausend Mark. Ich habe ihn durch Antonio zurückbringen lassen. Darauf warf sie ihn mir wirklich ins Gesicht. Ich trug ihn also, und als ich kein Geld hatte, dachte ich, ich versetze ihn, aber das fand ich dann doch zu schofel. Am Ende wurde mir dieser kostbare Ring auf den Philippinen geklaut, ich hatte ihn im Bett an einer silbernen Kette um den Hals getragen.

EINE BLASPHEMISCHE SIPPE

Als »Das Gespenst« 1982 auf der Berlinale seine Premiere hatte, stellte ich den Film anstelle von Herbert Achternbusch vor, weil er nicht kommen mochte. Ein paar Tage später waren wir mit meinem Film »Das Liebeskonzil« dran. Der Film ist nach wie vor in Europa verboten, was sogar vor dem Europäischen Gerichtshof in Straßburg verhandelt wurde. Jemand sandte mir vor Jahren die Unterlagen zu, aber ich habe sie nicht aufgehoben. Wenn man mit ein paar Dingen im Koffer von Hotel zu Hotel oder von Freunden zu Freunden zieht, schleppt man keine Akten mit. Es gab sogar Leute, die wegen des Films Wallfahrten nach Altötting unternahmen, um meine Seele zu retten. Ich konnte die Aufregung um das »Liebeskonzil« nie verstehen, aber der Film ist in Tirol, wo neunzig Prozent der Einwohner katholisch sind, verboten. Es gibt leider ein von Straßburg abgesegnetes Grundsatzurteil, wonach sich jeder Filmverleiher überlegen muss, wem er in welchem wie religiös geprägten Landstrich wie viel Satire zumuten darf. Wegen Gotteslästerung und Verletzung der religiösen Gefühle einer Mehrheit in Österreich ist der Film praktisch verschwunden.

Dabei ist er harmlos, witzig und lieb, im Grunde eine Weiterführung des Blasphemie-Prozesses gegen den Autor. Oskar Panizza schrieb diese antikatholische Satire 1895, ließ sie aber nicht zu Hause in Bayern, sondern in der Schweiz drucken. Nachdem dreiundzwanzig Exemplare davon in München verkauft worden waren, erstattete jemand Anzeige. Panizza stritt nicht ab, dass er es durchaus auf den Verkauf abgesehen hatte und stolz darauf war. Für diese Widersetzlichkeit gegen die Autoritäten saß er ein Jahr in Einzelhaft und war wegen der Prozesskosten ruiniert.

Erst 1969 wurde sein Stück »Das Liebeskonzil« in Paris wiederaufgeführt, dann 1981 in Rom vom Teatro Belli. Peter Berling, der in Rom wohnt, sah sich die Aufführung, in der sich die Römer köstlich amüsierten, an und schlug mir, als »Querelle de Brest« und sein Transamericana-Ballettfilm gescheitert waren, eine Blitzproduktion mit dem Teatro Belli vor. Der Duisburger Filmverleiher und Produzent Hanns Eckelkamp beteiligte sich finanziell, Dietrich Kuhlbrodt, der Filmkritiker und Staatsanwalt und seit vierzig Jahren ein Freund aus den Zeiten des Anderen Kinos, schrieb das Drehbuch zur Rahmenhandlung, und dann drehten wir »Das Liebeskonzil« als Low-Budget-Stück mit dem Kameramann Jörg Schmidt-Reitwein in zehn Tag- und Nachtschichten in Rom und Berlin. Catherine Brasier-Snopko montierte die italienischen und deutschen Passagen mit mir.

Der Film folgt der italienischen Theaterinszenierung des »Liebeskonzils«, umrahmt von Szenen des Tribunals gegen Panizza. Die deutsche Synchronisation, bei der ich mit dem Text noch ordentlich zugeschlagen habe, ist besser als das Original. Die Aufführung war bieder, der Witz nicht so scharf, ich hab's durch die Synchronisation verbessert. Die Synchronisation ist vielleicht das eigentliche Werk, da macht man sich in die Hose vor Lachen.

Wunderbar ist Volker Spengler als Gottvater mit dem Heiligen Geist, der Taube, die ihm auf den Kopf scheißt – ich hatte sie trainiert, die Taube. Und Hans Peter Hallwachs als Teufel, Magdalena Montezuma als Magdalena, Margit Carstensen als Staatsanwältin, Heinrich Giskes als Verteidiger, Kurt Raab als Gerichtspräsident, der Teatro-Belli-Chef Antonio Salines als der selbstmörderisch wahrhaftige Panizza und dazu die vielen anderen Mitglieder unseres Ensembles. Wir machten einen aufgelassenen Friedhof in

Berlin mit Nebelkerzen zur Hölle und fuhren auf dem Landwehrkanal über den Styx.

Das Stück spielt im späten Mittelalter zur Zeit des Prunk- und Orgien-Papstes Alexander VI., über dessen Tochter Lucrezia Borgia wir uns ja schon in Bochum eine wilde Farce erlaubten. Gottvater ist alt und tatterig, Christus debil, Maria eine schlaue Intrigantin. Sie sehen sich die schauerlichen Zustände am Hof des Papstes an, was das Teatro Belli übrigens manierlich weggelassen hat. Gott braucht eine geeignete Strafe für die Menschen, aber sie sollen zur Reue und Erlösung fähig bleiben, weil Gottvater sich keine besseren Menschen schaffen kann, er ist viel zu senil dazu. Der Teufel findet das geeignete Rezept, die Syphilis, und handelt Gott dafür ein neues Portal zu seiner heruntergekommenen Hölle ab. Als Extra darf er aber weiter ungestraft seine teuflischen Verführungskünste auf der Erde anbringen.

Als wir das »Liebeskonzil« auf der Berlinale zeigten, verbreitete Hanns Eckelkamp überall Plakate, die einen Satyr mit großem erigiertem Schwanz zeigten. Diese Skulptur hatte im Film auf dem Piano des Teufels gethront – ganz im Hintergrund. Die katholische Kirche entrüstete sich, es gab Proteste und Krawall. Daraufhin pfiff der Verleiher seine eigene Werbestrategie zurück und wollte sogar ein Gutachten von Dietrich Kuhlbrodt über den bestehenden Blasphemie-Paragraphen und unseren Film zur Rechtfertigung an die Presse ausliefern. Ich war empört. Wir gaben später Bücher heraus, mit Fotos, einem Stück meines Synchronisationsdrehbuchs, Dokumenten zu Panizza und Kuhlbrodts Schriftsatz, aber Eckelkamps Angst vor der Inquisition war ein Skandal. Peter Berling und ich protestierten per Telex: »lieber eckelkamp, sie haben sich durch die von ihnen selbst herbeigefuehrte ›spektakulaere‹ und ›kommerzielle‹

werbung einen papierdrachen aufgebaut, vor dem sie jetzt schreiend davonlaufen. ich mache dieses wuerdelose und schizophrene schauspiel nicht mit. ... die kleinen schwarzen panizza-breviere werden an das festival-publikum verteilt. ebenso werden die panizza-mersprueche im atlas-verleih-stand aufgehaengt. sonst bleibt der vorhang zu. etwas mehr mut und freiheit, ja auch glauben wuensche ich ihnen fuer die zukunft. fuer immer der ihre, werner schroeter. ps: ich erwarte die auszahlung der mir lt. vertrag zustehenden letzten rate in berlin.«

RÉVEILLE-MOI À MIDI

Als wir im Mai 1982 in Frankfurt am Main gerade die Premiere von »Don Carlos« gefeiert hatten, traf uns die Nachricht von Rainer Werner Fassbinders Tod wie ein Schock. Zwar war ich wütend, enttäuscht und eifersüchtig gewesen, dass er mir mein Herzensprojekt »Querelle de Brest« weggeschnappt hatte, überhaupt hatte die Kränkung stärker in mir getobt, als ich es öffentlich zugeben mochte, doch nun verlor ich mit Fassbinder einen Menschen, dem ich mich trotz allem brüderlich verwandt fühlte.

Zuletzt hatte ich den wirklichen Fassbinder, der mir etwas bedeutete, in dem wunderbaren Film »In einem Jahr mit dreizehn Monden« gefunden. Die Liebe darin war ein solch bedingungsloses totales Verschleudern. Die Transsexuelle Elvira, von Volker Spengler verkörpert, die aus Liebe zu einem Mann zur Frau geworden ist, erfährt überall nur Spott und Ablehnung. Über das gängige Melodram hinaus war das ein aus Schmerz geborener Film, ein Denkmal für Fassbinders toten Lebenskamerad Armin. Er nahm sich das Leben, nachdem sich Fassbinder von ihm getrennt hatte. Fassbinders Mutter fand den Toten erst nach Tagen in der Wohnung, die ich nur allzu gut kannte. Ich stellte mir immer mit der mir eigentümlichen Drastik vor, dass die Leiche von Würmern zerfressen war. Damals sollte Fassbinder in einer »Othello«-Inszenierung von Peter Palitzsch am Schauspiel Frankfurt den Jago spielen – eine seltsame Idee –, stattdessen kreierte er diesen dichten, intensiven Film über Liebe und Liebesunfähigkeit. Neben »Die Ehe der Maria Braun«, »Händler der vier Jahreszeiten« und »Katzelmacher« stand »In einem Jahr mit dreizehn Monden« für mich immer über allem.

Bei der Trauerfeier für Fassbinder überkam mich eine seltsame Ruhe, auf die mich seine Filmfamilie und die Münchener Szene später mit Befremden ansprachen. Wir waren die gleiche Generation, wir fühlten, dass eine Ära zu Ende ging, in der wir den deutschen Film mit unseren Gesten des Aufbruchs und der Revolte geprägt hatten. Das ganze Jahr über kreisten die Gespräche immer wieder um den Verlust, auf den ich mir meinen eigenen Reim machte. Fassbinder hatte einen Teufelspakt mit seiner Seele geschlossen, hatte auf die Liebe zu konkreten anderen Menschen verzichtet, um dafür die Gunst des Publikums zu erringen. Ich empfand diese beispiellose Arbeitswut als die wahre Tragödie.

Viele hielten mir meine gelassene, fatalistische Reaktion auf Fassbinders viel zu frühen Tod vor. Das Quantum Arroganz darin war mir bewusst, aber ich konnte gar nicht anders, als zum Fachmann für seelische Gefährdungen zu werden. Mit der dekadenten Todessehnsucht, die man mir gern unterstellte, hatte das nichts zu tun. Lieben wir das Leben nicht gerade, weil wir sterben müssen?

Im Übrigen war mein Sarkasmus notwendig, um die Angst vor unser aller Zerbrechlichkeit zu besiegen. Ich war von lauter Gefährdeten umgeben. Viele waren drogenkrank, und täglich trafen neue grauenhafte Krankheitsmeldungen ein, als Aids sich epidemisch ausbreitete. Die Leute in meiner Umgebung starben wie die Fliegen. Die schlimmste Nachricht von allen erreichte mich wenige Wochen nach Fassbinders Tod. Im Sommer 1982 erfuhren wir mit niederschmetternder Gewissheit, dass Magdalena Montezuma, nicht einmal vierzig Jahre alt, schwer an Krebs litt.

Es half wenig, traurig, wütend und verzweifelt zu sein. Noch im Frühjahr hatten wir am Schauspiel Frankfurt am

Main für »Don Carlos – Heute wird aus dem Stegreif gespielt« zusammengearbeitet, ich hatte dort neben der Regie auch das Bühnenbild entworfen, sie neben ihrer Rolle auch die Ausstattung. Wir konnten damals nicht ahnen, dass es unsere letzte gemeinsame Theaterarbeit sein würde. Magdalena war aus sich heraus eine anerkannte Schauspielerin geworden, eine äußerst aparte Erscheinung, die im Begriff stand, das Spektrum ihrer Schauspielrollen zu erweitern. Doch die Krebskrankheit machte weitere Pläne zunichte. Im Lauf des Jahres 1983, als ich über Monate in Argentinien arbeitete, musste ich mich dem Gedanken stellen, dass sie nicht mehr lange leben würde. Solange es uns möglich war, wollten wir zusammenarbeiten, etwas schaffen, das war unsere Liebeserklärung aneinander.

Mit dem Frankfurter »Don Carlos« gastierten wir in dem traurigen Sommer 1982 beim Festival in Avignon. Es handelte sich bei der Aufführung um einen schönen Etikettenschwindel: Friedrich Schillers Großdrama war angekündigt, tatsächlich aber führten wir zusammen mit Eva Schuckardt, Carola Regnier, Hans Peter Hallwachs, Rainer Will und Frankfurter Ensemblemitgliedern Luigi Pirandellos Stück »Heut abend wird aus dem Stegreif gespielt« auf. Darin studiert eine Theatertruppe eine Ehetragödie ein, in der eine unglückliche Frau ihren eifersüchtigen Mann verlassen will, der sie mit Gewalt daran hindert, Schauspielerin zu werden. Man schaut den Darstellern dabei zu, wie das Stück entsteht und immer wieder von ihren Konflikten unterbrochen wird, so dass sich das Ehedrama und die Wirklichkeit der Schauspieler wie Mosaiksteine ineinanderlegen.

Ich fand in Pirandellos Stücken wunderbar zum Ausdruck gebracht, dass Theater nie nur eine Illusionswelt ist, sondern in dem Moment, in dem die Schauspieler sie aufbauen, Wirklichkeit wird. Realitätsflucht existiert nicht im Theater. In jenem Jahr gab es eine starke Protestbewegung gegen die Erweiterung des Frankfurter Flughafens und eine noch stärkere gegen die Stationierung amerikanischer Pershing-Raketen auf deutschem Boden. Mich interessierten weniger die deprimierenden Szenarios des möglichen Atomkriegs, sondern die Demonstrationen, die sozialen Bewegungen und wie sich darin das erwachende Ich der Einzelnen manifestierte. Subventioniertes Theater für die Geldleute der Frankfurter Banken wollten wir nicht machen, aber auch kein evidentes Hinweis-Theater. Wir träumten von der Öffnung für neue Zuschauergruppen, von einer neuen Form des Theaters als moralische Anstalt, wie Schiller es vorgeschlagen hatte. Deshalb der »Don Carlos«-Titel.

Pirandellos Eifersuchtsthema in »Heut abend wird aus dem Stegreif gespielt« rührte auch an die heiklen Punkte unserer Liebes-, Freundschafts- und Arbeitsbeziehungen, nicht zuletzt zu Magdalena. Auf der Bühne stellte sich die Frage, ob man sie ausleben oder unterdrücken sollte. Die Schauspieltruppe im Stück kämpft mit einem tyrannischen Theaterdirektor, der Rivalitäten schürt. Diesem abgelebten Modell wollten wir andere Beziehungsformen entgegensetzen, das schien mir als gesellschaftliche Veränderung wichtiger als die Politik. Mein Standpunkt war, dass Eifersucht die negative Form der Leidenschaft sei, ohne die menschliche Beziehungen nicht existieren. Ich plädierte für Verständnis für den Eifersüchtigen, aber in Grenzen. Denn sonst führt die Eifersucht, wie im Stück dargestellt, zum Erstickungstod. In Publikumsgesprächen und Interviews vertrat ich die Weisheit, dass Liebe dem anderen Raum zu geben habe, statt ihm Unfreiheit aufzuzwingen.

Aneinanderkleben ist ein übles Relikt heterosexueller Beziehungsnormen. Doch die Freiheit, wie ich sie lebte, war eine anstrengende Sache, auch für die anderen. Bei meinem angeborenen Individualismus und meiner Reibung an bürgerlichen Lebensformen nahm ich mir die Freiräume, die ich der Welt von Herzen wünschte. Ich war spontan, nomadisch, unzuverlässig, ein anspruchsvoller, fordernder Liebhaber. Und andererseits brauchte ich Menschen, die mir zuhörten, aushalfen, chauffierten und die halbe Nacht mit mir wach blieben, bis das schreckliche Einschlafen geglückt war.

Ich nahm, so gut ich es mit meiner Unruhe und Angst vor Krankheit vereinbaren konnte, Anteil an Magdalenas Erkrankung, lange nur aus der Ferne ... Unser Plan, einen Film zu drehen, beschäftigte mich intensiv, daneben bereitete ich meine Reise nach Argentinien vor. Parallel dazu arbeitete ich an der Fertigstellung eines Films, der mein Blick auf die Geschichte und Kultur der Philippinen war, mein Kommentar zur Entstehung einer Diktatur. Vier Mal reiste ich für diesen essayistischen Dokumentarfilm mit dem Titel »Der lachende Stern« nach Manila. Ein letztes Mal übernahm ich dafür in der alten Arbeitsweise Drehbuch, Regie und Kamera und neben Christel Orthmann auch den Schnitt selbst. Peter Kern, der Wiener Schauspieler und Regisseur, war mein Produzent. Wir arbeiteten in vielen Theaterinszenierungen zusammen, so auch 1983 bei der Berliner Inszenierung von Shakespeares »Komödie der Irrungen«. »Der lachende Stern« entstand ebenfalls mit Beteiligung des Zweiten Deutschen Fernsehens in Gestalt des geduldigen Redakteurs Christoph Holch.

»Der lachende Stern« hätte Propaganda *für* das Regime des philippinischen Diktators Ferdinand Marcos werden sollen, tatsächlich gelang mir aber ein Portrait aus lauter

Splittern, die Geschichte eines Landes unter amerikanischem Einfluss, und nicht zuletzt verlor darin die drollig-obszöne Präsidentengattin Imelda Marcos ihre Maske.

Die Philippinen litten damals zunehmend unter der korrupten Marcos-Diktatur. Die extravagante Imelda suchte nach einer passenden Tünche dafür und kam auf die Idee, ein großes Filmfestival einzurichten, das sogar Cannes Konkurrenz machen sollte. 1983 fand es tatsächlich in einem aus dem Boden gestampften scheußlichen Festivalpalast statt, in dessen Beton viele verunglückte Arbeiter begraben waren, weil man auf die Sicherheit für Menschen nichts gab.

Bereits 1979 erhielt ich die Einladung des Büros der Präsidentengattin, einen Film im Land zu drehen, weil die Philippinen seit Francis Ford Coppolas »Apocalypse Now« eine gute Adresse für internationale Produktionen geworden seien. Die Ex-Schönheitskönigin Imelda mit ihrer immensen Schuhsammlung, den seltsamen Puffärmel-Roben und Jetset-Allüren wollte als Ministerin für »Human Settlement« mit teuren Kulturprojekten glänzen. Ich nahm die zwielichtige Einladung an, in der Absicht, das unbekannte Land zu erkunden. Asien hatte mich immer interessiert, ich wollte hinter den Spiegel des Regimes schauen. Am Ende wurde daraus ein Kaleidoskop des zerrissenen Landes. Ich bat Schauspieler, die traditionellen Mythen zu erzählen, und Laien, unter ihnen arme Reisbauern, Landflüchtige, Schulkinder und ehemalige Komparsen von »Apocalypse Now«, Szenen aus ihrem Leben zu improvisieren. Ich nahm Darsteller der blutigen christlichen Passionsspiele in ihrem Delirium auf und ziemlich unverfroren geile Pornodarsteller aus den Gay-Bars von Manila – beides übrigens enorme Touristenattraktionen nicht erst seit dem Einfall des Coppola-Teams auf dem Archipel. Hollywood bildete quasi die Nachhut des amerikanischen Militärs, das seit dem Zweiten Weltkrieg die Rolle des älteren spanischen Kolonialsystems übernommen hatte, und das korrupte Regime profitierte von dieser Abhängigkeit. Imelda Marcos konnte ich bei der Rede zur Eröffnung des Festivals aus der Nähe beobachten, wie verlogen sie von Humanität, Entwicklung und menschlichen Reserven faselte und den Song »Feelings« zum Besten gab. »Der lachende Stern« steht für ein Spiel, bei dem ein philippinischer Junge Hölzchen zu einem Kreuz zusammenlegte und dieses durch Wassertropfen in Bewegung versetzte. Nach vielen Versuchen nahm das Kreuz die Form eines mehrzackigen Gebildes an, das dem Stern der philippinischen Nationalflagge ähnlich sah. In derselben persönlichen Weise, mit der ich eine kritische Annäherung an Manila versuchte, wollte ich auch das nächste Filmprojekt in Buenos Aires realisieren.

DER ROSENKÖNIG

»Der Rosenkönig« war mein erster Film, in dem Elfi Mikesch die Kamera führte und ohne mit der Wimper zu zucken eine magische Bildwelt entwarf, die nicht zu übertreffen ist. Es war ihr erster 35mm-Film und auch in dieser Hinsicht eine große Herausforderung. Der Film ist dicht und farbig, er ist mir sehr, sehr wichtig, mehr als eine Herzensangelegenheit, eine wirkliche Notwendigkeit.

Drei Personen aus meinem Leben spielen die Hauptrollen, im Zentrum Magdalena Montezuma, neben ihr Antonio Orlando und Mostefa Djadjam. Die drei waren damals meine besten Freunde, mein Leben mit ihnen auf die komplizierteste Weise verstrickt. Die Geschichte, die der Film erzählt, entstand nicht aus einem surrealen Traum, sondern aus einem wirklichen existentiellen, sie fasste diese drei Menschen zusammen in dem, was sie mir im Leben und in der Kunst bedeuteten.

Ich hatte dieses grausame Märchen geträumt, als Magdalena, lange Zeit meine Lebensgefährtin und Mitarbeiterin, schon seit einem Jahr wusste, dass sie bald an Krebs sterben würde, vielleicht, um Verlust und Tod mit Re-Kreation, mit einem Werk, zu beantworten und irgendwie zu bannen. Es war eine Urtraumgeburt aus der Situation, in der wir drei miteinander verbunden waren. Magdalena starb keine vier Wochen nach den Dreharbeiten, aber sie wollte diesen Film unbedingt noch machen und trug selbst zum Sujet und den Dialogen bei. »Der Rosenkönig« ist Magdalena gewidmet.

Dem »Rosenkönig« liegt ein Impuls zugrunde: Der Tag ist ein Leben, die Nacht ist ein Leben, und die Synthese ist in diesem Fall der Tod. Der Filmkritiker Karsten Witte hat es gut beschrieben: »... ein Rosenkönig ist Legende. Er hat kein Reich, außer im Land der Träume. Der Rosenkönig ist eine Kunstfigur, die an sich die tödlichen Gefahren der Kunst verkörpert. Sie lebt er, ihnen erliegt er, irdisch, männlich, keinesfalls als Heiliger. Der Schein der Heiligkeit liegt auf Magdalena Montezuma. Sie ist die Mutter des Rosenkönigs, die das Verhängnis in der Schönheit ahnt.«

Magdalena spielt die Besitzerin einer Rosenplantage am Atlantik, Mostefa ihren Sohn, der die Geheimnisse der Rosenzucht beherrscht, mit der Mutter die Sorge vor dem Bankrott teilt, aber sich von ihr fort dem schönen italienischen Plantagenarbeiter zuwendet, den Antonio verkörpert. Er nimmt ihn gefangen, will ihn für sich, malträtiert den Armen in der Apotheose des Films wie eine schöne Pflanze, aus der er durch die Zuchttechnik des Aufpfropfens etwas noch Schöneres glaubt züchten zu können. Es ist ein dunkler Traum über einen Künstler, der sich in den schönen Arbeiterjungen verliebt, ihn aber vollkommen entmündigt. Nimmt man »Weiße Reise« aus, ist »Der Rosenkönig« mein einziger Film über einen Mythos schwuler Leidenschaft.

Magdalena war schon ungeheuer schmal und transparent, aber sie arbeitete bis zuletzt voller Lebensbejahung bei den Dreharbeiten mit. Ich kann nichts Morbides in unserem Film sehen.

Als ich das Traumkonzept zum Rosenkönig bei der Fernsehredaktion vorlegte, mit der ich schon viele experimentelle Filme machen durfte, haben alle abgesagt, es gab kein Geld. Die Uhr lief aber, Magdalena war todkrank. Es blieb mir nichts anderes übrig, als Menschen, die ich kannte, direkt zu bitten, dass sie dafür Geld spenden. Zu denen, die mir Geld gaben, zählten Rudolf Augstein vom

»Spiegel«, Margarethe von Trotta, Juliane Lorenz, meine gute Freundin und verlässliche Vertraute, die Münchener Filmemacherin und Produzentin Katrin Seybold sowie ihr Gefährte Thomas Harlan, und eine stattliche Zahl weiterer großzügiger Menschen, die alle einsahen, dass kein Zögern mehr möglich war und die die Idee im Vertrauen auf mich und Magdalena gut fanden. Es wären heute rund einhundertdreißigtausend Euro, die zusammenkamen. Der portugiesische Produzent Paulo Branco finanzierte den Film weiter und ließ mich drehen, wie ich wollte. Auch Hubert Bals vom Rotterdam-Filmfestival hat aus Holland Geld besorgt. So hatten wir gerade so viel, dass wir gut leben konnten, gut essen und uns wohl fühlen konnten, so gut es ging, um den Film ohne Gage zu Ende zu bringen und eine gemischte farbkorrigierte Kopie vorzuführen.

»Der Rosenkönig« wurde in Sintra bei Lissabon gedreht. Das ist ein Ort mit einem absonderlichen Mikroklima, einer Art Windscheide. Auf der einen Seite des Tals gibt es einen Dschungelwald, auf der anderen das Meer mit dem Strand, auf den Magdalena von ihrem Hotelzimmer aus schauen konnte. Dunkelheit und Helligkeit wechselten sich in diesem Klima ab, meine ewige Nacht-Besessenheit brach sich Bahn. Elfi Mikesch arbeitete damit, so dass man im Film immer nur weiß, dass gerade Tag ist, wenn die neugierigen voyeuristischen Kinder von Sintra auftauchen. Alles wirkte wie ein magischer Raum, wie ein Mirakel, das uns daran erinnerte, dass man im Tod tatsächlich in solchen Geheimnissen verschwindet.

Die alten Häuser in Sintra und die alte Scheune, die wir in Montijo nicht weit von Lissabon fanden, ermöglichten eine Reise durch die Zeit. Die Geschichten der Menschen, die darin lebten, spiegelten sich in ihnen. In Portugal gibt es noch sehr viele alte Häuser, aber leider werden inzwischen die legendären bemalten Fliesen von den Wänden geschlagen und einzeln an Touristen verkauft.

Wir ließen alles unberührt, auch in Zimmern voller Spinnennetze – leider musste eine riesige Mutterspinne beim Filmen ihr Leben lassen. Wir drehten in einem viel unheimlicheren Haus als in »Willow Springs«, es war vielleicht hundertfünfzig Jahre nicht aufgeschlossen worden. Dort empfand man sich eins mit der Geschichte und dem Genius loci – alles Zeichen, die uns Magdalenas bevorstehenden Tod bewusst machten.

Wir reagierten auf ihre Kraft und ihre Schmerzen, nicht auf Dispositionspläne oder Tages- und Nachtzeiten laut Drehbuch. Der Film war unsere existentielle Lebensform, und wenn ich den »Rosenkönig« wiedersah, war ich jedes Mal überzeugt, dass seine zeitlose Wirkung daraus herrührt. Magdalenas Anstrengung, mit der Krankheit umzugehen, und der Schmerz schlugen sich auf uns alle nieder. Antonio Orlando verfiel wieder dem Heroin, was er zuvor aufgegeben hatte. Es sei gesagt, dass er sich nach dem »Rosenkönig« noch einmal davon befreien konnte. Ich litt Qualen, weil ich in jeder Touristin eine Rivalin in Bezug auf meinen geliebten Mostefa Djadjam sah. Jeder reagierte auf seine Weise, aber alle waren mit ganzer Seele bei dem Film. Unsere extremen Reaktionen wurden zu seinem Reichtum, keiner verstellte sich, und ohne dass wir gejammert hätten, flossen unsere Gefühle in den Film ein.

Weil es sich um ein böses Märchen handelte, kamen schöne seltsame Tiere vor. Zum Beispiel war mir eine portugiesische Giftkröte, Paula mit Namen, über den Weg gelaufen. Sie erschien mir wie eine verzauberte alte Hexe, deshalb lockte ich sie in den Film. Sie überlebte die Dreharbeiten gut und bekam eine schöne Gage in Form von Regenwürmern. Dann gab es noch Mafalda, den genial begabten weißen Ratterich, den ich so nannte, um ihn zu beleidigen. Mafalda wurde uns von Kindern in Montijo gebracht, er war ein richtiger Rattenkönig mit großem Stamm, keine Laborratte. Er war voller Zuneigung und machte schön das, was man wollte. Er schlief bei Elfi oder mir im Bett, meist in meinen Haaren. Ich bin mir sicher, dass Mafalda träumte. Auch diese Karriere nahm ein ruhmreiches Ende, denn Elfi schmuggelte die Ratte unter ihrem Pullover nach Deutschland, wo sie in Hamburg glücklich und zufrieden lebte – wenigstens kurze Zeit, denn Mafalda entwickelte eine heimliche Drogensucht, indem er die Ata-Büchsen zur Kloreinigung anfraß. Er wurde regelrecht Atasüchtig und starb trotz aller medizinischen Bemühungen an Leberkrebs.

Katzen haben einen göttlichen Charakter, sie gehören zu dem, was Schönheit in unser Leben bringt. Im »Rosenkönig« kreuzigt die verzweifelte Frau, die Magdalena spielt, eine Katze. Sie überträgt den gekreuzigten Jesus auf die Tierwelt, tut etwas Furchtbares in Anlehnung an einen grausamen Kultgedanken. Schon merkwürdig, dass sich nach den Blasphemie-Vorwürfen gegen Herbert Achternbuschs »Gespenst« niemand gerichtsnotorisch über den »Rosenkönig« empörte. Ich kann nur zweierlei Dinge dazu sagen: Ich war und bin ein überzeugter Christ, aber kein Kirchenliebhaber. Ich zitiere gern den Gedanken der Theosophin Uta Ranke-Heinemann, die anlässlich von Martin Scorseses interessantem Christus-Film sagte, Scorsese habe es eben auch nicht geschafft, Christus endlich vom Kreuz zu holen. In diesem Sinne hätte ich nichts dagegen, meinen »Rosenkönig« als Kirchenkritik zu verstehen. Es gibt auch eine Szene, in der der gefangene Junge eine Madonnenfigur auffordert, ihm endlich zu helfen, sonst würde er sie umbringen. Ich mochte die Szene nicht symbolisch deuten.

Immer wenn man versuchte, mich auf eine Symbolik festzulegen, wehrte ich mich dagegen. Ich provoziere im Sinn des lateinischen *provocare*, das nichts anderes heißt als *hervorrufen*. In meinen Filmen soll man sich nicht die Hektik einer Dramaturgie aufdrücken lassen. Ich will etwas *hervorrufen*, was mir selbst Freude, Trauer, Kummer macht. Wenn jeder seinen eigenen Film aus dem Kino mitnimmt, war ich zufrieden.

»Der Rosenkönig« konnte nicht in den Aids-Kampagnen benutzt werden, mit denen gegen die Stigmatisierung der Schwulen protestiert wurde. Er war nicht aktuell gemeint, nicht plakativ.

Magdalena starb am 15. Juli 1984 in Berlin, unser Film, ihr letzter, wurde erst 1986 fertig. Lange lagerte das Material bei Juliane Lorenz, bis wir die Montage zusammen beginnen konnten. Es ging nicht um Geld, es ging darum, dass wir es machen *mussten*. Jeder versuchte, das Äußerste und Schönste für den Film zu geben. Deshalb ist er zumindest für uns etwas Kostbares geblieben ...

ICH UND DER ALKOHOL – DER ALKOHOL UND ICH

»Io regno la droga«, das ist ein Zitat von meinem Freund Antonio Orlando, das heißt: »Ich regiere über die Droge, ich beherrsche die Droge.« Wir alle, zumindest die sensiblen kreativen Menschen, die im Leben mehr als Stabilität in einem bürgerlichen Rahmen suchen, kommen sehr früh mit den »Wundern« der Drogen in Berührung. In unserer Gesellschaft ist das von alters her der Alkohol. Ich muss sagen, ich habe ihn sehr gut vertragen. Für mich war das immer eine wunderbare Inspiration. Ich war nie betrunken, auch nach großen Mengen nicht. Ich habe auch nicht abends getrunken, um mich zu besaufen, sondern am Tag bei der Arbeit oder beim Nachtdreh. Das war ein stetes Vergnügen bis zu dem Punkt, an dem man merkt, der zweite Teil des Satzes »der Alkohol und ich« wird nicht mehr zu einem euphorischen Vergnügen, sondern zu einem physischen Bedürfnis, einer Abhängigkeit. Dann wird es zu einem Agens, das gerade reicht, um einen in Schwung zu bringen, aber nicht Phantasie und Ästhetik befördert. Das ist der Punkt, wo viele Menschen das Unglück haben, nicht rauszukommen. Ich habe es Ende der achtziger Jahre gemerkt und versucht, mir Inspirationen anderer Art zukommen zu lassen. Ersetzen kann diesen euphorischen Effekt eh nichts. Man muss in sich selbst eine andere Haltung dazu finden.

Mir ist das zum Glück gelungen. Aber was heißt zum Glück? Es hat mir durch Krankheit gar keinen Spaß gemacht, viel zu trinken, und dann der Kampf ums Dasein, in dem das Leben eine andere Art kreativer und euphorischer Schaffensenergie freisetzt, die sich von den Abhängigkeiten befreit hat. Ich dachte zeitweise, ich sei physisch abhängig, ein Alkoholiker in dem Sinne, dass ich nicht denken oder mich konzentrieren könnte oder unsicher würde. Zum Glück war das in meinem Fall nicht gegeben, denn wenn ich einmal längere Zeit den Alkohol absetzte, hatte ich keinerlei Störungen – gar keine.

Wenn ich jetzt im Jahr 2009 Alkohol trinke, dann ist das eigentlich ein sinnvolles Stimulanz, zu dem mir die Ärzte raten, weil es ein bisschen Energie gibt, aufbauend ist und in den Mengen, die ich jetzt trinke, tatsächlich ein leichtes, angenehmes Gefühl gibt. Das ist noch einmal ein Anfang, man trinkt Alkohol wieder so, wie ich es früher tat, um leichter zu werden.

Ich fing mit Cognac an. Meine Mutter musste tonnenweise Hennessy anschleppen. Damals kostete ein schöner französischer Cognac im Sonderangebot vierzehn Mark. Mark! Das war zu verkraften. Im Extremfall war es eine Flasche Cognac am Tag. Damit bewegte ich mich auf dem Pegel von Heiner Müller, den ich so verehrte, denn der trank eine Flasche Whisky am Tag – und war auch nie betrunken. Nie! Die seelisch-geistige Brillanz hat darunter nicht gelitten. Das war ein absolutes Phänomen.

Dann wurde es immer mehr und irgendwann einfach zu viel. Man merkt es auch im Magen und dass man keine Lust zu essen hat, wenn man so viel Schnaps, so viel Cognac trinkt. Also trank ich nun hauptsächlich Sekt, trockenen Sekt oder trockenen Weißwein. Heute trinke ich Weißweinschorle, alles andere gefällt mir nicht. Und manchmal ein kleiner Cognac in den Kaffee oder ein kleiner Rum in den Tee oder ein Tropfen Cassis zur Färbung in den Weißwein. Am liebsten trinke ich Weißweinschorle ohne Kohlensäure, weil ich die Säure seit meiner Krebsbehandlung im Hals nicht mehr vertragen kann. Mit weißen Pfirsichen, hm!

Ich komme auf dieses Thema, weil es in dieser Hinsicht

unglückliche Entwicklungen gab. Viele der Menschen, mit denen ich größte Liebes- und Sehnsuchtsverhältnisse hatte, neigten dazu, sich mit Drogen und Alkohol zu betäuben. In tragischer Weise mein heißgeliebter Antonio Orlando, Freund und Mitgestalter aus Neapel. Er nahm Heroin. Er schnupfte es und spritzte auch. Ich versuchte, so paternalistisch und moralisch wie möglich zu sein, so wenig wie möglich dieses »Ich weiß es besser« zu sagen. Aber bei Antonio war der Effekt des Heroins ziemlich paradox. Er kam nicht in diesen Zustand, Vorhang auf – denken – Vorhang zu. Stattdessen war es bei ihm ein Stimulans, er war sehr wach, außer wenn er zu viel genommen hatte, was bei der Arbeit nie vorkam. Er konnte sich disziplinieren. Ich sah das aber im Lauf der Zeit mit großem Kummer. Ich habe es geschafft, dass er einige Zeit aufhörte, aber nur kurz, und dann trank er sehr viel. Mit Alkohol war sein Verhalten sehr unangenehm, brutal und aggressiv.

Es führte so weit, dass ich auch versuchte, für ihn Heroin zu kaufen, damit es wenigstens guter Stoff war, nicht mit Rattengift und Penatenpuder versetzt. Damals war die Zeit, wo in Berlin Leute in der U-Bahn gefunden wurden, die saßen und aussahen, als ob sie schlafen würden, aber tot waren, weil die Dealer das Heroin mit Rattengift gestreckt hatten.

Ich war überall mit Antonio unterwegs, in New York, Palermo, London und Paris, überall. Wenn ich ihn ansprach, kam immer wieder der Satz: »Io regno la droga, la droga non regna me. – Ich beherrsche die Droge, die Droge beherrscht mich nicht.« Das eben ist der fatale Fehler, das sagt auch jeder schwere Alkoholiker. Er sagt es immer in dem Moment, in dem man weiß, es ist zu spät. Diesen blöden Satz sagt nur jemand, der bereits so abhängig ist, dass er gar nicht mehr klar sehen *kann* und auch von seinem inneren Antrieb gehindert wird zu sehen. Da hat die Droge bereits gesiegt.

Es ging immer auf und ab, eigentlich sehr traurig. Seine Arbeit aber war wunderbar. Dann bekam er Hepatitis B, in Prag, als wir den Film »Tag der Idioten« drehten. Er kam in Quarantäne, was äußerst brutal war. Davor hatte er schon einmal Hepatitis gehabt, sicher durch benutzte Spritzen. Dieser Kampf hat unsere Beziehung sehr geprägt, es wurde immer schlimmer. Bei dieser Art von krankhafter Abhängigkeit gibt es auch das Phänomen, dass nur noch gelogen wird. Ich habe ja nichts gegen Lügen, die Wahrheit ist vielleicht die größte Lüge, wenn jemand sich anmaßt, sie zu besitzen, wie Hofmannsthal es so klug die Klytämnestra in »Elektra« sagen lässt. Aber dann wird kein Versprechen mehr gehalten, das Geld wird gestohlen. Der Trieb ist stärker als jede ethische Verpflichtung oder der Verstand. Und ich liebte ihn sehr.

Ich hatte Antonio, meinen Freund, der junge Mädchen liebte, denn er war primär nicht homosexuell, und neben dieser Beziehung pflegte ich meine große Leidenschaft für Mostefa Djadjam und für Håkan Dalström. Ich hatte nie einen Besitzanspruch auf jemanden, und süchtig war ich auch nicht. Ich war so selig, dass ich diese drei Freunde hatte, auch als Ausweichmöglichkeiten, denn es erleichterte mir das Leben sehr. Mich nur noch um Antonio zu kümmern, das wäre nicht gutgegangen.

Alle stark Drogen- oder Alkoholabhängigen ziehen mit ihrer Sucht den anderen mit hinunter. Es gibt viele sinnvolle Abhandlungen darüber. Sie werden mit in die Hölle gezogen, das ist schrecklich. Ich habe mich auch ertappt mit schweren Alkoholikern, mit denen ich befreundet war, dass ich, wenn sie auf dem Klo waren, ihre Gläser ausgetrunken habe. Damit sie nicht mehr so viel saufen, soff ich dann mehr. Das ist ein typisches Beispiel. Aber es hat nichts genützt, da wurde das nächste bestellt, solange Geld da war.

Ich habe mich gegen das paternalistische Verhältnis zu Antonio gesträubt, ich habe mich zurückgehalten und mit ihm darüber gesprochen. Ich wollte es nicht. Ist doch auch sinnlos und ekelhaft, das nimmt doch kein junger Mann an, wenn Professor Dübelström spricht. Abgesehen davon ist es unstatthaft.

Aber es gab eine Magie zwischen uns: Antonio und ich. Er wurde am 7. April 1955 um 5.30 Uhr am Morgen geboren, ich am 7. April 1945 um 5.30 Uhr am Morgen. Ich in Georgenthal bei Gotha, er in Neapel. Seine Mutter machte sich große Sorgen um ihn. Sie rief mich an: »Salva mio figlio – Retten Sie meinen Sohn!« Aber ich konnte keine Versprechen geben, die ich von vornherein nicht halten konnte, weil mir das zu viel wurde. Ich arbeitete die ganze Zeit und hatte dieses lockere Leben, das einen großen Kraftaufwand erforderte.

Anfangs sagte Antonio manchmal: »Nimm doch mal was von dem Heroin.« Das ist eine typische Geste. Man denkt, man versteht den Menschen besser, und versucht es halt. Zum Glück war der Effekt haarsträubend. Mir wurde ganz warm und dämmerig und unwohl und trübe im Kopf, verhängnisvoll trübe. Stundenlang kotzte ich mit dem Kopf über der Kloschüssel. Ich legte mich aufs Bett, und wenn ich mich bewegte, wurde mir wieder schlecht. Wunderbar, dass es solch einen Power-Effekt auf mich hatte. Ich kann mir gar nicht vorstellen, wie jemand diese Phase übersteht und dann abhängig wird. Es ist anscheinend etwas, das mir entgeht oder ich reagiere besonders empfindlich. Bei Antonio war es ganz anders. Er wurde sehr aktiv und klar und geistreich.

Sein viel zu früher Tod 1989 hat mich sehr erschüttert.

Ida Di Benedetto sagte mir, als wir auf dem Weg zu einem kleinen Festival im Flugzeug saßen: »Antonio ist tot.« Tagelang hatte sie nicht gewagt, es mir zu sagen. Das war ein erschütternder Einbruch in meinem Leben, grauenhaft schlimm.

Er hatte einen Unfall gehabt. Er saß mit einem Freund im Auto, Antonio fuhr und kam von diesem bergigen Gelände Quartieri herunter auf die Via Roma, die auch Via Toledo genannt wird, eine größere Straße. Er ist in einen Autobus hineingefahren. Eigentlich gibt es in Neapel keine tödlichen Unfälle. Die Neapolitaner fahren virtuos und rasant, es gibt nicht wie hier Unfalltote in der Stadt. Ich nehme an, dass er entweder auf Entzug war oder zu viel gespritzt hatte, sonst fuhr er nämlich sehr gut. Letztendlich haben ihn dieser äußere Einfluss und die Droge getötet, und ich konnte ihn nicht retten.

Die Menschen in meiner Umgebung, die solche Drogen nahmen, waren immer die begabtesten und sensibelsten. Es waren nicht die Heruntergekommenen, die verzweifelt vor sich hin brummten, sondern die Empfindsamsten und Zartesten, die auch am leichtesten zu zerstören sind.

Schützen und retten, das konnte ich nicht, aber sensible Menschen haben mich immer angezogen, Magdalena Montezuma, Antonio Orlando, Menschen, die nach oben schauen, wo die Gestirne sind, oder Kant ernst nahmen: das moralische Gesetz in mir und der gestirnte Himmel über mir. Ein weites Spektrum von Sehnsüchten, Empfindlichkeiten und Zartheiten, für mich ein Gottesbeweis.

Man wird es nie verhindern *wollen*, dass kreative Menschen experimentieren. Aber wenn die von mir beschriebenen Punkte kommen, so dass es »der Alkohol und ich« ist, nicht mehr »ich und der Alkohol«, Gleiches gilt für die

Droge, dann muss man an diesem Scheitelpunkt – auch wenn es professoral klingt – eine Warnung aussprechen. Es ist der einzig mögliche Punkt für die Rückkehr. Ich habe so viele Menschen daran sterben sehen, so viele wie an Aids. Man muss den Punkt spüren und sich dann zurückziehen, eine Therapie machen und versuchen, das Bedürfnis umzukanalisieren. Es ist schwer, aber an diesem Punkt ist es noch möglich, danach extrem schwer. Ich kenne nur sehr wenige Fälle, wo es spät noch gelungen ist.

TRAUER, SEHNSUCHT, REBELLION

Ich lernte Marie Louise Alemann 1980 im Palace in Paris kennen, einem wunderschönen Disko-Theater, in dem ich eine Show für Ingrid Caven inszeniert hatte. Wir wollten ein Abschlussfest feiern, Marie Louise, eine elegante blonde Dame, kam mit einem langen Schwarzen und einem sehr schönen arabischen Menschen die Freitreppe im Foyer des Jahrhundertwendebaus herauf. Ich sah die drei, vor allem diesen in der Mitte gehenden arabischen Mann, warf mich sofort auf der Treppe ihm zu Füßen und schrie ihn an: »Je vous aime!« Ich erntete nur Gelächter, sie liefen weiter die Treppe hinauf, während ich völlig außer mir zum Klo rannte und schrie: »Tuez-moi! – Töten Sie mich! Töten Sie mich!«, weil ich solche Angst vor dem Gefühl bekam, das sich meiner bemächtigte. Aber es war natürlich auch ein Spiel. Jemand trat an mich heran und schlug mir mit der Hand ins Gesicht. Da war ich wieder bei mir.

Inzwischen saßen die drei an einem Tisch. Es stellte sich heraus, dass Frau Allemann aus Buenos Aires kam. Sie war mit einem Argentinier verheiratet, der eine Zeitung besaß, das deutsche Blatt in Argentinien, für das sie auch schrieb. Marie Louise kannte die beiden jungen Männer von ihren Reisen und war auch mit meiner Arbeit vertraut, was unser Gespräch sehr erleichterte.

Ich verknallte mich sehr in diesen wunderbaren algerischen Menschen Mostefa Djadjam, der damals von dämonischer Schönheit war und heute immer noch ein schöner Mann ist, den man im französischen Kino und Fernsehen sehen kann. Meine Zuneigung zu Mostefa war eine Besessenheit, obwohl er nicht homosexuell ist. In jenem Sommer begleitete er mich nach Nancy zum Festival du Théâtre du monde, wo wir zusammen »La Répétition générale – Die Generalprobe« drehten, Mostefa als mein Regieassistent und Gesprächspartner. Ihn meinte ich ganz unmittelbar, wenn wir am Tisch sitzen, über die Liebe als *dem* Festivalthema sprechen und ich ihm sage: »Je t'aime.«

Wir waren auch zusammen bei meinen Filmen »Tag der Idioten« und zuletzt »Diese Nacht«, und als er 1994 seinen Dokumentarfilm über meine »Tosca«-Inszenierung an der Opéra Bastille drehte, war ich sein Sujet. Das intensivste Zeugnis unserer Freundschaft aber ist »Der Rosenkönig«. Meine Freundschaft zu Marie Louise Alemann entwickelte sich von unserer ersten Begegnung an. Sie hatte in Argentinien experimentelle Kurzfilme gedreht und Happenings und Ausstellungen veranstaltet. Vier Jahre nach dem Tod meiner Mutter wurde sie so etwas wie meine Ziehmutter, und genau so fasste sie es auch auf. Marie Louise redete mich in ihren Briefen mit »Adorado« an, und wir nahmen gegenseitig an allen unseren Versuchungen und Leidenschaften Anteil. Wir waren ein tolles Gespann, und bis heute ist sie eine meiner besten Freundinnen.

Sie hatte gute Verbindungen zum Goethe-Institut Buenos Aires und zur dortigen Universität, wo sie auch Workshops und Seminare über den deutschen Film hielt, und organisierte für mich Einladungen nach Argentinien. Es war so, wie ich es schon in Mexiko-City kennengelernt hatte: Das Goethe-Institut wollte nicht nur Goethe vermitteln – den die meisten Studenten übrigens dort besser kannten als ich –, sie wollten auch den Austausch mit der argentinischen Kultur. 1983 reiste ich zu einem Seminar mit Studenten der Universität nach Buenos Aires, das auf Marie Louises Vermittlung zustande gekommen war. Sie und ihre Freunde meinten, dass ein Filmemacher wie ich etwas durchrütteln könne. In Argentinien war die furchtbare Militärdiktatur unter General Videla in einer Endphase des Terrors und der Gewalt angekommen, die ins Ausland drang, hauptsächlich durch die Madres de la Plaza de Mayo, die Mütter all der Verschwundenen, die dafür demonstrierten, dass sie ihre Kinder wiederbekamen, selbst wenn es deren Leichen waren. Die furchtbaren Nachrichten, dass die Militärdiktatur Menschen folterte und die Ermordeten einfach verschwinden ließ, waren bis nach Mitteleuropa gedrungen.

Ich wollte in dem dreimonatigen Workshop den Versuch wagen, gemeinsame Kreativität gegen die allgemeine Agonie zu setzen. Das Seminar hieß »Tango y Realidad en Argentina – »Tango und Wirklichkeit Argentinien 1983«, und das war politisch gemeint. Der Titel brachte sofort, was ich damals nicht ahnen konnte, die geheimen Kräfte der Militärregierung auf meine Spur, sie trauten mir nicht über den Weg, zu Recht. Sie fingen an, die Studenten zu bedrohen, weil sie wussten, mich würden sie durch Drohungen nicht so schnell los.

Ich teilte die Studenten in Gruppen ein, gab ihnen Aufnahmegeräte und schickte sie los, Interviews mit Künstlern, Politikern und Menschen in den Armenvierteln zu führen, mit allen, die sich trauten, offen über die Situation und ihre Hoffnungen zu sprechen. Die Idee war, dieses Material für die Arbeit an Film- und Theaterszenen zu nutzen. Aber bevor wir dazu kamen, gingen anonyme Telefonanrufe im Goethe-Institut ein: »Wenn der schwule Schroeter nicht das Land verlässt, geht eine Bombe im Goethe-Institut hoch.«

Zuerst arbeiteten wir weiter, ich ließ mir keine Angst machen, aber es war doch riskant, weil täglich Hunderte Menschen im Goethe-Institut ein- und ausgingen. Ich informierte die Studenten jeden Tag über die eingehenden Drohungen und – anders kann man es nicht nennen – sie setzten mit unglaublichem Mut ihr Leben aufs Spiel. Wenn man sich zur Arbeit traf, zählte man durch, ob einer fehlte, in der permanenten Sorge, dass jemand verschwunden und schon in einen Betonblock eingegossen war. In dieser Situation sieht man, ob der Mensch imstande ist, sich zu wehren und wie viel die Freiheit ihm wert ist. Trotz der täglichen Drohungen ging kein Student weg. Die phantastische Botschafterin Frauke Peters stand uns zur Seite, man klärte uns über Fluchtwege und Notausgänge auf und suchte mit Metalldetektoren, ob irgendwo Bomben versteckt waren. Erst als ein Universitätsprofessor und seine Frau bedroht wurden, dass man ihr Baby töten würde, falls ich weiterhin im Lande bliebe, musste ich nach drei Monaten nachgeben. Der Abschied von den Studenten auf dem Balkon der Aula der Universität in Buenos Aires zog sich über drei Stunden hin. Da stand mit ruhigem Blick und grinsend die Geheimpolizei und die Militärpolizei. Jeder Student umarmte mich, ich umarmte jeden, neunundneunzig Menschen, es dauerte lange, und es war sehr tränenfeucht, weil man wusste, es geschieht etwas absolut Unmögliches und Schreckliches. Es war das einzige Mal in meinem Leben, dass ich die Fassung verlor und weinen musste, als ich sagte: »Ich weiche der Gewalt, es gibt kein schrecklicheres Gefühl, aber ich weiche der Gewalt.«

Monate später war die Diktatur am Ende, aber sie ist bis auf den heutigen Tag nicht aufgearbeitet. Das wird dauern, wenn man bedenkt, dass auch bei uns in Deutschland nach fünfundsechzig Jahren noch nicht alles aus der düstersten Vergangenheit des Völkermords aufgearbeitet ist.

Im Jahr darauf wurde ich wieder eingeladen, weil wir es nicht bei dem Debakel bewenden lassen wollten, nachdem nun die Demokratie dort eingekehrt war. Ich war in großem Kummer, denn Magdalena war gerade gestorben. Die Sängerin und Schauspielerin Cipe Linkovsky, ein berühmter Theaterstar in Buenos Aires, wünschte sich ein Konzept, eine freie Kreation von mir für ein Programm mit dem Titel »Libertad«, eine Textcollage, die die Freiheit, die Liebe zur Schönheit und so weiter feiern sollte. Ich kannte Cipe Linkovsky vorher nur aus den Erzählungen von Marie Louise, sie kannte meine Filme nicht. In Argentinien galt sie als Star, der sich auch Bemerkungen über die Herrschenden leisten konnte. Ich meinte aber nach den Erfahrungen zuvor, man müsse politisch in die Tiefe gehen, also lieber »Antigone« als eine zweideutige Show. Ich montierte zu Sophokles auch Texte aus der Bibel, von Marx und Pasolini. Aber das war Cipe Linkovsky nur schwer verständlich zu machen. Natürlich gehörte auch Lautréamont mit den »Chants de Maldoror« in mein Programm, denn »das Entsetzen, das der Mensch seinem eigenen Mitmenschen einflößt« war ja mit Händen zu greifen gewesen, es betraf alle, Denunzianten hatte es während der Militärdiktatur viele gegeben und unsere Aufführung im Teatro Lola Membrives war auch nach der Militärdiktatur noch von Bombendrohungen begleitet.

Nun musste ich aber in Argentinien zu meinem Erstaunen erfahren, dass Lautréamont, der in Uruguay geboren wurde, dort paradoxerweise wie ein Unglücksbringer behandelt wird, sein Name darf nicht genannt werden. Cipe Linkovsky wäre fast von ihrem Stuhl gefallen, als ich damit ankam. Im Jahr darauf, 1985, war ich wieder in Argentinien und drehte mit den Studenten, die ich aus dem Seminar kannte, »Por ejemplo Argentina – Zum Beispiel Argentinien«, eine sehr persönliche Dokumentation über das Land in den achtziger Jahren. Mir wurde klar, wie extrem hoch das Bildungsniveau in Argentinien ist, denn alle Studenten wussten besser über die deutsche Literatur Bescheid als ich. Also lernte und lernte ich, las Goethe, der nicht mein Lieblingsautor ist, und Julio Cortázar und viele andere lateinamerikanische Literatur. Ich war sehr glücklich, dass ich in diesen Jahren in Lateinamerika ein neues Gefühl fand für die innere Notwendigkeit, sich zu wehren. Zum Glück ist niemand verletzt oder gar getötet worden. Diese Mutigen und meine argentinische Ziehmutter Marie Louise öffneten mir die Augen.

MARCELO

Zu den Vorbereitungen für den Theaterabend »Libertad« in Buenos Aires suchte ich mir junge Schauspieler und Studenten. Ich brauchte viele junge Leute, die etwas improvisieren sollten, damit ich die Auswahl treffen konnte. Das ging über einige Tage, in denen ich bizarre Dinge erlebte. Eine junge Frau drückte sich Zigaretten in der Hand aus, sie war ein Opfer der Diktatur, vollkommen verstört und zerstört. Die furchtbaren Erinnerungen überschnitten sich mit dem Noch-nicht-Angekommensein in der »Nicht-mehr-Diktatur« des Jahres 1984.

Einer der Aspiranten, die in »Libertad« mitmachen wollten, war ein gewisser Marcelo Uriona, achtzehn Jahre alt. Ich ließ ihn mehrmals kommen, aber er überzeugte mich nicht. Da ich versuchte, freundlich zu sein, teilte ich abgelehnten Aspiranten, bei denen es mir sinnvoll erschien, meine Absagegründe in einem persönlichen Gespräch mit.

Ich saß also mit Marcelo und meinem Assistenten Carlos in einem Bolice, einem Lokal, zusammen und erklärte, warum ich fand, dass er noch nicht so weit sei. Ich redete und redete darüber, dass er noch warten müsse. Dann auf einmal: »Warum gehen wir nicht ins Bett? Ist doch viel besser.« Er antwortete: »Warum nicht?« Und so zog ich mit ihm in die Nacht, und wir wurden ein Liebespaar.

Ein paar Wochen waren wir in Buenos Aires zusammen, dann flog ich nach Europa zurück und überlegte immerzu, ob es mit uns etwas werden könnte trotz des Altersunterschieds von zwanzig Jahren. Schließlich bat ich ihn, nach Deutschland zu kommen. Er nahm an. Das war, als ich 1985 mit Juliane Lorenz den »Rosenkönig« fertig schnitt und mischte.

Marcelo lebte zuerst in Berlin, dann in Bremen mit mir. Wir arbeiteten beide am Theater. Er war ein Anfänger, aber er hatte Talent. In »Don Carlos« zum Beispiel war er großartig. Ich schnallte ihn Benno Ifland, dem Darsteller des Königs Philipp, als eine Art Phantom auf den Rücken, um den Vater-Sohn-Konflikt zu visualisieren. Das war als stumme Rolle grandios. Er steckte Philipp die Hand in den Mund wie eine Verschmelzung von Albtraum und Existenz – großartig, wie Benno Ifland und Marcelo das zusammen machten.

Es waren sehr gute erste Schritte auf der Bühne. Seine nächste Rolle war 1986 eine gesungene. In García Lorcas »Doña Rosita bleibt ledig« am Düsseldorfer Schauspielhaus erfand ich einen Knaben für ihn, der Lieder von Lorca sang. Auch das machte er wunderbar in seiner Heimatsprache. Marcelo war ein großes Sprachtalent, er lernte im Lauf von zwei Jahren Deutsch, so gut, dass er andere verbessern konnte. Und sehr musikalisch war er, ein wunderbarer junger Tango-Sänger. Der Tango-Abend »Trauer, Sehnsucht, Rebellion«, den wir 1987 nach einer Idee von ihm auf die Bühne brachten, hat heute noch Fans, unter ihnen Ingrid Caven. Marcelo, ein Tango-Orchesterchen mit Bandoneon und eine vierzehnjährige Ballettänzerin, Sandra Kunz. Es war ein wunderschöner Abend, voller Poesie mit Tangos und über den Tango. Auch am Theater in Köln habe ich mit ihm gearbeitet. Zuletzt wirkte er in »Die Jakobsleiter« mit.

1989 erfuhr Marcelo, dass er HIV-positiv war. Es begann eine Leidensperiode, in der er sich sehr mutig gezeigt hat. Solange es ging, arbeiteten wir weiter zusammen. Noch 1992 war er mit Hans Hollmann am Theater in Basel und bei Raimund Hoghe, dem ehemaligen Assistenten von Pina Bausch, der mit seinen eigenen schönen Ballettkonstrukten auf Tour ging, auch in Frankreich. Marcelo ging nicht nach Argentinien zu seiner Mutter zurück, er arbeitete bis zum Schluss, bis er nicht mehr laufen konnte, bettlägerig war und zu schwach, um irgendwo hinzufahren. Es ist schrecklich, wenn das Herz immer weiter und weiter schlägt und der Körper eigentlich nicht mehr vorhanden ist. Das Herz ist ja bei einem jungen Menschen sehr stark. Dann kam er in die Universitätsklinik in Düsseldorf, wo ich ihn besuchen konnte. Anfang 1993, nach zwei Monaten auf der Aids-Station, starb er mit siebenundzwanzig Jahren. Er war ein sehr starker Charakter, der die Krankheit annahm. Marcelo konnte das. Wieso sollte er sich wehren? Natürlich hat er alle Behandlungen gemacht, die es gab. Verzweifelt sein ist da nicht sehr produktiv, nicht sehr kreativ.

Natürlich gab es in unserem gemeinsamen Leben auch Katastrophen verschiedenster Art. Betrug zum Beispiel, denn treu sein konnte ich nicht. Treue ist verlogen, wenn man gegen seine Begierde ankämpft. Ich war nicht treu, das kann man nicht verlangen. Schließlich kann es passieren, dass von einem zum anderen Tag nichts mehr geht. Wie dem auch sei, es war eine tiefe Freundschaft, die über Stock und Stein ging.

MALINA

Mein Film »Malina« fiel in eine aufregende Zeit. Es war mein dreizehntes Jahr am Schauspielhaus Düsseldorf, wo wir im Frühjahr »Lear« herausbrachten, der ein ausgewachsener Skandal wurde, und im Herbst »Missa solemnis« – eine umjubelte Aufführung, von der man immer noch spricht. In der Zeit dazwischen kam der Münchener Kinobesitzer, Verleiher und Produzent Thomas Kuchenreuther auf mich zu und fragte, ob ich Interesse hätte, Ingeborg Bachmanns Roman als Film zu inszenieren, ich sei seiner Ansicht nach der Richtige dafür. »Malina« war sein Lieblingsbuch, seine Passion. Kuchenreuther arbeitete mit eigenem Geld, was in Deutschland recht ungewöhnlich war. Er fand österreichische Koproduzenten und schaffte es auch, Filmförderung zu bekommen, so dass ich mit fast acht Millionen Mark meinen bis dahin teuersten Film drehen konnte.

Thomas Kuchenreuther kam extra nach Düsseldorf gefahren, um mich kennenzulernen. Er suchte mich nicht aus Kalkül, er kannte und liebte meine Theater- und Filmarbeit. Und in der Tat gibt es ja eine enge Verbindung zwischen den Frauengestalten in »Malibran« und »Flocons d'or« bis zu »Tag der Idioten«, die alle die Sehnsucht nach dem Absoluten verkörpern und sich darin verlieren. »Malina« ist solch eine Passion, eine unbedingte Suche nach Leidenschaft. Drei Jahre zuvor hatte ich einen Dokumentarfilm »À la recherche du soleil – Auf der Suche nach der Sonne« über Ariane Mnouchkine und ihre Truppe des Théâtre du soleil gemacht, sieben Jahre zuvor »Der lachende Stern«, den Dokumentaressay über die Philippinen, dazwischen »Der Rosenkönig«. Es lag viel Zeit und noch mehr Theaterarbeit zwischen meinen letzten Filmen und »Malina«.

Ich sagte Thomas Kuchenreuther, als wir ein paar Wochen später zusammen nach Wien fuhren, ich hätte schon immer eine große Liebe zur Lyrik von Ingeborg Bachmann gehabt, »Malina« hatte ich dagegen nur quergelesen, wenn auch sorgfältig. Dabei blieb es im Übrigen bis heute. Meine Liebe zu Bachmanns Lyrik war durch eine ganz besondere Erfahrung ausgelöst worden, einen Vortrag, den sie einmal in Frankfurt hielt, bei dem sie unter anderem auch Gedichte las. Ich erinnere mich an »Undine geht«. Diese Frau! Zuerst fiel die Brille herunter, dann fiel das Manuskript herunter, es war wie aus einer anderen Welt. Ich war so fasziniert von dieser seltsamen empfindlichen Frau, auch wie sie die Gedichte mit ihrer seltsamen Stimme las. Sie war abwesend und gleichzeitig bewusst, das trifft es. Mein Lieblingsgedicht ist »Böhmen liegt am Meer«: »Bin ich's nicht, ist es einer, der ist so gut wie ich«, so ungefähr.

Als das Projekt Formen annahm, wandte ich mich an meine verehrte Freundin Elfriede Jelinek, die ich aus vielfältigen Bezügen kenne, und fragte sie, ob sie das Drehbuch schreiben wolle. Das tat sie dann und veröffentlichte es später auch in einem Filmbuch. Mich brachte die Liebe zu Bachmann an den Roman, und was haften blieb, nahm ich als Inspiration. Elfriede, die eine genauere Leserin ist, gab wieder etwas hinzu. So entstand das Werk in drei Etappen: zuerst Frau Bachmann mit ihrem »Malina«-Roman, dann Elfriede Jelinek mit ihrem Drehbuch und schließlich ich in der Umsetzung, der ich die anderen Werke halb verwarf und dann doch in mich aufnahm. In diesen drei Etappen schufen wir eine eigene Wirklichkeit.

Es ging zuerst um die Hauptrolle der namenlosen Frau, die Schriftstellerin ist und sich zwischen zwei Männern, ihrem Begehren und ihrer Kunst verliert. Es waren verschiedenste Besetzungen im Gespräch. Thomas Kuchenreuther hatte natürlich auch seine Ideen. Letztendlich waren wir mit keiner zufrieden. Ich weiß noch, dass Aurore Clément, die ich aus Paris sehr gut kannte, von Kuchenreuther sehr favorisiert wurde.

Dann erinnerte ich mich an Isabelle Huppert. Ich kannte sie nicht persönlich und hatte sie nur ein einziges Mal gesehen. Das war 1980, als ich in Venedig am Opernhaus La Fenice »Eine florentinische Tragödie« von Alexander von Zemlinsky nach Oscar Wilde inszenierte. Isabelle hatte zur gleichen Zeit in Venedig mit Mauro Bolognini »Die Kameliendame« gedreht und es gab eine Feier im Hotel. Durch Zufall kam ich durch die Lobby, da lief diese kleine Gestalt an mir vorüber, die mich sehr beeindruckte. Ich wusste gar nicht, wer sie ist. Auf der Leinwand oder im Theater hatte ich sie nie gesehen, was ich ihr übrigens erst nach der Verleihung des Bundesfilmpreises, den sie als beste Darstellerin für »Malina« bekam, sagte. Ich hatte sie nur laufen gesehen, und das war's. Ich sagte zu Thomas Kuchenreuther, die möchte ich für die Rolle in »Malina«. Daraufhin trafen wir uns, und so ging es weiter.

Thomas Kuchenreuther und mir schien, dass Mathieu Carrière diese merkwürdige glatte, kalte Gestalt des Malina im Sinne des Sujets der Bachmann spielen könnte. So entstand diese Besetzung. Ich sah Isabelle in einem physischen Zusammenhang mit der zweiten Männerfigur. Und so kamen wir auf Can Togay, den türkisch-ungarischen Schauspieler, der Ivan darstellt. Die Szene mit dem Kindergeburtstag liebe ich sehr, das Tortenschmieren. Er hat sich sehr aufgeregt, ja getobt, dass man eine Sekunde lang seinen Schwanz sieht. Ein sehr empfindlicher, seltsamer Mann, trotzdem sehr gut in der Darstellung des sinnlichen Prinzips. Der andere, Splittrige, wurde von Mathieu Carrière, kalt und eine Art von Antipathie ausstrahlend, bewundernswert verkörpert. Und für die zum Teil sehr kleinen Nebenrollen hatten wir die besten Schauspieler, die ich aus der Theaterarbeit gut kannte: Elisabeth Krejcir, Fritz Schediwy, Peter Kern, Libgart Schwarz, Isolde Barth, Wiebke Frost und viele gute andere.

Wir drehten in einem Studiobau der Bavaria-Filmproduktion in München, die Außenaufnahmen und einige Innenräume wurden in Wien gemacht. Alberte entwarf die Räume der Wohnung mit hohen Decken, Glasfenstern und Spiegeln, alles in allem ein irritierendes Ambiente.

Als ich anfing, diese Wohnung am Schluss immer mehr mit Flammen zu umgeben, so dass sie ausbrannte, während die Menschen darin agierten, als sei das nichts, gab es ein Affentheater mit der Studiogesellschaft. Sie wollten die Bauten unbedingt bewahren, dabei gehörten sie unserer Produktion. Sie waren allein fast eine Million D-Mark wert und die Bavaria wollte sie, schlau wie sie sind, schützen, um hinterher etwas anderes daraus zu fabrizieren. Man argumentierte, das Dach würde explodieren und Staub entstehen, aber nein: Es wurde alles so gemacht, wie in unserer Konzeption vorgesehen. Ich erinnere mich an die Feuerwehrleute, die im Studio schwitzten, denn es war Hochsommer mit einunddreißig Grad, drinnen waren es womöglich achtundvierzig Grad. Nur Isabelle Huppert watete ohne einen Schweißtropfen durch die Flammen, und Mathieu Carrière blieb sowieso immer kalten Blutes.

Einmal jedoch geriet der Turnschuh meiner Freundin und Kamerafrau Elfi Mikesch in Brand. Mir standen die Haare zu Berge, ich hätte sie abbrechen können, so trocken wurden sie in der Hitze. Da ich ein Feind aller technisch manipulierten Effekte bin, wurden selbstverständlich auch in »Malina« die Dinge direkt vor der Kamera erzeugt, ohne jeden Trick, ohne Überblendungen, Doppelbelichtungen,

Computerei. Das Feuer waren echte Flammen. So sollte sich das Element Feuer auf starke Weise durchsetzen, es war ja im Roman von größter Bedeutung, und zwei Jahre nach der Veröffentlichung von »Malina« starb Ingeborg Bachmann durch ein Feuer.

Elfi arbeitete bei dieser zweiten Zusammenarbeit nach dem »Rosenkönig« auch unter den komplizierten Studiobedingungen wunderbar mit mir zusammen, indem sie ungewöhnliche Cadragen fand und ihrem eigenen Wahlspruch folgte: »Ich sage nur eins: Licht und Schatten.« Isabelle bemächtigte sich der Rolle auf ihre eigene Weise, so wie sich die Zerrissenheit der Frau in ihrem regungslosen Gesicht spiegelt, schuf sie ein eigenes Profil, eine ganz eigene Kreation, eine transzendente Bachmann-Figur.

Giacomo Manzoni, der damals mit seiner Oper »Fausto« große Erfolge an der Mailänder Scala feierte, schrieb eigens für »Malina« eine Partitur. Ich musikalisierte und timte das Drehbuch mit ihm Szene für Szene, bevor gedreht wurde. Seine Riesenpartitur übernahm ich danach aber nur zum Teil, lieber fügte ich noch andere, konträre Musiken hinzu, zum Beispiel Claire Waldoffs Chanson »Wer schmeißt denn da mit Lehm?« Mit Manzonis feiner Musik und den wunderbaren Arien von Jenny Drivala war ich sehr glücklich. Komponierte Filmmusik hatte ich sonst nur in »Tag der Idioten«, die damals von Peer Raben allerdings im Nachhinein geschrieben worden war.

Ich hatte immer großes Interesse an fragmentarischen Äußerungen in der künstlerischen Arbeit, in der Musik oder Malerei, im Film oder in der Literatur. Wieso hätte man versuchen sollen, alles in eine »komplette« lineare Erzählform zu pressen, wenn es nicht den inhaltlichen Intentionen des Romans entspricht?

Ich finde, »Malina« ist eine gute Literaturverfilmung,

weil sie sich nicht an die Zeile klammert, wie manche der heutigen Literaturverfilmungen wie »Die Buddenbrooks« und »Effi Briest«. Weil Ingeborg Bachmanns Roman so zerrissen, fragmentarisch und seltsam ist, eignet er sich sehr zu einer Neuschöpfung, wenn man respektiert, dass wir eine *neue* Realität schufen im Prozess zwischen Ingeborg Bachmann, Elfriede Jelinek und mir samt dem Drehteam und der Montage von Juliane Lorenz. Die positiv eingestellte Literatur- und Filmkritik meinte damals, als der Film und Isabelle Huppert und viele, die mitgearbeitet hatten, Bundesfilmpreise erhielten, es bräche eine neue Epoche der Literaturverfilmung an in einer Freiheit, die kein Nachstottern ist.

Eine Kritik von Georg Seeßlen behielt ich im Gedächtnis. Ich kann meine Filme selbst nicht interpretieren, ich kann mir das Umfeld und die Entstehungsgeschichten beschreiben. Was Seeßlen aber schrieb, trifft's genau: Der Film als Metapher für den Widerspruch zwischen »Kunst (die ja nur ein Modell ist, für eine Art, mit der Welt umzugehen) und dem Leben (das nur ein zufälliges Medium für die Impulse der Lust, der Arbeit und des Todes ist). Dass das Verschwinden die eigentliche Aufgabe der Frau in der Liebe sei, meint Elfriede Jelinek, und die Frau in ›Malina‹ lebt und zeigt den Schrecken und den Schmerz dieses Verschwindens. Ihre männliche Seele, selbst von verschüttetem, abgestorbenem Begehren geprägt, protestiert gegen das Verschwinden und befördert es zugleich.«

Mit meinen Worten würde ich sagen, »Malina« ist eine Metapher, die auf jeden schwierigen Menschen zutrifft. Sehnsucht nach Sinnlichkeit und einem erfüllten Leben mit einem anderen Menschen, das heißt auch, sich selbst zu finden durch den Anderen und mit dem Anderen, und das betrifft mich selbst persönlich. Seeßlen zitierte auch

Roland Barthes mit einem Stück aus »Fragmente einer Sprache der Liebe«, das auf »Malina« zutrifft: »Der Andere taucht dort auf, wo ich ihn erwarte, da wo ich ihn bereits geschaffen habe, und wenn er nicht kommt, halluziniere ich ihn.« Was soll ich dazu sagen? Sehr klug. Erwartung ist immer der schlimmste Selbstbetrug, sie muss immer tragisch enttäuscht werden. Deswegen bedeutet Freiheit, ohne Erwartung zu leben. Ich versuch's, aber es gelingt mir auch nicht immer.

DIE THEATERFAMILIE

Das Theater als konkrete Heimat und zeitweise Großfamilie, das entwickelte sich im Lauf der Jahre, als ich mich zwischen 1986 und 1996 auf eine längere Zusammenarbeit am Schauspielhaus Düsseldorf unter der Intendanz von Volker Canaris einließ. Reguläres Arbeiten über Einzelengagements am Theater hinaus war ich eigentlich nicht gewöhnt. Dann wurde mir das Theater Familie und Heimat. Eine andere Heimat habe ich ja nicht, außer da, wo ich bin, und in mir selbst, in Gedanken und Freundschaften.

Wir waren in Düsseldorf eine richtig starke Gruppe, aus der man kaum mehr herauskam, wenn man einmal drin war. Ich war leidenschaftlich in diese Familie verliebt, deshalb wurde mir der Ort auch lieb. Nach langer Zeit hatte ich wieder eine eigene Wohnung. Marcelo wollte es so. Obwohl ich Pflanzen liebe, konnte ich nie welche haben, weil ich in Hotels und bei Freunden lebte. Erst mit Marcelo richtete ich mich mit Pflanzen ein, unsere Wohnung sah aus wie ein Urwald. Düsseldorf empfand ich damals gar nicht als Stadt, eher als den Ort, wo wir am Theater lebten. Ich vermisste es keineswegs, dass ich zwischen 1986 und 1996 so wenig Filme drehte, denn die Familie, die ich gefunden hatte, gab mir alles. Es waren mitunter legendäre Zeiten in Düsseldorf. Was wir alles anstellten! Ich hielt immer Bewegung in der Truppe. Nächtelang saßen wir auf dem riesigen verwaisten Gustaf-Gründgens-Platz vor dem Schauspielhaus. Wir nahmen einfach die Tische vom Theaterlokal, feierten und sprachen miteinander. Legendär wurde es, weil wir es auch im Winter taten. Anscheinend war ich damals von robuster Gesundheit. Wir bibberten in der Kälte und waren guter Dinge, wir sprachen, tanzten und lachten. Wir waren dafür berüchtigt, nein berühmt. Wie dem auch sei, so entstanden immer auch neue Projekte.

Ich ließ mich inspirieren von der Gruppe und von mir selbst, oder – was seltener der Fall war – die Ideen kamen von Seiten der Theaterleitung. Das erste Stück, das ich dort schon mit dem Kern der Truppe, unter anderen Elisabeth Krejcir, inszenierte, war »Doña Rosita oder Die Sprache der Blumen« von Federico García Lorca. Den Auftrag bestätigte ich aus vollem Herzen, weil ich Lorca mochte und das Stück für mich einen Einstieg bot, an den Texten zu arbeiten. Die Übersetzung von Enrique Beck war leider Gottes auf die romantisch-kitschige Ebene gerutscht. Ich verbesserte sie, indem ich sie mehr dem Original annäherte, Spanisch konnte ich seit meinen Aufenthalten in Mexiko und Argentinien ja gut.

Ich war und bin der Auffassung, dass Theater die Phantasie und das Denken anregen muss, also die Seele und den Verstand. Aber man weiß nicht, wie effektiv das ist, was man macht. Man sieht es höchstens daran, dass die Menschen wiederkommen, vielleicht auch daran, dass sich die Gespräche bei Premierenfeiern nicht um den schicksten Fummel oder den zu warmen Sekt drehen, sondern um das, was man gerade gesehen hat. Wenn es in den Köpfen befragt und überfragt wird und sich als Inspirationsmoment neu zusammensetzt, sieht man den Effekt, den das Theater auf die Zuschauer hat. Eben das versuchten wir in Düsseldorf.

1987 entdeckte ich »Der tropische Baum« von Yukio Mishima für uns. Es ist ein exzessives Extremistenstück und Mishima selbst war ein solcher Extremist, dass er 1970 mit den Studenten, die er zu seiner Privatarmee gemacht hatte, vor den Soldaten des japanischen Kaisers Harakiri beging. Mishima schätzte Marguerite Yourcenar sehr, und sie ihrerseits war wie ich ein Fan von Mishima. Ich kannte ihre Texte über ihn, die auch ein Ausgangspunkt unserer Inszenierung waren. Das Faszinierende war, dass Mishimas Stück eine vom Nô-Theater inspirierte Bearbeitung des Elektra-Mythos darstellt. Isamuo entspricht Orest, das Mädchen Ikuko der Elektra, die Eltern Ritsuko und Keisaburo sind Klytämnestra und Ägist. Wir hatten anfangs eine stark geglättete Übersetzung von Ursula Schuh, der Frau des Regisseurs und Intendanten Oskar Fritz Schuh. Wenn beispielsweise die Elektra-Schwester Ikuko zu ihrem Bruder sagt: »Du musst es tun, du musst sie töten, ist es denn nicht genug, dass wir aus diesem grauen verschleimten Geschlecht hervorgekrochen sind, aus dieser Mutter, dieser schrecklichen Mutter, die mit ihrer Kotze sogar die Sterne am Firmament vernichten kann?«, dann war das in Frau Schuhs Übersetzung nur noch harmlos, ungefähr: »Ist ganz schlimm, dass wir von dieser Frau abstammen, die zu solcher Bösartigkeit imstande ist.« Wenn man das Stück lesen will, wie es von Mishima intendiert ist, muss man zu der Übertragung greifen, die ich mit Carola Regnier schrieb. Sie hat die archaische Wucht, die es zu dem unglaublich harten Stück macht, das es ist.

Wieder arbeitete ich mit den Schauspielern der Gruppe zusammen, Elisabeth Krejcir, die über dreißig Jahre zu meinen Stammschauspielern gehörte, und Peter Kern waren das hasserfüllte Elternpaar, Arpad Kraupa und Karina Fallenstein die aufbegehrenden Geschwister. Unsere Inszenierung gewann einen Preis beim Welttheaterfestival in Quebec, wie übrigens ein Jahr später auch unsere »Medea«-Inszenierung. Ich fuhr gar nicht mit, weil ich schon das nächste Stück in Arbeit hatte. Es waren leider oft vier Inszenierungen im Jahr, aber das ergab sich organisch, wie alles bei mir.

Wenn ich mit den Proben begann, hatte ich natürlich

ein Konzept, ich wusste immer, was ich wollte. Aber ich warf es dann meist über den Haufen, wie ich es auch beim Filmen tat. Für mich ist der Moment, das Hier und Jetzt, das Wichtigste im Leben, ich arbeitete immer mit der Inspiration des Moments, mit der Intuition. Die Pläne, die man hat, muss man im Theater wie im Film wegwerfen, weil man sich von den Schauspielern in dem Moment, in dem es geschieht, überraschen lassen muss. Wenn man nicht offen dafür ist, wird es langweilig am Theater und Film wird bürokratischer Kintopp. Das ist gegenüber den Schauspielern nicht gerecht. Ich halte mich an die schöne Forderung von Jean Cocteau: »Étonnez-moi! – Erstaunen Sie mich!« Durch dieses Erstaunen der Schauspieler und vice versa mein Erstaunen entstehen manchmal erstaunliche Kunstwerke.

Ein Jahr vor »Der tropische Baum« übernahm ich in Düsseldorf einmal, gewissermaßen als Notarzt, eine Inszenierung von Rainer Werner Fassbinders »Katzelmacher«, die eingebrochen war. Mit den tollen Schauspielern bürstete ich es um. Das machte viel Freude, weil wir gut miteinander kommunizierten. Solche Vorgänge sind im Theater menschlich und möglich, also notwendig, und bei dieser Inszenierung war sehr klar, dass sie ohne Streit oder Missverständnisse entstanden waren. Ich hatte dem Intendanten, Herrn Canaris, gesagt, ich übernehme nur, wenn die Regisseurin Annette Rosenfeld, die leider auch inzwischen gestorben ist, und ihre Dramaturgin zustimmen.

Dass eine Produktion, so wie hier, nach fünf Wochen Proben in die Krise gerät, passiert häufig aus Angst oder Übereifer. Erfüllungswahnsinn nenne ich dieses Gefühl, alles ganz perfekt machen zu müssen. Es erinnert mich immer an das Märchen, in dem es heißt: »Es muss doch mehr als alles geben.« Wenn man das Inszenieren nicht mit

Offenheit und Langmut betreibt, gibt es oft Krampf. Das kleine Stück von Fassbinder war so überfrachtet und vollgeladen, dass es keinen Charme mehr hatte. Und das haben wir geändert. Es wurde dann ein Riesenskandal, weil eine Pinkelei vorkam – eigentlich ganz prima. Ich weiß noch, dass eine Rezension mit »Altbier und Urin« betitelt war. Fassbinder beschrieb zwei harmlose Deppen, zwei bayrische Neonazi-Typen, wunderbar. Wenn sie betrunken sind, pinkeln sie in die Ecke, wälzen sich drin und sagen: »Ach, das ist ja wie in einem U-Boot, so warm und gemütlich.« Es wurde ein riesiges Affentheater. Die Maskenbildner waren beauftragt, die beiden Darsteller vor Beginn abzufüllen, den einen mit Kräutertee, den anderen mit Weißbier. Im Stück konnten sie dann nicht mehr anders, wenn die Szene dran war, und nach der Aufführung wischten die Schauspieler und ich es wieder auf. Dies nun gehörte sich aber gewerkschaftlich nicht, weshalb eine Pipi-Putzfrau engagiert wurde. Das ist es, was ich mit Affentheater meine. Kurz und gut, »Altbier und Urin«, die »Katzelmacher«-Aufführung, hat sehr gut funktioniert, lief dauernd und dauernd und war ein großer Erfolg.

Überhaupt kontrastierten meine Theater-Unternehmungen auf das Schönste. Im selben Jahr, in dem das grausame Mishima-Stück »Der tropische Baum« herauskam, inszenierten wir auch Marcelos Tango-Abend »Trauer, Sehnsucht, Rebellion«, im Jahr darauf Maxim Gorkis »Kinder der Sonne«.

Shakespeares »König Lear« im Frühjahr 1990 war ein Wunsch von Volker Canaris. Er wollte unbedingt Hermann Lause als Lear sehen und mich als Regisseur. Ich sagte, dann machen wir's halt. Au Backe! Es ging halt dann extrem weit. Jemand sagte mir neulich, dass Jürgen Gosch 2005 mit seinem »Macbeth« an meinen Düsseldorfer »König Lear« in Düsseldorf angeknüpft hat, mit dieser immensen Gewalt, die in Shakespeares Stück ist.

»König Lear« 1990 in Düsseldorf, mit Hermann Lause in der Titelrolle, Eva Schuckardt, Christiane Lemm, Elisabeth Krejcir als Goneril, Regan und Cordelia und Peter Kern als Gloucester, das war Blut, Sex und Gewalt, eine Provokation, die bei der Premiere einen Riesenskandal auslöste. Die erste Dreiviertelstunde lang herrschte absolute Totenstille – man hätte eine Nadel fallen hören können. Dann brach das Chaos los: »Aufhören! Schweine!« und so weiter brüllten die Zuschauer. Es war völlig bizarr! Merkwürdigerweise löste der Moment, wo bei mir König Lear seine Töchter ansatzweise vergewaltigt, keine hörbare Reaktion bei der Premiere aus. Hermann Lause kroch unter den Rock der Goneril/Eva Schuckardt, die keine Unterwäsche trug, verbiss sich anscheinend in ihr Geschlecht und kam mit einem Damenbart, der aus den Schamhaaren bestand, daraus hervor. Doch erst als Lear einen homosexuellen Anfall mit dem braven Kent hatte und ihm an die Hose fasste, ging das Gebrüll los. Typisch! Der Abend mit diesem sehr ausladenden, weisen und provokanten Stück wurde für die Schauspieler zu einer richtigen Schlacht ums Überleben. In der Pause machte ich ihnen Mut, dann war die Aufführung zu Ende, und Hermann Lause rannte völlig verwirrt vors Publikum und verbeugte sich einsam im Sturm der Buhrufe. Da bin ich zu ihm und holte ihn ab.

Der Skandal ging bis in den Düsseldorfer Landtag hinein. Die CDU veranstaltete eine Hetzkampagne gegen die Schauspieler, sie seien vergewaltigt worden und hätten sich das auch noch gefallen lassen. Es gab eine Riesenpressekonferenz mit Regierungsmitgliedern, den Schauspielern und mir, die vom Westdeutschen Rundfunk im großen Haus aufgezeichnet wurde. Die Schauspieler verhielten sich dabei sehr klug, unter anderen Peter Kern, der damals sagte, man würde den Schauspielern unterstellen, sie seien blöd, aber Werner Schroeter würde mit seinen Schauspielern ko-kreieren, es sei alles im Einverständnis vor sich gegangen. Die deutsche Presse schäumte, bis auf eine gute Kritik in der »Süddeutschen«, die diesen Shakespeare aus meiner Sicht verstand. Die Shakespeare-Gesellschaft in London gab schließlich einen Kommentar ab, dass man der Meinung sei, die Inszenierung komme der Tatsächlichkeit des Stücks sehr nahe. »König Lear« wurde in Düsseldorf eine Kult-Aufführung, nach der Premiere wurde sie immer sehr, sehr aufmerksam besucht, nur leider zu schnell abgesetzt, weil Peter Kern oder Hermann Lause aus einem Grund, den ich nicht mehr weiß, nicht länger spielen wollten oder konnten und ich keine Lust hatte, die Rollen neu zu besetzen.

WO DIE WORTE AUFHÖREN, BEGINNT DIE MUSIK

In den neunziger Jahren nach dem Tod meiner Freunde, meines Vaters und Bruders suchte ich nach einer Aufgabe, die meine Gefühle und existentiellen Fragen unmittelbar ansprach. Intensiver als Aischylos' Tragödie »Die Perser« und Molières Komödie »Der Menschenfeind« zog mich die Musik an. Mit Musik zu arbeiten machte mir immer große Freude, weil sie in meinem Hirn und Herzen eine unglaubliche therapeutische Leistung vollbrachte. Ein altes Projekt kam mir wieder in den Sinn, das zu den Wurzeln zurückführte und den Verlust und die Angst ohne jede Sentimentalität zum Ausdruck bringen konnte.

Es war die Idee zu einem Film, den ich ursprünglich Maria Callas zugedacht hatte. Als ich sie kennenlernte, war sie ein zutiefst unglücklicher Mensch. Ich wollte mit ihr der Frage nachgehen, wie Liebe, Sehnsucht und Schmerz in ihre musikalische Expressivität einflossen, wie aus Gefühlen ihre Kunst entstand. Sie schrieb mir einmal auf eine Autogrammkarte: »Dove finiscono le parole incomincia la mùsica, come ha detto il vostro grande poeta E. T. A. Hoffmann – Wo die Worte aufhören, beginnt die Musik, wie Ihr großer Dichter E. T. A. Hoffmann sagte.« Vielleicht befand sich Maria Callas damals auf einem vorsichtigen Weg zu sich selbst, aber bevor ich ihr die Idee zu dem Film hätte antragen können, starb sie. So lag dieses Projekt lange Zeit auf Eis.

In den folgenden Jahrzehnten blieb Maria Callas meine Götterbotin und Primadonna assoluta. Doch je intensiver meine eigene Bühnenarbeit wurde, desto seltener hörte ich ihre Musik. Sie und andere große Diven waren leuchtende Sterne in meiner Jugend gewesen, und als ich das Projekt

1995 wiederbelebte – anders, zeitgemäßer und spontan improvisiert –, lud ich drei dieser großen alten Sängerinnen ein: Martha Mödl, Anita Cerquetti und Rita Gorr.

»Poussières d'amour – Abfallprodukte der Liebe« war von Beginn an nicht als durchinszeniertes Konzert geplant. Konventionelle Opern- und Konzertadaptionen lehnte ich stets grundsätzlich ab. Ich hasse Opernverfilmungen. Umso mehr empfand ich es als Zumutung, wenn ich in Deutschland als »opernhaft« bezeichnet wurde. Im Laufe meiner vierzig Jahre Regietätigkeit war ich überwiegend an Sprechtheatern beschäftigt, meine Operninszenierungen machten einen viel kleineren Teil aus. Ich verstand mich eher als musikalischen Regisseur, nicht als Opernregisseur mit Pomp und Gloria. Meine große Liebe zur Musik brachte mich oft dazu, mit den Sängern an einer Reduzierung der Effekte zu arbeiten. Die Sopranistin Montserrat Caballé gab mir einmal ihr Betriebsgeheimnis preis: »I simply burn the stage« – aber diese Haltung war der Grund, warum ich sie nicht gut fand. Mich interessierte vielmehr eine Herangehensweise, die mitunter für die Regie eine Erlösung war: Sänger, die ihre Partitur, das heißt ihre musikalischen Texte beherrschten, konnten aufgrund dieser Sicherheit oft im Ausdruck weiter gehen als mancher Schauspieler.

Der Begriff »opernhaft« beschreibt, richtig verstanden, durchaus eine Qualität. Das Melodram nach Claudio Monteverdi und Jacopo Peri ist eine »komplette« Kunsterfindung, das heißt ein Gesamtkunstwerk aus Bühnenbild und Kostüm, Orchestermusik, Gesang und Tanz. Die Sprache wird darin der Banalität enthoben und in transparente, transfigurale Sphären übertragen. Wenn man mir also nachsagte, ich würde diese vollständige, vollkommene Kunstform Oper neu beleben, schätzte ich das Attribut

»opernhaft«, aber in meinem Fall war es eher ein Schimpfwort, als sei alles Kitsch und bunt, was ich machte.

Alexander Kluge, der Schriftsteller und Regisseur, der die Poesie und die Musik liebt, was unter deutschen Filmleuten eine Rarität darstellt, verstand als einer der wenigen, was ich tat. Sein Aperçu von der Oper als einem »Kraftwerk der Gefühle« ging auf eine Anregung durch mich zurück. Es ist ein schöner Ausdruck für ein kostbares Gut in einem Land, in dem die Verkarstung der Gefühle als Fortschritt in Richtung einer größeren Rentabilität betrachtet wird. Das Projekt »Abfallprodukte der Liebe« sollte um den Ursprung der Gesangskunst kreisen, aber auch um die Frage, wie Kunst den Tod zu transzendieren vermag. Der Werther'sche Überschwang, mit dem ich mir in der Jugend die Selbsttötung als Liebestod und selbstbewussten Schritt vorstellte, war meine persönliche Ursprungsgeschichte, doch diese Grenzen umspielende Kraft der Kunst blieb immer ein Faszinosum für mich. Auch in der Selbsterhöhung als Sterbenskünstler war ich ja nie wirklich suizidgefährdet, die Poesie des Todes bot jederzeit einen Hoffungsschimmer.

Wenn man Filme, Theaterstücke und Opern inszeniert, lässt man sich vom *hic et nunc* der Schauspielerpräsenz gefangennehmen, man trotzt der Flüchtigkeit des Augenblicks eine Form ab. Dieses Ephemere zog mich mein Leben lang magisch an, gerade weil es die permanente Reibung mit der Endlichkeit und Vergänglichkeit des Menschen darstellte. Ich machte ja vierzig Jahre lang den großen Fehler, in meiner Arbeit Leben und Ausdruck nicht zu unterscheiden, und so war für mich von existentieller Dringlichkeit, dass man den Tod scheinbar foppen kann, jedenfalls auf der Bühne. Jean Cocteau sagte einmal, das Filmemachen bedeute, dem Tod bei der Arbeit zuzusehen. Ich hielt dagegen, dass man ihn im Film und auf der Bühne proben, inszenieren, wiederholen kann. Die Kunst vermag die Zeit anzuhalten und melancholisch mit der Wiederkehr des Lebens zu spielen. Solange man im Kino sitzt, im Theater, in der Oper, ist man lebendig. Warum sonst wird so besonders schön gesungen, wenn es in der Oper ans Sterben geht?

Diese Fopperei mit der Nähe und Ferne des Todes war stets der Punkt, den meine Arbeiten berührten, deshalb das »Life is so precious ... even right now!«, wenn die toten Augen in »Eika Katappa« immer wieder aufgehen, oder Christine Kaufmanns wahnwitziges »Niemand stirbt wirklich! Niemand stirbt wirklich!« in »Tag der Idioten«. Solch eine Revolte gegen den Tod, solch eine schöne Bewegung trotz der Gewissheit, grundsätzlich nichts an seiner Macht ändern zu können, ist in der Musik magisch gegenwärtig, vor allem in den großen Opern. In ihnen verschmilzt der Tod paradox mit einer Vitalität und Harmonie, die es nie gab und nie geben wird, die aber trotzdem tröstlich nahe ist.

Giuseppe Verdis Opern beispielsweise kennen weder jämmerliche noch schöne Tode, sondern die Wahrhaftigkeit zwischen Schönheit und Schmerz, auf die es ankommt. Violettas Sterbeszene in »La Traviata« spielte Maria Callas mit dem Ausdruck »Ich lebe, es kommen neue Kräfte in mich zurück«, bevor sie tot zusammensinkt. Das war mir als Idee viel wert, weil sie den Tod als eine Art strahlendes Licht im Tunnel darstellt.

»Abfallprodukte der Liebe« sollte von solcher Heiterkeit getragen sein. Ich wollte einen Film über Menschen mit Sängerberuf und musikalischer Berufung machen und sie nach den vitalen Ursprüngen ihres Tuns befragen. Dass sie alle auf einen Anruf hin bereit waren, zu kommen und sich mir in vollem Vertrauen zu überlassen, bezeugte unseren wunderbaren Kontakt. Darauf fußte der Film ebenso wie auf dem Vorhaben, nichts auf eine akademisch harte Schnur zu spannen.

Martha Mödl, Anita Cerquetti und Rita Gorr hatten schon meine Jugend mit ihrer Kunst erleuchtet. Mit ihnen und jüngeren Sängern und Sängerinnen, Sergej Larin, Laurence Dale, Trudeliese Schmidt, Jenny Drivala, Gail Gilmore, Kristine und Katherine Ciesinski, die ich alle aus langjährigen Arbeitsfreundschaften kannte, fanden wir in der knappen Zeit von elf Drehtagen zu unserem thematischen roten Faden.

Ich stellte die Aufgabe, dass jeder Künstler für drei Tage seinen Partner, Geliebten oder Verwandten mitbrachte, mit mir und der Pianistin Elizabeth Cooper arbeitete und zu Gesprächen vor der Kamera bereit war. Ich fragte jeden nach der Bedeutung von Liebe, Leidenschaft und Tod in seinem Leben. Es ging nicht darum, Antworten zu formulieren, sondern Fragen und Anregungen auszulösen. Trotzdem waren sich einige ganz sicher: der Tenor Sergej Larin meinte, dass Gott sich in der Musik offenbarte, die Sopranistin Kristine Ciesinski erklärte amüsiert, dass sie mit ihren Eierstöcken singe, sie habe zehn davon. Musik als »Abfallprodukte« der Liebe, das meinte die feinen Stäube, die beim Abschleifprozess des Lebens entstehen und zu ganz neuen Gebilden führen. Beiläufig gelang uns so ein Film über die Kultur der Musik und des Gesangs, der Sprache und Kommunikation.

Die dramatische Sopranistin, später Mezzosopranistin Martha Mödl war eine der größten deutschen Primadonnen der Nachkriegszeit, lange Jahre der Deutschen Oper am Rhein in Düsseldorf und den Wagner Festspielen in Bayreuth verbunden und daneben sehr interessiert an der Neuen Musik. Auf Anregung des Komponisten und Dirigenten Eberhard Kloke hatte ich 1992 mit ihr am Schauspielhaus

Düsseldorf Bernd Alois Zimmermanns »Ekklesiastische Aktion« inszeniert und mit ihr zusammengearbeitet und liebte ihre warmherzige Altersweisheit. Sie wollte gar nicht wissen, woher ihre Kraft und Stimme kamen, sie erzählte gern davon, dass es früher bei dem Dirigenten Wilhelm Furtwängler kein Sakrileg war, nicht perfekt zu sein. Martha sang in »Abfallprodukte der Liebe« wunderbar wehmütig unsentimental die Erinnerungsarie der Gräfin aus Peter Tschaikowskis »Pique Dame«, »Je crains de lui parler la nuit«, ihre Paraderolle, die sie bis kurz vor ihrem Tod 2001 mit achtundachtzig Jahren noch auf der Bühne präsentierte.

Wir hatten eine große Suchaktion nach der italienischen Sopranistin Anita Cerquetti, die ekstatischste meiner Gäste, unternommen und sie tatsächlich in Italien ausfindig gemacht. Die Cerquetti war bis zu ihrem Rückzug 1960 eine der herausragenden Rivalinnen von Maria Callas. Mit neunzehn Jahren begann sie ihre Laufbahn, von der sie sich schon zwölf Jahre später zurückzog, nachdem sie durch die permanente Überanstrengung eine Art Schlaganfall erlitten hatte. Sie konnte nicht mehr singen, aber das Singen hatte dennoch mehr Bedeutung für sie als ihr privates Familienleben. Auch diese Haltung steht für die Suche nach Erfüllung und Ganzheit, die in »Abfallprodukte der Liebe« gemeint ist.

Anita Cerquetti reiste mit der ganzen Familie an, den wichtigsten Menschen ihres Lebens also. Doch ließen wir es uns nicht nehmen, auch witzige Hintergrunddesaster einzubeziehen, beispielsweise wenn Anitas verwöhnte unselbständige erwachsene Tochter zum Kummer der Mutter plapperte und plapperte. Trotzdem liebte Anita sie herzlich. Der großen Anita Cerquetti gehörte folglich das berührende Finale des Films, in dem sie im Playback noch einmal wie zu ihrer Glanzzeit »Casta Diva« zu singen scheint.

Auch die belgische Mezzosopranistin Rita Gorr hatte ich schon als junge Wagner-Sängerin in den fünfziger Jahren kennengelernt, ich schätzte sie sehr wegen ihres dramatischen Ausdrucksvolumens. Rita Gorrs französisches Gesangsrepertoire besaß etwas Außerordentliches, eine Dramatik, die ich als die innere und äußere Gestik der *tragédie française* bezeichnete. Ich bat sie, in unserem Film eine Arie aus »Pique Dame« zu singen, die auch Martha Mödl sang, um die unverwechselbaren Stimmen der beiden zu Gehör zu bringen.

Carole Bouquet und Isabelle Huppert, die sich beide für Musik und Gesang interessieren und an meiner Arbeit und meinem Leben immer Anteil nahmen, besuchten uns während der Dreharbeiten, und ich lud sie spontan ein, mitzumachen. »Komm einfach, und fertig«, sagte ich zu meiner Freundin Isabelle, von der ich wusste, dass sie das Singen liebt. Auch Carole Bouquet ließ sich sehr interessiert auf den Freundschaftsdienst ein, indem sie ein Gespräch mit Anita Cerquetti führte. Isabelle Huppert kam Martha Mödl bei der Gesangstunde in ihrer Sensibilität sehr nahe. Martha sprach, ohne ein Wort Französisch zu verstehen, mit ihr, ich übersetzte: »Das hör ich schon, wenn Isabelle spricht, dass sie musikalisch ist und eine Beziehung zur Musik hat.«

Was jeder aus seinem persönlichen Leben preisgab, war für alle Beteiligten eine Frage der familiären Situation und vertrauensvollen offenen Atmosphäre. Ich ließ mich überraschen. Sergej Larin zum Beispiel kannte ich aus unserer wunderbaren Zusammenarbeit bei »Luise Miller« in Amsterdam, »Lady Macbeth von Mzensk« in Frankfurt und anderen Opernarbeiten, ich wusste, er war in Bratislava verheiratet und reiste mit Ehefrau, Kind und Kegel. Aber zu unseren Dreharbeiten erschien er mit einem schüchternen jungen Italiener, der sein Geliebter war, was niemand ahnte. So wurde seine Erzählung ein privates und öffentliches Coming-out, das ich entsprechend lyrisch und poetisch inszenierte, indem ich einen jungen nackten Reiter wie eine antike Erscheinung durch den großen Saal galoppieren ließ.

Elfi Mikesch führte wie in »Malina« die 35mm-Kamera. Jeder für sich reagierte auf solche Situationen, gemeinsam gestalteten wir einen poetischen Raum, der mitunter auch von unserem ironischen Blick belebt war. Den Schauplatz für das Gastmahl der Musik fanden wir in der ehemaligen Abtei Royaumont bei Paris, einem wunderbar konzentrierten Gebäude aus dem 13. Jahrhundert, in dem sich heute eine Musikakademie befindet.

Wieder war dieser deutsch-französische Film nur mit kleinem Budget ausgestattet, so dass die Sparsamkeit unsere Kreativität beförderte. Wir hatten nur elf Drehtage und mussten mit äußerst knappen Proben auskommen. Elfi Mikesch ließ sich stärker noch als bei »Der Rosenkönig« und »Malina« auf die spontanen Improvisationen ein, ohne je die ästhetische Qualität der Lichtsetzung und der Cadrage zu verleugnen. Sie fing den Zauber in wunderbarer Weise ein, ich spürte sie oft gar nicht, höchstens über Blicke. Wir kannten uns seit meinen Anfängen und machten einander das größte Geschenk, indem unser gemeinsames Tun fast ohne Worte funktionierte. Eine Atmosphäre entstand, in der die Kamera der Bewegung von Atem und Stimme folgte. Die Arien, die geprobt und interpretiert wurden, durchdrangen die persönlichen Geschichten, die Musik war ein Teil des Lebens, wie ich es mir immer wünschte. Die Künstler fühlten sich aus ihrer Routine befreit, jederzeit konnten Dinge geschehen, auf die wir eingingen. Meine Freundinnen Kristine und Katherine Ciesinski wurden bei einem Duett auf der Treppe der Abtei beinahe von einem herunterfallenden Bild getroffen, setzten aber ihre Arie nach der ersten Schrecksekunde nonchalant ohne Unterbrechung fort.

Nichts lag uns ferner, als einen angestaubten Opernfilm zu machen. Die Wirklichkeit musste Eingang finden. So suchten Elfi und ich Bilder von Innenräumen, Architektur und Landschaft, die mit der inneren Qualität der Begegnungen korrespondierten, aber auf einem »deuxième degré«, einer zweiten Ebene, Kontrapunkte setzten. Wenn Gail Gilmore eine Passage aus Hector Berlioz' Kantate »Der Tod der Kleopatra« singt, in der die Königin im Moment ihres Freitods die Angst besingt, ein Leben geführt zu haben, das die Götter nicht mit einem ehrenvollen Grab bedenken, gleitet die Kamera über die in den Boden eingelassenen Glasscheiben hin. Durch sie hatte man wunderbare Durchblicke auf den darunter fließenden Bach, doch eigentlich waren sie lediglich eine Abdeckung für die Löcher des ehemaligen klösterlichen Wasserklosetts. Die praktische Einrichtung aus dem Mittelalter besaß wahrlich eine poetische Schönheit, die in der modernen Umgebung unseres Schauplatzes, vor allem in den schrecklichen Pariser Vororten, leider restlos getilgt ist.

Diese brutale Wirklichkeit sollte unbedingt als böser Wind unseren Entwurf durchwehen und von jedem Pathos der Musik ablenken, sie aus dem faden Dauerfluss reißen und eine Öffnung des Blicks erreichen. Also suchten Elfi und ich Bilder der kalten, misslungenen, menschenfeindlichen Häuser, Plätze, Friedhöfe und Autobahnen in Paris, und das, obwohl wir uns keine Drehgenehmigungen leisten konnten. Mit der 16mm-Kamera unterm Arm, ohne Belichtungsmesser, schmuggelte sich Elfi in den Aufzug des Eiffelturms, und ihr gelang tatsächlich eine Aufnahme, erst bei der Wiederholung wurde sie von einem Kontrolleur abgedrängt. Sie gab vor, die Sprache nicht zu verstehen, aber als er darauf mit »Njet« reagierte, war nichts mehr zu machen. Am Ende hatten wir angesichts der Improvisationen erstaunlich wenig Material von etwa vier Stunden Länge, aus dem meine Cutterin Juliane Lorenz und ich in vielen Wochen gemeinsamer Arbeit ohne vorgefassten Plan die Form entwickelten.

Wenn ich »Abfallprodukte der Liebe« heute sehe, wirkt der Film immer wieder zauberhaft präsent, obgleich Sergej Larin, Trudeliese Schmidt, Martha Mödl und der Ehemann von Anita Cerquetti schon seit Jahren nicht mehr unter uns sind. Im Film gaben alle mutig zur Antwort, sie hätten keine Angst vor dem Tod. Mir war bewusst, dass die Frage mich in meiner persönlichen Situation, meiner Trauer, sehr beschäftigte. Ich fand sie weder zu banal noch zu intim oder obsessiv, sondern alles das zugleich, also existentiell wichtig.

DIE KÖNIGIN

Als sie bereits neunzig Jahre alt war, sagte Marianne Hoppe einmal zu mir, ein Künstler, der die Kindheit nicht in seiner Tasche hat, ist keiner und kann nie einer werden. Damit hat sie hundertprozentig recht. Deshalb sind Märchen so wichtig, denn man muss verstehen, was sie aus der Seele sprechen, von der Seele sprechen. Ein Kind nimmt alles auf, schaut alles an, und wenn es zu malen anfängt, vielleicht zuerst mit einem Griffel oder einem Bleistift, dann kommen auf einmal die Farben hinzu, dann summt das Kind, während es malt, und erfindet kleine Melodien. Und auf einmal möchte es sich einen Hut machen und bastelt sich den aus gefundenem Zeug. So nimmt es alles auf und tut etwas damit, und es entsteht ein Gesamtkunstwerk zum Spielen. Diese Freiheit aus der Ideenwirklichkeit heraus ist es, die das Kind befähigt, künstlerisch zu gestalten. Für mich ist die Kindheit selbst ein Gesamtkunstwerk im Sinne des Satzes von Marianne Hoppe.

Als ich zwölf Jahre alt war, gab es in Bielefeld, wo wir wohnten, ein Gastspiel des Wiener Burgtheaters. Man spielte »Fast ein Poet« von Eugene O'Neill mit Paula Wessely, Attila Hörbiger und Marianne Hoppe. Es war grrrauenhaft! Ich erlaube mir, das zu sagen, denn es war so schlimm, dass ich es schon als Zwölfjähriger merkte. Es war eines meiner ersten Theatererlebnisse überhaupt. Diese Schnulzenspielerei von der Wessely und diese »Trombone«, sagt man in Italien, von Attila Hörbiger: »Uah Uah Uahhh!!« Und dann tauchte auf: Deborah, die Frau aus der Vergangenheit von Melody, der männlichen Hauptfigur. Das war Marianne Hoppe in einem weißen Kostüm und mit weißem Sonnenschirm, die von rechts hinten nach links vorne über die Bühne kam. Ich saß da und sah etwas, das mich sofort fesselte. Danach versuchte ich ein Autogramm zu bekommen, ich glaube sogar, ich kniff sie in den Arm, um zu sehen, ob sie echt ist und was passiert.

Dann hatten wir ewig nichts miteinander zu tun, nur ab und zu sah man sich zufällig. Erst 1992 konnte ich sie als Zweitbesetzung von Martha Mödl für die »Ekklesiastische Aktion« von Bernd Alois Zimmermann verpflichten. Wir sollten mit dieser Inszenierung am Schauspielhaus Düsseldorf in Los Angeles gastieren, aber Martha wollte nicht fliegen, sie hatte Angst, und deshalb suchte ich Marianne Hoppe in Berlin auf. Sie wohnte damals in der Akademie der Künste am Hanseatenweg, wo es für Künstler, die Mitglieder sind, Zimmer gibt, in die man sich einmieten kann zur Meditation oder für eine Auszeit – sehr sinnvoll übrigens. Marianne Hoppe lebte damals dort, ich fuhr hin und bot ihr die Rolle von Martha Mödl an.

Es war ein musikalisches Stück von Bernd Alois Zimmermann, die eigentlich ungeheuerste deutsche Komposition, »Ich wandte mich und sah an alles Unrecht, das geschah unter der Sonne – Ekklesiastische Aktion«. Es ist der Dialog zwischen Großinquisitor und Christus anhand der Bibel und der »Brüder Karamasow«. Bernd Alois Zimmermanns Zeitphilosophie hat mich fasziniert, seine Idee, dass die Sukzession der Zeit in unserer geistigen Wirklichkeit nicht existiert, was im Grunde realer ist als die Uhr. Martha Mödl spielte in der »Ekklesiastischen Aktion« den Großinquisitor, und ich brauchte jemanden, der musikalisch genug war, das an ihrer Stelle in Los Angeles zu gestalten. Marianne sagte prompt: »Na, weißt du, Junge, was die junge Kollegin kann, das kann ich auch schaffen.«

Die eine war achtzig Jahre alt, die andere dreiundachtzig. Wir fingen also an zu arbeiten. Sehr schön war das, ganz unterschiedlich zu der Art von Martha Mödl, die eine weiche, unglaublich herzensgute Person war. Marianne Hoppe war auch eine liebe, aber streng wirkte sie auf die Menschen doch, so dass sie vor ihr Angst hatten, aber für mich war sie immer eine ganz liebe Freundin.

Martin Wuttke sagte später in unserem Film über Marianne, sie habe immer die große Dame gegeben und ihn fühlen lassen, dass er aus dem Ruhrpott kam. Wie dem auch sei, auf mich wirkte sie nicht so. Und so haben wir uns oft gesehen. Ich sah sie in Heiner Müllers »Quartett« und in Robert Wilsons »Lear«. Dann machten wir 1996/97 am Berliner Ensemble zusammen »Monsieur Verdoux« nach Charles Chaplins Film, da spielte sie mit Martin Wuttke, Anna Thalbach, Zazie de Paris und anderen. Marianne war mit achtundachtzig Jahren die älteste Braut des Frauenmörders Verdoux, nur eine kleine Rolle, die sie aber mit Grandezza über die Bühne brachte. Benjamin Henrichs verriss damals in der »Zeit« meine Inszenierung, war aber fasziniert davon, wie Marianne ihre Texthänger kultivierte. »Verzweiflung schläfert die Seele ein«, an diese Zeile kann ich mich noch erinnern. Um die Zeit von »Monsieur Verdoux« entstand eine immer engere Freundschaft zwischen uns, und ich war sehr oft mit ihr unterwegs.

Ich besuchte sie in dem schrecklichen Altersheim am Berliner Zoo, in dem sie ganz unglücklich war. Ich nahm sie oft in Schwulenlokale mit. Zuerst sagte sie: »Das geht doch nicht, die haben Angst vor mir.« Aber dann amüsierten wir uns gut, und es gefiel ihr sehr.

Schließlich wollten wir mit ihr ein Portrait machen, solange sie noch mittun konnte, denn mit neunzig ließ allmählich ihr Gedächtnis nach, und kurz nach unserem Film »Die Königin« starb sie. Zusammen mit Monika Keppler schrieb ich das Drehbuch, einen Entwurf für die Produktion und den beteiligten Fernsehsender. Leider ging die Produktionsfirma bankrott, so dass »Die Königin« so gut wie nicht mehr zu sehen ist.

Wir fuhren mit Marianne nach Felsenhagen in die Prignitz zu dem ehemaligen Gutshof, den sie als Kind so geliebt hatte und von dem sie weggegangen war, um Schauspielerin zu werden. Im Studio sprachen Judith Engel und Maren Eggert Szenen mit ihr – alles wie auf der Probe sehr konzentriert.

Marianne Hoppe hat sich von den Nazis und Goebbels zu nichts zwingen lassen. Was immer auch ihre Propagandafunktion und die zwielichtige Macht von Gustaf Gründgens für die Aufwertung des grauenhaften Nazi-Regimes bedeuteten, ich war der Ansicht, dass Marianne durch ihre Arbeit und ihr Leben nach dem Krieg gesühnt hat. Als ich unseren Film »Die Königin« mit ihr zusammen präsentierte, sagte sie: »Als Verlobte grüßen Marianne Hoppe und Werner Schroeter. Is' ja scheußlich, dieser Film!« Dabei hat sie ihn sehr gemocht.

LEBENSATEM

Das Schauspielhaus Düsseldorf unter Volker Canaris' Intendanz ermöglichte mir sehr viel. Auch das Publikum ging im Schleudergang mit. Die Reaktionen waren immer stark, das ist der wesentliche Punkt, auf den es mir im Theater ankommt. Bejubelt zu werden, hat mich nie interessiert. Knapp sechs Wochen nach »König Lear« brachten wir 1990 Ludwig van Beethovens »Missa solemnis – Von Hertzen – möge es wieder – zu Hertzen gehen« heraus. Dieses szenische Konzert inszenierten wir so bühnentauglich, dass es eine Freude war. Es fing schon damit an, dass das Orchester durch das Theater lief und im Foyer gesungen wurde. Bibeltexte lockten das Publikum in den Zuschauerraum. An einem bestimmten Punkt sprang ich in den Saal und rief »Unendlich glücklich!« mitten in eine Satzpause von Beethoven hinein. Die »Missa solemnis« wurde ein absolut umjubelter Triumph, aber beides war mir lieb, die umstrittenen Aufführungen und die umjubelten. Gleichgültig ließen diese Arbeiten niemanden, und darum geht es, um nichts anderes.

Während meiner Zeit in Düsseldorf inszenierte ich parallel auch an anderen Theatern und Opernhäusern. Es hat mich beinahe verschlungen, das Theater. Ich arbeitete gleichzeitig an mehreren Projekten und die Frequenz der Arbeiten wurde immer höher. Innerhalb eines Jahres entstanden auf diese Weise drei bis vier große anspruchsvolle Arbeiten. So inszenierte ich beispielsweise 1986 zwischen Georg Büchners »Leonce und Lena« in Bremen und Lorcas »Doña Rosita« in Düsseldorf auch die grandiose Erstaufführung der »Salome« von Richard Strauss in Mexiko-City. August Strindbergs »Rausch«, Samuel Becketts

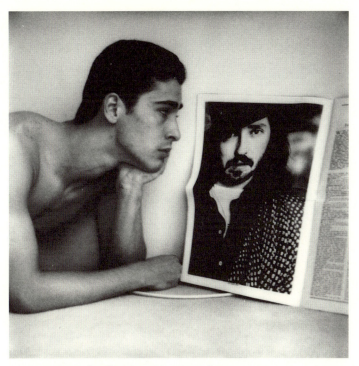

23. Antonio Orlando (Foto: Werner Schroeter)

24. Mit Produzent Peter Berling (Foto: Digne Meller Marcovicz)

25. Freund und Konkurrent: Rainer Werner Fassbinder
(Foto: Picture alliance)

26. Alberte Barsacq (Foto: Werner Schroeter)

27. Mit Carole Bouquet, während der Dreharbeiten zu »Tag der Idioten«, 1981

28. Während der Dreharbeiten zu »Tag der Idioten«, 1981
(Fotos: Digne Meller Marcovicz)

29. Mit Mostefa Djadjam (Foto: Digne Meller Marcovicz)

30. Elisabeth Krejcir, Peter Kern und Karina Fallenstein in »Der tropische Baum«, Düsseldorf 1987 (Foto: Lore Bermbach)

31. Traute Hoess und Martin Reinke in »Rausch«, Theater Bremen 1987 (Foto: Elfi Mikesch)

32. Marcelo Uriona und Sandra Kunz in »Trauer Sehnsucht Rebellion«, Düsseldorf 1987 (Foto: Lore Bermbach)

33. Elisabeth Krejcir und Barbara Nüsse in »Medea«, Düsseldorf 1989 (Foto: Lore Bermbach)

34. Zdzislaw Ryczko, Eva Schuckardt, Christiane Lemm in »König Lear«, Düsseldorf 1990 (Foto: Elfi Mikesch)

35. Mit Isabelle Huppert bei Dreharbeiten zu »Malina«, 1991
(Foto: Cinetext)

36. Düsseldorf 1992 (Foto: Sonja Rothweiler)

37. Isabelle Huppert, Martha Mödl, Elizabeth Cooper (von links), »Abfallprodukte der Liebe« 1996 (Screenshot)

38. Mit Anita Cerquetti, »Abfallprodukte der Liebe« 1996 (Screenshot)

39. Marianne Hoppe und Martin Wuttke in »Monsieur Verdoux«, Berlin 1997 (Foto: Digne Meller Marcovicz)

40. Isabelle Huppert und Zazie de Paris in »Deux«, 2002 (Screenshot)

41. Pascal Greggory und Amira Casar, »Diese Nacht« 2008 (Foto: Cinetext)

42. Mit Bulle Ogier, Premiere von »Diese Nacht«, 2008 (Foto: Picture alliance)

43. Mit Wolf Wondratschek, Wien 2008

44. Elfi Mikesch, Wien 2008 (Fotos: Alexander Tuma)

45. Dörte Lyssewski, Anne Ratte-Polle, Almut Zilcher und Pascale Schiller in »Antigone/Elektra«, Berlin 2009 (Foto: Thomas Aurin)

46. Wim Wenders überreicht W. S. den Goldenen Löwen von Venedig, 2008 (Foto: Picture alliance)

»Atem« und Schillers »Don Carlos«, alle mit einer meiner Lieblingsschauspielerinnen, Traute Hoess, in Bremen. Monika Keppler, die in Bremen Dramaturgin war, arbeitete mit mir an der Textfassung des »Don Carlos« nach Schillers Versfassung von 1805, und als sie in der Leitung des Schauspiels Köln tätig wurde, inszenierte ich auch dort ab 1992 parallel zu meinen Engagements in Düsseldorf. Und ich inszenierte Opern an italienischen Häusern und anderswo: 1987 Gaetano Donizettis »Lucia di Lammermoor« in Livorno mit Jenny Drivala, die auch in »Malina« eine Opernsängerin spielte, und Luigi Cherubinis »Medée« in Freiburg – nach Mexiko-City wieder eine schöne Produktion zusammen mit Kristine Ciesinski. Im Jahr darauf inszenierte ich in Spoleto Tommaso Traettas »Antigone« und in Basel Gaetano Donizettis »Parisina d'Este«. 1991 in Amsterdam Giuseppe Verdis »Luisa Miller«, nicht zu vergessen Schostakowitschs »Lady Macbeth aus Mzensk« an der Oper in Frankfurt, Jules Massenets »Werther« an der Oper in Bonn und vor allem Puccinis »Tosca« an der Opéra Nationale de Paris – eine Aufführung, die bis zum Sommer 2009 auf dem Spielplan stand.

In der Hauptsache arbeitete ich jedoch zwischen Düsseldorf und Köln. Das ging so weit, dass ich vormittags in Köln »Le Prix Martin« von Eugène Labiche inszenierte, übrigens in einer wunderbaren Übersetzung von H.C. Artmann, wieder mit Traute Hoess besetzt, und nachmittags in Düsseldorf das Oratorium »Die Jakobsleiter« von Arnold Schönberg, gekoppelt mit »Ekklesiastische Aktion« von Bernd Alois Zimmermann, eine Aufführung vom Schauspielhaus Düsseldorf mit Bochumer Symphonikern, Solisten und allem, an der Martha Mödl, Jens Berthold, Marcelo Uriona, Eva Schuckardt, viele Opernsänger und wieder Eberhard Kloke als musikalischer Leiter beteiligt waren und die danach mit Marianne Hoppe nach Los Angeles eingeladen wurde. Es war eine tolle Zeit! Auf beiden Probebühnen, in Düsseldorf wie auch in Köln bei »Le Prix Martin«, war es immer brüllend heiß. Aber den Kontrast empfand ich so reizvoll zwischen Schönberg und den tragischen Themen einerseits und dem frivolen Eugène Labiche andererseits. Ganz sicher war es auch dieser anregende Kontrast, der beide Aufführungen so gut werden ließ.

Es wurde immer mehr. Auch Jean Genets »Unter Aufsicht« machte ich in Köln und »Die Soldaten« von Jakob Michael Reinhold Lenz, was mir als Stück so sehr gefiel. Ununterbrochen liefen die Arbeiten am Theater, wo hätte ich noch Filme in den Zeitplan quetschen können? Die Filmarbeit stand viele Jahre einfach nicht dafür, und das Leben als Theaterregisseur garantierte mir zudem Einkünfte, was mit meinen Filmen nie möglich gewesen war.

Das Parallelprogramm zwischen meinen zwei Hauptstädten war zudem praktisch und komfortabel. Das Theater in Köln hatte für mich eine kleine Wohnung angemietet, so dass ich nur am Wochenende zu den Besuchen bei Marcelo im Krankenhaus oder zu Proben nach Düsseldorf fuhr. Ich konnte mich nicht beklagen. Wieder war die Situation Ausdruck einer organischen Entwicklung, auch wenn natürlich die treibende Kraft am Werk war, denn wenn ich etwas ausdrücken *musste,* suchte ich mir den Ort und die Mittel zur Ausführung.

Aber es war auch eine furchtbare Zeit, denn 1994 lag bei mir in Düsseldorf mein Bruder im Sterben. Er war ein paar Tage vor der Premiere zur »Ekklesiastischen Aktion« gekommen und blieb sehr lange. Wochen später holte ihn meine Cousine Gina nach Bayern zurück, wo er kurz darauf starb. Dass Hans-Jürgen krank war, wusste ich seit dem Frühjahr, als ich es am Vortag der Beerdigung meines

Vaters erfuhr. Ich sah damals meinen Bruder wieder und er war sehr schlank geworden, so zart. Ich sagte noch zu ihm: »Das ist ja toll, wie du aussiehst, nicht mehr so massiv, schön.« Er hatte Krebs, ich wusste es damals einfach nicht anders.

Ich habe einfach weitergearbeitet, zum Beispiel an Jakob Michael Reinhold Lenz' selten gespielter Komödie »Der neue Menoza«, einer abgründigen Verwechslungskomödie zwischen Naumburg an der Saale und Spanien. Und 1996 »Divinas palabras – Wunderworte« des grandiosen subversiven spanischen Jahrhundertwende-Autors Ramón Maria del Valle-Inclán – auch eines der Stücke, die in Deutschland zu selten gespielt werden und das ich lange mit mir herumschleppte. Es ist ein Pandämonium der Welt, Hieronymus Bosch nicht weit, der spanische Caudillo Franco schon nah. Wir inszenierten dieses wunderschöne Stück, das so universelle Wahrheiten ausspricht, als irrwitzig zirzensische Geschichte. Man konnte es als Auseinandersetzung mit Franco verstehen, der 1996, als wir »Divinas palabras« unter dem deutschen Titel »Worte Gottes« inszenierten, schon zwanzig Jahre tot war. Auch Valle-Incláns »Luces de Bohemia – Der Glanz der Bohème« ist solch ein fremdes Stück für ein deutsches Publikum – ein Grund mehr, es zu inszenieren. Seine Lebenslust, seine Vitalität und Sinnlichkeit, auch im Elend Schönes zu erleben, sind auch mein Thema. Es schöpft seine Phantasie daraus, zu sich selbst zu stehen, auch in einem absolut brutalen Vorgehen mit sich selbst und den anderen.

Das Schauspielhaus Düsseldorf bot mir sogar die künstlerische Leitung an. Man hatte schon ein Büro mit allen Titeln und Dingen für mich eingerichtet, aber ich zögerte. Bei den Menschen, die mich wirklich liebten, erkundigte ich mich: »Soll ich?« Sie rieten ab und hatten völlig recht damit, ich hätte solch eine Arbeit nicht geschafft. Ich stellte mich vor der endgültigen Entscheidung selbst auf die Probe, was diese Funktion bedeuten würde, was es heißt, in die Inszenierungsarbeit anderer hineinzuschauen. Eine Produktion, die vorbereitet wurde, fand ich auf einem derart falschen Weg, dass ich den Regisseur fragte, ob er ein bisschen Zeit hätte, mit mir zu sprechen. Ich erzählte ihm darauf ganz zart und moderat von meinen Bedenken und sah dann, wie entsetzt und starr vor Schrecken er das aufnahm. In diesem Moment wurde mir klar, dass ich die Funktion des künstlerischen Leiters nicht ausüben wollte. Ich hatte keine Lust an solchen Konflikten, an der Ausübung von Macht. Das hätte mir keine Freude bereitet und deshalb einen Qualitätsverlust in meinem Leben bedeutet. Die Arbeit *muss* Freude machen, sonst hat sie keinen Sinn. Ich entschied, dass es nicht meine Aufgabe ist, jemanden zurechtzuweisen und zu Änderungen aufzufordern.

Ich hätte zudem viel weniger Atem für mein Leben, meine Freundschaften und die Gemeinsamkeit gehabt, die mir so wichtig waren. Bis dahin saß ich mit den anderen im selben Boot, was durch die Funktion beschädigt worden wäre, abgesehen vom Zeitaufwand. Ich saß viel lieber schön mit den Leuten vom Theater zusammen, unterhielt mich und kam auf Ideen. Ich selbst brauchte keine Reglementierung durch eine zwischengeschaltete künstlerische Leitung, weil man meinen Wünschen weitgehend nachgab und ich fast alles durchsetzen konnte, was ich mochte.

1996 kam eine neue Intendanz, mit der ich mich nicht verstand. Dass ich dort weiter mein Theater machte, war nicht mehr recht.

DAS LEBEN VERSCHLINGT VIEL

Die vergangenen fünfundzwanzig Jahre waren tatsächlich eine sehr produktive Zeit. Auch bereits vor dem Ende meiner Ära am Schauspielhaus Düsseldorf arbeitete ich an vielen Häusern, und nach der Absage an eine weitere Zusammenarbeit durch die neue Düsseldorfer Intendantin setzte ich die lange Liste meiner Produktionen fort – misslungene Arbeiten eingeschlossen.

Nachdem ich beispielsweise 1994 sehr erfolgreich »Tosca« an der Opéra Bastille in Paris und in Düsseldorf »Der neue Menoza« inszeniert hatte, folgte 1995 als Nachschlag am Schauspiel Köln »Die Perser« von Aischylos. Ich scheiterte mit dieser Arbeit, aber ich muss dazu sagen, ich sah »Die Perser« noch nie gut auf der Bühne.

Es war eine unglückliche Situation, weil ich ursprünglich mit meiner heißgeliebten Freundin, der österreichischen Schauspielerin Almut Zilcher, die »Antigone« in der Hölderlin-Übertragung in Köln geplant hatte, aber sie konnte nicht. Der Kölner Intendant Günter Krämer bestand trotz der Absage der »Antigone« auf der »Antikenschiene«. Mir fiel nichts mehr dazu ein, und so stimmte ich dummerweise dem Vorschlag zu, die »Perser« zu machen. Das Problem war das chorische Sprechen auf Deutsch, daraus kann nichts werden. In deutscher Sprache wirkt es meist furchtbar. Von hundert Regisseuren, die es versuchen, beherrscht es vielleicht einer. Außer Einar Schleef kannte ich niemanden, der damit arbeiten konnte, und auch bei ihm stand das Beherrschende und Beherrschte absolut im Vordergrund. Das ist es, was mir am chorischen Sprechen in deutscher Sprache nie behagte. In Produktionen meines lieben Regiekollegen Dimiter Gotscheff sprechen die Schauspieler zu dritt oder zu zweit. Das gefiel mir sehr gut, aber ich hatte es bei den »Persern« mit zwanzig Leuten zu tun.

Auf diese missglückte Inszenierung folgte im selben Jahr am Hamburger Schauspielhaus Molières »Der Menschenfeind«, aber ich war von seinem Sujet innerlich zu weit entfernt. Die Misanthropie war nie mein Thema, aber der Hamburger Intendant, Frank Baumbauer, bestand darauf. Und so wurde es trotz einer guten Besetzung nur mittelmäßig. Ich musste mich in etwas hineinschaffen, das a priori nichts mit mir zu tun hatte. Heute würde ich Auftragswerke nicht mehr akzeptieren, es sei denn, das Angebot würde einen bestimmten Punkt treffen, ein Stück, das ich selbst gewollt hätte.

Nach »Der Menschenfeind« dachte ich in jenem Jahr 1995: »So nicht. Es kann einfach nicht sein, dass nichts gelingt.« Da kam mir zugute, dass ich am Staatstheater Darmstadt mit dem damaligen Generalmusikdirektor Marc Albrecht Ludwig van Beethovens »Fidelio« in einer Koppelung mit Luigi Nonos »Intolleranza« inszenieren konnte. Diese Koproduktion mit dem Straßburger Musikfestival für neue Musik war dann endlich wieder gut. Und weil ich nicht aufgegeben hatte, folgte gleich darauf im Herbst der Film »Abfallprodukte der Liebe«, vier Jahre nach »Malina«.

Wenn ich also keinen Bezug zu einem Stück oder einer Oper entwickeln konnte, wurde es uninteressant für mich. Ich sah mich nie als Wurschtfabrik, die immer Würstchen machen kann. Es war nur fatal, dass ich aufgrund meines Schaffensdrangs und weil ich unbedingt das Geld rausschmeißen musste, wieder neues nachholte und deshalb auf Aufträge einging. Das war nichts Besonderes bei einem Leben, wie ich es führte. Mit vielen Menschen in Saus und Braus musste ich einfach viel verdienen. Das Leben verschlingt viel Geld. Ich hatte immer Menschen um mich, die weniger oder gar nichts verdienten. Deshalb zahlte ich, und das war auch wunderschön, solange es funktionierte.

Einige Ausnahmen machte ich also bei den wenig geliebten Auftragswerken später doch noch. Giacomo Puccinis »Madame Butterfly« war beispielsweise eine der Opern, mit denen ich nie etwas anfangen konnte, bis ich sie 2002 kennenlernte. Sie kam mir ganz nah, und ich sah plötzlich, was für eine geniale Oper das ist. Es wurde eine sehr gute Aufführung mit Karine Babajanyan, einer wunderbaren armenischen Sopranistin, die danach in Stuttgart arbeitete. Die Inszenierung aber war – man glaubt es nicht – in dem von mir gar nicht geliebten Bielefeld. Auch dort hatte man mich eingeladen zu arbeiten, und ich genoss die herrliche Zusammenarbeit mit meiner Assistentin Birgit Kronshage, die wir im Jahr 2005 bei unserer »Don Carlos«-Inszenierung in Bielefeld erneuern konnten.

Wenn eine Zusammenarbeit gut war wie mit Birgit Kronshage, versuchte ich immer, sie aufrechtzuerhalten. Mit einer kleinen Gruppe von Mitarbeitern, die je nach Theater-, Opern- oder Filmprojekt variierten, konnte ich dieses Prinzip fortführen.

Die organische Entwicklung meines Lebens und Arbeitens, die mir so wichtig ist, bestand damals aus einem fatalen Zusammenspiel von sehr tragischen Ingredienzien. Die Todesgeschichten begannen mit Marcelo. Im Januar 1993 starb er, dann Arpad, dann mein Vater, dann Jens, dann mein Bruder. Alle drei Freunde waren am Schauspielhaus Düsseldorf engagiert. Marcelo, seit ich dort war, Arpad geraume Zeit und Jens ebenfalls, der ein grandioser, wilder, sehr schöner Mann war und in unserer »Emilia Galotti« den Prinzen von Gonzara und im »Lear« den bösen Edgar spielte.

Arpad Kraupa hatte schon bevor wir uns kennenlernten

erfahren, dass er krank war. Es war mir immer bewusst, schon seit Mitte der achtziger Jahre. Jens Berthold starb als letzter meiner drei Freunde im Herbst 1994. Damals ging es wieder los mit der Homophobie, das war nicht anders zu erwarten. Sie ist noch immer viel stärker, als zugegeben wird, nur versteckter, weil sie nicht mehr zur *political correctness* gehört. Aber es war uns damals klar, dass mit Aids wieder so etwas Reaktionäres hochgespült wird. Ich würde es nicht Schock nennen, was ich empfand, eher empfand ich die Situation als Aufgabe und schwere Last.

Meinerseits änderte sich meine Beziehung zu meinen Freunden überhaupt nicht. Dennoch wurde ich nie infiziert. Es gibt die verschiedensten Theorien und Gedanken zu diesem Phänomen. Viele Infizierte hatten mit anonymem Sex zu tun, also dem rein fleischlichen Begehren, dem Sich-Austoben am Anderen, ohne den Namen zu kennen und fast ohne das Gesicht zu sehen. Im Dark Room, der Klappe, dem Pissoir und so weiter. Ich bin aber nur mit Menschen ins Bett gegangen, die ich liebhatte, deren Anima, deren Name und deren Präsenz mir ganz nah waren. Ich konnte sie beim Namen nennen, und sie bedeuteten mir viel. Ich habe mich nie geschützt, aber das empfehle ich niemandem. Man muss sich schützen.

Es wäre Quatsch zu fragen: »Wie haben Sie das gemacht, Herr Schroeter, dass Sie so viel gemacht haben? Mit nichts angefangen und ohne Ausbildung!« Da kann ich nur antworten, man kann mich nicht als Maßstab nehmen. Man *tut* das, man muss seinem eigenen Weg folgen. Wenn man von der Verknüpfung aller Dinge miteinander spricht, dann war diese Zeit in Düsseldorf im Grunde zu Ende, als alle tot waren.

DIE LETZTE LIEBE FREUNDSCHAFT

Isabelle Huppert und mich verband seit »Malina« eine tiefe Freundschaft. Wir blieben uns auch jenseits der Arbeit immer verbunden und empfanden das als großes Geschenk. Isabelle ist sehr intuitiv, sie besitzt ein inneres Zentrum, eine starke Harmonie, die sie sich erarbeitet und durch Erfahrung zu eigen gemacht hat. Weil wir Anteil nahmen am Leben des anderen, entwickelten sich mit großer Selbstverständlichkeit immer wieder auch Ideen.

Schon in der Arbeit an »Malina« konnte ich mit Isabelle so weit gehen wie mit niemandem sonst, weil sie sich mutig und voller Vertrauen auf mich einließ. Sie war wie eine weiße Leinwand, auf der ich malen konnte. Keine andere Schauspielerin bat ich so oft, Tränen fließen lassen. Tränen sind solch ein selbstverständlicher Ausdruck ihrer selbst, ein Produkt ihres Körpers, das Pathos besitzt, aber keine Sentimentalität. Sie ist sehr klar, kann zugleich aber auch die komplexesten Gedanken und Gefühle darstellen. Ich bewunderte ihre Bühnenpräsenz, als sie in Paris im Théâtre de l'Odéon zwei Stunden lang den Monolog aus Sarah Kanes »Psychose« sprach. Wenn Isabelle sah, wie weit sie gehen konnte, freute sie sich immer, weil sie auch für sich selbst etwas daraus gewann.

Wir konnten im Leben durch dick und dünn gehen und in der Arbeit Besonderes und Kostbares erreichen. Unser Traumprojekt war ein Film, in dem Isabelle den preußischen König Friedrich den Großen in seiner Jugend bis zur Krönung spielen sollte. Aber allein die Vorstellung, dass diese grandiose Schauspielerin einen jungen König im Alter von vierzehn bis einundzwanzig Jahren darstellte, kam den naturalistisch denkenden Menschen, die über die

Finanzierung entschieden, verkehrt vor. Mein Argument, Naturalismus habe nichts mit Film und Theater zu tun, half überhaupt nicht. Diesem wunderbar seltsamen Projekt fehlte es immer an Geld.

Da kam im Januar 2001 in Paris überraschend Paulo Branco auf mich zu und fragte, ob ich nach unserer lang zurückliegenden Zusammenarbeit beim »Rosenkönig« wieder einen Film mit ihm machen wolle, eine portugiesisch-französisch-deutsche Koproduktion, bei der wir wieder in Portugal drehen könnten. Ich war sehr glücklich über dieses Angebot, weil sich darin einmal mehr die organische Entwicklung meines Lebens offenbarte. Zu jenem Zeitpunkt waren alle meine Filmprojekte ins Stocken geraten, und auch bei den Opern- und Theaterinszenierungen zeichnete sich eine Flaute ab.

Das Projekt über den jugendlichen Preußenkönig war für Paulo Branco natürlich unfinanzierbar, aber es stand fest, dass ich einen Film für Isabelle und mit ihr machen würde. Sie war sofort bereit, sich dafür Zeit zu nehmen. Innerhalb von vier Wochen schrieb ich das Drehbuch zu »Deux« zusammen mit dem jungen französischen Drehbuchautor Cédric Anger, das heißt, tatsächlich basierte es auf intensiven autobiographischen Erfahrungen und Träumen. Paulo Branco ließ mir freie Hand, ich durfte den Film so persönlich angehen, wie ich wollte. In Deutschland hätte ich stattdessen sogar erklären müssen, warum jemand die Tür öffnet oder schließt.

Ich wollte ein Gefühl zum Ausdruck bringen, das zuletzt auch in »Abfallprodukte der Liebe« mein Thema war. Es ging mir um die innerste Erfahrung, über die Grenzen der geschlechtlich, gesellschaftlich normierten Person hinaus noch andere Wesenheiten in sich zu verkörpern. Diese überbordende Ganzheit entspricht vollkommener

Schönheit, wenn man den adäquaten Ausdruck dafür zu finden vermag. Doch die alten Mythen sagen sehr wahr, dass derjenige stirbt, der sich im Spiegelbild als Zweiheit, als Identität in kompletter Ganzheit wahrnimmt. Der Mythos des Narziss und auch seines romantischen Doppelgängers, die sich im Tod begegnen, faszinierte mich seit meiner Jugend. Mein Leben lang verfolgte mich das Gefühl, dass ich eigentlich noch ein Gegenüber hätte, von dem mir nur entfallen war, wer es ist. Einen sensiblen Menschen verfolgt oft der Gedanke, dass man die Person, die vielleicht ein Teil von einem ist, wahrnimmt, aber nichts mehr mit ihr verbindet oder aber zu viel.

Die Bilder dieses Risses, von dem ich mit Isabelle erzählen wollte, flossen in einem großen Erinnerungsstrom aus mir heraus, zum Teil in Anekdoten und Schlüsselerlebnissen meiner Jugend, zum Teil in literarischen Zitaten aus den »Gesängen des Maldoror«. So kam es zur Form einer achronologischen assoziativen Traumerzählung, die wir beim Drehen mit unseren spontanen Improvisationen und dem Reichtum der Augenblicksatmosphäre weiterentwickelten. Ich musste die ewig gleichen Mitteilungen, die das Leben vorschreibt, in ein Rätsel transponieren, in ein Labyrinth, in dem man sich jedoch, in Juliane Lorenz' Montage am Ende wie von einem Ariadnefaden geleitet, zurechtfindet.

»Deux« kreist um ein eineiiges Zwillingspaar, Maria und Magdalena, beide lesbisch, die eine in Paris, die andere in Sintra an der portugiesischen Atlantikküste lebend. Bei ihrer Geburt vertauscht, kennen sie weder einander noch ihre phantastische Mutter Anna. Jede für sich sind sie auf einer Art surrealer tour d'horizon durch ihre Freundschafts- und Liebesgeschichten, ihrer Suche nach Schönheit, Sex, Poesie und Musik. Die merkwürdige eineiige lesbische Doppelnatur stand nicht für den simplen Gegensatz von Gut und Böse, sondern für ein mehrfach Gespaltenes, das sich in sich selbst trifft, schmerzvoll danebentrifft und letztlich tötet.

Die meisten Menschen, die auf meinen Film reagierten, sprachen mich auf die Szene mit Isabelle und Robinson Stévenin an, in der er sie als Schulmädchen auf dem Rad nach Hause bringt und von einem Film mit Diana Dors erzählt, zu dem er sie eigentlich einladen wollte. Es war meine Erinnerung an Siegfried in Bielefeld, in den ich so verliebt war und der mir diese Erzählung schenkte, bevor er sich umbrachte.

Isabelle hätte es viel schwerer gehabt, die feinen Nuancen in den verschiedenen Lebensabschnitten der Zwillinge so faszinierend zu verkörpern, wie es ihr tatsächlich gelang, wenn meine Freundin Alberte in der Ausstattung nicht ein Ambiente geschaffen hätte, das historische Fingerzeige gab. Für Isabelle beginnt die Arbeit an der Rolle immer mit dem Kostüm und den Schuhen, mit denen sie sich der Person annähert, in die sie sich vor der Kamera verwandelt.

Bulle Ogier konnte ich für die Rolle der Mutter Anna gewinnen, einer Frau, die wie durch die Zeit geworfen wirkt, sich in Freudentaumel und Desaster verliert. Auf einer zusätzlichen Assoziationsebene trat Bulle auch in einer Video-Installation im Film auf, in der sie den Satz wiederholt: »La violence commence à la naissance – Die Gewalt beginnt bei der Geburt.« Man ist immer geneigt zu vergessen, dass die eigene Geburt der Mutter Schmerzen bereitete.

Isabelles Gesichter und Körpersprache leuchteten in Elfi Mikeschs Bildern transparent wie nie zuvor, und wieder war ich so glücklich über die fast wortlose Verständigung zwischen uns. Das Licht, die Wolken, die glänzenden Brandungswellen, alles in »Deux« gelang uns magisch, plastisch, ohne Falschheit. Wir erfüllten die toten Dinge mit Leben und führten die Lebenden in ihr dunkles Inneres.

Als »Deux« 2002 im Wettbewerb der Filmfestspiele in Cannes zu sehen war, schrieb ein Kritiker, er habe nicht alles verstanden, aber ein paar Jahrhunderte europäischer Kunstgeschichte seien an ihm vorübergezogen. Voilà.

Dabei inspirierten mich auch indische Mythen, die ich als Ritual zwischen Leben und Tod in mein ganz persönliches Universum aufnahm. In Indien gab es den Brauch, eine Leiche wie eine Marionette an Stäben zu führen und buchstäblich in ihr Grab laufen zu lassen. Die Szene arrangierten wir nachts am Strand, wenn Isabelle das von ihr getötete und halb verspeiste Alter Ego mit einem ekstatischen Tamtam beerdigt. Und noch immer existiert das Ritual, bei dem ausgestoßene Kastraten in Indien vor den Häusern frisch geborener Kinder Musik machen und den Eltern anbieten, im Falle, dass das Kind hässlich ist, es mitzunehmen und aufzuziehen. Auch dieser atavistische Brauch, sich Nachwuchs zu besorgen, war ein schwarzes Symbol in diesem Bilderuniversum.

Ein anderes Detail übernahm ich aus »Tausendundeine Nacht«. Da erscheint einer jungen Witwe ein Geist, der von ihr fordert, das Erste, was ihr gegeben werde, zu essen, um ihren Mann zurück zu erlangen. Als der Tote erscheint, kotzt er ihr ins Gesicht, sie isst das Erbrochene, und er kehrt ins Leben zurück. Wenn ich nicht bereit bin, alles, was der andere mir gibt, anzunehmen, kann ich ihn nicht zum Leben bringen. Solche Inspirationen aus dem magischen Außen fügte ich in »Deux« ein, daneben und damit verschmolz die Poesie der schwarzen Romantik. Das Bild von der Schauspielerin als Puppe, die sich bis ins Grab führen lässt, war für Isabelle kein Schreckbild, es war eine Schlüsselszene für ihren Beruf, wie sie bei vielen Präsentationen von »Deux« erzählte.

Ein paar Szenen fielen ihr doch nicht leicht. Ich erinnerte mich im Drehbuch an meine Erlebnisse mit Michael O'Daniels, mit dem ich in Begleitung eines Fuchses in den siebziger Jahren durch Los Angeles zog. Isabelle dichtete ich im Film also einen Fuchs als Begleiter an, doch das war eine große Herausforderung. Eigentlich handelte es sich um drei je nach Talent dressierte Tiere, mit denen schwer zu arbeiten war, weil sie letztlich unbezähmbar und unberechenbar blieben. Isabelle machte keinen Hehl aus ihrer Angst, obwohl man den Aufnahmen nichts davon ansieht. Es war ein Abenteuer für den Fuchs, für das ganze Team, vor allem für Isabelle, aber meine Idee hatte ja einen inhaltlichen Sinn. Der Fuchs ist ein wunderbares Wesen, gerade weil er sich nicht zähmen lässt. Die Dompteure, die die drei Füchse brachten, führten ohne Probleme Tiger- und Löwennummern vor, nur der Fuchs schaute und schaute wunderbar unbeirrbar und gefährlich aus seinen Augen.

Arielle Dombasle, die Ehefrau des Millionärs und Philosophen Bernard-Henri Lévy, spielte die Gesangslehrerin der einen Isabelle-Schwester. Mein Fall war die rechtskonservative Philosophie ihres Gatten nie, aber mit Arielle zu arbeiten machte mir großen Spaß. Sie kann irgendwie singen, hat eine ausgebildete Stimme, nur sind die Sangeskünste drollig gemischt. Ich fand sie toll, eine seltsame schrille schöne Figur. Am schönsten war ein Drehtag am Strand bei Sintra, als hoher Wellengang war. Ich wollte unbedingt, dass Arielle sich umwerfen ließ, aber sie sagte: »Ach Werner, lass doch den Quatsch.« Paolo Trotta, mein wunderbarer neapolitanischer Assistent, saß neben mir und sah, dass eine Riesenwelle heranrollte, als Arielle mit großer Geste »J'aime le militaire, j'aime le militaire!«

schmetterte. Er sprang auf, doch bums! nahm die Welle sie mit und sie lag drinne im Wasser. War die sauer!

Ich freute mich über solche Neckereien, aber ich machte mich nicht nur lustig, als Mensch fand ich sie prima, durchaus akzeptabel. Arielle war eine reizende, tolle Person, die wie wir alle einen Knall spazieren führte. Sie besitzt Humor, sonst hätte sie mir nicht den Aquamarin-Stein in Erinnerung an die Lieblingssteine meiner Mutter geschenkt. Sie konnte so böse auf mich sein mit ihrem ständigen: »Du willst mich nur quälen.« Aber am Schluss schenkte sie mir den Aquamarin, den ich jetzt immer um den Hals trage, und sagte: »Hier hast du meine Gage zurück.« Sie kam körperlich vollkommen »durchgearbeitet« und gestylt zur Arbeit und sah aus, als hätte sie die ewige Jugend gepachtet. Ob man ihr das Alter ansah, war mir egal, aber dass sie so stilisiert war, gab etwas her für das, was wir erzählen wollten. Ein Film wie »Deux« ist in jedem Fall das pure Gegenteil des Alltags, außer man ginge von der wahren Alltäglichkeit des Seelenlebens aus, das immer untergründig, tief und hochmögend zugleich ist. In der Erzählweise, die wir wählten, sind Sprache, Bild, Geräusche, literarische Zitationen und Musiken von gleichem Wert. Fragmente aus den »Gesängen des Maldoror«, dieser Poesie auf den als Monstrum auf Erden irrenden Menschen, waren mein Leitmotiv.

Rilke sprach vom Schönen als dem Anfang alles Schrecklichen. Schönheit kann bis ins banalste Leben hinein unerträglich sein, traurig, wenn Menschen, die sich selbst als hässlich empfinden, mit wunderschönen Menschen zusammen sind. »Deux« aber kreist um das Erringen von Schönheit, wie es die klassische Tragödie kennt, sei es die göttliche Schönheit der griechischen Mythologie, sei es bei Shakespeare die Schönheit des angemessenen Handelns.

»Deux« war meine Rückkehr nach Cannes, ich betrachtete den Film als mein Meisterwerk. In Frankreich wurde er mit großem Interesse wahrgenommen, in Deutschland jedoch fand er keinen Verleih. Ich hätte mir eine größere Aufmerksamkeit für diesen Film in meinem Land gewünscht, aber meine Durchsetzungskraft reichte nicht. Ich war in eine tiefe, zum Teil selbstverschuldete Malaise gerutscht und saß auf einem Berg Schulden, der mich in viel Alkohol und schlaflose Nächte stürzen ließ. Es war so dramatisch wie banal, dass ich keinen Überblick über meine Einkünfte und Ausgaben besaß und ihn eigentlich immer gern vermied. Jetzt stand ich vor der Tatsache, dass jemand, dem ich meine Wohnung in Düsseldorf zur Verfügung gestellt hatte, meine Konten geräumt hatte und mit unbekanntem Ziel verzogen war. Ich war so perplex und aufgewühlt, dass ich in Interviews, zum Beispiel in den Cahiers du Cinéma und auf Arte, unverblümt meine Schwierigkeiten offenbarte. Ich musste Geld verdienen, und da mir das mit meinen Filmen nie gelang, begann ich bald nach »Deux« mit der Inszenierung von Vincenzo Bellinis »Norma« an der Oper in Düsseldorf. Eine Opernarbeit brachte so viele Einkünfte wie zwei oder mehr Jahre Arbeit an einem Film. In meiner Lage musste ich jede Chance wahrnehmen.

DER WEG ZU ETWAS NEUEM

Ich habe immer gern Witze über meine Katastrophen, meine »großen Dramen« gemacht. Aber die Freude an dem schönen Gesamtkunstwerk »Deux« wurde durch mein privates Desaster doch sehr getrübt. Dennoch genoss ich es, dass der Film bei den Filmfestspielen in Cannes 2002 angemessen gezeigt und intelligent besprochen wurde – außer in Deutschland, wo man meist mit »Kannitverstan« reagierte. Später stellte ich mit dem Abstand der Jahre bei Retrospektiven übrigens fest, dass der Film nicht alterte. Für Menschen, die Isabelle Huppert lieben, ein Auge für Alberte Barsacqs subtile Ausstattung und Elfi Mikeschs wunderbare Kamera haben, ist er ein bleibendes Erlebnis, aber leider gerieten zwei der beteiligten Produktionsfirmen in finanzielle Schwierigkeiten, und so kann »Deux« wegen der ungeklärten Situation derzeit nicht vorgeführt werden.

Ich persönlich hatte das große Glück, gute Freundinnen und Freunde zu haben, die mir halfen, so gut es ging. Es sind viele, für deren Hilfe ich dankbar bin. Sie sprangen mir in einer sehr unübersichtlichen Situation zur Seite und ermöglichten, dass ich das Wichtigste tun konnte: weiterarbeiten. Meine Freundin Monika Keppler, seit meinen Bremer Inszenierungen in den achtziger Jahren nicht nur eine meiner wichtigsten künstlerischen Mitarbeiterinnen, sondern auch meine Vertraute und Partnerin in allen Dingen des Lebens, war damals im Begriff, in Berlin eine Schauspielagentur zu gründen. Sie betreute mich als Künstler und versuchte mit Ausdauer, Licht in das Dickicht meiner Verluste und Verbindlichkeiten zu bringen, überdies bot sie mir an, gemeinsam unseren Wohnsitz in Berlin zu nehmen. Leander Haußmann, bis auf den heutigen Tag einer meiner besten Freunde, dem ich viele anregende Gespräche verdanke, nahm Monika und mich damals als Gast bei sich auf, bis wir eine Wohnung gefunden hatten. Ich konnte mir nur schlecht Überblick über meine persönliche Situation verschaffen, denn Konflikte mit meinen Mitmenschen, Verhandlungen, Vertragsabschlüsse, Mietprobleme, kurz: alle unangenehmen Nebenaspekte einer unsteten Künstlerexistenz, waren mir ein Gräuel. Ich sagte gern prophetisch: »Wer das Desaster nicht sieht, ist blind«, aber es zu bewältigen war mir nicht möglich. Die Frauen meines Lebens mussten mir die Sorge abnehmen, jedenfalls nahm ich erleichtert an, wenn sie es mir anboten. Trotz allem: Getragen von der Zuneigung meiner Vertrauten, konnte ich neue Projekte an Theater- und Opernhäusern beginnen, an meine »inneren Notwendigkeiten« anknüpfen. Wie ein Musiker spielte ich immer dasselbe Stück, nur dass sich jede Wiederholung anders gestaltete.

Einige Beispiele aus meiner Tätigkeit in den Jahren 2002 bis 2010: Ich wehrte mich oft dagegen, als Künstler tagespolitische Erklärungen abzugeben – tat es aber dann und wann, wenn mich ein innerer Impuls dazu trieb. Der Krieg der USA gegen den Irak, der als Reaktion auf den Anschlag vom 11. September 2001 im Jahr 2003 wie absurdes Theater regelrecht in Szene gesetzt wurde, war ein Beispiel menschlichen Irrsinns, den die Kunst unabhängig von der konkreten historischen und politischen Situation seit Tausenden von Jahren spiegelt. Ich war nicht so naiv, bei der Inszenierung von Bellinis Oper »Norma« an der Rheinoper in Düsseldorf Protestschilder auf die Bühne zu stellen, auf denen »Make peace not war« oder »Nieder mit Präsident Bush« zu lesen war, ich sah meine Aufgabe vielmehr darin, eine in die Kunstform eingebettete Stellungnahme abzugeben, die jeden, der dafür offen war, zum Nachdenken anregte.

Das ist eigentlich die humanste Idee: das Gefühl als Träger des Ausdrucks, mit dem Denken gekoppelt. Die Oper ist eine begnadete Ausdrucksform dafür, ein Gesamtkunstwerk, nicht im ideologischen Sinne wie bei Richard Wagner, sondern ein Musiktheater, dessen gedankliche Inhalte in konkreten historischen Erfahrungen und Dilemmata wurzeln und ebenso wichtig sind wie der Klang. Musik als solche ist langweilig, sie ist nur von Bedeutung, wenn sie darüber hinauswirkt. Maria Callas war meine Götterbotin, weil sie die Musik besiegte, indem sie darüber hinaus in transzendente Räume gelangte. Meine Haltung war: Auch im Theater und im Film muss man die Kunstform besiegen, damit ein Metaraum der Seele entstehen kann.

Vincenzo Bellinis Oper »Norma« öffnet solche Räume. Sie erzählt einen Stoff aus der Geschichte Galliens gegen Ende der römischen Hochkultur, eine Geschichte der Besatzung, der Unterdrückung und des Verrats. Die Oper endet mit der Selbstaufopferung der Priesterin Norma und des römischen Prokonsuls Pollione, der sie liebt. Beide gehen unschuldig auf den Scheiterhaufen, der anderen zugedacht war. Dieses Dilemma kommentiert die Ungerechtigkeit der Welt außerhalb der Oper, wie sie ist und immer sein wird. In der Düsseldorfer Inszenierung, für die ich auch das Bühnenbild gestaltete, trat Norma, verkörpert von der wunderbaren Sopranistin Alexandra von der Weth, mit erhobenem Haupt stolz durch einen offenen Kubus hindurch ab, in dem hinter ihr Flammen auflodertn. Es war eine Metapher für den Durchgang zum Tod, aber auch eine Art Bildfenster, das unsere beschränkte Wahrnehmung von Krieg, Gewalt und Flächenbrand darstellte. Für mich war es vor allem ein Bild für die Idee der Beherrschung der Angst, die in meinem Denken immer mehr Raum einnahm.

Die Oper als Medium humanistischer Ideen, das war

immer wieder Leitgedanke meiner Arbeit. Als ich die Sänger in »Abfallprodukte der Liebe« danach fragte, wie die Sehnsucht nach der Essenz des Lebens, dem »Wer bist du?« und »Wer bin ich?« den schönen »Abfall« Kunst ermöglicht, dieses wunschlose Glück der Gestaltung, war mir auch klar, dass die gleiche künstlerische Leidenschaft dem Sozialen und der Politik gelten muss. Die Opern, die mir die liebsten sind, geben dieser humanistischen Idee Ausdruck. Ludwig van Beethovens »Fidelio«, den ich 1995 in Darmstadt inszenierte, ist ein schönes Beispiel dafür. Sie spielt in einem spanischen Staatsgefängnis des 18. Jahrhunderts. Die Protagonistin Leonore versucht, verkleidet als Kerkergehilfe Fidelio, ihren Mann Florestan zu retten, der ein politischer Gefangener ist. Sie muss das Grab für einen zum Tode Verurteilten schaufeln und sucht dabei fieberhaft ihren Mann in dem dunklen Verlies. In dieser Szene singt sie: »Nein, du sollst kein Opfer sein, ich komme dich zu retten, ich rette dich, wer du auch seist.« Ich bestand darauf, diese Zeilen des Librettos deutlich zu singen, also nicht wie meist durch schlechte Diktion zu verschenken. »Ich rette dich, *wer du auch seist*«, diesen Gedanken, sich über die Ehebande hinaus zu engagieren, schätzte ich an Beethovens »Fidelio« besonders.

2004 knüpfte ich noch einmal mit den Mitteln des grotesken Theaters an frühere Arbeiten an. Am Staatstheater Darmstadt inszenierte ich in einer deutschen Erstaufführung. »Walzers Erfindung« von Vladimir Nabokov, das 1938 in seinem französischen Exil entstanden war. Nabokov hatte nach der Oktoberrevolution fünfzehn Jahre lang als Flüchtling in der russischen Emigrantenkolonie in Berlin gelebt, auch noch in den ersten Jahren des Hitler-Regimes. »Walzers Erfindung« ist seine Abrechnung mit der totalitären Mentalität der Deutschen, die er zutiefst verabscheute und deshalb mit Elementen der russischen Komödie und der Commedia dell'arte satirisch zuspitzte. Die Irrenhausatmosphäre des Stücks gefiel mir, sie setzte ein brisantes Lachen frei zwischen Shakespeares dramatischer Gefährlichkeit und Elementen der Trivialkultur, wie ich sie auch an Frank Castorfs Theater sehr schätzte. Nabokovs Groteske nahm die Erfindung der Atombombe vorweg, als noch gar nicht daran zu denken war. Mithilfe des guten Ensembles und meiner geliebten Elisabeth Krejcir, die die Hauptrolle des müden Kriegsministers spielte, versuchten wir, die Boshaftigkeit zu schärfen, leider gelang das nicht so, wie ich es versuchte. Der Bombenleger Walzer droht, die Welt zu pulverisieren, und das verschafft ihm Macht im Operettenstaat, zumindest bis alles in Traum und Alb zerfällt. Ich ließ Männer Frauen und Frauen Männer spielen, was bei der deutschen Kritik das übliche Unverständnis auslöste. Ich antwortete darauf, dass ich selbst ja auch nicht jeden Tag derselbe sein wolle und die schöne Möglichkeit genieße, im Spiel »aus der Haut« zu fahren.

Eine andere Arbeit im Jahr 2006 kreiste wieder um mein altes Thema, aus Fragmenten, Kontrasten, Musik und Sprache in offener Form eine Neukomposition zu suchen. Die szenisch-musikalische Collage faszinierte mich schon in den ersten Filmen, weil ich damit abgelebte Formen in eine neue Kunstwirklichkeit übersetzen konnte. Über zwei Jahrzehnte arbeitete ich für verschiedene Theater an experimentellen Aufführungen dieser Art, oft mit Monika Keppler als kreativem dramaturgischem Widerpart und Eberhard Kloke als Kokompositeur. Im Jahr 2006 lud mich die Kunsthalle Düsseldorf anlässlich des 150. Todestags von Robert Schumann und Heinrich Heine zu einem szenisch-musikalischen Mosaik über beide Künstler ein. In Kooperation mit dem Dirigenten Roland Techet entstand eine Hommage, die unter dem Titel »Die Schönheit der Schatten« zu einer Zeitreise ins 19. Jahrhundert und einer fiktiven Begegnung des Dichters Heine mit dem Musiker und Komponisten Schumann darstellte. Beide Künstler lebten eine gewisse Zeit in Düsseldorf, Schumann vertonte Heines Poesie, und beiden war die grausame Erfahrung des Krankseins und langsamen Sterbens in der »Matratzengruft«, wie Heine es nannte, gemeinsam.

»Die Schönheit der Schatten« verband Schumanns Klavierzyklus Kreisleriana mit Liedern von ihm, Arnold Schönberg und Hans Werner Henze, gesungen von der jungen österreichischen Sopranistin Julia Kamenik. Eine Klanginstallation von Christoph Seibert korrespondierte mit szenisch-tänzerischen Episoden. Heine und Schumann als Lebensreisegefährten, das erinnerte mich an Magdalena Montezuma und Christine Kaufmann in »Der Tod der Maria Malibran«, die einander wie Leben und Tod begegneten. »Was unvollendet bleiben muss«, schrieb ich damals über die Poesie dieses Spiels mit Fragmenten, »schwebt wie eine Klangwolke über allem, eine Utopie der Versöhnung von Kunst, Liebe, Leben«.

Während meines Aufenthaltes in Düsseldorf überkam mich eine entsetzliche, nicht mit Worten zu beschreibende Körperempfindung. Ich spürte, dass etwas nicht stimmte, dass eine unabweisliche Macht von mir Besitz ergriff. Es traf mich wie ein Schlag, dass ich an Krebs erkrankt war wie meine gesamte Familie vor mir. Ich stürzte in Verzweiflung und Panik, in eine Not, die meine Vertrauten mit mir zu teilen versuchten, obgleich etwas mit mir vorging, das außerhalb aller meiner Ausdrucksmöglichkeiten lag. Ich hatte mir die Schwelle zum Tod oft so bilderreich und ekstatisch vorgestellt, dass ich ganz süchtig danach war, aber nun erlebte ich mit großer Wucht die Angst vor dem

Sterben, die anders ist als die Angst vor dem Tod. Monika half, Ärzte zu suchen, sie und Alberte sorgten und kümmerten sich, Isabelle Huppert kam nach Düsseldorf, um mich zu einer Chemotherapie im Pariser Hôpital Tenon zu überreden. Mit dem inneren Appell eines meiner Lieblingssprüche von Andreas Gryphius, »In Gefahr und größter Not ist der Mittelweg der Tod«, ließ ich mich auf die peinigende Behandlung ein.

Es war mein großes Glück, dass ich in Paris bei Alberte wohnen durfte. Ein halbes Jahr lang betreute sie mich in meinem niederschmetternd üblen Zustand. Bulle Ogier, Isabelle, Nathalie Delon, Ingrid Caven und viele andere Freunde versuchten, die ekelhaften Begleiterscheinungen der Krankheit und der Therapie für mich einigermaßen erträglich zu gestalten. Ich verlor an Kraft, Bewegungssicherheit und Souveränität über den Schmerz. Die uns allen gegenwärtige Angst vor dem Ende musste ich Schritt für Schritt beherrschen lernen, was mir in meinem Fall gewiss gelang, soweit ich meiner sicher war. Seither musste ich noch viele Male ins Krankenhaus, ich wurde operiert, in immer kürzeren Abständen, nach allen Regeln der chirurgischen Kunst.

Im ersten Jahr der Krankheit half mir das Leben in Paris, meinen Weg zu finden. Für mich war Paris immer ein guter Ort. In Deutschland fühlte ich mich fremd, wenn ich nicht im Theater und mit Freunden war. Diese traurigen Gesichter überall! Wenn ich in Deutschland Menschen auf der Straße anlächelte, schauten sie weg. Wenn ich mir im Krankenhaus die Fingernägel feilte und schön mit farblosem Lack überzog, tuschelten die Schwestern hinter meinem Rücken.

Vielleicht bewirkte meine angeschlagene Gesundheit eine größere Distanz, vielleicht hatte ich in meinem Zustand noch feinere Nerven für die wachsende Verkarstung der Gefühle. Ich kam mir immer öfter als Dinosaurier aus einer Zeit vor, in der man keine virtuellen Welten kannte, nicht einsam vor dem Computer oder dem Fernseher saß. Ich ließ, wann immer ich nach Deutschland gefragt wurde, keine Gelegenheit aus, meine Fremdheit in Appelle zu kleiden, und kam mir inzwischen wirklich wie der streunende Prophet vor, den Peter Berling mir einst andichtete. Herzensbildung, die alte Tugend, die meine Großmutter besaß, fehlte mir in Deutschland.

Wenn ich im Krankenhaus war, las ich Krimis am laufenden Meter und sah notgedrungen fern, obgleich mir der Kitsch der geisteslähmenden Art, den man dort sieht, zuwider ist. In den Nachtprogrammen fand ich indes interessante neue Autorenfilme, die ihren Platz im Kino gehabt hätten. Ich war ganz überrascht, zum Beispiel über Mathias Glasners Film »Der freie Wille«, besorgte mir die Telefonnummer seiner Produktionsfirma und nahm mir vor, den Regisseur und seinen Hauptdarsteller Jürgen Vogel anzurufen. Ein ungeheuer radikaler Film über die inneren Qualen eines Vergewaltigers. Solange ich viel arbeitete, nahm ich neue Filme kaum wahr, es lenkte mich zu sehr ab. Aber nun bekam ich aktuelle Filmbildung, über die es sich zu reden lohnte, wann immer ich mit filmbegeisterten Zuschauern in meinen Retrospektiven und bei Festivals zusammentraf. Jeden Krankenhausaufenthalt versuchte ich so schnell wie möglich abzukürzen und so schnell wie möglich zu meinen Projekten und meinen Freunden zurückzukehren.

DIESE NACHT

Ich hielt mich gerade in einer ärztlichen Behandlung in Paris auf, als etwas außerordentlich Beglückendes geschah: Paulo Branco schlug mir vor, noch einmal gemeinsam einen Film zu drehen. Branco, der den Mut zum »Rosenkönig« und zu »Deux« gehabt hatte, dachte auch in diesem Fall an einen großen Spielfilm – trotz meiner angegriffenen Gesundheit. Die tollkühne Idee entstand in einem Pariser Café, auch die Suche nach einem geeigneten Stoff, die Arbeit am Drehbuch und die Besetzung fanden in französischer Sprache statt, doch ohne die Bereitschaft des Berliner Produzenten Frieder Schlaich, in der portugiesisch-französisch-deutschen Produktion als Koproduzent mitzuwirken, wäre der Film »Nuit de chien – Diese Nacht« nicht zustande gekommen.

In einem großen Kraftakt zwischen Paris, Porto und Berlin stellten wir ihn zwischen 2007 und 2008 auf die Beine. Die Dreharbeiten organisierte Paulo Brancos Team, die Montage und die Postproduktion fanden in Berlin in Frieder Schlaichs Produktionsfirma Filmgalerie 451 statt. Zeitweise schlief ich sogar im Schneideraum, um die Wege, die mich sehr anstrengten, abzukürzen. Die Montage dauerte wie üblich viele Wochen, in denen ich den Langmut aller Beteiligten und meinen eigenen auf die Probe stellte. Auch »Diese Nacht« entstand nicht bürokratisch nach Drehbuch, sondern wurde am Schneidetisch komponiert. Niemand ließ spüren, dass ich nicht gesund war.

In der ersten Begeisterung wollte ich mein altes Traumprojekt verwirklichen und endlich James Baldwins Roman »Giovanni's Room« verfilmen. Dafür hätten wir jedoch in Paris drehen müssen, was nicht zu finanzieren war. Dann empfahl mir Paulo Branco, den Roman »Para esta noche« von Juan Carlos Onetti zu lesen, der in Frankreich unter dem Titel »Nuit de chien« erschienen war. Ich fing sofort Feuer und begeisterte mich für diese düstere Poesie.

Der in Uruguay geborene argentinische Romancier Onetti, von dem ich auch schon andere Bücher kannte, beschrieb in seinem Roman ehemalige Freiheitskämpfer, die sich im Angesicht ihres Scheiterns, vor der Machtergreifung des alten Regimes, gegenseitig verraten, verfolgen und terrorisieren. Er schilderte eine Götterdämmerung, einen ausweglosen Kataklysmus, in dessen Wahrhaftigkeit trotz allem Hoffnungsflammen glimmen. Onettis Buch entstand während des Zweiten Weltkriegs, es stützte sich auf Berichte von Exilanten, die in Nazi-Gefängnissen gefoltert worden waren, auch die Brutalitäten des Spanischen Bürgerkriegs spiegelten sich darin. Bei der Lektüre wurde ich zwangsläufig an meinen Aufenthalt in Argentinien erinnert, als die Junta nach dem verlorenen Falklandkrieg in den achtziger Jahren wütete und die Studenten meines Seminars unter Gewaltandrohung genötigt wurden, das Theaterprojekt mit mir aufzugeben. Was ich 1983 in der Agonie von Buenos Aires erlebt hatte, wie das Gesicht meines damaligen Assistenten von der Folter zerstört worden war, welchen Mut die Mütter der Plaza de Mayo aufbrachten, bestärkte mich, die universelle Parabel zu verfilmen. Onettis albtraumhafte Phantasmagorie war in einer imaginären Stadt angesiedelt, über die konkreten historischen Ereignisse der dreißiger und vierziger Jahre hinaus besaß die Geschichte allgemeingültige Aussagekraft. Zudem war Onetti ein poetischer Kritiker der Condition humaine, sein Stil von beinhartem schwarzem Humor am Rande des Zynismus. Er schilderte das Desaster frei von Schuld, als würden sich die Figuren des Romans in der gegenseitigen Zerstörung verheddern. Es gibt keine Antwort auf die Frage: Warum gibt es Krieg? Trotzdem gilt es, diese Frage immer wieder zu stellen.

Dies alles waren gute Gründe, mich mit dem französischen Drehbuchautor Gilles Taurand an ein Drehbuch zu setzen. Paulo Branco wünschte sich einen Film, der stringent dem Handlungsfaden folgen sollte, und den bekam er von mir. Ich arbeitete dennoch nach demselben Prinzip wie bei »Malina«: den Roman las ich quer, das Drehbuch war nur eine Richtschnur. Ich wusste intuitiv, dass es sich um eine Geschichte handelte, die sich nicht im Nachstottern von Tagesereignissen erschöpfte.

In Tizians Gemälde »Die Schindung des Marsyas« hört ein Violonist zu spielen auf, verstummt die Muse der Musik, als Marsyas auf Befehl von Apoll bei lebendigem Leib gehäutet wird. Musik und Grausamkeit, Schönheit und Gewalt liegen in dieser mythischen Szene nahe beieinander. Apoll, der Gott des Lichts und des Lyra-Spiels, lässt den Flötenspieler Marsyas schinden, weil dessen wilde Musik wie Wind in den Bäumen aus der Natur kommt, nicht gemessen Gesang und Sprache begleitet. Tizians Bild ist eine Allegorie auf das Dilemma, dass es den Menschen nicht gelingt, in einer Gemeinschaft zu leben. Dieses Bild stellte ich meinem Film »Diese Nacht« anstelle eines Prologs voran.

Eine einzige, alles entscheidende Nacht: Ossorio Vignal, von Pascal Greggory verkörpert, ist ein Arzt und ehemaliger Freiheitskämpfer, der nach der Niederlage der Revolutionstruppen, in denen er mitkämpfte, in die Stadt Santa Maria zurückkehrt, um seine Geliebte Clara Baldi aufzusuchen und mit ihr auf dem letzten Flüchtlingsschiff, das am Pier wartet, das Land zu verlassen. Aber Clara bleibt verschwunden, Ossorios Suche wird zu einer Odyssee durch die Stadt, in der unter den letzten Verbliebenen die Abrechnung beginnt. Der Polizeichef verhaftet und lässt foltern, erzwingt falsche Geständnisse und Denunziationen. Onettis Roman löst die moralischen Schuldzuweisungen auf, alle, die einander in dieser Nacht begegnen, sind von ihrer Angst vor dem Tod besessen. Ich war davon überzeugt, dass die Angst, die krampfhafte Todesangst, Menschen zur Brutalität veranlasst, deshalb stellte ich dem Film als weiteres Motto William Shakespeares Worte aus »Julius Cäsar« voran: »Von allen Wundern, die ich je gehört, scheint mir das größte, dass sich Menschen fürchten, da sie doch sehen, der Tod, das Schicksal aller, kommt, wann er kommen soll.«

Wann immer ich in der nordportugiesischen Stadt Porto war, kam mir C.G. Jungs Bemerkung in den Sinn, dass das Mittelalter die letzte Epoche gewesen sei, in der ein magisches Weltbild, ein Gleichgewicht zwischen Seele und Verstand herrsche. Diese aufwärts ragende alte Stadt mit ihren verwinkelten Gassen, den dunklen Steinhäusern und farbig gefliesten Interieurs entwickelt nachts einen schwarzen, tags einen strahlend hellen Zauber, so dass sie mir als idealer Schauplatz für das imaginäre Santa Maria erschien. Paulo Branco ermöglichte es mir, im mittelalterlichen Stadtkern und in der Kathedrale, die sich am höchsten Punkt von Porto befindet, zu drehen. Sie wacht wie eine Schutzpatronin über die Stadt, wie eine Zufluchtsstätte, doch in »Diese Nacht« bildet das Innere der Kathedrale die Szenerie für ein Verhör- und Foltergefängnis, was wir am authentischen Ort in der Kirche drehen konnten.

Wir arbeiteten wochenlang ausschließlich nachts, von sechs Uhr abends bis sieben Uhr morgens. Ich genoss die Zeitverschiebung in die Nacht hinein, sie ist mir ja angeboren, nur bei durchorganisierten Arbeitszeiten nach Tarif und Gewerkschaftsordnung hatte ich oft Probleme gehabt. Die Nachtarbeit in Porto ließ uns alle, die Schauspieler und das Team, allmählich in eine Trance gleiten, die der albtraumhaften Atmosphäre des Films zugute kam. Wir bewegten uns in engen Gassen, zwischen verschlossenen Häusern wie in einem Labyrinth, das unser Kameramann Thomas Plenert, den ich in Berlin kennengelernt hatte, in ein Zwielicht tauchte, das den abgedroschenen Glanz eines im Untergang begriffenen Herrschaftssitzes ausstrahlte. Alberte fungierte als Art Director und schuf eine wunderbare szenographische Konzeption, die den überzeitlichen Parabelcharakter betonte. So waren die Flüchtlinge, die Ossorio in der Stadt antrifft, in Kostüme aus unterschiedlichen Epochen gekleidet, die Taxis vor dem Bahnhof von Porto stammten aus vielen Städten der Welt.

Alle meine Filme, auch »Diese Nacht«, zeugen von meiner Suche nach Formen, in denen sich Vitalität mitteilt, die Freude an der Kreativität und der Schönheit, die ein Geschenk unseres Berufs ist. In der Schönheit, im Erkennen von Schönheit liegt eine Hoffnung – »malgré tout«, trotz allem. Es drückt sich Hoffnung darin aus, selbst wenn das Thema des Films die dunkelsten Nachtseiten der Existenz behandelt.

Ich kehre mit dem Film nach Portugal zurück, in das ich mich zuletzt bei der Arbeit an »Deux« wieder verliebt hatte. Die Stadt Porto, der Atlantik, der Eros der Landschaften, auch der Humor der uneitlen Portugiesen flossen auf subtile Weise in unser Gesamtkunstwerk ein, diese lebensbejahende Stimmung blieb als sublimer Kontrast zum Pessimismus und Nihilismus des Erzählten gegenwärtig.

Für das Kreieren solch ambivalenter Atmosphären war die Musik in meiner kinematographischen und meiner Theaterarbeit immer von großer Bedeutung. Ich war dafür bekannt, dass ich überall mit einer kleinen Musikanlage anrückte und eine besondere Musikauswahl aus meinem

Repertoire einspielte. Kaum eine davon war später auf der Tonspur des fertigen Films oder als Bühnenmusik zu hören, sie waren einzig dazu da, im Moment der Arbeit Gefühle zum Leuchten zu bringen. Die Schauspieler und ich genossen es, uns bei den Dreharbeiten nicht nur auf den Text und seinen Sinn zu konzentrieren. Shakespeare sagte, Musik ist die Sprache der Liebenden. Ich empfand sie immer als notwendige meditative Vorbereitung und als Pausenmusik, wenn es darum ging, die Atmosphäre zu halten. »O sanft mein holdes Leben, warte, bis das Glück dich weckt«, die Arie aus Mozarts Oper »Zaide«, war solch ein Instrument bei den Dreharbeiten, für »Diese Nacht« auch die Rhapsodie in g-Moll von Johannes Brahms, Lieder von Federico García Lorca und unbekannte tschechische Musik aus dem 19. Jahrhundert, die ich gefunden hatte. Mit Militärmärschen, zum Teil aus der einstigen Propagandamaschinerie der argentinischen Junta, arbeiteten wir selbstverständlich auch.

Ich war sehr froh, endlich einmal Pascal Greggory für die Rolle des Ossorio Vignal besetzen zu können. Ich kannte ihn seit 1978 als Gefährten von Patrice Chéreau. Damals fand ich ihn sehr hübsch und versuchte, ihn zu verführen, aber es gelang mir nicht. Ich verfolgte seinen Weg in Frankreich, wo er ein großer Star geworden ist. Französische Schauspieler gehen meist klar und akademisch mit ihrem Körperausdruck um, der Körper fungiert in ihrer Tradition als Träger der Sprache. Meine Vorstellung war eine andere, ich wollte in »Diese Nacht« auch im französischen Original eine größere Sinnlichkeit erreichen. Pascal Greggory, Bruno Tedeschini, Sami Frey und Jean-François Stévenin, jeder ein Gescheiterter in dem düsteren Reigen, zeigten sich glücklich, eine andere Dimension des Spiels erkunden zu können.

Mit Ausnahme von Pascale Schiller, Lena Schwarz und Oleg Zhukov waren alle Schauspieler Franzosen. Nathalie Delon und Bulle Ogier, meine Freundinnen, kamen, um in kleinen, aber bedeutsamen Rollen mitzuwirken. Amira Casar, eine Schauspielerin mit strengem Pathos, wie man es heute selten trifft, verkörperte Irène, eine Hure, die zum Verrat gezwungen und mit Schlägen traktiert wird. Solche Brutalität gegen Frauen führte zu heftigen Kritiken, als der Film in Venedig 2008 uraufgeführt wurde. Ich hielt der Political correctness Goethes Zeile »Öffne den umwölkten Blick« entgegen, denn übersetzt in eine absolute, meinethalben manieristische Kunstwirklichkeit, ist der Film eine Auseinandersetzung mit der Realität der Gewalt. Ich war immer gern in der Gesellschaft der Manieristen, auch Pier Paolo Pasolini war ein Manierist erster Güte. Wenn die Kritik mir auf die eine Backe »Manierist«, auf die andere »Nihilist« schrieb, war mir das wurscht.

Am Ende nimmt sich Ossorio des Mädchens Victoria an, dessen Vater Barcala der Kopf der Bewegung war und sich selbst tötete. Der Produzent Paulo Branco hoffte ursprünglich, seine Finanziers günstig zu stimmen, wenn dieses ungleiche Paar am Ende dem Inferno entkommt. Ich drehte tatsächlich ein Happy End, aber der Kompromiss war banaler Kitsch. So endet der Film damit, dass ein Adjutant und Mitläufer des Polizeichefs – die ewige Null, der Horror des Mittelmaßes – über Leben und Tod entscheidet.

Wann immer mir in den Gesprächen mit dem Publikum der Pessimismus von Onettis Weltbild vorgehalten wurde, antwortete ich: »Stimmt nicht, die Schönheit siegt.« Mit einem Wort von Peter Tschaikowski, das ich leidenschaftlich gern zitierte, ging es mir um nichts anderes als den »unaufgehobenen Kontrast zwischen Schmerz und Schönheit«, der die einzige legitime künstlerische Suche nach Wahrheit offenbart. Ohne Schmerz und Suche nach Wahrheit gibt es keine Schönheit. Diese Sätze standen wie Säulen im Raum, ich konnte immer eine Beziehung dazu entwickeln, konnte andere dazu anregen, ihre eigenen Erfahrungen zu machen.

In meinen Filmen und Bühneninszenierungen waren oft Madonnen und Kreuze mit dem leidenden Christus zu sehen, was mir von einigen als Folklore oder Blasphemie ausgelegt wurde. Das Kreuz, das ich offen sichtbar an meinem Hals trug, hielt man für Modeschmuck. Dass man ein gläubiger Mensch ist, ein Christ, stieß häufig auf Unverständnis, aber für mich als überzeugten Christen war das Kreuz immer von Bedeutung. In »Diese Nacht« nahm ich Stellung, indem ich eine Folterszene mit Christus am Kreuz assoziierte. Der Folterknecht des Films hält seine Verhöre in der Kathedrale ab, sein Tisch ist kein Altar, nur der Schreibtisch eines Täters. Dieser furchtbare Zusammenschluss zwischen Kirche und Macht, Glauben und Brutalität war eine wichtige Aussage für mich als Gläubigen und heftigen Kirchenkritiker. Die Geschichte der Fehler und Verbrechen der Kirche ist eine Katastrophe, gegen diesen Verrat rebelliert der Film. In vollem Bewusstsein des Desasters, trotz Folter, Gemeinheit und Intrige überwiegt die Sehnsucht nach einer möglichen Gemeinschaft, einer glaubhaften Utopie. Diese hoffende Hoffnungslosigkeit und hoffnungslose Hoffnung ist meine Überzeugung. Ich bin ein hoffnungsvoller Mensch.

ANHANG

CLAUDIA LENSSEN

NACHWORT

Die Idee zu dieser Autobiographie entstand im Frühjahr 2009, als ich Werner Schroeter anlässlich der bevorstehenden deutschen Premiere seines Films »Diese Nacht« in Berlin zu einem Interview traf. Er kam aus dem Studio, wo er an der deutschen Fassung des Films arbeitete. Sofort involvierte er mich mit zwingendem Elan in seine momentane Situation, seine Geschichte, sein Universum. Ich erfuhr, dass er am liebsten nachts arbeite, wenn möglich mit den vertrauten Schauspielern aus seiner »Theaterfamilie«. Die Namen Markus Boysen, Almut Zilcher, Martin Wuttke fielen, auch andere prominente Synchronsprecher erwähnte er mit knappen Qualitätsurteilen. Nach langer Zeit kam wieder ein Schroeter-Film in deutsche Kinos, für diese Chance lohnte es sich, die Synchronisation selbst zu verantworten.

Werner Schroeter war stolz auf die zunehmende Aufmerksamkeit. Seit die französisch-portugiesisch-deutsche Koproduktion »Diese Nacht« 2008 bei den Filmfestspielen in Venedig ihre internationale Premiere gefeiert hatte und der Regisseur aus der Hand seines Freundes Wim Wenders mit einem Ehren-Löwen für sein Lebenswerk ausgezeichnet worden war, kursierten die Bilder seiner extravaganten Erscheinung in den Medien. Man entdeckte ihn wieder als großen Außenseiter des neuen deutschen Films. »Diese Nacht« wurde bald nach unserem Gespräch mit einer großen Premierenveranstaltung in der Berliner Volksbühne gefeiert, eine Präsentationstour durch deutsche Kinos war geplant. Parallel bereitete er eine Theaterinszenierung vor, auch von mehreren Filmprojekten in Hamburg, Amsterdam und Lissabon war während unseres Gesprächs die Rede.

Werner Schroeter berichtete überdies von Dreharbeiten mit der Filmemacherin und Kamerafrau Elfi Mikesch, die im Begriff war, einen Dokumentarfilm über ihn fertigzustellen. Dieses Portrait »Mondo Lux« dokumentierte unter anderem Proben für »Alles ist tot – Formen der Einsamkeit«, einer Aufführung im Juni 2009 in einem provisorischen hölzernen Amphitheater vor der Berliner Volksbühne. Schroeter hatte mit seiner Dramaturgin und Lebensgefährtin Monika Keppler eine Collage aus Fragmenten der Antigone- und Elektra-Tragödien von Sophokles, Friedrich Hölderlin und Hugo von Hofmannsthal konzipiert. Das neu entstandene Stück verdichtete die Tragödien der Antigone, Elektra, Klytämnestra und Ismene/Chrysothemis, das unerbittliche Ringen zwischen Tochter, Schwestern und Mutter um Schuld, Rache und Opfer zu einer Parabel über Werner Schroeters Lebensthema Eros und Thanatos. Mit den Schauspielerinnen Almut Zilcher, Dörte Lyssewski, Pascale Schiller und Anne Ratte-Polle übersetzten der Regisseur und seine Dramaturgin das komplexe Sprachgebilde Schritt für Schritt in ein szenisches Ereignis. Dass Elfi Mikesch diesen intensiven Prozess in Bildern festhielt, machte ihm Freude, die magische Verwandlung von poetischen Schriften in eine Deutung durch Gebärde, Stimme, Klang, Bildraum und Choreographie war Werner Schroeters Metier, der Inbegriff seiner Kunst, sein Weg zu kommunizieren. Analytisch darlegen mochte er ihn nicht.

In seinem letzten Lebensjahr war Werner Schroeter mit vielen solchen korrespondierenden Projekten beschäftigt, die Rückschau ins Erreichte ermöglichten, auch diese Autobiographie gehörte dazu. Er fühlte sich bestätigt, dass sich alles in seinem Leben organisch fügen würde. Wenn er mit einem verbindlichen »Wissen Sie ...« davon sprach, strahlte er eine liebenswürdige abgeklärte Contenance aus. Obwohl schwer krank, wollte er mit jeder neuen Unternehmung an frühere anknüpfen.

Schroeter hatte Anfang 2009 Mozarts »Don Giovanni« in Leipzig inszeniert und zum ersten Mal sein fotografisches Œuvre in der Münchener Galerie Heitsch gezeigt. Er arbeitete am Kinostart von »Diese Nacht«, probte an der Volksbühne, führte eine Retrospektive seines Werks im Berliner Arsenal-Kino ein. Er nahm am Filmfestival in Ludwigshafen teil, traf sich mit Isabelle Huppert zu einer Mini-Retrospektive ihrer Filme »Malina« und »Deux« und fotografierte die Freundin in einem Wirbel von Daunenfedern. Im September besuchte er ein ihm gewidmetes Symposium in Lugano, eröffnete eine Münchener Ausstellung über die Schauspielerin Marianne Hoppe. Im Dezember folgte in der Berliner Galerie am Lützowplatz in Zusammenarbeit mit dem Galeristen Christian Holzfuß die große Ausstellung seiner fotografischen Portraits der Freunde, Freundinnen und Weggefährten. Im Rahmen dieser Ausstellung inszenierte er eine Szene aus den »Gesängen des Maldoror«, parallel an der Volksbühne das nächste Stück »Quai West«, das im Januar 2010 Premiere hatte. Es ging ihm darum, jede Minute zu nutzen, unermüdlich weiterzuarbeiten, so lange er konnte.

Bei allen Vorhaben spielte die eigene Lebensgeschichte eine Hauptrolle. Auch bei unserem ersten Treffen in seinem Berliner Stammcafé kam er in brillanten Anekdoten darauf zu sprechen, schwärmte von seiner Großmutter, Maria Callas, Magdalena Montezuma. Kindheit nach dem Krieg, schwules Coming-out, unbedingte Liebe zur Oper, genialische Selbsterfindung in der 1968er-Revolte, Aufenthalte in Italien, Frankreich und Lateinamerika, schließlich vier

Jahrzehnte Reiseleben als Regisseur und Abenteurer – in zahllosen Skizzen lagen die prägenden Erfahrungen und Begegnungen auf dem Tisch. Einige waren, in immer neuen Varianten erzählt, in vielen Interviewbegegnungen zu einer Privatmythologie geronnen. Aber da gab es mehr, das noch nie zusammenhängend zur Sprache gekommen war. Werner Schroeter schmunzelte über sein »elefantöses« Gedächtnis, er bemerkte, jemand müsse ihm nur vier Wochen lang zuhören, dann habe man eine komplette Autobiographie. Seine Geschichte lag ihm auf der Zunge, nur die Muße zum Schreiben fehlte. Am Ende, nach einem zusätzlichen »Casting«-Gespräch und einer Zeit reiflicher Überlegung, kamen wir überein, das Buch zusammen zu schreiben.

Werner Schroeter pflegte sich über Interviewpartner zu erkundigen. Er war ein täglicher Zeitungsleser, wusste genau, wer wo über ihn geschrieben hatte, geneigt, den deutschen Rezensenten schlechte Noten zu geben. Er liebte seine deutsche Muttersprache, vor allem die Literatur und die Musik unserer Kultur, aber nicht die deutsche Mentalität. Nur halbherzig lebte er in Berlin, war innerlich immer woanders. Nun aber verschaffte ihm die öffentliche Anerkennung Genugtuung. Es schien an der Zeit, das Schroeter-Œuvre durch eine Autobiographie zu ergänzen.

Rund fünfzig Stunden Gespräche und Berichte zeichneten wir im Sommer und Herbst 2009 auf. Ich hatte es mit einer charismatischen Persönlichkeit zu tun, die ihre Eitelkeit mit Understatement, Humor und Nonchalance kultivierte. Werner Schroeter liebte das Monologisieren, schuf aber immer auch eine Atmosphäre direkter Ansprache. Er konnte fesselnd erzählen, in einem eigentümlichen Sound, durchsetzt mit literarischen Zitaten, auch lapidaren thüringischen Wörtern wie »Druff!«. Begegnungen mit ihm hatten so immer den Nebeneffekt einer originellen Performance, die sich der Textform widersetzte. Pointen quittierte Werner Schroeter mit unheimlichem Gelächter. Er dachte in mehreren Sprachen und neigte dazu, wichtige Eigenschaftsworte hinter die Substantive zu setzen, was seine »Rede, farbige« zu Höhepunkten reihte. Sein »Herrlich!«, »Toll!«, »Wunderbar!« war genüssliches Chargieren nach dem Muster des Thomas Bernhard'schen »Theatermachers«. Pausen zelebrierte er mit melodiös gedehntem »Ahem«, um sein Vergnügen nachklingen zu lassen. »Schlurpsgenies« und »Schauergurken« bewohnten seine Welt, und wenn er auch Donald Duck nur selten auftreten ließ, wie in der Untergangsrevue »Die göttliche Flamme« in Oberhausen 2002, gehörten Comic-Figuren und Stofftiere zu dem großen Kind, das Werner Schroeter war. Und eine weitere bildverliebte Manie waren Kritzeleien auf Zetteln, Servietten, Briefen, Tickets und Programmheften, lauter muntere Strichmännchen mit signifikanten Langnasen.

Wir trafen uns in Cafés und Restaurants, meist draußen, um ihm die unvermeidliche Zigarette zu ermöglichen. Eine private Atmosphäre schien ihm unwichtig. Bücher, Briefe, Schallplatten, Fotos, alles was eine Brücke in die Vergangenheit hätte sein können, war in Kartons untergestellt, verkramt oder verschenkt – behauptete er. Der rastlose Mann mit dem schwarzen Stoffbeutel wollte sich nicht mehr belasten.

1999 hatte ich ihn in der Akademie der Künste in Berlin als stattlichen Grandseigneur kennengelernt, in Leder gekleidet, das lange Haar straff gekämmt und im Nacken gebunden, die Stimme sonor vom guten Leben. Damals ging es um Gefühle auf der Leinwand, die Scheu vor dem Pathos im zeitgenössischen Kino. Martina Gedeck erzählte, wie sie mit diesem Dilemma spielte, Werner Schroeter mischte sich lässig arrogant ein und gewann die Schauspielerin für eine

Episode des Dokumentarfilms »Die Königin – Marianne Hoppe«.

Zehn Jahre später war er auch äußerlich stark von seiner Krebskrankheit gezeichnet. Er wusste, dass seine Bilder mit voyeuristischem Schauer in den Medien verbreitet wurden, nahm auch das mit Gelassenheit hin und achtete auf die feinen Unterschiede. Unvorteilhafte Fotos vergaß er nie. Die eigene Erscheinung war oft sein Thema, sich selbst bezeichnete er ohne jede Larmoyanz als wandelnden Tod, den Journalisten nahm er solche Schreckbilder übel.

Schmal, gebeugt, in schwarzer Kleidung, auf dem Kopf der elegante große Hut, wirkte er wie ein Memento mori auf zwei Beinen. Er trippelte vorsichtig, hielt den Kopf zu der kranken Seite. Seit den radiologischen und chemischen Behandlungen war die Stimme brüchig. Er musste unbedingt stilles Wasser ohne Eis und Zitronenscheiben trinken, das Schlucken fiel ihm schwer. Oft stand er abrupt auf und gab Extrawünsche an der Theke auf. Cafés waren seine Welt, auch als er krank wurde, obwohl ihm immer häufiger die Contenance verlorenging, wenn die Bedienung nicht aufmerksam genug war. Aber auch ohne konkreten Anlass sprang er oft unruhig auf, lief immer wieder fort.

Werner Schroeter trug um den Hals einen Aquamarin in der Farbe seiner blauen Augen, daneben glitzerte ein goldenes Kreuz, am Revers eine mit Steinen besetzte Eidechse. Aquamarinringe schmückten die Hände, die wahre Blickfänge waren, wenn er in die Luft griff, mit den Fingern einen Phantasievogel zu fangen schien und ihn mit großer Geste an die Brust drückte. Die Oper war in dieser Geste gegenwärtig.

Unsere Arbeit an der Materialsammlung lief nebenbei, alles andere hatte Vorrang. Manchmal verschwand er für Wochen von der Bildfläche. Dass man auf ihn wartete, setzte er einfach voraus. Immer wieder nahm er bei anderen Freunden vorübergehend Unterkunft. Offizielle Einladungen verwechselte er mit Urlaub, nahm den Zug und suchte auf Festivals oder Tribute-Veranstaltungen Erholung, die nicht mehr gelang. Vor den Nachmittagsstunden war an Gespräche mit ihm nicht zu denken. Werner Schroeter erzählte, dass er ein chronisch nachtaktiver Mensch war, sein Leben lang, im Sommer 2009 war jedoch trotz seiner formvollendeten Haltung nicht zu übersehen, wie ihn sein Zustand quälte, welche Hölle er auszuhalten versuchte. Schnoddrig, aber mit entsetzten Blicken gab er Auskunft über den schmerzenden Tumult in seinem ausgezehrten Leib, Schlaf und Ernährung waren kaum noch möglich.

Er sprach offen über die Krankheit, meist spontan, wenn er eine schockierende Information bekommen hatte. Am Ende aber lehnte er jedes Mal Begleitung, Unterstützung, Hilfe ab. In seinen Filmen war der Tod immer ein kommunikatives Ereignis, ein Finale, das Wirkung freisetzte, die persönliche Nähe zu ihm machte mir aber mit großer Wucht deutlich, wie einsam er sich dem Sterben stellen musste. Wenn man seine Angst wortlos teilte, war dies ein Freundschaftsdienst für ihn, jedes laute Mitgefühl hingegen mobilisierte seinen blanken Hohn.

Die Entstehung dieser Autobiographie war so immer enger verbunden mit seiner labilen Befindlichkeit. Ich holte ihn vom Arzt ab, fuhr ihn zur Bestrahlung, sollte die verbotenen Zigaretten und einen kleinen Cognac ins Krankenhaus bringen. Spontan sprach er sich dann aus über sein Bild von der Krankheit. Vier Jahre gehörte sie zu ihm, er versuchte sogar noch in der Konzeption unseres Buches, sie als »etwas Neues« anzunehmen – so seine Idee für eine Kapitelüberschrift. Aber die Passage kam nie zustande. Er bewunderte, wie sein Freund Christoph Schlingensief seinen Krebs zum Medienthema machte, schließlich handele es sich um eine grassierende Epidemie, die alle betreffe und von öffentlichem Interesse sei. Für sich selbst lehnte er diesen Weg rundheraus ab.

Im Lauf der Monate lernte er schätzen, dass ich ihn abholen konnte, wo immer er sich in Berlin befand. Wir verbrachten viel Zeit im Auto, wo er viel von sich erzählte, das ich in nachträglichen Notizen zu erhalten versuchte. Werner Schroeter schloss mich allmählich in seine Welt ein, freute sich über kleine gemeinsame Erlebnisse, die Augenblickssituation, mehr als über den Fortgang seiner Erinnerungen. Ich chauffierte ihn in seinen bevorzugten CD-Laden, dafür dirigierte er mich zum Dank zu den besten und billigsten Aufnahmen von Magda Olivero oder von James MacMillans »Seven last words from the cross«, über die er dann mit selbstverständlicher Autorität referierte. Ausführungen in einem Buch zu machen, kam ihm zu abstrakt vor, kostete Kraft.

Seine Memoiren sind sein Lebensroman, wie er ihn in seinen letzten Monaten vor dem inneren Auge vorüberziehen ließ. Wir mussten uns sputen, wenigstens die großen Bögen festzulegen und möglichst viel in seinem unnachahmlichen Wortlaut zu dokumentieren. Um das Gesagte zu reflektieren, tiefer in die Materie einzudringen, brachte ich manchmal Ausdrucke zu unseren Treffen mit. Aber seine Unruhe, die Schmerzen, die Malaisen seiner Alltagsgestaltung brachten ihn von der stringenten Textarbeit ab. Werner Schroeter, stellte ich auch im persönlichen Umgang fest, war ein dialogischer Kreativer, der die leidige Schriftform anderen überließ. Beim folgenden Treffen hatte er die Papiere nicht mehr parat und notierte lieber geniale Ausführungsbestimmungen für die nächsten Kapitel. Je schwerer ihm die Beherrschung der Krankheit fiel, desto unwirscher reagierte er, wenn er meinte, die eine oder andere Geschichte irgendwo anders bereits zu Protokoll gegeben zu haben. Er wies zunehmend unleidlich auf Zeitungsarchive oder die Unterlagen hin, die er dem Archiv der Deutschen Kinemathek übergeben hatte. Ganze Passagen früherer Interviews rekapitulierte er aus dem Kopf, er brauchte die kompletten Texte von mir als Gedächtnisstütze, damit er »nicht alles zwei Mal sagen« musste.

Werner Schroeter wusste von dem eklatanten Mangel an Studien zu seinem Werk, aber er hatte nicht den Ehrgeiz, dies durch eigene theoretische Untersuchungen auszugleichen. Frühere Inszenierungen, übergreifende Vergleiche zwischen seinen Medien Film, Theater und Oper schienen ihm bis auf knappe Urteile oder Lob für einzelne Mitwirkende kaum noch der Aufmerksamkeit wert. Sein Stolz auf seine immense künstlerische Lebensleistung äußerte sich in einer Lust zur Inventarisierung, zu endlosen Aufzählungen, welche Stücke, welche Opern er wann an welchem Haus »gemacht« habe. Jede Publikumsäußerung, gleich ob naiv oder theoretisch artikuliert, griff er als Anlass auf, die konkrete Entstehung, das Abenteuer beim Machen zu erzählen, aber alles »Akademische«, das die Assoziationskraft reduzierte, war ihm grundsätzlich suspekt. Ein profundes Buch, war sein Credo, müsse immer unmittelbar vom Leben, von der Anschauung und Emotion ausgehen, daraus ergebe sich die konkrete Situation, und auf diese reagiere ein Künstler wie er.

Ich lernte Werner Schroeter als außerordentlich gebildete, belesene Persönlichkeit kennen, die sich in kulturelle Traditionen einordnete, aber diesen Bezugsreichtum stets als Zitat, Fragment, Assoziationsangebot einstreute.

Werner Schroeter begann seine Autobiographie mit großer Lust an der Rekapitulierung seiner frühen Erinnerungen, je länger die Chronik der laufenden Ereignisse wurde, desto schwerer fiel dem Kranken die Arbeit. Die schiere Fülle und Vielfalt seiner Theater- und Operninszenierungen in den letzten zwanzig Jahren seines Lebens konnte in dem Buch nur gestreift werden.

Werner Schroeter wollte nichts lieber, als in die Wärme an den portugiesischen Atlantik zu fliehen. Zu Anfang des Sommers 2009 träumte er davon, in Lissabon einen Film zu drehen und parallel dazu mit mir an den Memoiren zu arbeiten. Aber es fehlte an Geld, Gesundheit, Mobilität. Manchmal stockte die Arbeit am Buch, wenn er handschriftliche Appelle verfasste, mit mir zum Copyshop oder zu einem generösen Gastwirt zog, wo seine Bitte um Geld, um ausstehende Honorare per Fax abgesendet wurde. Manchmal hatte er kaum das Geld, um die Gebühr dafür zu zahlen, manchmal ging er in den Supermarkt einkaufen, um für jemanden kochen zu können, mit guten Zutaten natürlich.

Werner Schroeter kämpfte formvollendet um sein Leben. Solange er wie ein Nomade unterwegs war und kommunizieren konnte, war es ihm trotz seiner unbeschreiblichen Misere möglich, sich an Begegnungen, Büchern, kleinen Ereignissen, der eigenen Vitalität zu freuen. Auch unter Schmerzen bewahrte er Charme. In unglaublich kurzer Zeit nach einer erneuten Operation warf er sich wieder in seine dandyeske, immer schlichter erscheinende schwarze Kleidung und ging mit dem unverzichtbaren Stoffbeutel auf Wanderschaft, in Cafés, zu Treffen mit Freunden, zu Theaterproben, Produzentengesprächen, öffentlichen Würdigungen. Sein Fatalismus, sein Humor und seine tiefe Religiosität gingen eine Verbindung ein, die vielleicht eine bewunderungswürdige magische Selbsthypnose bewirkte – ein sehr persönliches Vermächtnis. Seine Manie, sich in Aufzählungen seiner Werke zu ergehen, war vielleicht ein schöner Ariadnefaden ins innere Zentrum. Die Rückschau gab ihm Kraft zu ertragen, und so ist das vorliegende Buch ein Ausdruck dieser Suche.

Werner Schroeter verbarg nicht, dass er ein gläubiger Christ war. Das Kreuz auf der Brust war kein Modeschmuck, sondern ein visuelles Bekenntnis, ein winziges intimes Indiz unter all den vielen Zeichen der christlichen Ikonographie in seinen Filmen und Inszenierungen. Der geschundene, ekstatische transzendente Leib Christi war eines der Schlüsselbilder zu seinem ästhetischen, philosophischen, ambivalent erotischen Universum. Als ich ihn im Jahr der Entstehung dieses Buches begleitete, wurde mir mit der unmittelbaren Überzeugungskraft seiner spontanen Ausbrüche deutlich, wie ernsthaft er sich darin orientierte, wie wichtig ihm Gebete waren. Als ich ihn einmal am Tag einer neuen schrecklichen Diagnose fragte, ob er sich zu einer weiteren Operation durchringen würde, brach es plötzlich aus ihm heraus: »Das mache ich nur mit meinem Herrgott aus!« Ich musste unverzüglich am Straßenrand halten, er sprang aus dem Auto und verschwand.

Ich hätte ihn gern noch vieles gefragt, aber im Spätherbst 2009 brach unser Kontakt ab. Die Proben zu »Quai West« konnte er kaum noch durchstehen. Während der Berlinale 2010 nahm er mit berührend schlichter Präsenz den schwul-lesbischen »Teddy«-Filmpreis für sein Lebenswerk entgegen, empfing kurz darauf mit Elfi Mikesch den F.W. Murnau-Preis der Stadt Bielefeld und besichtigte wenig später noch die Ausstellung zu Ehren seines 65. Geburtstages im Schwulen Museum Berlin. Einmal noch war er nach Paris gereist, wo ihm Cineasten die Programmgestaltung eines Abends zu seinen Ehren angeboten hatten. Die Filmaufnahmen seines Auftritts, die ich später zu Gesicht bekam, zeigen ihn in jammervoller körperlicher

Verfassung, aber von schneidender intellektueller Brillanz. Bei jener Pariser Abschiedsvorstellung besiegelte er noch einmal seine Liebe und Freundschaft zu Carole Bouquet. Das Programm jedoch war ein Höllenritt, eine herzzerreißende Anrufung. Er konfrontierte das Publikum mit dem amerikanischen Dokumentarfilm »Winter Soldier«, einer Rückblende auf seine eigenen prägenden Kino-Erfahrungen. Junge Veteranen des Vietnamkriegs bekannten sich 1971 darin in einer öffentlichen Untersuchung zu ihren Gräueltaten an der vietnamesischen Bevölkerung, riefen mit der Offenlegung ihrer barbarischen Meuchelmorde zur Beendigung des Krieges auf. In einer für sein gesamtes Lebenswerk charakteristischen, provokant unerträglichen Kontrastmontage setzte er dagegen seinen Film »Abfallprodukte der Liebe«. Der einzige Weg wider die Barbarei sei die Schönheit, gab er dem verstörten Publikum mit auf den Weg.

Ich habe ihn nicht mehr wiedergesehen. Am 12. April 2010, fünf Tage nach seinem 65. Geburtstag, starb Werner Schroeter in einer Kasseler Klinik. Diese Autobiographie blieb ein Fragment.

Fragen, die vielleicht eine zweite Ebene in seinen Lebensroman eingezogen hätten, blieben offen. Welche Rolle spielte der kleine Unterschied zwischen Fakten und Fiktionen in seinem Leben? Wie verhielten sich Traum und Wirklichkeit zueinander? Was blieb in einem unsteten Leben wie dem seinen liegen?

Werner Schroeter hinterließ mir Fragmente für das Finale des Buches. Fragmente waren sein wichtigstes künstlerisches Instrument, um im Kontrast gegeneinander »etwas Neues« in den Köpfen des Publikums entstehen zu lassen. Insofern entspricht auch das offene Finale seiner Autobiographie seinem schillernden dialektischen Zugang zu Schmerz und Schönheit der Welt. Es soll den Lesern überlassen bleiben, eigene Schlüsse zu ziehen.

Werner Schroeter: »Es mag bizarr klingen: Was mich am Theater immer fasziniert hat, ist das Ephemere. Wenn am Ende einer Vorführung der Vorhang gefallen ist und das Licht ausgeht, dann war das nur, wie Lessing es nannte, ›eine zitternde Bebung im Raum‹. Das war für mich immer das schönste Bild von Leben überhaupt, dieses Flüchtige und das Erkennen, dass es irgendwann zu Ende ist.«

Ernst Bloch, »Prinzip Hoffnung«: »Der Mensch lebt noch überall in der Vorgeschichte, ja alles und jedes steht noch vor Erschaffung der Welt, als einer rechten. Die wirkliche Genesis ist nicht am Anfang, sondern am Ende, und sie beginnt erst anzufangen, wenn Gesellschaft und Dasein radikal werden, das heißt sich an der Wurzel fassen. Die Wurzel der Geschichte aber ist der arbeitende, schaffende, die Gegebenheiten umbildende und überholende Mensch. Hat er sich erfasst und das Seine ohne Entäußerung und Entfremdung in realer Demokratie begründet, so entsteht in der Welt etwas, das allen in die Kindheit scheint und worin noch niemand war: Heimat.«

Im Dezember 2010

WERNER SCHROETER

DER HERZTOD DER PRIMADONNA

O cuore dono fatale Retaggio di dolore, Il mio destino è questo: O morte, O morte, O Amore! O Herz, trauriges Geschenk, Grab an Schmerzen, Mein Schicksal ist der Tod, Der Tod oder die Liebe!
　　　　　　　　　　　　　　»La Gioconda«, Amilcare Ponchielli

Wie alle menschliche Ausdruckskraft nur aus Verletzung, Beleidigung, bergwerkstiefer Leidenschaft und dem damit verbundenen notwendigen Beteiligtsein an sich selbst und der Welt entstehen kann, so war die Stimme von Maria Callas von Natur aus ein tiefer Mezzosopran, den sie selber, wie wenn man Sterne aus einem Aschenhaufen zum Himmel schleudert, aufgelichtet hat zu jenen Tönen über dem System, die mir, als ich siebzehn Jahre alt war, vor Aufregung Nasenbluten bereitet haben.

In unserer Zeit war Maria Callas einzigartig und isoliert wie eine versehentlich im falschen Jahrhundert gestrandete Frauengestalt des romantischen Zeitalters. Sie ist oft beurteilt worden nach den sogenannten ästhetischen Qualitäten ihrer Stimme, ein völliger Unsinn an sich bereits, weil die bürgerliche Ästhetik unserer Zeit lediglich eine andere Definition von Anpassung und Glätte ist.

Die Qualitäten des Stimminstruments von Maria Callas lassen sich nur beurteilen an einem archaischen Ästhetikbegriff, das heißt die Schönheit entsteht durch Wahrheit und nicht umgekehrt.

Sie selbst hat mir einmal erzählt: »Das einzige Mal, bei

dem ich auf der Bühne selber zu Tränen gerührt war, war die Freiluftaufführung des ›Fidelio‹ von Beethoven in der Arena von Epidaurus 1944, einer Veranstaltung für die deutschen Besatzungssoldaten. Während ich sang ›Komm Hoffnung, lass den letzten Stern, den Stern der Müden nicht erbleichen, erhell ihr Ziel, sei's noch so fern, die Liebe, die Liebe, sie wird's erreichen‹, zeigte sich aus dem bis dahin umwölkten griechischen Himmel der Abendstern.«

Maria Callas war für sich selbst der einzige Maßstab ihrer überlebensgroßen Frauengestalten, die sie auf die Bühne und ins Tonstudio übertrug und im Laufe der Zeit wohl mehr oder weniger auch auf sich selbst. Dadurch erschien sie für viele von unglaublichem Ehrgeiz getrieben.

Dieser Ehrgeiz war jedoch nicht, wie man es immer gern angenommen hat, darauf ausgerichtet, sich eines Tages in Gestalt einer gemütlichen Großkapitalistin mit Schlösschen niederzulassen, sondern die wenigen grundsätzlichen menschlichen Ausdrucksmomente bis in den musikalischen und gestischen Exzess auszuleben – diese wenigen total vertretbaren Gefühle: Leben, Liebe, Freude, Hass, Eifersucht und Todesangst in ihrer Totalität und ohne psychologische Analyse vorzutragen.

Durch die Tatsache, dass Maria Callas sich dafür einer für die heutige Zeit unüblichen Form bediente wie der italienischen Belcanto-Oper des frühen 19. Jahrhunderts (Bellinis »Norma« oder Donizettis »Lucia di Lammermoor«), hat sie natürlich niemals an dem sozialen Leben anderer großer sogenannter Stars, etwa Janis Joplin oder Elvis Presley, teilgenommen, sondern war schon durch diese Wahl in einen gesellschaftlichen und künstlerischen Bereich abgedrängt, der in unserer Zeit leider wenig vitale gesellschaftliche Momente zum Inhalt hat.

Zur Zeit von Giuseppe Verdi etwa, in der die allgemeine

Bevölkerung an der Oper vergleichbar Anteil nahm wie heute an den lautstärkeren Popkonzerten, in der die Oper Volksaufstände initiieren konnte, wie Aubers »Stumme von Portici« in Belgien, oder in der die Freiheitschöre der frühen Verdi-Opern Signale zum Sturz der österreichischen Besatzungsmacht in Italien wurden, sind längst vorbei.

Als Vertreterin gleicher Intensität wie Jimi Hendrix musste sich Maria Callas vor einem Gesellschaftssystem präsentieren, dessen abgestorbenste oberste Schicht ihre großartigen Abende zu eitlen Gesellschaftsereignissen machte.

Das war Maria Callas selbst gleichgültig. Sie selber kam aus einer kleinbürgerlichen Drogistenfamilie in Brooklyn, New York, und hat als soziales Bedürfnis nur ihren Weg nach oben verstanden.

Wie durch Dunkel zum Licht hat sie sich aus anfänglicher Befangenheit, Ungeschicklichkeit und Hysterie zu dem totalen Kunstwerk stilisiert, dem sie noch bis zu ihrem Lebensende treu geblieben ist, nachdem sie schon ihre eigentliche Karriere als Sängerin 1965 aufgeben musste. Trotzdem war ihre Karriere nicht kurz. Ganz im Gegenteil. Sie hat bereits im Alter von 15 Jahren die Hauptrolle der Santuzza in der »Cavalleria rusticana« von Mascagni am Opernhaus von Athen gesungen.

Das ist in der Tradition der großen Sängerinnen des 19. Jahrhunderts, wie etwa María Malibran oder Giuditta Pasta, die ihre Karriere meistens mit den schwierigsten Partien zwischen dem 13. und 18. Lebensjahr begonnen haben und ebenso wie Maria Callas relativ bald ihre Stimme ausgesungen hatten. Das heißt, immerhin dauerte die Arbeitsmöglichkeit von Maria Callas mit den ihr eigenen Mitteln siebenundzwanzig Jahre.

Die amerikanische Sängerin Beverly Sills hat gesagt:

»Immer noch besser, zehn Jahre so einzigartig und intensiv zu singen wie Maria Callas, als nun fast dreißig Jahre wie ich selbst.« Obgleich sie selber bestimmt nicht an Bescheidenheit leidet und zu den berühmtesten Sängerinnen unserer Zeit gehörte.

Es hat mich immer erstaunt, wie eine Persönlichkeit, deren Droge das Leben auf der Bühne war, den endgültigen Abbruch ihrer eigentlichen Aufgabe im Jahre 1965 psychisch und physisch überleben konnte. Scheinbar und nach außen hin war Maria Callas noch 1976 eine der schönsten und gesundesten Frauen ihrer Altersstufe. Ich selbst kam mir 15-mal so krank und hilfsbedürftig vor. Viel verkommener und unglücklicher.

Aber sie hat anscheinend mit der gleichen Disziplin, mit der sie ungeheure Kräfte und Sensibilitäten aus sich selbst mobilisiert hat, um uns allen noch einmal den Traum einer in sich wahren romantischen Welt einzusingen, ihr eigenes Unglück vor sich selbst und erst recht nach außen hin verborgen mit dem ihr eigenen natürlichen Stolz.

Das eigenartige Ende des Lebens von Maria Callas, der sogenannte Herzschlag zu einem Zeitpunkt, in dem man von ihr noch eine andersartige Arbeit auf der Bühne als Schauspielerin hätte erhoffen dürfen, zu einem Zeitpunkt, an dem ihr privates Leben ruhig und ausgeglichen schien, ist für mich der Beweis, dass sie ein gemeinsames Schicksal teilt mit all den Menschen, die durch zu reichliches Verschenken eigener Kraft und eigener Persönlichkeit in einer unglaubwürdigen Umwelt zugrunde gehen müssen, da sie niemals etwas vergleichbar Schönes zurückbekommen können. Die Zartheit der Marilyn Monroe, die vulgäre Kraft von Janis Joplin oder der Tod des noch pubertären James Dean sind Zeichen einer in sich selbst verkommenen Konsumgesellschaft, in der es keine berechtigte Hoffnung auf eine aufrichtige Freundschaft, das heißt auf gegenseitiges Verständnis geben kann.

Wäre Maria Callas im 19. Jahrhundert gestorben, dann hätte ihr Publikum eigenhändig ihren Sarg zu Grabe getragen, als Zeichen von Freundschaft und dankbarer Notwendigkeit. So wird ihre Beerdigung so eiskalt gewesen sein wie wahrscheinlich die letzten Jahre ihres Lebens, die dahin geführt haben, dass eine immer noch vitale, sehr schöne Frau von dreiundfünfzig Jahren einem Herztod erlag. Diese Art von Tod hätte man zweifellos zu den gemütvolleren Zeiten von Novalis »an gebrochenem Herzen gestorben« genannt.

Ich habe niemals verstanden, wie sie es auch in ihren letzten Lebensjahren ertragen konnte, im sozialen Bereich der sterilen und gewalttätigen sogenannten High Society zu leben, dass sie ihre einmal durch ihre Berühmtheit und soziale Position betonierte Stellung nie mehr hat verlassen können.

Beispielsweise bei einem Empfang auf der griechischen Botschaft in Paris, wo sie abends über das weibliche Bedürfnis gesprochen hatte, naiv wie ein junges Mädchen, sich einem Mann hingeben zu können, und sich sichtlich um einen französischen Freund bemühte, den sie sehr gernzuhaben schien, sagte hinterher ein amerikanischer Öltyp, der sie beobachtet hatte, zu mir: »It must be wonderful to have your cock blown with ›La Traviata‹ on the voice cords.« Dafür hätte ich ihn fast erwürgt. Es muss sehr eigenartig gewesen sein, mit dem Bewusstsein zu leben, dass die Leute, denen man das größte Geschenk gegeben hat, als Antwort eine Art kuriose Verächtlichkeit bereithalten.

Ganz anders sehen Zeugnisse von jahrelangen Mitarbeitern der Callas über ihre Person und ihre Arbeit aus. Piero Tosi spricht über die Premiere der »Traviata« vom 28. Mai 1955, Regie Luchino Visconti, Dirigent Carlo Maria

Giulini, an der Mailänder Scala: »Der Vorhang hat sich zum letzten Akt gehoben. Es ist eigenartig, als Maria Callas vom Bett aufsteht, sieht sie aus wie ein Leichnam, wie irgendein verfallenes Mannequin aus einem Wachsmuseum, nicht länger ein menschliches Wesen, sondern ein lebender Leichnam. Und sie singt mit einem Faden von Stimme, so schwach, so krank und so anrührend – nur mit größter Anstrengung erreicht sie ihren Ankleidetisch, an dem sie den Brief vom alten Germont liest und anschließend das Addio del Passato singt. Dann sieht man die Lichter der Karnevalsmenge, die draußen vor dem Fenster vorüberzieht, deren Schatten auf der gegenüberliegenden Wand. Nur Schatten. Für Violetta war die Welt zu Schatten geworden, zu nichts anderem. Sie ruft ihre Zofe zu sich und beginnt einen schrecklichen Kampf, sich anzukleiden ... Dann kommt der Moment, in dem sie versucht, sich Handschuhe überzustreifen. Aber sie kann es nicht, weil ihre Finger schon steif geworden sind und hart von dem herannahenden Tod. Erst jetzt realisiert Violetta, dass es keine Flucht mehr gibt, und in diesem Bewusstsein stößt Maria Callas mit überwältigender Intensität den Schrei aus: ›Großer Gott! So jung zu sterben!‹ Sie ist überwältigend.

Dieses zerbrochene, leidende, zerstörte Skelett von Frau, das vergebens um sein Leben kämpft. Für den Moment des Todes verlangt Visconti das ganze Genie, das die Callas als Darstellerin besitzt. Nachdem sie schließlich ihr Schicksal angenommen hat und Alfred ein Medaillon, das ihr Portrait enthält, gegeben hat, spricht Violetta die berühmten Schlusszeilen.

Strahlend sagt sie Alfred, dass ihre Schmerzen nachgelassen haben, dass ihre alte Kraft, dass neues Leben in sie zurückgekehrt ist. Und mit den Worten: ›O Freude, o Freude!‹ stirbt sie, ihre großen Augen weit offen, festgehalten in sinnlosem Starren in das Publikum. Als der Vorhang fällt, starren ihre toten Augen immer noch leer in den Raum. So hat einmal ein ganzes Publikum Alfreds Schmerz geteilt, denn auch sie hatten den Tod gefühlt.«

Während derselben Aufführung, nachdem Giulini das Vorspiel zum ersten Akt beendet hatte und das Orchester in das festliche Allegro übergehen lässt, das das Signal für das Aufziehen des Vorhangs ist, erlebt er auf der Bühne vor sich, was er so beschreibt: »Mein Herz setzte einen Schlag aus, ich war überwältigt von der Schönheit, die ich vor mir sah. Die gefühlvollste und außergewöhnlichste Ausstattung, die ich jemals gesehen hatte. Die Illusion von Kunst oder vielleicht auch Künstlichkeit im Theater verschwand. Ich hatte dasselbe Gefühl jedesmal, wenn ich diese Produktion dirigierte, über 20-mal. Für mich war die Realität auf der Bühne. Was hinter mir war, das Publikum, der Zuschauerraum, das Theater selbst schien künstlich. Nur das, was auf der Bühne atmete, war Wahrheit, das Leben selbst.«

Es wäre absurd zu behaupten, dass der Wunsch nach Schönheit und Wahrheit eine bloße Illusion romantisch kapitalistischer Gesellschaftsform ist. Zweifellos bedeutet der Wunsch nach einer übersteigerten, überlebensgroßen Wunscherfüllung, den wir überall in der traditionellen Kunst finden, zu der durchaus auch die modernen Trivialmedien wie Kino und Fernsehen zu zählen sind, ein ganz allgemein dem Menschen eigenes Bedürfnis; denn seine allzu starke Bestimmung im Tod, dem einzigen objektiven Faktum unserer Existenz, verwirkt von vornherein die Aussicht auf konkretes Glück.

Die ins Maßlose getriebenen Ausdrucksmomente der Kunst stellen, ob architektonisch, musikalisch oder sonst wie erfasst, nichts anderes dar als das Bedürfnis, die Zeit anzuhalten. Das heißt, die Endlichkeit der menschlichen

Bedürfnisse zu ignorieren und ihnen ihre Glaubhaftigkeit im Ausnahmefall und damit auch ihren Stolz zu geben.

Unter allen weiblichen Interpreten, die ich kenne, war Maria Callas diejenige, die in ihrer Ausdruckskraft die Zeit so lange stehen lassen konnte, bis jede Angst verschwand, auch die vor dem Tode selbst, und ein dem, was man Glück nennen sollte, ähnlicher Zustand erreicht wurde.

Wie ein Blinder seinen Hörsinn und Tastsinn besser entwickelt als ein Sehender, so war Maria Callas ein Beweis dafür, dass man aus sich heraus ohne die Befolgung stupider Vorschriften in einem eingeengten System – sie war zu kurzsichtig, um überhaupt jemals von der Bühne her den Taktstock des Dirigenten sehen zu können – Schwächen unbesehen zu eigener Kreativität verwandeln kann.

Wenn sie die eingangs zitierten Worte aus der Oper »La Gioconda« vortrug, hatte sie es erreicht, dass aus einer Platitude die unausweichliche Dialektik unserer Existenz schimmerte. Die Bedingungslosigkeit des Gefühls bedeutet längst keine Dummheit, denn Bedingungslosigkeit bedeutet bereits zwei Möglichkeiten: Der Tod oder die Liebe.

Mit kindlicher Naivität hat Maria Callas eine Musik verteidigt, die die deutschen Musikneurologen als einfach langweilig und anspruchslos abgetakelt hatten. Und sie hatten dabei selbstverständlich das Genie von Musikern wie Bellini, Rossini oder Cherubini (»Medea«) ganz nebenbei übersehen.

Maria Callas war keine Intellektuelle. Sie hat zum großen zynischen Amüsement mancher singender Kolleginnen Dinge gesagt, die betreffs ihrer unerreichbar schönen Interpretation der Isolde von Richard Wagner für viele unglaublich klingen mögen, es aber nicht sind: »Bei Bellini muss jeder Ton erfüllt werden. Jeder Ton kostet meine ganze Kraft und gibt mir die Möglichkeit, mich so präzise wie nur denkbar auszudrücken. Wagner aber singt sich von selbst, weil man ein ganzes riesiges harmonisierendes Orchester hinter sich hat, man kann sich gar nicht versingen, man braucht nur den Mund aufzumachen und der richtige Ton kommt. Es ist eine rein physische Kraftfrage.«

In einer Zeitung im Ruhrgebiet stand als Schlusszeile eines Nachrufs Folgendes, was ich sehr schön finde: »Maria Callas starb im Alter von 53 Jahren. Aber wir dürfen vermuten, dass jedes Jahr ihrer Bühnenlaufbahn dreifach zählt.« Wozu ich hinzufügen möchte: Ich hoffe, jedes Jahr ihres Lebens überhaupt.

ISABELLE HUPPERT

WERNER

Werner,
Das Wort, das ich am häufigsten von Dir gehört habe, war das Wort Vitalität. In jedem Moment, bei jeder Gelegenheit sprachst Du von der Vitalität.

Du spürtest sie, Du erfreutest Dich an ihr, und wenn sie fehlte, verlangtest Du sie.

Mit diesem Wort meintest Du »lebendig« natürlich, aber auch »animiert«, also mit der Seele (anima).

Das war das Leben für Dich: seine Seele zeigen, und von Dir kann man sagen, dass Du Deine ganze Seele in Dein Leben und Deine Arbeit gesteckt hast.

Damit meine ich nicht nur Dein Künstlerleben, denn Dein Leben selbst war ein Kunstwerk, und Deine Arbeit verschmolz mit Deinem Leben. Wenn man wie ich das Glück gehabt hat, Dich zu kennen, hat man das Glück gehabt, eine Person der besonderen Art zu kennen, für die es keine Grenzen zwischen Kunst und Leben gab.

Dein Leben lang hast Du nach der Schönheit gesucht, aber da Du auch wusstest, was Leiden ist, hattest Du einen direkten Zugang zu der Seele eines jeden, und Du wusstest genau, wer sie waren, was sie lebten und wofür sie lebten.

Deine Liebenswürdigkeit und Toleranz gegenüber jenen, die Du liebtest, waren unendlich. Im Abenteuer »Film« fühlte man sich von Dir grenzenlos geliebt, alle Türen waren offen, alle Träume und Albträume willkommen. Die Filme wurden zu heimlichen mysteriösen Verstecken, in denen man sich endlos entfalten konnte, alles sagen, alles machen, man selbst sein, und der Traum seiner selbst.

Werner, wenn ich an Dich denke, denke ich an die Musik, ich denke an die Freude, gemeinsam Musik gehört zu haben, an die Freude, die Emotion, die sie Dir vermittelte, ich denke an das Glück all dieser mit Dir geteilten Momente, dieses Lachen, Dein Humor, Deine Phantasie, Deine Frechheit ... ich denke an das Vertrauen, das Du in mich hattest und ich in Dich, ein endloses Vertrauen, bedingungslos ...

Ich denke an die letzten Fotos, die wir in Frankfurt gemacht haben, wohin ich anlässlich einer Hommage an Dich gekommen war. Du warst glücklich über diese Hommage, das machte Dich sehr stolz ...

Für dieses Foto wolltest Du künstlichen Schnee auf meinen Haaren, das war Dir sehr wichtig, Du hattest alles organisiert, das Studio gefunden, die Maschine, um falschen Schnee zu erzeugen. Das warst Du, diese Besessenheit, diese Präzision, dieser Eigenwille, die ich immer bei Dir gekannt habe, bis zum Schluss, Du wolltest Schnee in den Haaren, die Haare im Schnee ...

Du warst im Herzen des Lebens, Du hast dieses Leben den Schätzen gewidmet, die Film, Theater und Oper sind.

Du hast diese Anforderung so hoch getragen.

Du hast daran geglaubt, bis zum Schluss, ohne Kompromisse.

Du bist ein Engel.

Du bist mein Poet, für immer.

Ich grüße Dich, Werner.

Ich liebe Dich.

                Isabelle

Aus dem Französischen von Pascale Schiller (In Memoriam 9.5.2010)

LEBEN UND WERK

FILMOGRAPHIE

Die Filmographie listet zunächst alle erhaltenen und vollendeten Filme von Werner Schroeter auf, danach Vorstudien zu seinen Filmen, Fragmente sowie nie vollendete oder verlorene Filme. Die Angaben wurden abgeglichen mit den im Filmmuseum München erhaltenen und gesammelten Film- und Videokopien. Da die meisten Filme bis 1978 keine ausführlichen Vorspanne aufweisen, basieren viele Angaben auf Informationen Werner Schroeters oder anderer Mitwirkender. Die Uraufführungsdaten der frühen Filme, die weder im Kino noch im Fernsehen gezeigt wurden, lassen sich nicht ermitteln. Die Längenangaben entsprechen bei den 8mm-Filmen einer Vorführgeschwindigkeit von 18 Bildern/Sekunde, bei 16mm- und 35mm-Produktionen einer Vorführgeschwindigkeit von 25 Bildern/Sekunde.

R = Regie
B = Buch
K = Kamera
S = Schnitt
M = Musik (nur vermerkt, wenn eigene Kompositionen kreiert wurden)
A = Ausstattung
P = Produktion
U = Uraufführung
F = Verwendetes Filmmaterial
L = Länge

1967

VERONA / ZWEI KATZEN
R, B, K, S, P: Werner Schroeter – F: 8mm, stumm, Schwarzweiß –
L: 10 Minuten

1968

MARIA CALLAS PORTRÄT
R, B, K, S, P: Werner Schroeter – F: 8mm, separater Ton, Farbe –
L: 17 Minuten

MONA LISA
R, B, K, S, P: Werner Schroeter – F: 8mm, separater Ton, Farbe –
L: 35 Minuten

MARIA CALLAS SINGT 1957 REZITATIV UND ARIE DER ELVIRA AUS ERNANI 1844 VON GIUSEPPE VERDI
R, B, K, S, D, P: Werner Schroeter – F: 8mm, separater Ton, Schwarzweiß – L: 10 Minuten

LA MORTE D'ISOTTA
R, B, K, S, P: Werner Schroeter, unter Verwendung von Texten von Lautréamont »Les chants de Maldoror« – D: Rita Bauer, Joachim Bauer, Knut Koch, Truùla Bartek, Werner Schroeter – F: 8mm, separater Ton, Farbe – L: 37 Minuten

HIMMEL HOCH
R, B, K, S, P: Werner Schroeter – D: Steven Adamczewski, Rita Bauer, Joachim Bauer – F: 8mm, separater Ton, Schwarzweiß – L: 12 Minuten

PAULA – »JE REVIENS«
R, B, K, S, P: Werner Schroeter – D: Heidi Lorenzo, Rita Bauer, Suzanne Sheed, Knut Koch, Werner Schroeter – F: 8mm, separater Ton, Farbe – L: 35 Minuten

AGGRESSIONEN
R, B, K, S, P: Werner Schroeter – D: Heidi Lorenzo – F: 16mm, separater Ton, Schwarzweiß – L: 23 Minuten

1969

NEURASIA
R, B, K, S, P: Werner Schroeter – D: Carla Aulaulu, Magdalena Montezuma, Rita Bauer, Steven Adamczewski – F: 16mm, Magnetton, Schwarzweiß – L: 37 Minuten

ARGILA
R, B, K, S, P: Werner Schroeter – D: Gisela Trowe, Magdalena Montezuma, Carla Aulaulu, Sigurd Salto – F: 16mm-Doppelprojektion, separater Ton, Farbe + Schwarzweiß – L: 33 Minuten

EIKA KATAPPA
R, B, S: Werner Schroeter – K: Werner Schroeter, Robert van Ackeren – D: Gisela Trowe, Carla Aulaulu, Magdalena Montezuma, Knut Koch, Alix von Buchen, Rosy-Rosy, René Schönberg – F: 16mm, Magnetton, Farbe – L: 143 Minuten – U: 10.10.1969 Internationale Filmwoche Mannheim

1970

DER BOMBERPILOT
R, B, K, S: Werner Schroeter – D: Carla Aulaulu, Mascha Rabben, Magdalena Montezuma, Suzanne Sheed, Werner Schroeter,

Daniel Schmid – P: Werner Schroeter, im Auftrag des ZDF – F: 16mm, Magnetton, Farbe – L: 65 Minuten – U: 3.11.1970, ZDF

1971

SALOME
R, B: Werner Schroeter, nach dem Stück von Oscar Wilde – K: Robert van Ackeren – S: Ila von Hasperg – A: Elfi Mikesch (Kostüme) – D: Mascha Elm-Rabben, Magdalena Montezuma, Ellen Umlauf, Thomas von Keyserling, René Schönberg, Joachim Paede – P: Ifage, im Auftrag des ZDF – F: 16mm, Magnetton, Farbe – L: 81 Minuten – U: 11.6.1971, ZDF

MACBETH
R, B, S: Werner Schroeter, nach Motiven von William Shakespeare und Giuseppe Verdi – K: Horst Thürling – A: Magdalena Montezuma (Kostüme) – D: Annette Tirier, Stefan von Haugk, Michael Bolze, Sigurd Salto, Magdalena Montezuma, Suzanne Sheed – P: Hessischer Rundfunk – F: MAZ, Farbe – L: 60 Minuten – U: 18.12.1971, HR III

1972

DER TOD DER MARIA MALIBRAN
R, B, K: Werner Schroeter – S: Werner Schroeter, Ila von Hasperg – D: Magdalena Montezuma, Christine Kaufmann, Candy Darling, Manuela Riva, Ingrid Caven, Annette Tirier, Einar Hanfstaengl – P: Werner Schroeter, im Auftrag des ZDF – F: 16mm, Lichtton, Farbe – L: 104 Minuten – U: 2.3.1972, ZDF

1973

WILLOW SPRINGS
R, B, K: Werner Schroeter – S: Werner Schroeter, Ila von Hasperg – D: Magdalena Montezuma, Christine Kaufmann, Ila von Hasperg, Michael O'Daniels – P: Werner Schroeter, im Auftrag des ZDF – F: 16mm, Magnetton, Farbe – L: 78 Minuten – U: 3.4.1973, ZDF

1974

DER SCHWARZE ENGEL
R, B, K, S: Werner Schroeter – D: Magdalena Montezuma, Ellen Umlauf – P: Werner Schroeter, im Auftrag des ZDF – F: 16mm, Magnetton, Farbe – L: 71 Minuten – U: 7.5.1974

1975

JOHANNAS TRAUM
R, B, K, S, P: Werner Schroeter – D: Magdalena Montezuma, Christine Kaufmann, Candy Darling – F: 16mm, Magnetton, Farbe – L: 22 Minuten

1976

FLOCONS D'OR / GOLDFLOCKEN
R, B, K: Werner Schroeter – S: Cécile Decugis – D: Magdalena Montezuma, Ellen Umlauf, Christine Kaufmann, Andréa Ferréol, Bulle Ogier, Ingrid Caven, Isolde Barth, Udo Kier, Ila von Hasperg, Rainer Will – P: Werner Schroeter, im Auftrag des ZDF / Les Films du Losange I. N. A. – F: 16mm, Magnetton, Farbe – L: 160 Minuten – U: 20.5.1976, ZDF

1978

REGNO DI NAPOLI / NEAPOLITANISCHE GESCHWISTER

R: Werner Schroeter – B: Werner Schroeter – K: Thomas Mauch – S: Ursula West, Werner Schroeter – M: Roberto Pregadio – A: Alberte Barsacq, Franco Calabrese – D: Antonio Orlando, Cristina Donadio, Dino Mele, Renata Zamengo, Liana Trouche, Laura Sodano, Raúl Gimenez, Margareth Clementi, Ida Di Benedetto – P: Dieter Geissler Filmproduktion / Peter Berling Cinematografica / ZDF – F: 16mm blow-up, Lichtton, Farbe – L: 130 Minuten – U: 8.6.1978, ZDF

1980

PALERMO ODER WOLFSBURG

R: Werner Schroeter – B: Giuseppe Fava, Werner Schroeter – K: Thomas Mauch – S: Ursula West, Werner Schroeter – A: Alberte Barsacq, Roberto Lagana, Magdalena Montezuma, Edwin Wengobowski – D: Nicola Zarbo, Ida Di Benedetto, Magdalena Montezuma, Antonio Orlando, Brigitte Tilg, Harry Baer, Ula Stöckl, Tamara Kafka, Isolde Barth, Rainer Will, Claude-Oliver Rudolph, Otto Sander – P: Thomas Mauch Filmproduktion / Artco-Film / ZDF – F: 35mm, Lichtton, Farbe – L: 170 Minuten – U: 1980, Internationale Filmfestspiele Berlin

LA RÉPÉTITION GÉNÉRALE / DIE GENERALPROBE

R, B: Werner Schroeter – K: Franz Weich – S: Catherine Brasier – D: Mostefa Djadjam, Catherine Brasier, Colette Godard, Lew Bogdan, André Engel, Pat Oleszko, Kazuo Ohno, Pina Bausch, Reinhild Hoffmann, Ortrud Beginnen – P: Laura Film, im Auftrag des ZDF – F: 16mm, Magnetton, Farbe – L: 88 Minuten – U: 7.9.1980, Mostra del Cinema di Venezia

WEISSE REISE

R, B, K, S: Werner Schroeter – A: Harald Vogl – D: Jim Auwae, Tilly Soffing, Margareth Clémenti, Maria Schneider, Harald Vogl, Ursula Rodel, Trudeliese Schmidt, Marion Varella, Werner Schroeter – P: Eric Franck/Werner Schroeter – F: 16mm, Magnetton, Farbe – L: 51 Minuten – U: 10.12.1980, Paris

1981

TAG DER IDIOTEN

R: Werner Schroeter – B: Dana Horáková, Werner Schroeter – K: Ivan Slapeta – S: Catherine Brasier – M: Peer Raben – A: Alberte Barsacq (Kostüme), Zbynek Hloch (Bauten) – D: Carole Bouquet, Ingrid Caven, Christine Kaufmann, Ida Di Benedetto, Carola Regnier, Mostefa Djadjam, Magdalena Montezuma, Tamara Kafka, Ellen Umlauf – P: Oko-Film Karel Dirka/Bayerischer Rundfunk – F: 35mm, Lichtton, Farbe – L: 104 Minuten – U: 31.10.1981, Internationale Hofer Filmtage

1982

LIEBESKONZIL/IL CONCILIO D'AMORE

R: Werner Schroeter – B: Dietrich Kuhlbrodt, Roberto Lerici, Horst Alexander, nach dem Bühnenstück von Oskar Panizza – K: Jörg Schmidt-Reitwein – S: Catherine Brasier – A: Klaus Meyenberg, Bruno Garofalo (Kostüme), Magdalena Montezuma (Kostüme) – D: Antonio Salines, Magdalena Montezuma, Kurt Raab, Agnès Nobécourt, Renzo Rinaldi, Margit Carstensen, Roberto Tesconi, Kristina van Eyck, Heinrich Giskes, Gabriela Gómez-Ortega – P: Saskia Film GmbH/Trio Film GmbH/Antea Cinematografica S.r.l. – F: 35mm, Lichtton, Farbe – L: 90 Minuten – U: 1982, Internationale Filmfestspiele Berlin

1983

DER LACHENDE STERN
R, K: Werner Schroeter – B: Werner Schroeter, Peter Kern – S: Christl Orthmann, Werner Schroeter – P: Luxor-Film Beteiligungs GmbH/ZDF – F: 16mm, Lichtton, Farbe – L: 108 Minuten – U: 27.10.1983, Internationale Hofer Filmtage

1985

DE L'ARGENTINE / ZUM BEISPIEL ARGENTINIEN
R, B: Werner Schroeter – K: Werner Schroeter, Carlos Bernardo Waisman – S: Catherine Brasier, Claudio Martínez – D: Mütter der Plaza de Mayo, Libertad Leblanc, Oriana Fallaci – P: Out One/FR 3/Ministère de la culture – F: 16mm, Lichtton, Farbe – L: 91 Minuten – U: 2.12.1985, Cinémathèque Française

1986

DER ROSENKÖNIG
R: Werner Schroeter – B: Werner Schroeter, Magdalena Montezuma, Rainer Will – K: Elfi Mikesch – S: Juliane Lorenz – A: Caritas de Witt – D: Magdalena Montezuma, Mostefa Djadjam, Antonio Orlando, Karina Fallenstein – P: Werner Schroeter Filmproduktion/Futura Film München/Metro Films Lissabon/Juliane Lorenz Filmproduktion – F: 35mm, Lichtton, Farbe – L: 101 Minuten – U: 1.2.1986 Rotterdam Film Festival

1987

AUF DER SUCHE NACH DER SONNE /
À LA RECHERCHE DU SOLEIL
R, B: Werner Schroeter – K: Wolfgang Pilgrim – S: Juliane Lorenz –
D: Ariane Mnouchkine, Hélène Cixous, Ensemble des Théâtre du
Soleil – P: Regina Ziegler Filmproduktion, im Auftrag des ZDF –
F: 16mm, Magnetton, Farbe – L: 94 Minuten – U: 10.10.1987, 3sat

1991

MALINA
R: Werner Schroeter – B: Elfriede Jelinek, nach dem Roman
von Ingeborg Bachmann – K: Elfi Mikesch – S: Juliane Lorenz –
M: Giacomo Manzoni – A: Alberte Barsacq – D: Isabelle Huppert, Mathieu Carrière, Can Togay, Fritz Schediwy, Isolde Barth, Libgart Schwarz, Elisabeth Krejcir, Peter Kern, Jenny Drivala, Wiebke Frost – P: Kuchenreuther Film GmbH / Neue Studio Film GmbH / ZDF / ORF – F: 35mm, Lichtton, Farbe – L: 121 Minuten – U: 17.11.991, München

1996

POUSSIÈRES D'AMOUR / ABFALLPRODUKTE DER LIEBE
R: Werner Schroeter – B: Werner Schroeter, Claire Alby – K: Elfi Mikesch – S: Juliane Lorenz – M: Elizabeth Cooper – A: Alberte Barsacq – D: Anita Cerquetti, Martha Mödl, Isabelle Huppert, Trudeliese Schmidt, Rita Gorr, Kristine Ciesinski, Katherine Ciesinski, Laurence Dale, Jenny Drivala, Gail Gilmore, Sergej Larin, Carole Bouquet, Werner Schroeter – P: MC 4 / Imalyre / Schlemmer Film / LaSept/Arte / WDR – F: 35mm, Lichtton, Farbe – L: 125 Minuten – U: 24.10.1996, Internationale Hofer Filmtage

2000

DIE KÖNIGIN – MARIANNE HOPPE
R: Werner Schroeter – B: Werner Schroeter, Monika Keppler – K: Thomas Plenert, Alexandra Kordes – S: Florian Köhler – M: Peer Raben – A: Alberte Barsacq, Isabel Branco – D: Marianne Hoppe, Evelyn Künneke, Lola Müthel, Einar Schleef, Elisabeth Minetti, Martin Wuttke, Robert Wilson, Maren Eggert, Judith Engel, Ursina Lardi, Martina Gedeck, Barbara Nüsse, Gerti Blacher, Benedikt Hoppe – P: Mira Filmproduktion / SFB / Arte / NDR – F: 16mm blow-up, Lichtton, Farbe – L: 101 Minuten – U: Februar 2000, Internationale Filmfestspiele Berlin

2002

DEUX
R: Werner Schroeter – B: Werner Schroeter, Cédric Anger – K: Elfi Mikesch – S: Juliane Lorenz – A: Alberte Barsacq – D: Isabelle Huppert, Bulle Ogier, Manuel Blanc, Arielle Dombasle, Annika Kuhl, Philippe Reuter, Jean-François Stévenin, Tim Fischer, Zazie de Paris, Elizabeth Cooper, Alexia Voulgaridou – P: Gemini Films / Mandrogoa Filmes / Road Movies / France 2 Cinéma – F: 35mm, Dolby-Stereo, Farbe – L: 117 Minuten – U: 19.5.2002, Internationale Filmfestspiele Cannes

2008

NUIT DE CHIEN / DIESE NACHT
R: Werner Schroeter – B: Werner Schroeter, Gilles Taurand, nach dem Roman »Para esta noche« von Juan Carlos Onetti – K: Thomas Plenert – S: Julia Grégory – M: Eberhard Kloke – A: Alberte Barsacq, Isabel Branco – D: Pascal Greggory, Bruno Tedeschini, Jean-François Stévenin, Marc Barbé, Amira Casar,

Sami Frey, Elsa Zylberstein, Nathalie Delon, Eric Caravaca, Bulle Ogier, Lena Schwarz, Pascale Schiller, Oleg Zhukov – P: Alfama Films / Clap Filmes / Filmgalerie 451 – F: 35mm, Dolby-Stereo, Farbe – L: 118 Minuten – U: 2.9.2008, Mostra del Cinema di Venezia

Testfilme, Fragmente, unvollendete Projekte

1968

CALLAS WALKING LUCIA
R, B, K, S, P: Werner Schroeter – F: 8mm, stumm, Schwarzweiß – L: 3 Minuten
Vorstudie zu Callas-Film. Original vorhanden im Filmmuseum München

CALLAS-TEXT MIT DOPPELBELICHTUNG
R, B, K, S, P: Werner Schroeter – F: 8mm, stumm, Schwarzweiß – L: 5 Minuten
Vorstudie zu Callas-Film. Original vorhanden im Filmmuseum München

ÜBUNGEN MIT DARSTELLERN
R, B, K, P: Werner Schroeter – D: Magdalena Montezuma, Carla Aulaulu, Steven Adamczewski, Werner Schroeter – F: 8mm, stumm, Schwarzweiß + Farbe – L: 30 Minuten
Neun ungeschnittene Rollen, Vorstudien zu längeren Filmen. Originale vorhanden im Filmmuseum München

GROTESK – BURLESK – PITTORESK
R, B, K: Werner Schroeter, Rosa von Praunheim – F: 8mm – L: 33 Minuten
Im Filmmuseum München ist nur der Ton zu diesem Film vorhanden, der als Hörspiel Verwendung finden sollte.

FACES
R, B, K, S, P: Werner Schroeter – D: Heidi Lorenzo – F: 8mm, stumm, Schwarzweiß – L: 20 Minuten
Vorstudie von AGGRESSIONEN. Original vorhanden im Filmmuseum München.

VIRGINIA'S DEATH
R, B, K, S, P: Werner Schroeter – D: Magdalena Montezuma, Heidi Lorenzo – F: 8mm, Schwarzweiß – L: 9 Minuten
»Ein unveröffentlichtes Fragment, das offensichtlich niemand gesehen hat.« (Walter Schobert) Der Film ist nicht erhalten. Im Filmmuseum München existiert ein Tonband mit dem Titel BLUMEN ODER DAS GRAB, das womöglich den Ton zu diesem Film enthält.

1969

NICARAGUA
R, B, S: Werner Schroeter – K: Robert van Ackeren – D: Carla Aulaulu, Magdalena Montezuma, Gavin Campbell – P: Peter Berling – F: 35mm, CinemaScope, Schwarzweiß – L: 18 Minuten
Nach Auskunft von Werner Schroeter wurde der Film geschnitten, aber nie veröffentlicht. Das Material ist nicht erhalten.

1970

ANGLIA
R, B: Werner Schroeter – K: Jörg Schmidt-Reitwein – D: Magdalena Montezuma, Carla Aulaulu, Mascha Elm-Rabben, Kathrin Schaake, Ulli Lommel, Stefan Hurdalek, Hannes Gromball – P: Atlantis Film – F: 16mm, Farbe
Nach Auskunft von Werner Schroeter wurde der Film nie fertiggestellt. Das Material ist nicht erhalten.

1971

FUNKAUSSTELLUNG 1971 – HITPARADE
R, B: Werner Schroeter – P: ZDF – F: MAZ, Farbe
Das von Werner Schroeter gefilmte Material wurde nicht verwendet und ist nicht erhalten.

SZENOGRAPHIE
Schauspiel – Musiktheater – Oper – Tanztheater

Bei den Darstellern / Interpreten werden neben den Protagonisten / Solisten diejenigen genannt, mit denen Werner Schroeter über viele Jahre immer wieder zusammengearbeitet hat. Die Nennung erfolgt alphabetisch. Alle Angaben und Schreibweisen erfolgen nach den Programmheften, sofern diese verfügbar waren.

R = Regie
ML = Musikalische Leitung (nur vermerkt bei allen Operninszenierungen und den Schauspielinszenierungen, für die eigene Kompositionen kreiert wurden)
B = Bühnenbild
K = Kostüme
S = Solisten
D = Darsteller
UA = Uraufführung
DEA = Deutschsprachige Erstaufführung
MA = Mitarbeit

1972

Gotthold Ephraim Lessing EMILIA GALOTTI
Deutsches Schauspielhaus Hamburg, Premiere 28.5.1972, R: Werner Schroeter, B, K: Bernd Holzapfel, D: Hans Peter Hallwachs, Christine Kaufmann, Magdalena Montezuma, Gisela Trowe u. a.

1973

Oscar Wilde SALOME
Schauspielhaus Bochum, Premiere 16.3.1973, R: Werner Schroeter, B, K: Werner Schroeter, Magdalena Montezuma, Jan Moewes, ML: Peer Raben, D: Ingrid Caven, Christine Kaufmann, Magdalena Montezuma, Friedrich-Karl Praetorius, Rainer Will, Fred Williams

1974

Victor Hugo LUCREZIA BORGIA
Schauspielhaus Bochum, Premiere 6.11.1974, R: Werner Schroeter, B, K: Werner Schroeter, Magdalena Montezuma, Katharina Schüssler, ML: Peer Raben, D: Magdalena Montezuma, Tamara Kafka, Siemen Rühaak, Fritz Schediwy, Rainer Will u. a.

1977

August Strindberg FRÄULEIN JULIE
Schauspielhaus Bochum, Premiere 21.9.1977, R: Werner Schroeter, B, K: Werner Schroeter, Alberte Barsacq, Jan Moewes, D: Ingrid Caven, Tamara Kafka, Wolfgang Schumacher u. a.

Gotthold Ephraim Lessing MISS SARA SAMPSON
Staatstheater Kassel, Premiere 30.11.1977, R: Werner Schroeter, B: Werner Schroeter, Alberte Barsacq, K: Alberte Barsacq, D: Elisabeth Krejcir, Wolfgang Schumacher, Heiner Stadelmann u. a.

1978

Heinrich von Kleist DAS KÄTHCHEN VON HEILBRONN ODER DIE FEUERTAUFE
Schauspielhaus Bochum, Premiere 7.12.1978, R: Werner Schroeter, B: Werner Schroeter, Hans Peter Schubert, K: Alberte Barsacq, D: Tamara Kafka, Knut Koch, Elisabeth Krejcir, Gottfried Lackmann, Magdalena Montezuma, Tana Schanzara, Wolfgang Schumacher u. a.

1979

Richard Wagner LOHENGRIN
Staatstheater Kassel, Premiere 30.9.1979, ML: James Lockhart, R: Werner Schroeter, B: Werner Schroeter, Walter Perdacher, K: Alberte Barsacq, S: Barbara Honn, Arley Reece, Rose Wagemann u. a.

1980

Corrado Alvaro LUNGA NOTTE DI MEDEA
Teatro Niccolini Firenze, Premiere 19.1.1980, ML: Rosa Balistreri, R: Werner Schroeter, B: Cesare Berlingeri, K: Alberte Barsacq, S: Piera Degli Esposti,, Yorya Lambropoulos, Laura Mereu u. a.

INGRID CAVEN CHANTE
La Palace, Paris, März 1980, R: Werner Schroeter, ML: Peer Raben, mit Texten von Hans Magnus Enzensberger, Rainer Werner Fassbinder, D/S: Ingrid Caven

Alexander von Zemlinsky EINE FLORENTINISCHE TRAGÖDIE
Teatro La Fenice Venezia, Biennale Venezia, Premiere 4./5.10.

1980, ML: Friedrich Pleyer, R: Werner Schroeter, B: Paolo Portoghesi, D/S: Hans-Jürgen Demitz u. a.

1982

Luigi Pirandello HEUTE ABEND WIRD AUS DEM STEGREIF GESPIELT, ANGEKÜNDIGT ALS DON CARLOS
Schauspiel Frankfurt, Premiere 16.5.1982, Koproduktion Theater-Festival München / Festival d'Avignon, R: Werner Schroeter, B, K: Werner Schroeter, Magdalena Montezuma, D: Hanspeter Hallwachs, Albert Kitzl, Magdalena Montezuma, Sonja Mustoff, Carola Regnier, Eva Schuckardt, Rainer Will u. a.

1983

TANGO Y REALIDAD SOCIAL EN ARGENTINA 1983
Workshop und Inszenierung auf Einladung des Goethe-Instituts Buenos Aires, R, B, K: Werner Schroeter

William Shakespeare KOMÖDIE DER IRRUNGEN
Freie Volksbühne Berlin, Premiere 2.9.1983, R: Werner Schroeter, B: Werner Schroeter, K: Alberte Barsacq, D: Karina Fallenstein, Peter Kern, Claude-Oliver Rudolph, Eva Schuckardt, Wolfgang Schuhmacher u. a.

1984

LIBERTAD. EINE SZENISCHE COLLAGE
Teatro Lola Membrives Buenos Aires, R: Werner Schroeter, B, K: Alberte Barsacq

1985

Horst Laube nach Motiven von Carlo Goldoni FINALE IN SMYRNA
UA Bayerisches Staatsschauspiel München, Premiere 24.2.1985, R: Werner Schroeter, B, K: Alberte Barsacq, D: Michael Altmann, Christa Berndl, Jürgen Holtz, Monika John, Peter Kern, Heinz Kraehkamp, Eva Schuckardt, Lena Stolze, Rainer Will u. a.

Alfredo Catalani LA WALLY
Bremer Theater, Premiere 24.11.1985, ML: Pinchas Steinberg, R: Werner Schroeter, B, K: Alberte Barsacq, S: Kristine Ciesinski, Nelly Boschkowa, Jeanne Brüggemann, Mihai Zamfir u. a.

1986

Georg Büchner LEONCE UND LENA
Bremer Theater, Premiere 12.4.1986, R: Werner Schroeter, B, K: Alberte Barsacq, D: Benno Ifland, Hertha Martin, Birgit Walter, Isolde Barth u. a.

Richard Strauss SALOME
Teatro de Bellas Artes México City, Premiere 24.7.1986, R: Werner Schroeter, ML: Francisco Savin, S: Kristine Ciesinski u. a.

Federico García Lorca DOÑA ROSITA BLEIBT LEDIG
Düsseldorfer Schauspielhaus, Premiere 15.11.1986, R: Werner Schroeter, B, K: Alberte Barsacq, D: Karina Fallenstein, Peter Kern, Elisabeth Krejcir, Christiane Lemm, Christine Schönfeld, Hanna Seiffert, Marcelo Uriona u. a.

1987

August Strindberg RAUSCH
Bremer Theater, Premiere 16.1.1987, R: Werner Schroeter, B, K: Alberte Barsacq, D: Ludwig Boettger, Traute Hoess, Hertha Martin, Martin Reinke, Birgit Walter u. a.

Rainer Werner Fassbinder KATZELMACHER
Düsseldorfer Schauspielhaus, Premiere 2.5.1987, R: Werner Schroeter, Annette Rosenfeld, B: Manfred Dittrich, K: Dorothea Katzer, D: Gerhild Didusch, Arpad Kraupa, Margarete Oesterreich, Bernd Stegemann, Franziska Weber u. a.

Yukio Mishima DER TROPISCHE BAUM
DEA, Deutsch von Ursula Schuh, Düsseldorfer Schauspielhaus, Premiere 20.6.1987, R: Werner Schroeter, B, K: Alberte Barsacq, D: Karina Fallenstein, Peter Kern, Arpad Kraupa, Elisabeth Krejcir, Petra Redinger

Gaetano Donizetti LUCIA DI LAMMERMOOR
Teatro di Villa Mimbelli Livorno, Premiere 7.7.1987, ML: Anton Guadagno, R: Werner Schroeter, B: Werner Schroeter, Florian Etti, K: Alberte Barsacq, S: Jenny Drivala u. a.

Luigi Cherubini MÉDÉE
Freiburger Theater, Premiere 19.9.1987, ML: Eberhard Kloke, R: Werner Schroeter, B, K: Alberte Barsacq, S: Kristine Ciesinski, Neal Schwantes u. a.

TRAUER SEHNSUCHT REBELLION. EIN ABEND MIT TANGOS
Düsseldorfer Schauspielhaus, Premiere 4.10.1987, R: Werner Schroeter, B, K: Florian Etti, D/S: Marcelo Uriona u. a.

1988

Friedrich Schiller DON CARLOS
Bremer Theater, Premiere 16.1.1988, R: Werner Schroeter, MA: Monika Keppler, B, K: Alberte Barsacq, D: Frank Albrecht, Ludwig Boettger, Traute Hoess, Benno Ifland, Hertha Martin, Marcelo Uriona, Birgit Walter u. a.

Maxim Gorki KINDER DER SONNE
Düsseldorfer Schauspielhaus, Premiere 21.5.1988, R: Werner Schroeter, B, K: Alberte Barsacq, D: Karina Fallenstein, Peter Kern, Elisabeth Krejcir, Christiane Lemm u. a.

Tommaso Traetta ANTIGONE
Festival Dei Due Mondi Spoleto, Premiere 24.6.1988, ML: Alkis Baltas, R: Werner Schroeter, B, K: Alberte Barsacq, S: Jenny Drivala u. a.

Gerlind Reinshagen DIE FEUERBLUME (UA)
Arnold Schönberg PIERROT LUNAIRE
Bremer Theater, Premiere 1.10.1988, R: Werner Schroeter, Günter Krämer, ML: Antony Beaumont, B. K: Ulrich Schulz, D/S: Ludwig Boettger, Therese Dürrenberger, Eva Gilhofer, Traute Hoess, Benno Ifland, Herbert Knaup, Martin Reinke, Birgit Walter u. a.

Gaetano Donizetti PARISINA D'ESTE
Theater Basel, Premiere 6.11.1988, ML: Baldo Podic, R: Werner Schroeter, B, K: Alberte Barsacq, S: Paolo Gavinelli, Dalmacio Gonzales, Jolanda Omilian u. a.

1989

Hans Henny Jahnn MEDEA
Düsseldorfer Schauspielhaus, Premiere 21.1.1989, R: Werner Schroeter, B: Florian Etti, K: Beatrice von Bomhard, D: Gerhild Didusch, Bernt Hahn, Elisabeth Krejcir, Peter Lohmeyer, Barbara Nüsse, Marcelo Uriona u. a.

Richard Wagner/Klaus Huber SPES CONTRA SPEM (UA)
Düsseldorfer Schauspielhaus, Koproduktion Bochumer Symphoniker/Düsseldorfer Schauspielhaus, Premiere 22.2.1989, ML: Eberhard Kloke, R: Werner Schroeter, B, K: Alberte Barsacq, S: Kristine Ciesinski, June Card, D: Elisabeth Krejcir, Bernt Hahn u. a.

Samuel Beckett ATEM
Bremer Theater, Premiere: 16.4.1989, R: Werner Schroeter, B, K: Ulrich Schulz, D/S: Eva Gilhofer und Ensemble

Eugene O'Neill EINES LANGEN TAGES REISE IN DIE NACHT
Theater Basel, Premiere 10.12.1989, R: Werner Schroeter, B, K: Alberte Barsacq, D: Stephan Bissmeier, Inka Friedrich, Elisabeth Krejcir, Norbert Schwientek, Michael Wittenborn

1990

William Shakespeare KÖNIG LEAR
Düsseldorfer Schauspielhaus, Premiere 25.3.1990, B: Florian Etti, K: Lioba Winterhalder, D: Jens Berthold, Bernt Hahn, Peter Kern, Elisabeth Krejcir, Hermann Lause, Christiane Lemm, Eva Schuckardt u. a.

Ludwig van Beethoven MISSA SOLEMNIS
Düsseldorfer Schauspielhaus, Premiere 3.6.1990, Koproduktion Bochumer Symphoniker / Düsseldorfer Schauspielhaus, ML: Eberhard Kloke, R: Werner Schroeter, B: Werner Schroeter, K: Werner Schroeter, Andrea Markhoff, S: Melinda Liebermann, Ruth-Maria Nicolay, Alexander Stevenson, Daniel L. Williams, D: Petra Kuhles, Ellen Umlauf, Arpad Kraupa, Walter Spiske, Bernd Stegemann u. a.

1991

Gotthold Ephraim Lessing EMILIA GALOTTI
Düsseldorfer Schauspielhaus, Premiere 12.1.1991, R: Werner Schroeter, B, K: Alberte Barsacq, D: Ernst Alisch, Jens Berthold, Gerhilt Didusch, Herbert Fritsch, Elisabeth Krejcir u. a.

Samuel Beckett ATEM
Düsseldorfer Schauspielhaus, Premiere 4.2.1991
R, B, K: Werner Schroeter, D/S: Margarete Österreich, Marcelo Uriona, Ensemble

Alfred de Musset MARIANNE – LES CAPRICES DE MARIANNE
Thalia Theater Hamburg, Premiere 6.4.1991, R: Werner Schroeter, B, K: Alberte Barsacq, D: Heikko Deutschmann, Gerd Kunath, Jan Josef Liefers, Carola Regnier, Oscar Ortega Sánchez u. a.

August Strindberg TOTENTANZ I UND II
Düsseldorfer Schauspielhaus, Premiere 13.10.1991, R: Werner Schroeter, B, K: Alberte Barsacq, D: Ernst Alisch, Jele Brückner, Bernt Hahn, Eva Schuckardt u. a.

Giuseppe Verdi LUISA MILLER
De Nederlandse Opera Amsterdam, Premiere 2.12.1991, ML: Carlo Rizzi / Julian Reynolds, R: Werner Schroeter, B, K: Alberte Barsacq, S: Kallen Esperian, Sergej Larin / Neil Shicoff u. a.

1992

Jakob Michael Reinhold Lenz DIE SOLDATEN
Kölner Schauspiel, Premiere 5.6.1992, R: Werner Schroeter, B: Werner Schroeter, Ulrich Schulz, K: Carlo Diappi, D: Karina Fallenstein, Bernd Grawert, Herbert Knaup, Hansjoachim Krietsch, Marcelo Uriona, Birgit Walter, Rainer Will, Almut Zilcher u. a.

Arnold Schönberg / Bernd Alois Zimmermann DIE JAKOBSLEITER / ICH WANDTE MICH UND SAH AN ALLES UNRECHT, DAS GESCHAH UNTER DER SONNE
Düsseldorfer Schauspielhaus, Premiere 18.9.1992, Koproduktion Bochumer Symphoniker / Düsseldorfer Schauspielhaus, ML: Eberhard Kloke, R: Werner Schroeter, B, K: Alberte Barsacq, S/D: Martha Mödl, Jens Berthold u. a.
Los Angeles, Long Beach Opera, Premiere 11.2.1993, S/D: Marianne Hoppe, Markus Boysen u. a.

Eugène Labiche DER PRIX MARTIN
Kölner Schauspiel, Premiere 24.10.1992, R: Werner Schroeter, B: Werner Schroeter, Ulrich Schulz, K: Carola Brandes, D: Traute Hoess, Herbert Knaup, Almut Zilcher u. a.

Jean Genet UNTER AUFSICHT
Kölner Schauspiel, Premiere 22.12.1992, R: Werner Schroeter, B, K: Werner Schroeter, Ulrich Schulz, D: Bernd Grawert, Ernest Allan Hausmann, Nicki von Tempelhoff, Rainer Will

1993

Giuseppe Verdi LUISA MILLER
Grand Théâtre de Geneve, Premiere 1.2.1993 (Gastspielinszenierung des De Nederlandse Opera Amsterdam 1991), ML: Carlo Rizzi, R: Werner Schroeter, B, K: Alberte Barsacq, S: Kallen Esperian, Neil Shicoff u. a.

Dmitrij D. Schostakowitsch LADY MACBETH VON MZENSK
Oper Frankfurt, Premiere 7.3.1993, ML: Eberhard Kloke, R: Werner Schroeter, B, K: Alberte Barsacq, S: Valeri Alekseev, June Card, Kristine Ciesinski, Ryszard Karczykowski, Sergej Larin u. a.

Samuel Beckett ATEM
Theater Basel, Premiere 20.5.1993, R, B, K: Werner Schroeter, D: Ensemble

Jules Massenet WERTHER
Oper der Stadt Bonn, Premiere 11.7.1993, ML: Michel Sasson, R: Werner Schroeter, B, K: Alberte Barsacq, S: Francisco Araiza, Thomas Mohr, Lani Poulson u. a.

Eugene O'Neill TRAUER MUSS ELEKTRA TRAGEN
Düsseldorfer Schauspielhaus, Premiere 25.9.1993, R: Werner Schroeter, B, K: Alberte Barsacq, D: Ernst Alisch, Markus Boysen, Jele Brückner, Ernest Allan Hausmann, Elisabeth Krejcir, Eva Schuckardt u. a.

Tony Kuschner ENGEL IN AMERIKA
DEA Deutsches Schauspielhaus Hamburg, Premiere 19.11.1993, R: Werner Schroeter, B, K: Alberte Barsacq, D: Stephan Bissmeier, Monica Bleibtreu, Markus Boysen, Matthias Fuchs, Ernest Allan Hausmann, Barbara Nüsse, Zazie de Paris u. a.

1994

Albert Camus CALIGULA
Kölner Schauspiel, Premiere 4.3.1994, R: Werner Schroeter, B, K: Ulrich Schulz, D: Samuel Finzi, Jan Schütte, Almut Zilcher u.a.

Giacomo Puccini TOSCA
Opéra Nationale de Paris, Bastille, Premiere 13.5.1994, ML: Spiros Argiris, R: Werner Schroeter, B, K: Alberte Barsacq, S: Sergej Larin, Sergeij Leiferkus, Carol Vaness u.a.

Jakob Michael Reinhold Lenz DER NEUE MENOZA ODER DIE GESCHICHTE DES CUMBANISCHEN PRINZEN TANDI
Düsseldorfer Schauspielhaus, Premiere 15.10.1994, R: Werner Schroeter, B, K: Alberte Barsacq, D: Ernst Alisch, Tonio Arango, Dietlinde Hillebrecht, Benno Ifland, Elisabeth Krejcir, Christiane Lemm, Dieter Prochnow, Michaela Steiger u.a.

1995

Aischylos DIE PERSER
Kölner Schauspiel, Premiere 5.3.1995, R: Werner Schroeter, B, K: Alberte Barsacq, D: Heinrich Baumgartner, Therese Dürrenberger, Traute Hoess, Jan Schütte u.a.

Jean-Baptiste Molière DER MENSCHENFEIND
Deutsches Schauspielhaus Hamburg, Premiere 30.4.1995, R: Werner Schroeter, B: Katja Hass, K: Reinhard von der Thannen, D: Stephan Bissmeier, Markus Boysen, Martin Horn, Inka Friedrich, Elke Lang, Martin Lindow u.a.

Ludwig van Beethoven FIDELIO
Staatstheater Darmstadt, Premiere 18.6.1995, ML: Marc Albrecht,
R: Werner Schroeter, B, K: Alberte Barsacq, Choreinstudierung:
André Weiss, S: Jayne Casselman, Wolfgang Neumann u. a.
Luigi Nono INTOLLERANZA 1960
Premiere 16.9.1995, ML: Marc Albrecht, R: Werner Schroeter,
B, K: Alberte Barsacq, Choreinstudierung: André Weiss, S: Wolfgang Neumann u. a.

1996

Ramón del Valle-Inclán WORTE GOTTES
Düsseldorfer Schauspielhaus, Großes Haus, Premiere 24.4.1996,
R: Werner Schroeter, B, K: Alberte Barsacq, D: Ernst Alisch,
Wolfgang Maria Bauer, Jele Brückner, Ernest Allan Hausmann,
Elisabeth Krejcir, Eva Schuckardt, Christine Schönfeld, Michaela
Steiger u. a.

DER REST HEISST ABGRUND GRAUEN ODER LUST, REVUE
HEINER MÜLLER
Berliner Ensemble, Premiere 30.12.1996, R, B, K: Werner Schroeter, ML: Elizabeth Cooper, D: Jörg Michael Koerbl, Zazie de Paris,
Volker Spengler, Ensemble, S: Carol Wyatt

1997

Charles Spencer Chaplin MONSIEUR VERDOUX (Bühnenuraufführung nach dem gleichnamigen Drehbuch)
Berliner Ensemble, Premiere 19.1.1997, R: Werner Schroeter,
B, K: Alberte Barsacq, D: Marianne Hoppe, Eva Mattes, Angelika
Waller, Anna Thalbach, Jörg-Michael Koerbl, Zazie de Paris, Uwe
Steinbruch, Martin Wuttke u. a.

1998

Lars Norèn SANGUE
Teatro Carcano Milano, Premiere 24.2.1998, R: Werner Schroeter, B, K: Alberte Barsacq, D: Marina Malfatti, Guido Morbello, Paolo Graziosi u. a.

Richard Wagner TRISTAN UND ISOLDE
Deutsche Oper am Rhein, Theater der Stadt Duisburg, Premiere 6.6.1998, ML: Zoltán Peschkó, R: Werner Schroeter, B, K: Hans Joachim Schlieker, S: Bodo Brinkmann, Renée Morloc, Wilhelm Richter, Raimo Sirkiä, Johann Tilli, Linda Watson u. a.

Slobodan Snajder DIE WINDSBRAUT
UA: Schauspielhaus Bochum, Premiere 13.11.1998, R: Werner Schroeter, B, K: Alberte Barsacq, D: Maren Eggert, Wolfram Koch, Andreas Pietschmann u. a.

1999

Tennessee Williams LO ZOO DI VETRO
Teatro Eliseo Roma, Premiere 16.1.1999, R: Werner Schroeter, B, K: Alberte Barsacq, D: Marina Malfatti, Valeria Milillo, Luca Lazzareschi, Luigi Saravo

Georges Bizet CARMEN
Staatstheater Darmstadt, Premiere: 12.6.1999, ML: Marc Albrecht, R: Werner Schroeter, B, K: Hans-Joachim Schlieker, S: Fredrika Brillembourg, Hans Christoph Begemann, Doris Brüggemann, Thomas Fleischmann, Jon Ketilsson, Mary Anne Kruger, Fernando del Valle, Anton Keremidtchiev, Michaela Schuster, u. a.

Jean B. Racine PHÄDRA
Schauspielhaus Bochum, Premiere: 4.12.1999, R: Werner Schroeter, B: Alex Harp, K: Caritas de Wit, D: Margit Carstensen, Ralf Dittrich, Samuel Finzi, Eva-Maria Hofmann, Annika Kuhl, Andreas Pietschmann u. a.

2000

Giuseppe Verdi EIN MASKENBALL
Koproduktion Nationaltheater Mannheim / Festival San Sebastián, Premiere: 13.4.2000, ML: Peter Sommer, R: Werner Schroeter, B, K: Alberte Barsacq, S: Ki-Chun Park, Alexia Voulgaridou Elisabeth Whitehouse u. a., Gastspiel in San Sebastián 2004, S: Francisco Casanova, Anna Maria Sanchez, Marina Prudenskaja u. a.

Giuseppe Verdi LA TRAVIATA
Staatstheater Kassel, Premiere 23.9.2000, ML: Marc Piollet, R: Werner Schroeter, B, K: Alberte Barsacq, S: Yikun Chung, Nora Sourouzian, Alexia Voulgaridou, Tito You u. a.

Tennessee Williams ORPHEUS STEIGT HERAB
Theater Oberhausen, Premiere 15.12.2000, R: Werner Schroeter, B, K: Barbara Rückert, D: Tatjana Clasing, Ernest Allan Hausmann, Andreas Maier, Zazie de Paris u. a.

2001

Giuseppe Verdi OTELLO
Staatstheater Kassel, Premiere 22.9.2001, ML: Roberto Paternostro, R, B: Werner Schroeter, K: Alberte Barsacq, S: Fernando Cobo, Richard Decker, Alfred Kim, George Stevens, Tito You u. a.

2002

DIE GÖTTLICHE FLAMME ODER DIE LÄNGSTE SEKUNDE ...
Ein Theaterabend von Werner Schroeter und Monika Keppler, Theater Oberhausen, Premiere 31.5.2002, R: Werner Schroeter, B, K: Barbara Rückert, ML: Michael Barfuß, D/S: Jennifer Julia Caron, Raffaele Irace, Andreas Maier, Daniel Wiemer, Zazie de Paris, Oleg Zhukov u. a.

Wolfgang Amadeus Mozart DIE ENTFÜHRUNG AUS DEM SERAIL
Übernahme einer Konzeption von George Tabori, Premieren 27.7.2002 Kaiser-Wilhelm-Gedächtniskirche, Berlin, 17.8.2002 Neue Synagoge, Berlin, 27.8.2002 Islamisches Gebetshaus der Aleviten, Berlin, ML und Gesamtleitung: Christoph Hagel, R: Werner Schroeter, K: Barbara Naujok, D/S: Mathieu Carrière, Sylvia Koke u. a.

Georg Kreisler ADAM SCHAF HAT ANGST ODER DAS LIED VOM ENDE
UA: Berliner Ensemble, Premiere 4.12.2002, R, B: Werner Schroeter, ML: Thomas Dörschel, K: Caritas de Wit, D/S: Tim Fischer, Steffi Kühnert u. a.

Giacomo Puccini MADAMA BUTTERFLY
Theater Bielefeld, Premiere 12.10.2002, ML: Peter Kuhn, R, B, K: Werner Schroeter, S: Karine Babajanyan, Nina Feldmann, Sergio Panajia u. a.

2003

Vincenzo Bellini NORMA
Deutsche Oper am Rhein, Opernhaus Düsseldorf, Premiere 16.5.2003, ML: John Fiore, R: Werner Schroeter, B: Barbara Rückert, K: Alberte Barsacq, S: Jeanne Piland, Gabriel Sadé, Christophoros Stamboglis, Alexandra von der Weth u. a.

Alban Berg LULU
Theater Bonn, Premiere 1.10.2003, ML: Roman Kofman, R: Werner Schroeter, B, K: Alberte Barsacq, S: Fabrice Dallis, Anat Efraty / Carmen Fugiss, Karsten Gaul, Hanna Schwarz, Pavio Hunka, Adalbert Waller u. a.

2004

Vladimir Nabokov WALZERS ERFINDUNG
DEA: Staatstheater Darmstadt, Premiere 8.5.2004, R, B: Werner Schroeter, K: Susanne Thaler, D: Achim Barrenstein, Elisabeth Krejcir, Till Sterzenbach, Christian Wirmer, Uwe Zerwer u. a.

Roland Dubillard MADAME FAIT CE QU'ELLE VEUT
Théâtre du Rond Point, Paris, Premiere 2.3.2004, R: Werner Schroeter, D: Maria Machado

Heinrich von Kleist AMPHITRYON
Theater Bonn, Premiere 1.10.2004, R, B: Werner Schroeter, K: Barbara Rückert, D: Manuela Alphons, Juan Carlos Lopez, Andreas Maier, Wolfgang Rützer, Daniel Wiemer u. a.

Giuseppe Verdi DON CARLOS
Theater Bielefeld, Rudolf-Oetker-Halle, Premiere 19.2.2005, ML: Peter Kuhn, R: Werner Schroeter, MR: Birgit Kronshage, B: Werner Schroeter, Alexander Schultz, K: Werner Schroeter, Eliseu Roque Weide, S: Michael Bachtadze/Jacek Janiszewski, Vladimir Chmelo/Alexander Marco-Buhrmester, Irina Makarova, Ki-Chun Park, Irina Popova, Alexander Vassiliev u.a.

»SCHLAFEN KANN ICH, WENN ICH TOT BIN«. EINE HOMMAGE ZUM 60. GEBURTSTAG VON RAINER WERNER FASSBINDER
Theater Bonn, Premiere am 4.6.2005, R, B, K: Werner Schroeter, MR: Harry Baer, D: Harry Baer, Rudolf Waldemar Brem, Margit Carstensen, Ingrid Caven, Hans Hirschmüller, Irm Hermann, Günther Kaufmann, Doris Mattes, Katrin Schaake, Elga Sorbas u.a.

Jan Müller-Wieland DIE IRRE ODER NÄCHTLICHER FISCHFANG
Koproduktion Theater Bonn/Beethovenfest Bonn, Kunst- und Ausstellungshalle der Bundesrepublik Deutschland, Premiere 28.9.2005, ML: Wolfgang Lischke, R, B, K: Werner Schroeter, S: Julia Kamenik, Holger Falk u.a.

EIN WALZERTRAUM ODER DIE JUWELEN DER CALLAS. EROS' HEIMFAHRT
Theater Bonn, Premiere 16.10.2005, R, B, K: Werner Schroeter, D/S: Ensemble des Choreographischen Theaters von Johann Kresnik, Adréana Julia Kraschewski u.a.

2006

DIE SCHÖNHEIT DER SCHATTEN. HEINRICH HEINE UND ROBERT SCHUMANN. EINE HOMMAGE VON WERNER SCHROETER UND ROLAND TECHET
Kunsthalle Düsseldorf, Premiere 12.3.2006, ML: Roland Techet, R: Werner Schroeter, MR: Monika Keppler, Thilo Rheinhardt, A: Studenten der Bühnenbildklasse Prof. Karl Kneidl, Leitung Ruth Groß und Studenten der Klasse Baukunst Prof. Laurids Ortner, Leitung Christian P. Heuchel, D/S: Alexis Bug, Julia Kamenik, Alexandra Kunz, Lisa Marie Landgraf, Roland Techet, Oleg Zhukov u. a.

2007

Thomas Adès POWDER HER FACE
Theater Bonn, in Kooperation mit der Kunst- und Ausstellungshalle der Bundesrepublik Deutschland / Bonn Chance! Experimentelles Musiktheater, Premiere 15.3.2007, ML: Thomas Wise, R: Werner Schroeter, MR: Jan David Schmitz, B: Werner Schroeter, Ansgar Baradoy, K: Werner Schroeter, Gabriele Natascha Richter, S: Jennifer Chamandy, Nikolaus Meer, Eva Resch, Mark Rosenthal u. a.

2009

Wolfgang Amadeus Mozart DON GIOVANNI
Oper Leipzig, Premiere 31.1.2009, ML: Sébastien Rouland, R: Werner Schroeter, B, K: Alberte Barsacq, S: Elaine Alvarez, Jean Broekhuizen, Konstantin Gorny, Tuomas Pursio, Tiberius Simu u. a.

Friedrich Hölderlin / Hugo v. Hofmannsthal nach Sophokles
ALLES IST TOT – FORMEN DER EINSAMKEIT. ANTIGONE /
ELEKTRA
Agora, Volksbühne am Rosa-Luxemburg-Platz, Berlin, Premiere 17.6.2009, Konzeption: Werner Schroeter, Monika Keppler, R: Werner Schroeter, B: Amfiteatr von Bert Neumann, MA: Jochen Hochfeld, K: Alberte Barsacq, ML: Sir Henry, D: Dörte Lyssewski, Anne Ratte-Polle, Pascale Schiller, Almut Zilcher

EINE HOMMAGE AN LAUTRÉAMONT UND WEIHNACHTEN
Haus am Lützowplatz Berlin, Premiere 26.12.2009, eine Inszenierung mit Texten aus »Die Gesänge des Maldoror« anlässlich der Ausstellung »Autrefois et Toujours«, Fotoarbeiten von Werner Schroeter 1973–2009, Kurator Christian Holzfuss Fine Art Berlin, R: Werner Schroeter, B, K: Werner Schroeter, Jochen Hochfeld, D: Anton Andreew, Pascale Schiller, Werner Schroeter (Off), Almut Zilcher

2010

Bernard-Marie Koltès QUAI WEST
Volksbühne am Rosa-Luxemburg-Platz, Berlin, Premiere 10.3.2010, R: Werner Schroeter, MR: Monika Keppler, B: Werner Schroeter, Jochen Hochfeld, K: Alberte Barsacq, D: Sebastian König, Toks Körner, Peter Kremer, Maria Kwiatkowsky, Christoph Letkowski, Uwe Preuss, Silvia Rieger, Pascale Schiller

ZEITTAFEL

1945   7. April Geburt von Werner Schröter als Sohn von Hans Otto Schröter und Lena Schröter, geb. Buchmann, in Georgenthal (Thüringen), als Bruder von Hans-Jürgen Schröter.

1952   Übersiedelung der Familie nach Bielefeld.

1958   Tod der Großmutter.

1959–1966   Umzug der Familie nach Heidelberg-Dossenheim. Schulbesuch in Heidelberg, dazwischen einige Monate Besuch einer Schule in Neapel, anschließend des Amerikanischen Gymnasiums Heidelberg, Abitur.

In Heidelberg lernt Schroeter Erika Kluge kennen, der er den Namen *Magdalena Montezuma* gibt und die bis zu ihrem Tod 1984 unter diesem Namen in allen Produktionen mitwirkt.

Erste Doppel-8mm-Filme.

Immatrikulation als Student der Psychologie an der Universität Mannheim, Beginn eines Studiums an der Hochschule für Film und Fernsehen München. Beide »Studien« dauerten insgesamt nur wenige Monate.

1967   Besuch des Experimental-Filmfestivals in Knokke, Belgien, dort lernt er *Rosa von Praunheim* kennen.

1969   Josef-von-Sternberg-Preis, Internationale Filmwoche Mannheim, für »Eika Katappa«. Dieser Film wird vom Fernsehen gekauft. Viele der danach entstandenen Filme sind Produktionen für »Das kleine Fernsehspiel« beim ZDF.

1970   Teilnahme an der »Quinzaine des Réalisateurs« bei den IFF Cannes mit »Eika Katappa«. Begegnung mit Henri Langlois, Direktor der Cinémathèque Française, Paris, der viel für die Verbreitung und Anerkennung der Filme Schroeters in Frankreich tun wird.

1971 Nach der Fernsehausstrahlung des im Libanon gedrehten Films »Salome« Theaterangebote von Jean-Pierre Ponnelle, Peter Zadek, Ivan Nagel. Erster längerer USA-Aufenthalt, Recherche für den Film »Der Tod der Maria Malibran« in New York.

1972 Dreharbeiten zu »Willow Springs« in Willow Springs, Mojave Desert, Kalifornien.
Erste Theaterinszenierung: »Emilia Galotti« am Deutschen Schauspielhaus Hamburg.
Erste Retrospektiven: Cinémathèque Française, Paris; Metropolitan Museum und Museum of Modern Art, New York.

1973–1977 Persönliche Begegnung mit *Maria Callas* in Paris, deren Kunst ihn seit seiner Jugend beeinflusst und zu diversen Filmen inspiriert hatte.
Retrospektiven in London und Wien.
Lehraufträge an der University of Berkeley, University of Los Angeles (UCLA), Workshop an der San Francisco Art School.
Immer wieder längere Aufenhalte in Südamerika. Es entstehen die Filme »Der schwarze Engel«, »Johannas Traum« und »Goldflocken« und die Theaterinszenierungen »Salome«, »Lucrezia Borgia«, »Fräulein Julie« am Schauspielhaus Bochum.

1975 Er lernt in Paris die Kostümdesignerin *Alberte Barsacq* kennen, die ihn bei vielen seiner Inszenierungen und Filme als inspirierende Ausstatterin und Weggefährtin begleiten wird.

1976 Tod der Mutter.
1978 Internationaler Erfolg mit dem Spielfilm »Regno di Napoli«, der im Deutschen den von Franz Werfel entliehenen irreführenden Titel »Neapolitanische Geschwister« trägt.
1979 Erste Operninszenierung: »Lohengrin« am Staatstheater Kassel.
Dreharbeiten zu »Palermo oder Wolfsburg« in Sizilien, Wolfsburg und Berlin.
1980 Goldener Bär der IFF Berlin, Berlinale, für »Palermo oder Wolfsburg«.
Dreharbeiten zu »Weiße Reise« und »Generalprobe«.
Theaterinszenierungen in Florenz und Venedig und Inszenierung »*Ingrid Caven* chante« in Paris.
Ein Interview von Andre Müller mit Werner Schroeter in »Die Zeit« anlässlich des Films »Palermo oder Wolfsburg« löst einen Skandal aus:
Gefragt nach der Kanzlerkandidatur von Franz Josef Strauß, wünschte sich Schroeter, »daß er zerplatzt, weil er so dick ist. Man müßte ihm ja nur ein kleines Bömbchen in Form einer Weißwurst zu essen geben ...« Dies empfand der Kanzlerkandidat Strauß als öffentlichen Aufruf zum Mord und die Augsburger Stadtväter verhinderten mit Hilfe des Erben des Komponisten Richard Strauss eine Inszenierung der Oper »Salome«.
1981–1983 Theaterinszenierungen in Frankfurt, Berlin, Buenos Aires. Längere Aufenthalte und Dreharbeiten in Brasilien und Argentinien. Es entstehen die Filme »Tag der Idioten«, »Liebeskonzil« und »Der lachende Stern«.
1984 Bei einem Casting zu »Libertad« in Buenos Aires

lernt Schroeter *Marcelo Uriona* kennen, der 1985 nach Deutschland kommt und mit Schroeter lebt und arbeitet bis zu seinem frühen Tod 1993.

1984 Dreharbeiten zu »Der Rosenkönig« mit Magdalena Montezuma in Spanien.

Erste Zusammenarbeit mit *Elfi Mikesch* als Kamerafrau, die zuvor bereits bei einigen Projekten als Fotografin und Gestalterin mitgearbeitet hatte.

Wenige Wochen nach Ende der Dreharbeiten, am 15.7.1984, stirbt Magdalena Montezuma in Berlin.

1985–1989 Opern- und Schauspielinszenierungen in Bremen, Düsseldorf, Spoleto, Freiburg u. a.

Dreharbeiten zu »Auf der Suche nach der Sonne« und »Zum Beispiel Argentinien«.

Schroeter mietet (zusammen mit Marcelo Uriona), nach langer Zeit des Lebens in Wohnungen von Freunden, eine eigene Wohnung in Bremen, zwei Jahre später dann in Düsseldorf, wo er bis 2002 lebt.

1990 Dreharbeiten zu »Malina«, erste Zusammenarbeit mit *Isabelle Huppert*.

1990–1995 Opern- und Schauspielinszenierungen in Basel, Köln, Frankfurt, Düsseldorf, Hamburg, Darmstadt, Kassel, Rom, Mailand, Amsterdam, Paris.

1993 Tod von Marcelo Uriona.

1994 Im Februar Tod des Vaters, im November Tod des Bruders.

1995 Dreharbeiten zu »Poussières d'amour«.

1996–2001 Opern- und Schauspielinszenierungen in Düsseldorf, Berlin, Mailand, Bochum, Rom, Darmstadt, Mannheim, Kassel, Oberhausen.

2002 Dreharbeiten zu »Deux« mit Isabelle Huppert.

2003–2007 Opern- und Schauspielinszenierungen in Oberhau-

sen, Berlin, Bielefeld, Düsseldorf, Bonn, Darmstadt, Paris, San Sebastián.
2005 Diagnose Krebs. Es folgen längere Krankenhausaufenthalte, Operationen, Chemotherapien, Bestrahlungen.
2008 Dreharbeiten zu »Diese Nacht« in Porto, Portugal. Längere Krankenhausaufenthalte.
Verleihung des Leone d'oro – Goldener Löwe der IFF Venedig für das Gesamtwerk.
2009 Opern- und Schauspielinszenierungen in Leipzig und Berlin.
Längere Krankenhausaufenthalte.
Ausstellungen »Autrefois et Toujours«, Fotoarbeiten von Werner Schroeter 1973–2009, Kurator Christian Holzfuß, Fine Arts Berlin; Januar 2009 in München, Galerie Jörg Heitsch, und Dezember 2009 im Haus am Lützowplatz Berlin.
2010 19. Februar Teddy Award der IFF Berlin, Berlinale, für das Gesamtwerk.
24. März Ausstellungseröffnung, Schwules Museum Berlin, Kurator Wolfgang Theis: »Maria, Magdalena und all die andern«. Eine Hommage zu Werner Schroeters 65. Geburtstag. Diese Ausstellung konnte Werner Schroeter vorab noch sehen, bei der Eröffnung jedoch nicht mehr dabei sein.
2010 Am 12. April stirbt Werner Schroeter in einer Klinik in Kassel an den Folgen seiner Krebserkrankung.
2. Dezember Eröffnung einer umfassenden Film-Retrospektive im Centre Georges Pompidou in Paris. Parallel zeigt das Goethe-Institut in Paris eine Ausstellung mit Arbeiten von Alberte Barsacq, die

über dreißig Jahre als Szenographin mit Werner Schroeter gearbeitet hat.

Die Galerie Vu in Paris zeigt einen Teil der Ausstellung »Autrefois et Toujours«, Fotos von Werner Schroeter 1973–2009, Kurator Christian Holzfuß, Fine Arts Berlin.

AUSZEICHNUNGEN / FILM AWARDS (AUSWAHL)

- 1969 Josef-von-Sternberg-Preis, Internationale Filmwoche Mannheim, für »Eika Katappa«
- 1978 Fernsehpreis Baden-Baden für »Regno di Napoli/Neapolitanische Geschwister«
  Gran Premio Taormina, Italien, für »Regno di Napoli/Neapolitanische Geschwister«
  Gran Premio Festival delle Nazioni, Italien, für »Regno di Napoli/Neapolitanische Geschwister«
- 1979 Deutscher Filmpreis – Filmband in Gold für »Regno di Napoli/Neapolitanische Geschwister«; Beste Regie und Beste Kamera – Thomas Mauch
  First Prize, Chicago IFF für »Regno di Napoli/Neapolitanische Geschwister«
  Adolf-Grimme-Preis für »Regno di Napoli/Neapolitanische Geschwister«
- 1980 Goldener Bär der IFF Berlin, Berlinale, für »Palermo oder Wolfsburg«
  International Critics Award, Venedig, für »Die Generalprobe«/»La Répétition Générale«
- 1981 Deutscher Filmpreis – Bester Dokumentarfilm für »Generalprobe«/»La Répétition Générale«
- 1982 Deutscher Filmpreis – Filmband in Gold für »Tag der Idioten«
  Critics Award, São Paulo IFF für »Liebeskonzil«
- 1987 Adolf-Grimme-Preis für »Auf der Suche nach der Sonne/A la Recherche du Soleil«
- 1989 Premio Bari, Bari International Film & TV Festival für das Gesamtwerk
- 1991 Deutscher Filmpreis – Filmband in Gold für »Malina«;

       Bester Film, Beste Regie; Beste Hauptdarstellerin – Isabelle Huppert; Beste Montage – Juliane Lorenz
1996 Pardo d'onore, Festival Internazionale del Film Locarno für das Gesamtwerk
       Filmpreis der Internationalen Hofer Filmtage für das Gesamtwerk
       Preis der deutschen Filmkritik für »Poussières d'amour/ Abfallprodukte der Liebe«
2000 ARTE Dokumentarfilmpreis, Dokumentarfilmfestival Duisburg für »Die Königin – Marianne Hoppe«
2006 Premio a un Cineasta del nostro Tempo, Festival Internazionale del Cinema e delle Arti, Trieste für das Gesamtwerk
2008 Leone d'oro – Goldener Löwe der IFF Venedig – La Biennale di Venezia für das Gesamtwerk
       Tribute, Viennale Wien, für das Gesamtwerk
       Award Best Friend, Estoril Film Festival für das Gesamtwerk
2010 Teddy Award, Ehren-Teddy der IFF Berlin, Berlinale, für das Gesamtwerk
       Bielefelder Friedrich Wilhelm Murnau Filmpreis für das Gesamtwerk – zusammen mit Elfi Mikesch

DIE UNERTRÄGLICHE WIRKLICHKEIT AUFHEBEN
Gespräch zwischen Monika Keppler und Claudia Lenssen

Claudia Lenssen: Frau Keppler, »Tage im Dämmer, Nächte im Rausch«, der Titel der Autobiographie von Werner Schroeter geht auf ein Bonmot von Ingrid Caven zurück. Was verbinden Sie damit?

Monika Keppler: Der Tag gehört den Alltagstüchtigen, die Nacht jenen, die sich von den Einflüsterungen des gesellschaftlich determinierten Alltags entfernen wollen, leben wollen in der Imagination, der Phantasie, der Kunst. Werner Schroeter hat diesen Mangel an »Alltagstüchtigkeit« aber auch gerne zu einer Lebensform erhoben, zu einer Protesthaltung stilisiert

C. L.: Werner Schroeter hat bestimmte Poeten, Philosophen und große Regisseure immer wieder genannt. Seine Hölderlin-, Lautréamont- und Bloch-Zitate tauchen in vielen Programmheften als indirekte Manifeste auf. War die Wiederholung, die insistierende Form des Zitierens, sein offensiver Kommentar auf den Zustand der Welt?

M. K.: Es gab wiederkehrende Zitate, sei es literarisch, philosophisch, ikonographisch, metaphorisch, musikalisch. Doch dies unterscheidet ihn nicht sehr wesentlich von anderen Künstlern. Es ging ihm immer um den Konflikt des Individuums und dessen geistig-emotionale Möglichkeiten im Umgang mit der Wirklichkeit, der gesellschaftlichen und politischen Realität.

C. L.: Ist das ein Widerspruch zu seinem Pathos, seiner obsessiven Auseinandersetzung mit dem Tod?

M. K.: Nein, es geht um eine bessere Welt und dazu gehört auch die Vorstellung, aus der Welt zu fliehen, an einen Ort der frei ist von den Drangsalen des Lebens, eine Sehnsuchtswelt. Es waren luzide Träume.

C.L.: *Nicht das Ende sondern ein Anfang?*

M.K.: Oder eine sich erfüllende Selbstbefreiung in einem viel weiteren Sinn.

C.L.: *Zu Beginn seiner Karriere betonte er seinen Anarchismus. Wie haben sich seine Begriffe gewandelt?*

M.K.: Wenn er sich als Anarchisten beschrieb, dann nie in einem konkreten politischen Sinn. Er war ein individueller Anarchist. Er schrieb in einem Programmheft: »Und ist nicht jedes Kunstwerk, jede künstlerische Arbeit, der immer wieder neue Versuch, die unerträgliche Wirklichkeit aufzuheben. Der Versuch, die Wirklichkeit aus den Angeln zu heben. Durch ein Ereignis der Sehnsucht. Künstler und Anarchisten: sie sind sich einig in ihrer Verweigerung, sich der Unerträglichkeit des Bestehenden zu unterwerfen. Sie haben den Mut, die Normen, das Übliche zu durchbrechen«. Das schrieb er 1985 anlässlich seiner Inszenierung der Oper »La Wally« in Bremen. Zu Beginn unserer Zusammenarbeit, bei einer der ersten Inszenierungen, die ich als Dramaturgin betreute, »Rausch« von August Strindberg 1987, fanden wir nächtens eine Aussage von Ernst Bloch: »Nur darf nie vergessen werden, Glück ist im Unterschied zum Rausch das Zeichen, dass ein Mensch nicht außer sich ist, sondern zu sich und zu den Seinen kommt, zu unserem Jetzt und Tag.«

C.L.: *Interpretierte er Bloch im Sinne einer sozialen Gemeinschaft?*

M.K.: Wie kann man mit den Unerträglichkeiten des Lebens umgehen, ohne permanent darunter zu leiden? Seine Zeilen, die auch hier in der Autobiographie stehen: »Sehnsucht, das sagt sich so leicht ...« Später wandelte er es um: »Liebe, das sagt sich so leicht und das lebt sich so schwer. Tag, wie ein Bach bist du seicht und ich träume das Meer«.

Das Meer, die miteinander verbundenen Gewässer, das schloss alle ein.

C.L.: *Sein Ort, an dem er diese Suche immer neu wach halten konnte, war das Theater, die Oper, der Drehort. Wie interessiert war er denn daran, dieses Glück, dieses »zu sich und den Seinen kommen« auch außerhalb der Kunst zu finden?*

M.K.: Seine Sehnsucht nach Harmonie und Freundschaft und Liebe war so immens, dass jeder kleine Konflikt, den alle Menschen jeden Tag durchmachen müssen, ihn irritieren, verstören konnte. Aber er war ja auch ein Mensch mit viel Humor und wenn ihm mal wieder etwas gegen den Strich ging, ein Konflikt offensichtlich wurde, dann zitierte er gerne Marquis Posa aus »Don Carlos«: »Die Sonne bringt es an den Tag«.

C.L.: *Seine Idee von der Rolle des Spielleiters war der Primus inter pares. Das ist doch ein naiver Traum, in einer Gruppe entstehen doch immer Rangordnungen und Konflikte. Hat er sie produktiv machen können?*

M.K.: Natürlich gab es da auch manchmal Konflikte, aber selten. In der künstlerischen Arbeit konnte er alles an- und aufnehmen und war der geduldigste Mensch. Er hat die Menschen verführt. Er hat keine Aggressionen angenommen, sondern durch assoziative Bilder und durch Musik aufgelöst, kreativ gemacht. Dafür wurde er geliebt. In der Arbeit war er offen, frei, großherzig. Letzteres war er immer, aber in der Arbeit zudem besonders genau und aufmerksam für jeden. Aber in seinem von der Sonne beschienenen Leben gab es die Konflikte.

C.L.: *Hatte er eine Aura des Scheiterns um sich?*

M.K.: Im alltäglichen Leben war er manchmal verzweifelt. Er ist darüber vielleicht auch krank geworden, aber er ist nie gescheitert. Es gab so viele Menschen und enge Freunde, die immer für ihn da waren und er für sie. Einige kommen in der Autobiographie leider nicht vor, weil sie ein Fragment blieb ...

C.L.: *Hat er selbst in den letzten Jahren nie das Bedürfnis gehabt, einen Rückzugsort zu besitzen, der von ihm und seinen Dingen geprägt ist?*

M.K.: Den Rückzugsort hat er gehabt, mit all seinen »Dingen«, die er besessen hat und die ihm geblieben waren. Seine Sehnsucht war eine andere ...

C.L.: *Was war es, das ihn so getrieben hat?*

M.K.: Wenn die Harmonie gestört wurde, lief er davon.

C.L.: *Wie ging er damit um, dass die Konflikte ihm hinterherliefen, dass sich dasselbe Muster wiederholte?*

M.K.: Er hat gesehen, dass es immer wieder an den gleichen Punkten explodierte. Das Hauptproblem in seinem Leben war das Geld. Am Umgang mit Geld ist er gescheitert.

C.L.: *Wie dachte er darüber? Gab es Schuldzuweisungen à la »meine Eltern haben's mir nicht beigebracht«?*

M.K.: Nein, nie. Er hat nie Schuldzuweisungen gemacht. Er stand wie der »Ochs vorm Berg« und wusste nicht weiter. Er hat eine Zeit lang relativ gut verdient, weil er viel gearbeitet hat, aber wenn man sich jahrelang nicht um solche Dinge wie die Steuer kümmert, bricht das System irgendwann zusammen. Es war kein Verständnisproblem. Manche Dinge waren einfach nicht real für ihn.

C.L.: *Noch einmal zurück zur Autobiographie. Werner Schroeter kam nicht mehr dazu, seine Operninszenierungen und die Arbeit mit den Sängern detailliert zu beschreiben. Gibt es Schriften dazu in seinem Nachlass? Hat er überhaupt Studien, Arbeitstagebücher oder Werkanalysen hinterlassen?*

M. K.: Er hat alles wie ein Messie gesammelt und irgendwo untergestellt. Sicher finde ich noch einiges, aber im Grunde war er jemand, der sich bei der Arbeit selbst nicht auf Schriftliches festgelegt hat. Eine Logik, nach der sich beim Schreiben eins aus dem anderen entwickeln muss, widersprach seiner Arbeitsweise. Er war eher ein assoziativer Denker. Aber es gibt viele Gespräche mit Dramaturgen und Mitarbeitern und dem Dirigenten Eberhard Kloke, der manches auch für die Nachwelt aufgezeichnet hat. Und endlos viele inspirierende Gespräche, die als Gedankenprotokolle in den Köpfen noch vorhanden sind. Es gibt einige sehr spannende Sendungen, Aufnahmen, die Alexander Kluge mit Werner Schroeter für das Fernsehen gemacht hat und ebenso spannende schriftliche Veröffentlichungen und Interviews von und mit Dietrich Kuhlbrodt, Wolfgang Storch, Frieder Schlaich und vielen anderen.

C. L.: *Wie wirkte sich das Dialogische auf die Arbeit an Programmheften aus?*

M. K.: Programmhefte haben zunächst mit einer konzeptionellen und dramaturgischen Zusammenarbeit wenig zu tun. Ein Programmheft steht am Ende der Arbeit, ist bestenfalls die Zusammenfassung der Sichtweise des Regisseurs und des Dramaturgen und ihrer Interpretation des Werks und geben Kenntnis der Daten und Ideen, die sie für das Verständnis des Dramatikers / Komponisten und dessen Sichtweise aufschlussreich finden. Der Dialog beginnt lange vor Probenbeginn und kristallisiert sich in einer ersten Textfassung zu Probenbeginn, der Dialog geht bis zur Generalprobe weiter. Und danach noch mal auf ein Neues. Ich bekam meist ein paar wenige Seiten mit handschriftlichen Notizen, Hinweisen und Zitaten und sollte danach eine Fassung erstellen oder daraus einen Text formulieren. Er las unendlich viel, hörte viel Musik, nahm alles auf. Aus diesem Fundus schöpfte er und versuchte, alles bildhaft miteinander zu verbinden.

C.L.: *Er war ein Sammler und zugleich ein Vagabund. Wie geht das zusammen?*

M.K.: Diese Abwehr gegen jede Form einer bürgerlichen Existenz führte dazu. Das Schönste war, wenn jemand anrief und er sagen konnte: »Ich muss schnell packen, ich muss morgen nach Paris.« Unterwegs sein: die Welt in sich aufnehmen.

C.L.: *Ihnen gehören die Rechte an den Filmen von Werner Schroeter.*

M.K.: Als ich zu Beginn des Jahrtausends begann, mich um seine weltlichen Dinge zu kümmern, schlossen wir einen Kaufvertrag, mit dem er mir seine Rechte an den Filmen abtrat. Dieser Vertrag war zunächst nur für die Schublade gedacht, für alle Fälle. Diese Rechte beziehen sich auf die Filme, die er selbst produziert oder koproduziert hat, also eher auf die frühen Filme und das Kontextarchiv, das auf seinen Wunsch der Deutschen Kinemathek Berlin übergeben wurde. Das Filmmaterial, sofern es nicht schon dort lagerte, ging an das Filmmuseum München. Stefan Drößler, der Direktor des Filmmuseums München, engagiert sich sehr für die Aufarbeitung und Bereitstellung der Filme und so konnte Werner Schroeter selbst noch die Restaurierung seiner frühen Filme miterleben und abnehmen. Anne Even, die als Redakteurin bei ZDF/Arte viele Filme von Werner betreute, half und hilft. Und die Filmemacherin Katrin Seybold, die seit den siebziger Jahren eine enge Freundin von Werner war, stellte bei ihr gelagertes Filmmaterial zur Verfügung und so fügt sich etwas zusammen. Einige wesentliche spätere Filme sind aus Insolvenzen der Produzenten derzeit nicht frei zu bekommen. Die Erfassung, Aufarbeitung und Bereitstellung eines derartig umfassenden und über die Welt verstreuten Werks ist mit viel Aufwand verbunden und kann deshalb in der Kürze der Zeit nicht ausreichend dokumentiert werden, insofern bleibt auch der Anhang hier in diesem Buch noch ein Fragment.

C. L.: *In der Zeit seiner Krankheit strahlte Werner Schroeter ein besonderes Charisma aus. Woher kam seine Stärke, selbstbewusst mit der Krankheit umzugehen?*

M. K.: Leben wollen. Träume verwirklichen. Sich selbst verwirklichen. Er nahm die Krankheit an, wollte sich jedoch nicht von ihr besiegen lassen, sondern überlegte sehr genau, was es für ihn noch zu tun gab und da gab es noch sehr viel …

C. L.: *Was war sein letztes Projekt?*

M. K.: »Josefine und ich«, eine wundersame Erzählung von Hans Magnus Enzensberger. Ingrid Caven wünschte sich die Verfilmung durch Werner, sie sollte die Rolle der Josefine spielen. Wir trafen uns mit Hans Magnus Enzensberger, er war einverstanden und schrieb ein Exposé und Wim Wenders wollte uns bei der Produktion unterstützen. Aber dazu kam es nun nicht mehr.

Berlin, im Dezember 2010

PERSONENREGISTER

Achternbusch, Herbert 206 f., 213 f., 227, 242
Ackeren, Robert van 77, 80, 92, 94
Adamczewski, Steven 48, 54, 57, 62
Aischylos 274, 293
Akerman, Chantal 154
Albrecht, Marc 294
Alcaraz, Rodolfo 140
Alemann, Marie Louise 144, 251 f., 255 f.
Alexander VI. 229
Alisch, Ernst 111
Altun, Kemal 213
Alvaro, Corrado 217
Anger, Cédric 298
Antonioni, Michelangelo 54
Arrabal, Fernando 18 f., 131, 173
Artaud, Antonin 214
Artmann, Hans C. 289
Auber, Daniel François Esprit 337
Auder, Michel 151
Augstein, Rudolf 111, 239
Aulaulu, Carla (s. auch Egerer, Carla) 51, 54–62, 65–68, 77 f., 81, 119
Aust, Stefan 205
Auwae, Jim 191

Babajanyan, Karine 295
Bachmann, Ingeborg 260 ff., 264 f.
Baer, Harry 92, 95
Baker, Chet 138
Baker, Josephine 121 f.
Baldwin, James 216, 313
Balenciaga, Cristóbal 15
Bals, Hubert 240
Barrault, Jean-Louis 111
Barsacq, Alberte 21, 163, 195, 263, 300, 305, 311, 317
Barth, Isolde 155, 263
Barthes, Roland 266
Basaglia, Franco 221
Baumbauer, Frank 294
Bausch, Pina 209, 258
Beardsley, Aubrey Vincent 91
Beck, Heinrich Enrique 268
Beckett, Samuel 288
Beethoven, Ludwig van 104, 151, 288, 294, 308, 336
Béla, Dajos 62
Bellini, Vincenzo 103, 118, 304, 306 f., 337, 343
Benjamin, Hilde 216
Bergman, Ingmar 129

Berling, Peter 177, 179, 182, 217 f., 219 f., 228 f., 312
Berlioz, Louis Hector 17, 282
Berlusconi, Silvio 200
Bernhard, Thomas 206, 327
Bernhardt, Sarah 218 f.
Berri, Anne-Marie 225
Berri, Claude 225
Berthold, Jens 111, 289, 295 f.
Bierbichler, Annamirl 213 f.
Bierbichler, Josef ›Sepp‹ 214
Bizet, Georges 156
Blier, Bertrand 220
Bloch, Ernst 335, 389 f.
Boito, Arrigo 118
Bolognini, Mauro 262
Bondartschuk, Sergej 74 f.
Boninsegna, Celestina 71
Borgia, Lucrezia 229
Bosch, Hieronymus 291
Bouquet, Carole 221, 223 ff., 280, 334
Bowles, Paul 128
Boysen, Markus 323
Brahms, Johannes 104, 318
Branco, Paulo 240, 298, 313–316, 319
Brasier-Snopko, Catherine 209 f., 228
Brecht, Bertolt 35, 167, 182, 206
Brel, Jacques 51
Brook, Peter 225

Brown, James 101 f.
Bruckner, Ferdinand 175
Brustellin, Alf 205
Brynner, Yul 174
Buchen, Alix von 58
Buchmann, Elsa 22, 24 ff., 84, 117, 325
Büchner, Georg 135, 288
Bumbry, Grace 32
Buñuel, Luis 139, 155, 163, 182 f., 220
Burroughs, William S. 128, 214
Bush, George W. 306

Caballé, Montserrat 275
Callas, Maria 15–20, 30 f., 41, 54 f., 66, 71, 78, 86, 90, 97, 100 f., 103, 129, 161, 174, 201 f., 209, 222, 274, 277, 279, 307, 325, 336–341, 343 f.
Campbell, Gavin 77
Camus, Albert 116, 170
Canaris, Volker 170, 267, 270 f., 288
Cardinale, Claudia 218
Carlesino, Cheryl 147
Carrière, Mathieu 262 f.
Carstensen, Margit 228
Caruso, Enrico 218 f.
Casar, Amira 319
Castorf, Frank 309

Catalani, Alfredo 142
Cavani, Liliana 125
Caven, Ingrid 19 ff., 49, 77, 85–89, 103, 124, 129, 132 f., 155, 160, 166, 170, 173, 191, 221 f., 251, 258, 311, 389, 395
Cebotari, Maria 70
Céline, Louis-Ferdinand 39
Cerquetti, Anita 104, 275, 278 ff., 283
Chaplin, Charles 286
Chatterton, Thomas 131
Chéreau, Patrice 318
Cherubini, Luigi 142, 207, 289, 343
Ciesinski, Katherine 278, 281
Ciesinski, Kristine 142 ff., 278, 281, 289
Clapés, Ignacio 142
Clément, Aurore 262
Clément, René 174
Clémenti, Balthazar 163 ff.
Clémenti, Margareth 163 ff., 178, 190 ff.
Clémenti, Pierre 163, 165
Cocteau, Jean 270, 276
Cooper, David 221
Cooper, Elizabeth 278
Coppola, Francis Ford 149, 224 f., 236
Coppola, Sofia 224 f.
Cortázar, Julio 256

Courant, Gérard 126 f.
Curtis, Jackie 51, 56
Curtis, Tony 114

D'Andrea, Gerardo 178, 180
D'Annunzio, Gabriele 216
Dale, Laurence 278
Dalström, Håkan 247
Darling, Candy (s. auch Slattery, James Lawrence) 102 f., 105
Dean, James 339
Degli Esposti, Piera 217
Deleau, Pierre-Henri 73
Deleuze, Gilles 124, 221
Delon, Alain 42
Delon, Nathalie 49, 88, 311, 319
Dennis, Patrick 44
Depardieu, Gérard 88, 225
Di Benedetto, Ida 179, 181, 221, 249
Dietrich, Marlene 85, 104, 153
Dirka, Karel 220
Djadjam, Mostefa 209, 238 f., 241, 247, 251 f.
Dohnal, Meir 216
Dombasle, Arielle 162, 302 f.
Domingo, Plácido 150
Donizetti, Domenico Gaetano Maria 78, 96, 103, 118, 289, 337
Dors, Diana 27 f., 300

Dreyer, Carl Theodor 38, 54, 65 f.
Dreyfus, Jean-Claude 219
Drivala, Jenny 264, 278, 289
Drößler, Stefan 394
Ducasse, Isidore Lucien (s. auch Lautréamont, Comte de) 40

Eberhardt, Isabelle 216
Eckelkamp, Hanns 182, 228 ff.
Egerer, Carla (s. auch Aulaulu, Carla) 56
Eggert, Maren 287
Eichhorn, Traute 169
Ekberg, Anita 148
Ellermann, Antje 41
Engel, Judith 287
Enzensberger, Hans Magnus 133, 395
Eschenbach, Christoph 151
Eschwege, Alexander von 205
Eustache, Jean 39
Even, Anne 112 f., 394

Fallenstein, Karina 269
Fassbinder, Rainer Werner 20, 39, 53 f., 78 ff., 83, 86 ff., 92, 94, 99, 113, 124, 131, 167 f., 182, 185, 188, 205, 210, 216, 219, 231 f., 270 f.
Fava, Giuseppe ›Pippo‹ 181, 193 f., 197

Fellini, Federico 163
Fernandes, Augusto 48, 131, 168
Ferréol, Andréa 155 ff.
Ferreri, Marco 224
Fest, Joachim 212
Fink, Agnes 109
Fischer, Tim 122, 169
Forester, Wolfgang 107
Foucault, Michel 116, 125–130, 221
Franck, Eric 189 ff., 193
Franco, Francisco ›Caudillo‹ 291
Freisler, Roland 198
Freni, Mirella 150
Freud, Sigmund 11
Frey, Sami 318
Friedrich der Große 297
Frost, Wiebke 263
Fry, Christopher 79
Fürstenberg, Veith von 220
Furtwängler, Wilhelm 279

García Lorca, Federico 258, 268, 288, 318
Gardner, Ava 153, 156
Garrel, Philippe 163
Gedeck, Martina 327
Genée, Peter 220
Genet, Jean 106 f., 119, 128, 214, 290
Gert, Valeska 168

Gilmore, Gail 278, 282
Ginsberg, Allen 113
Giordano, Umberto 207
Giskes, Heinrich 228
Giulini, Carlo Maria 340, 342
Glasner, Matthias 312
Godard, Colette 208 f.
Goebbels, Joseph 287
Goethe, Johann Wolfgang 104, 252, 255, 319
Gombrowicz, Witold 61
Gorki, Maxim 271
Gorr, Rita 275, 278, 280
Gosch, Jürgen 271
Gosling, Maude 97 f.
Gosling, Nigel 97 f.
Gotscheff, Dimiter 293
Grafe, Frieda 60
Gréco, Juliette 38
Greggory, Pascal 315, 318
Gründgens, Gustaf 287
Gryphius, Andreas 311
Guattari, Pierre-Félix 221

Hallwachs, Hans Peter 107, 110 f., 228, 233
Händel, Georg Friedrich 104
Hanfstaengl, Einar 103
Harlan, Thomas 240
Harlow, Jean 102
Hasperg, Ila von 95, 114 f., 117, 121, 155
Haußmann, Leander 305 f.

Hayworth, Rita 102, 153
Hecke, Roswitha 49, 76, 155, 169
Heine, Heinrich 309 f.
Helfer, Paul 139
Hendrix, Jimi 101, 338
Henrichs, Benjamin 48, 204 f., 286
Henze, Hans Werner 310
Hermann, Irm 80
Herzog, Werner 144, 185, 218 f.
Heyme, Hansgünther 29
Hitler, Adolf 202, 212, 308
Hoess, Traute 171, 289
Hoffmann, E. T. A. 274
Hoffmann, Reinhild 209
Hofmann, Pascal 83
Hofmannsthal, Hugo von 247, 324
Hoghe, Raimund 258
Holch, Christoph 92, 94 f., 112, 177, 235
Holder, Maryse 145 f.
Hölderlin, Friedrich 140, 192, 293, 324, 389
Hollmann, Hans 258
Holmes, Ernest 129, 130
Holzfuß, Christian 325
Hoppe, Marianne 28, 139, 208, 284–287, 290, 325
Horáková, Dana 220 f.
Hörbiger, Attila 284

Hornbeck, Peter van 158
Hugo, Victor 135
Huppert, Isabelle 28, 224, 262–265, 280, 297, 299–302, 305, 311, 325, 345 f.

Ifland, Benno 258

Jaberg, Benny 83
Jahnn, Hans Henny 140
Jarman, Derek 164
Jelinek, Elfriede 9, 261, 265
Joplin, Janis 101, 337, 339
Jourdan, Louis 98
Jung, Carl Gustav 316

Kafka, Tamara 18 f., 21, 170 f., 198, 221
Kaiser, Joachim 31
Kamenik, Julia 310
Kane, Sarah 297
Kant, Immanuel 249
Karajan, Herbert von 15
Karasek, Hellmuth 110
Kaufmann, Christine 48, 103, 105, 107–110, 113 f., 116 ff., 125 f., 134, 155, 199, 221 f., 277, 310
Kaufmann, Alexandra 114
Kaufmann, Allegra 114
Kennedy, John Fitzgerald 35
Keppler, Monika 286, 289, 305 f., 309, 311, 324, 389–395
Kern, Peter 235, 263, 269, 272 f.
Kier, Udo 155, 157, 163
Killmeyer, Hermann 221
Kinski, Klaus 218
Kleist, Heinrich von 171 f.
Kleopatra 93
Klick, Roland 94
Kloke, Eberhard 278, 289, 309, 393
Kluge, Alexander 205, 276, 393
Kluge, Erika (s. auch Montezuma, Magdalena) 44 f., 138
Krämer, Günter 293
Kraupa, Arpad 269, 295
Kreisler, Georg 169
Krejcir, Elisabeth 111, 171 f., 263, 268 f., 272, 309
Kroner, Marion 147
Kronshage, Birgit 295
Kuchenreuther, Thomas 260 ff.
Kuhlbrodt, Dietrich 191, 228 f., 393
Kunz, Sandra 258

Labiche, Eugène 289 f.
Lachmann-Landauer, Hedwig 90
Laing, Ronald D. 221

Lang, Jack 124
Langlois, Henri 74
Larin, Sergej 278, 280, 283
Laughton, Charles 118
Lause, Hermann 271 f.
Lautréamont, Comte de (s. auch Ducasse, Isidore Lucien) 39 ff., 55, 214, 255, 389
Lehmann, Lotte 86
Lemm, Christiane 272
Lenssen, Claudia 323, 398–395
Lenz, Jakob Michael Reinhold 170, 290 f.
Lessing, Gotthold Ephraim 48, 90, 106, 108–111, 170 f., 335
Lévy, Bernard-Henri 302
Lilienthal, Peter 85, 99
Lincovsky, Cipe 254 f.
Lockhart, James 217
Lommel, Ulli 78
Lorenz, Juliane 240, 243, 257, 265, 283, 299
Lorre, Peter 63
Löwitsch, Klaus 87
Luddy, Tom 122 f., 149
Lyssewski, Dörte 324

MacMillan, James 330
Malaparte, Curzio 196
Malibran, María 17, 101 ff., 338

Manson, Charles 151 f.
Manzoni, Giacomo 264
Marcos, Ferdinand 235 f.
Marcos, Imelda 236 f.
Marjan, Marie-Luise 221
Markopoulos, Gregory J. 51, 65
Marx, Karl 255
Mascagni, Pietro 338
Massenet, Jules 170, 289
Matton, Charles 163
Mauch, Thomas 177 f., 183, 193, 199
Meerson, Mary 74
Meins, Holger 186
Meller Marcovicz, Digne 75 f., 79, 104
Menzel, Jiří 168
Michelangelo 180
Mikesch, Elfi 53, 76, 93, 238, 240, 242, 263, 281 f., 300, 305, 324
Mikesch, Fritz 53
Minnelli, Liza 123
Mira, Brigitte 99
Mischwitzky, Holger (s. auch Praunheim, Rosa von) 51 ff., 56 f., 66
Mishima, Yukio 268 f., 271
Mitterrand, Frédéric 73, 75, 88, 124 f.
Mitterrand, François 125
Mnouchkine, Ariane 208, 260

Mödl, Martha 275, 278 ff., 283, 285 f., 289
Moewes, Jan 21, 133
Molière 274, 294
Möller, Irmgard 186
Molnár, Franz 131
Monroe, Marilyn 56, 102, 113 f., 116 f., 339
Monteverdi, Claudio 275
Montezuma, Magdalena (s. auch Kluge, Erika) 21, 44–50, 54, 59 f., 62 f., 65–68, 72, 74, 76–82, 85, 93 f., 99–103, 105, 107 f., 114–118, 132 f., 135–140, 147 f., 150, 155–158, 162, 167 f., 170 ff., 198, 219, 221 f., 228, 232–235, 238–243, 249, 254, 310, 325
Mora, Armando 142
Moro, Aldo 186 f.
Morrison, Jim 101
Mozart, Johann Georg Leopold 206
Mozart, Wolfgang Amadeus 104, 134, 158, 318, 325
Müller, André 201, 205
Müller, Heiner 245, 286

Nabokov, Vladimir 308 f.
Nagel, Ivan 106, 111, 166
Nicolai, Friedrich 109

Nietzsche, Friedrich 124, 140
Nijinsky, Vaclav 98, 216
Noelte, Rudolf 175
Nono, Luigi 294
Novalis 39, 340
Nurejew, Rudolf Gametowitsch 98 f.

O'Daniels, Michael 117, 120–123, 302
O'Keedy, Louis 139
O'Neill, Eugene 284
Obermeier, Uschi 94
Ogier, Bulle 49, 88, 155 ff., 192, 300, 311, 319
Ohno, Kazuo 209
Olivero, Magda 330
Olivier, Laurence 105
Onetti, Juan Carlos 144, 314, 316, 319
Orlando, Antonio 50, 178, 187, 197 f., 224 f., 238 f., 241, 244, 246–249
Orthmann, Christel 235
Ottinger, Ulrike 60, 124, 147
Ötvös, Gabor 204
Ozawa, Seiji 151

Pahlavi, Mohammad Reza 171
Palitzsch, Peter 231
Panizza, Oskar 227–230
Paris, Zazie de 71, 286

Pasolini, Pier Paolo 37, 91, 125, 163, 183, 255, 319
Pasta, Giuditta 338
Pavese, Cesare 38 f.
Peri, Jakopo 275
Peters, Frauke 254
Peymann, Claus 169
Pirandello, Luigi 233 f.
Plenert, Thomas 317
Poe, Edgar Allan 39
Polanski, Roman 224
Ponchielli, Amilcare 336
Ponnelle, Jean-Pierre 106, 150, 166
Praunheim, Rosa von (s. auch Mischwitzky, Holger) 46, 51–54, 56 ff., 68, 82, 97, 99, 107, 113, 119 ff., 131, 150, 174, 187, 189
Pregadio, Roberto 180
Presley, Elvis Aaron 113, 337
Puccini, Giacomo 104, 289, 295

Raab, Kurt 228
Rabben, Mascha 78, 81, 94
Raben, Peer 132 f., 223, 264
Racine, Jean 225
Ramírez, Estrella 142
Ranke-Heinemann, Uta 242
Rassam, Jean-Pierre 224 f.
Rathmayer, Hartmut 140
Ratte-Polle, Anne 324
Regnier, Carola 221, 233, 269
Relin, Veit 174
Resnais, Alain 54, 213
Rilke, Rainer Maria 303
Rischert, Christian 205
Riva, Manuela 103
Rivette, Jacques 155, 163
Robert, Jacques 155
Rodolfo, Luciano 30 f.
Rohrbach, Günter 113
Rosenfeld, Annette 270
Rossellini, Roberto 183
Rossini, Gioacchino Antonio 103 f., 343
Rowe, Carl 105
Rühaak, Siemen 135

Sacharow, Mabel 149, 150
Sade, Marquis de 125
Saint Laurent, Yves 20, 75, 89
Salines, Antonio 228
Salto, Sigurd 62 103
Sander, Otto 198
Sanders-Brahms, Helma 94
Sangro, Raimondo di 176
Schaake, Katrin 78
Schanzara, Tana 157
Schediwy, Fritz 49, 135, 221, 263
Schell, Maria 18 f., 173 ff.
Schiller, Johann Christoph Friedrich von 30, 170, 233, 289

Schiller, Pascale 319, 324
Schlaich, Frieder 313, 393
Schleef, Einar 293
Schlingensief, Christoph 330
Schlöndorff, Volker 73, 185, 205
Schmid, Daniel 20, 30, 67, 77, 81, 83–89, 128, 148, 153, 160, 186, 189 ff., 193, 219, 224
Schmidt, Trudeliese 191, 278, 283
Schmidt-Reitwein, Jörg 228
Schmitt, Christian 137
Schneider, Maria 190 ff.
Schneider, Romy 173, 216
Schönberg, Arnold 289 f., 310
Schostakowitsch, Dmitrij Dmitrijewitsch 289
Schroeder, Barbet 88
Schröter, Hans 22 ff., 27 ff., 31 ff., 42, 56, 120, 161 f., 164, 291, 295
Schröter, Hans-Jürgen 20, 22–25, 33, 84, 120, 160 ff., 290 f., 295
Schröter, Lena 20–24, 26–34, 36, 39, 42, 45, 50, 56 f., 66 f., 84, 119 f., 129, 142, 147, 160 ff., 171, 185, 245, 252, 303
Schubert, Hans Peter 172
Schuckardt, Eva 233, 272, 289
Schuh, Oscar Fritz 269
Schuh, Ursula 269
Schuhl, Jean-Jacques 88, 124
Schühly, Thomas 208
Schult-Brasser, Josefine 28 f.
Schumacher, Wolfgang 19, 21
Schumann, Robert 309 f.
Schüssler, Katharina 135
Schwarz, Lena 319
Schwarz, Libgart 263
Schygulla, Hanna 78
Scorsese, Martin 242
Seeßlen, Georg 265
Seibert, Christoph 310
Serke, Jürgen 31
Serrano, Rosita 96
Seybold, Katrin 240, 394
Shakespeare, William 90, 97, 99, 118, 170 f., 213, 235, 271 ff., 303, 309, 316, 318
Sierck, Detlev (s. auch Sirk, Douglas) 163
Sighele, Mietta 219
Sills, Beverly 338
Simon, Marvin Neil 44
Siodmak, Robert 174
Sirk, Douglas (s. auch Sierck, Detlev) 163, 196
Slattery, James Lawrence (s. auch Darling, Candy) 102
Sledge, Percy 62

Soffing, Tilly 191 f.
Solanas, Fernando Ezequiel 74
Sontag, Susan 86
Sophokles 255, 324
Soupault, Philippe 40
Soupault, Ré 40
Spengler, Volker 228, 231
Stadelmann, Günther 92
Staudte, Wolfgang 174
Stein, Eckart 112
Stendhal 103
Sternberg, Josef von 71
Stévenin, Jean-François 318
Stévenin, Robinson 300
Stimpfle, Josef 204
Stipetic, Lucki 218
Stöckl, Ula 198, 222
Storch, Wolfgang 393
Strauß, Franz Josef 201, 203–206, 211
Strauss, Richard 90, 96, 142, 201, 204 f., 288
Strauss, Richard jr. 204 f.
Stravinsky, Igor 104
Strindberg, August 21, 288, 390
Stromberg, Rudolf 204
Supervia, Conchita 156
Sutherland, Joan 31
Syberberg, Hans-Jürgen 212

Tandler, Gerold 203 f.
Tate, Sharon 152

Tauber, Richard 86
Taurand, Gilles 315
Taylor, Elizabeth 93
Techet, Roland 309
Téchiné, André 75
Thalbach, Anna 286
Tirier, Annette 103
Tizian 315
Todeschini, Bruno 318
Togay, Can 262
Töpper, Hertha 28
Tosi, Piero 340
Traetta, Tommaso 289
Trotta, Margarethe von 240
Trotta, Paolo 302
Trouche, Liana 179
Trowe, Gisela 62 f., 107
Trueblood-Burns, Arcibaldo 139
Trujillo Molina, Rafael Leónidas 141
Tschaikowski, Peter 279, 319
Turgenjew, Iwan Sergejewitsch 17
Turner, Lana 163
Turner, Tina 70

Umlauf, Ellen 93 f., 137, 139, 155, 221 f.
Uriona, Marcelo 34, 46, 144, 162, 257 ff., 267, 271, 289 f., 295

Valente, Caterina 28, 55, 104, 138
Valle-Inclán, Ramón Maria del 291
Varda, Agnès 151
Verdi, Giuseppe 28, 66, 71, 96 f., 100, 118, 170, 219, 277, 289, 337 f.
Videla, Jorge Rafael 253
Viardot-García, Pauline 17
Visconti, Luchino 42, 81, 101 f., 163, 173 f., 197, 340 f.
Vogel, Jürgen 312
Vogl, Harald 189, 191

Wagner, Wilhelm Richard 39, 216 f., 278, 307, 343
Waldoff, Claire 264
Warhol, Andy 51, 56, 102, 113, 151
Watson, Charles ›Tex‹ 152
Weiss, Peter 21
Wenders, Wim 43, 62, 72, 185, 216, 323, 395
Werfel, Franz 184
Wessely, Paula 284
West, Ursula 180
Weth, Alexandra von der 307
Wicki, Bernhard 109
Wiegand, Wilfried 72
Wilde, Oscar 81, 90, 128, 205, 214, 217, 262
Will, Rainer 132, 155, 233
Williams, Fred 132
Wilson, Robert 286
Witte, Karsten 238
Wolf, Hugo 78
Wondratschek, Wolf 127, 141, 145, 148, 169, 177
Wuttke, Martin 286, 323

Yourcenar, Marguerite 268

Zadek, Peter 48 f., 106, 131 f., 134 f., 166, 168 f., 211
Zarbo, Nicola 197 ff.
Zemlinsky, Alexander von 217, 262
Zhukov, Oleg 319
Zilcher, Almut 293, 323 f.
Zimmermann, Bernd Alois 214, 279, 285, 289

DANK

Wie es dem Charakter einer Autobiographie entspricht, basiert das vorliegende Buch in erster Linie auf Werner Schroeters anschaulichen Erinnerungen, seiner Erzähllust und seinem Interesse, sein Leben Revue passieren zu lassen, es ist jedoch mindestens ebenso geprägt von dem großen Vertrauen, das er mir entgegenbrachte. Posthum danke ich ihm für die Offenheit, mit der er meine Rolle als Zuhörerin, Beobachterin, Rechercheurin und Ko-Autorin akzeptierte. Das Buch nahm seinen Anfang in einer existentiellen Situation, in der die Zusammenarbeit über den professionellen Rahmen hinaus zur intensiven persönlichen Begegnung wurde. Auch dafür sei ihm gedankt. Von Beginn an und besonders in den schwierigen Phasen nach Werner Schroeters Tod begleitete meine Lektorin Franziska Günther das Projekt mit großem Engagement. Mein herzlicher Dank gilt ihr.

Da Werner Schroeter die abschließenden Arbeiten nicht selbst kontrollieren konnte, waren Hinweise, Dokumente und Materialien vieler Weggefährten sowie der Institutionen, die seinen Nachlass und sein Werk betreuen bzw. rekonstruieren, von unschätzbarem Wert. Mein besonderer Dank gebührt Monika Keppler, die das Gelingen mit Rat und Tat unterstützte. Das Buch verdankt ihr nicht nur wegweisende Hilfestellung und Gaben aus dem Privatbesitz für den Abbildungsteil, es verdankt ihr insbesondere den umfangreichen Anhang, in dem die szenographischen, filmographischen und biographischen Daten zu Werner Schroeter nach dem aktuellen Kenntnisstand erstmals ausführlich dokumentiert werden.

Außerdem gilt folgenden Personen und Institutionen mein besonderer Dank: Digne Meller Marcovicz für Fotografien aus ihrem großen Archiv sowie ihr unbestechliches Urteil; Elfi Mikesch für Bilder, Ratschläge und Weisheit; Frieder Schlaich und den Mitarbeitern der Filmgalerie 451 für Informationen zu »Diese Nacht«; Gerrit Thies und Wolfgang Theis für Bilder und Hilfe bei der Arbeit im Archiv der Deutschen Kinemathek Berlin; Stefan Drößler vom Münchener Filmmuseum für Material zum frühen Filmwerk; Peter Berling, Thomas Mauch und Juliane Lorenz für Tipps, Erinnerungen und Filme; Christoph Holch und Anne Even für Informationen, Materialien und Filme zu Werner Schroeters Fernsehgeschichte; Roswitha Hecke, Susa Katz, Ulrike Stiefelmayer, Monika Treut, Josef Schnelle, Wilhelm Roth, Wolfgang Storch und dem Arsenal-Kino Berlin (Institut für Film- und Medinkunst e.V.) für Material und Hinweise; Katrin Seybold, Wolfram Schütte für ihre Einschätzungen; sowie Gina Berg für ihre Familienerinnerungen. Nicht zuletzt danke ich Elfriede Jelinek und Isabelle Huppert für ihre Beiträge, Ingrid Caven für ihre Titelinspiration.

Christian Schiessler danke ich für die Unterstützung bei der Arbeit am Personenregister. Nicht zuletzt Matthias Braun half mit seiner Geduld und Zuwendung.

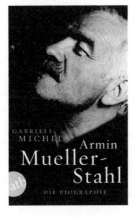

GABRIELE MICHEL
Armin Mueller-Stahl
Die Biographie
400 Seiten
ISBN 978-3-7466-2659-8

»Dieser Mann ist ein Gesamtkunstwerk!«
Jürgen Flimm

Geboren im ostpreußischen Tilsit, avancierte Armin Mueller-Stahl zu einem der beliebtesten Schauspieler der DEFA, bis er die DDR verließ und schließlich Hollywood eroberte. Daneben hat er als Autor und als bildender Künstler Erfolg beim Publikum. Diese erste umfassende Biographie basiert auf zahlreichen Gesprächen mit Mueller-Stahl selbst sowie vielen seiner Weggefährten.

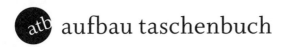

DANIEL SCHREIBER
Susan Sontag. Geist und Glamour
Biographie
342 Seiten
Mit 16 Abbildungen
ISBN 978-3-7466-2519-5

»I'm happy when I dance.«
SUSAN SONTAG

Eine der einflussreichsten Intellektuellen Amerikas, faszinierende Schriftstellerin und Celebrity der Popkultur – Susan Sontag war eine ebenso widersprüchliche wie glamouröse Frau: Sie trat in Filmen von Andy Warhol und Woody Allen auf, wurde von Annie Leibovitz fotografiert, war Werbegesicht der Wodka-Marke Absolut – und zugleich eine der bedeutendsten Stimmen ihrer Zeit.

»*Die beste Einführung in ihr Leben und Werk.*« SÜDDEUTSCHE ZEITUNG

»*Eine faszinierende Beschreibung des intellektuellen New York.*« FRANKFURTER ALLGEMEINE SONNTAGSZEITUNG

Mehr Informationen erhalten Sie unter www.aufbau-verlag.de
oder in Ihrer Buchhandlung

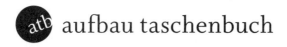

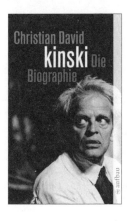

CHRISTIAN DAVID
Kinski
Die Biographie
447 Seiten. Mit 38 Abb.
ISBN 978-3-7466-2434-1

Mythos Kinski

Ein rastloser Star am Rande des Wahnsinns, ein Choleriker und Garant für Skandale, ein dämonischer Sexmaniac, der Filme wie am Fließband drehte. Auf der Grundlage neuer Dokumente sowie von Gesprächen mit Bruno Ganz, Michael Jürgs, Claude Lelouch u. a. schildert Christian David das wilde Leben eines großen Künstlers zwischen Höhenrausch und Abgrund.

»*Die erste umfassende und mustergültig edierte Biographie.*« DIE PRESSE

»*Eine spannende Geschichte.*« DEUTSCHLANDRADIO

Mehr Informationen erhalten Sie unter www.aufbau-verlag.de
oder in Ihrer Buchhandlung

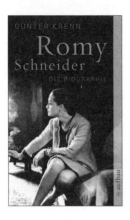

GÜNTER KRENN
Romy Schneider
Die Biographie
415 Seiten. Mit 68 Abb.
ISBN 978-3-7466-7067-6

»Ein eindringliches Portrait einer selbstbestimmten und verletzlichen Frau.« CELEBRITY

Das faszinierende Leben der letzten Diva des 20. Jahrhunderts, deren Schönheit und tragisches Schicksal die Phantasien von Millionen beschäftigen. Brillant geschrieben und gestützt auf umfangreiches, teilweise bislang unerschlossenes Quellenmaterial sowie Gespräche mit Karlheinz Böhm, Volker Schlöndorff, Bertrand Tavernier, Jean Rochefort u. a.

»*Günter Krenn hat das Leben der Schauspielerin fern der Schlagzeilen nachgezeichnet.*« BERLINER ZEITUNG

»*... angenehm schnörkellos und unpathetisch – und dennoch hochspannend.*« FREUNDIN

Mehr Informationen erhalten Sie unter www.aufbau-verlag.de
oder in Ihrer Buchhandlung

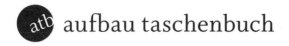

ROLF AURICH
WOLFGANG JACOBSEN
Theo Lingen. Das Spiel mit der Maske
Biographie
560 Seiten. Mit 50 Abb.
ISBN 978-3-7466-7079-9

»*Fulminant.*« LITERARISCHE WELT

Theo Lingen galt als »Knallcharge« und brillierte in unzähligen komischen Rollen. Diese grundlegende Biographie zeigt erstmals auch unbekannte Seiten des Schauspielers, der sich während der Nazizeit für Verfolgte einsetzte. Anhand von bislang unerschlossenem Archivmaterial sowie Gesprächen u. a. mit Ursula Lingen, Joachim Kaiser und Ilja Richter.

»*Liest sich wie ein Krimi*« DER TAGESSPIEGEL

»*Mit großer Sachkenntnis und Leidenschaft. Eine Biographie, die kaum Wünsche offen lässt.*« SÄCHSISCHE ZEITUNG

Mehr Informationen erhalten Sie unter www.aufbau-verlag.de
oder in Ihrer Buchhandlung

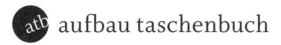